Beck'sche Reihe

BsR 1279

BSR

‚Unwandelbar G.' pflegte Goethe im Alter Briefe an Freunde zu unterzeichnen – unwandelbar in der Freundschaft, unwandelbar aber auch in seiner vielen verschlossenen Individualität. Sprach er gleichwohl von sich selbst, so geschah das nicht nur in seinen autobiographischen Schriften und Tagebüchern. Noch im Maskenspiel seiner Gedichte und seiner Prosa hat er von sich und seinem Leben erzählt. Vieles hat er Freunden und Zeitgenossen anvertraut, alles was von ihm überliefert ist, war Teil seiner *großen Konfession.*

Dieses Buch bietet in zwölf Kapiteln, die jeweils von Einführungen eingeleitet werden, eine Chronik dieses Lebens – und aus ihr mag erkennbar werden, was es mit den *wiederholten Spiegelungen* auf sich hatte und mit Goethes Überzeugung, daß das *Vergangene im Gegenwärtigen* sich erhalte.

Sein Leben hat einer Epoche den Namen gegeben, hat sich zugleich aber über sie hinausgesetzt auch mit dem Werk, das er für sein bedeutendstes hielt, das sich gegen den Rationalismus gewendet hat und erst jetzt wieder neu entdeckt wird: der *Farbenlehre.* Und mit dem *Faust*, der der Moderne angehört, hat er „eines der geheimnisvollsten Geschenke des deutschen Geistes" (Gottfried Benn) der Weltliteratur hinterlassen.

Peter Schünemann, geb. 1930, lebt in Norddeutschland. Neben Monographien über Gottfried Benn, Georg Heym, Georg Trakl und Robert Walser hat er Erzählungen über Büchner, Trakl, Hölderlin, Kleist und Rimbaud, die Novelle *Zenons Spur*, sowie die Anthologien *Erzählte Welt*, *Jüdisches Erzählen* und *Lauter Abschiede* veröffentlicht. 1998 erschien der Essayband *Wiederholte Spiegelung. 11 Essays um Goethe & Andere.*

Unwandelbar G.

Ein Lesebuch zu Goethes Leben
in zwölf Kapiteln

Eingeleitet und herausgegeben von
Peter Schünemann

VERLAG C. H. BECK

Die Deutsche Bibliothek – CIP-Einheitsaufnahme

Unwandelbar G. : ein Lesebuch zu Goethes Leben in zwölf Kapiteln / eingeleitet und hrsg. von Peter Schünemann. – Orig.-Ausg. – München : Beck, 1998
(Beck'sche Reihe ; 1279)
ISBN 3 406 42079 6

Originalausgabe
ISBN 3 406 42079 6

Umschlagentwurf: Uwe Göbel, München
Umschlagabbildungen:
Goethe, Ölgemälde von Georg Oswald May, 1779
Goethe im Alter von 77 Jahren. Kreidezeichnung von Ludwig Sebbers, 1826

Gesamtherstellung: C.H.Beck'sche Buchdruckerei, Nördlingen
Gedruckt auf säurefreiem, alterungsbeständigem Papier
(hergestellt aus chlorfrei gebleichtem Zellstoff)
Printed in Germany

Inhalt

1. Die frühen Jahre
1749–1765

Wie an dem Tag, der dich der Welt verliehen,
Die Sonne stand zum Gruße der Planeten,
Bist alsobald und fort und fort gediehen,
Nach dem Gesetz, wonach du angetreten.
So mußt du sein, dir kannst du nicht entfliehen,
So sagten schon Sibyllen, so Propheten;
Und keine Zeit und keine Macht zerstückelt
Geprägte Form, die lebend sich entwickelt.

Urworte. Orphisch. Dämon. (1817)

Über seinem Geburtsjahr steht eine musikalische Parabel der Kunst und der Mathematik, über seinem Ende die poetische Parabel der Kunst und der Elemente. 1749 begann der vierundsechzigjährige Johann Sebastian Bach, schon fast erblindet, mit der Niederschrift der *Kunst der Fuge*, über deren 239. Takt, „wo der Name B.A.C.H. im Contrasubjecte angebracht worden", im Jahr darauf „der Verfasser gestorben ist". Die fehlende Instrumentierung des rätselhaften Werkes ist ein Geheimnis geblieben.

Goethe selbst hat wenige Wochen vor seinem Tod das Manuskript des *Faust* versiegelt. Auch dieses „seltsame Gebäu" ist zum Sinnbild des Unentschlüsselbaren geworden.

Als spreche er vom Schluß des eigenen Werkes, hat er, achtundsiebzigjährig, von seinem musikalischen Ahnen gesagt: „Bei Bachs Musik kommt es mir vor, als wenn die ewige Harmonie sich mit sich selbst unterhielte, wie sich's etwa in Gottes Busen, kurz vor der Weltschöpfung möchte zugetragen haben."

Zeugnisse und Deutungen zu seinem Leben und Werk waren dem Alten, als sei's ein Gegenbild eines gewaltigen Gedächtnisses, schon im Grunde entrückt wie die abgeschiedenen Freunde, die ihm wie ein „Konvoluth sibyllinischer Blätter" erschienen.

Erst mit sechzig Jahren entschließt er sich, von schweren Krankheiten eben genesen, von Verlusten und Veränderungen seiner Welt heimgesucht, zur Niederschrift seiner Autobiographie. Erst kurz vor seinem Tod liegt sie abgeschlossen vor. Die Mitschrift seiner Metamorphosen und der Zeit selbst tritt gleichwohl in *Dichtung und Wahrheit* so unüberhörbar hervor, daß die Erinnerung zur Schattenfigur dieses Wandels wird. Für seine Kunst des Erzählens mochte der Wahrheitscharakter des Erinnerten ihm ebenso suspekt bleiben wie der Realitätsanspruch historischer Quellen. So wird das große Werk im Subtext, ironisch, auch zum Beleg seiner Zweifel – und überstrahlt gleichwohl als autobiographisches Kunstwerk die uneinholbaren Bilder der erinnerten Wirklichkeit.

Die Sätze, mit denen *Dichtung und Wahrheit* beginnt, verschmelzen, in der Realität des Planetenstandes, Astrologie und Mythos zur Allegorie von Licht, Macht und Eros.

Drei große Früherfahrungen prägen das Ineinander von Welt-, Menschen- und Naturererlebnis und werden sich am Ende, im *Faust*, fortschreiben in eine Phantasie der eigenen Unsterblichkeit.

Der Sechsjährige hört, 1755, von den Schrecken, die das *Erdbeben von Lissabon* über die aufgeklärte Gesellschaft verbreitet. Nach späteren Zeugnissen äußert das Kind Zweifel an einem göttlichen Regulativ der Weltordnung, das ihm der Prediger vermittelt hatte. Daran mag im hohen Alter die Feststellung erinnern: „Die Leute traktieren ihn [Gott] als wäre das unbegreifliche, gar nicht auszudenkende höchste Wesen nicht viel mehr als ihresgleichen. Sie würden sonst nicht sagen: der *Herr* Gott, der *liebe* Gott, der *gute* Gott. Er wird ihnen, besonders den Geistlichen, die ihn täglich im Munde führen, zu einer Phrase, zu einem bloßen Namen, wobei sie sich auch gar nichts denken. Wären sie aber durchdrungen von seiner Größe, sie würden verstummen und ihn vor Verehrung nicht nennen mögen." Bis in seine späten Jahre aber hat er vom Entsetzen dieser ersten elementaren Naturerfahrung gesprochen, und man wird sagen können, daß sie seinem Naturverständnis und auch seiner Dichtung eingeschrieben blieb.

War, was er durch *Beobachtung* der Natur, durch Ermittlung ihrer ordnenden *Gesetzmäßigkeit,* auch ein Versuch, diese Ängste zu lindern, dem Chaos eine kosmische Ordnung abzuhorchen? Auf *Anschauung* und ruhiger Beobachtung beruhte seine Forschung auf den Gebieten der Morphologie, der Osteologie, der Mineralogie und der Witterungskunde – am Ende denn auch seine Einsicht in die Erscheinung der Farben –

gegen die ihm überlieferten Erkenntnisse. Mag er damit auch gescheitert sein, so wird man vielleicht seine *Farbenlehre* auch einmal als Zeugnis einer überwältigenden Trauerarbeit lesen können. Doch auch sie mochte rettend sein für einen, der noch seinen Werther sagen läßt: „Und so taumle ich beängstigt. Himmel und Erde und ihre webenden Kräfte um mich her: ich sehe nichts als ein ewig verschlingendes, ewig wiederkäuendes Ungeheuer." Wohl gehörte diese Angst in den Kontext einer Aufklärung, die an Erkenntnis, ja an Wahrheitsfindung überhaupt zu zweifeln lehrte – dieser desparate Satz gründete gleichwohl auf eigener düsterer Erfahrung. Vom Leviathan war da nicht bloß im zeitgenössischen Verständnis die Rede.

Vor der Schöpfung hat er sich *gebeugt,* ihre Wunder staunend und ergriffen betrachtet: Denn er wußte, „daß dem Ganzen eine Idee zum Grunde" lag, „wornach Gott in der Natur, die Natur in Gott, von Ewigkeit zu Ewigkeit, schaffen und wirken möge. Anschauung, Betrachtung, Nachdenken führen uns näher an jene Geheimnisse" *(Bedenken und Ergebung).* Spinozas Denken blieb bis in seine späten Jahre virulent. In die Denkfigur des All-Einen mag auch der 1781 geäußerte Plan eines *Romans über das Weltall* gehören, wenngleich dieser mächtige Titel auf eine frühkindliche Phantasie verweisen könnte. Gemeint war eine *Geschichte von der Entstehung der Erde.* Er hat sie in dem großen Aufsatz über den *Granit* zusammengefaßt – eine Abhandlung, die ihn als „Neptunisten" zeigt, der die Entstehung des Planeten aus einem „Urmeer" vermutet, im Gegensatz zu den „Vulkanisten" (wie Alexander von Humboldt), die die Erdentstehung auf vulkanische Ursachen zurückführten. Sein eigenes Bild geht noch ein in den *Faust.* Da wird der Vorsokratiker Thales poetisch herbeizitiert – gleichsam auch als personifizierte Metapher für die im Alter beschworene Begegnung von *Poesie und Wissenschaft.*

Mit dem großmütterlichen Geschenk des *Puppentheaters,* auch im *Wilhelm Meister* ausführlich zitiert, wird nicht allein erzählt von der kindlichen Erkenntnis der Macht über *die Puppen* durch eine leitende Hand, es wird, in der Metapher des *Raritätenkastens,* nicht nur durch die *Shakespeare-* und die *Werther*-Welt geistern: es wird zur Vorspur des Welt- und *Endzeitspiels* im *Faust.*

Zum Historiengemälde wird auch die Frankfurter *Krönungsfeier* Josephs II. Niedergeschrieben in einem Moment, in dem das Alte Reich längst untergegangen ist, wird die Darstellung in *Dichtung und Wahrheit,* noch im Kunstgriff des aus erhöhter Position Beobachtenden, wie ein Bühnenspiel inszeniert.

Vor allem die Briefzeugnisse erweisen das Bild vom *Welt- und Glückskind* als Fabelwesen. Hinter einer Wand von rastloser Tätigkeit, Worten der Zuversicht, des Zuspruchs und der Lakonie gegenüber dem Weltgang, verbergen sich Selbstzweifel, Vereinsamung, Resignation. Schon aus Rom schreibt er nach der Begegnung mit Karl Philipp Moritz, der der deutschen Literatur den größten autobiographischen Roman eines zerbrochenen Lebens hinterlassen wird: „Moritz [...] erzählte mir aus seinem Leben und ich erstaunte über die Ähnlichkeit mit dem meinigen. Er ist wie ein jüngerer Bruder von mir [...] nur da vom Schicksal verwahrlost und beschädigt, wo ich begünstigt und vorgezogen bin." Die äußere Begünstigung hat ihn, aus wahrhafter Mitleidensfähigkeit, nicht taub gemacht für den Welt- und Menschenjammer.

Er selbst, an dem die Ereignisse des Tages im Alter nur als „phantasmagorische Wolken vorbeizogen", stand, beharrend und stoisch dem „unaussprechlichen Welt- und Lebensrätsel des Dämonischen" (1831) gegenüber angesichts einer Menschheit, „die durch das Universum [...] unterliegt, mit dem sie den Kampf begonnen."

In *tausend Formen* hat er ihr Sein und ihre Zeit durchgespielt, im Feuerwerk eines Maskenspiels, das ihn in den Pseudonymen auf Reisen, in Allegorien, in Maskenzügen für Festlichkeiten der Weimarer Residenz, in den *Walpurgisnächten* – den Phantasmagorien auf dem Brocken und auf den Pharsalischen Gefilden – bis in den Spätstil seiner Briefe entzückt, entrückt und begleitet hat. Diese „Maskerade" (so über seine Autobiographie) war ein Daseins- und Dichtungsprinzip des Elementaren nicht nur seiner, sondern Metapher des *offenbaren Geheimnisses* von Natur überhaupt. Im *Faust,* diesen *sehr ernsten Scherzen,* war den Nachlebenden aufbewahrt „Geheimnis neben Geheimnis, und Abgrund und Tiefe, Kälte und sowohl lässige wie dämonische Erfahrung [...] völlig unzugänglich, eine Landschaft, die es für niemanden gab und für keinen gibt" (Gottfried Benn, 1945).

Die Glücksmomente kindlicher Leseerfahrung, die antiken Göttermythen, überlieferten die Zeichen und die Bilder, die seiner Poesie, seiner Naturforschung dienten, das Unbegreifliche zu fassen, so etwa die der Ovidschen *Metamorphosen* für die Rätsel der Evolution; denn „der Begriff vom Entstehen ist uns ganz und gar versagt" (1827). Schon der „Naturaltar" des Kindes spricht kaum allein vom Opfer, auch vom Einverständnis.

So fand er im Zerfall seiner Welt, noch im ahnungsvollen Entsetzen der Zeiten, die kamen und die er durchmaß, für sich selbst „den Anfang mit dem Ende | Sich in eins zusammenziehn" (1803). Und ein sehr fernes, in der Tiefe der Zeiten liegendes Einverständnis war auch hier zu vernehmen von einem, der Gott in der Eröffnung des eigenen Weltspiels sprechen und sein anderes Ich, *Fausts Unsterbliches,* in *Äonen* entschwinden ließ.

*

Am 28. August 1749, mittags mit dem Glockenschlage zwölf, kam ich in Frankfurt am Main auf die Welt. Die Konstellation war glücklich; die Sonne stand im Zeichen der Jungfrau, und kulminierte für den Tag; Jupiter und Venus blickten sie freundlich an, Merkur nicht widerwärtig; Saturn und Mars verhielten sich gleichgültig: nur der Mond, der soeben voll ward, übte die Kraft seines Gegenscheins um so mehr, als zugleich seine Planetenstunde eingetreten war. Er widersetzte sich daher meiner Geburt, die nicht eher erfolgen konnte, als bis diese Stunde vorübergegangen. *(Dichtung und Wahrheit)*

Bettina von Arnim berichtet, was ihr Catharina Elisabeth Goethe über die Geburt ihres Sohnes erzählt hat

Und somit begreifst Du mich, wenn ich Dir erzähle, daß das Wochenbett Deiner Mutter blau gewürfelte Vorhänge hatte, worin sie Dich zur Welt brachte? Sie war damals 18 Jahre alt und ein Jahr verheiratet. Drei Tage bedachtest Dich, eh Du ans Weltlicht kamst, und machtest der Mutter schwere Stunden; aus Zorn, daß Dich die Not aus dem eingebornen Wohnort trieb, und durch die Mißhandlung der Amme kamst Du ganz schwarz und ohne Lebenszeichen. Sie legten Dich in einen sogenannten Fleischarden mit Wein und bäheten Dir die Herzgrube, ganz an Deinem Leben verzweiflend. Deine Großmutter stand hinter dem Bett; als Du zuerst die Augen aufschlugst, rief sie hervor: ‚Räthin! er lebt!'

Das Haus am großen Hirschgraben

Wir hatten die Straße, in welcher unser Haus lag, den Hirschgraben nennen hören; da wir aber weder Graben noch Hirsche sahen, so wollten wir diesen Ausdruck erklärt wissen. Man erzählte sodann, unser Haus stehe auf einem Raum, der sonst außerhalb der Stadt gelegen, und da, wo jetzt die Straße sich befinde, sei ehmals ein Graben gewesen, in welchem eine Anzahl Hirsche unterhalten worden. Man habe diese Tiere hier bewahrt und genährt, weil nach einem alten Herkommen der Senat alle Jahre einen Hirsch öffentlich verspeiset, den man denn für einen solchen Festtag hier im Graben immer zur Hand gehabt, wenn auch auswärts Fürsten und Ritter der Stadt ihre Jagdbefugnis verkümmerten und störten, oder wohl gar Feinde die Stadt eingeschlossen oder belagert hielten. Dies gefiel uns sehr, und wir wünschten, eine solche zahme Wildbahn wäre auch noch bei unsern Zeiten zu sehen gewesen. *(Dichtung und Wahrheit)*

Die Großmutter und das Puppentheater

Gewöhnlich hielten wir uns in allen unsern Freistunden zur Großmutter, in deren geräumigem Wohnzimmer wir hinlänglich Platz zu unsern Spielen fanden. Sie wußte uns mit allerlei Kleinigkeiten zu beschäftigen, und mit allerlei guten Bissen zu erquicken. An einem Weihnachtsabende jedoch setzte sie allen ihren Wohltaten die Krone auf, indem sie uns ein Puppenspiel vorstellen ließ, und so in dem alten Hause eine neue Welt erschuf. Dieses unerwartete Schauspiel zog die jungen Gemüter mit Gewalt an sich; besonders auf den Knaben machte es einen sehr starken Eindruck, der in eine große langdauernde Wirkung nachklang.

Die kleine Bühne mit ihrem stummen Personal, die man uns anfangs nur vorgezeigt hatte, nachher aber zu eigner Übung und dramatischer Belebung übergab, mußte uns Kindern um so viel werter sein, als es das letzte Vermächtnis unserer guten Großmutter war, die bald darauf durch zunehmende Krankheit unsern Augen erst entzogen, und dann für immer durch den Tod entrissen wurde. *(Dichtung und Wahrheit)*

Das Puppentheater am Heiligen Abend

Der Christabend nahte heran in seiner vollen Feierlichkeit. Die Kinder liefen den ganzen Tag herum und standen am Fenster, in ängstlicher Erwartung, daß es nicht Nacht werden wollte. Endlich rief man sie, und sie traten in die Stube, wo jedem sein wohlerleuchtetes Anteil zu höchstem Erstaunen angewiesen ward. Jeder hatte von dem Seinigen Besitz genommen und war nach einem zeitlang Angaffen im Begriff, es in eine Ecke und in seine Gewahrsam zu bringen, als ein unerwartetes Schauspiel sich vor ihren Augen auftat. Eine Tür, die aus einem Nebenzimmer hereinging, öffnete sich, allein nicht wie sonst zum Hin- und Widerlaufen; der Eingang war durch eine unerwartete Festlichkeit ausgefüllt, ein grüner Teppich, der über einem Tisch herabhing, bedeckte fest angeschlossen den untern Teil der Öffnung, von da auf baute sich ein Portal in die Höhe, das mit einem mystischen Vorhang verschlossen war und was von da auf die Türe noch zu hoch sein mochte, bedeckte ein Stück dunkelgrünes Zeug und beschloß das Ganze. Erst standen sie alle von fern, und wie ihre Neugierde größer wurde, um zu sehen, was Blinkendes sich hinter dem Vorhang verbergen mochte, wies man jedem sein Stühlchen an und gebot ihnen freundlich, in Geduld zu warten. Wilhelm war der einzige, der in ehrerbietiger Entfernung stehen blieb und sich's zwei-, dreimal von seiner Großmutter sagen ließ, bis er auch sein Plätzchen einnahm. So saß nun alles und war still, und mit dem Pfiff rollte der Vorhang in die Höhe und zeigte eine hochrot gemalte Aussicht in den Tempel. Der Hohepriester Samuel erschien mit Jonathan, und ihre wechselnden Stimmen vergeisterten ganz ihre kleinen Zuschauer. Endlich trat Saul auf in großer Verlegenheit über die Impertinenz, womit der schwerlötige Kerl ihn und die Seinigen ausgefordert hatte. Wie wohl ward's da unserm Wilhelm, der alle Worte abpaßte und bei allem zugegen war, als der zwerggestaltete, raupigte Sohn Isai mit seinem Schäferstab und Hirtentasche und Schleuder hervortrat und sprach: „Großmächtigster König und Herr Herr! Es entfalle keinem der Mut um dessentwillen; wenn Ihro Majestät mir erlauben wollen, so will ich hingehen und mit dem gewaltigen Riesen in den Streit treten." Dieser Actus endigte sich. Die übrigen Kleinen waren alle vergackelt, Wilhelm allein erwartete das Folgende und sann drauf; er war unruhig, den großen Riesen zu sehen, und wie alles ablaufen würde. *(Wilhelm Meisters theatralische Sendung)*

Das Erdbeben von Lissabon

Durch ein außerordentliches Weltereignis wurde jedoch die Gemütsruhe des Knaben zum erstenmal im tiefsten erschüttert. Am ersten November 1775 ereignete sich das Erdbeben von Lissabon, und verbreitete über die in Frieden und Ruhe schon eingewohnte Welt einen ungeheuren Schrecken. Eine große prächtige Residenz, zugleich Handels- und Hafenstadt, wird ungewarnt von dem furchtbarsten Unglück betroffen. Die Erde bebt und schwankt, das Meer braust auf, die Schiffe schlagen zusammen, die Häuser stürzen ein, Kirchen und Türme darüber her, der königliche Palast zum Teil wird vom Meere verschlungen, die geborstene Erde scheint Flammen zu speien: denn überall meldet sich Rauch und Brand in den Ruinen. Sechzigtausend Menschen, einen Augenblick zuvor noch ruhig und behaglich, gehen mit einander zugrunde, und der Glücklichste darunter ist der zu nennen, dem keine Empfindung, keine Besinnung über das Unglück mehr gestattet ist. Die Flammen wüten fort, und mit ihnen wütet eine Schar sonst verborgner, oder durch dieses Ereignis in Freiheit gesetzter Verbrecher. Die unglücklichen Übriggebliebenen sind dem Raube, dem Morde, allen Mißhandlungen bloßgestellt; und so behauptet von allen Seiten die Natur ihre schrankenlose Willkür.

Schneller als die Nachrichten hatten schon Andeutungen von diesem Vorfall sich durch große Landstrecken verbreitet; an vielen Orten waren schwächere Erschütterungen zu verspüren, an manchen Quellen, besonders den heilsamen, ein ungewöhnliches Innehalten zu bemerken gewesen; um desto größer war die Wirkung der Nachrichten selbst, welche erst im allgemeinen, dann aber mit schrecklichen Einzelheiten sich rasch verbreiteten. Hierauf ließen es die Gottesfürchtigen nicht an Betrachtungen, die Philosophen nicht an Trostgründen, an Strafpredigten die Geistlichkeit nicht fehlen. So vieles zusammen richtete die Aufmerksamkeit der Welt eine Zeitlang auf diesen Punkt, und die durch fremdes Unglück aufgeregten Gemüter wurden durch Sorgen für sich selbst und die Ihrigen um so mehr geängstigt, als über die weitverbreitete Wirkung dieser Explosion von allen Orten und Enden immer mehrere und umständlichere Nachrichten einliefen. Ja vielleicht hat der Dämon des Schreckens zu keiner Zeit so schnell und so mächtig seine Schauer über die Erde verbreitet.

Der Knabe, der alles dieses wiederholt vernehmen mußte, war nicht wenig betroffen. Gott, der Schöpfer und Erhalter Himmels und der Erden, den ihm die Erklärung des ersten Glaubensartikels so weise und gnädig vorstellte, hatte sich, indem er die Gerechten mit den Ungerechten gleichem Verderben preisgab, keineswegs väterlich bewiesen. Vergebens suchte das junge Gemüt sich gegen diese Eindrücke herzustellen, welches überhaupt um so weniger möglich war, als die Weisen und Schriftgelehrten selbst sich über die Art, wie man ein solches Phänomen anzusehen habe, nicht vereinigen konnten. *(Dichtung und Wahrheit)*

Bettina von Arnim teilt Goethe im Jahre 1810 etwas aus der Erinnerung seiner Mutter mit

Nachdem der Großvater aus einer Predigt kam, in welcher die Weisheit des Schöpfers gleichsam gegen die betroffene Menschheit verteidigt wurde und der Vater ihn fragte, wie er die Predigt verstanden habe, sagte er: „Am Ende mag alles noch viel einfacher sein, als der Prediger meint, Gott wird wohl wissen, daß der unsterblichen Seele durch böses Schicksal kein Schaden geschehen kann." Von da an warst Du wieder oben auf, doch meinte die Mutter, daß Deine revolutionären Aufregungen bei diesem Erdbeben später beim *Prometheus* wieder zum Vorschein gekommen seien.

Friedrich W. Riemer in seinen ‹Mittheilungen über Goethe›

[...] 1755 nach dem Erdbeben von Lissabon fing Goethe als ein Kind von sechs Jahren das erste Mal an, still für sich an Gott zu zweifeln, da er so etwas zulassen könne und nicht, wie schon im Alten Testament, wenigstens Weiber und Kinder verschone.

Das Italienische und der erste Blick nach Italien

Mein Vater lehrte die Schwester in demselben Zimmer Italienisch, wo ich den Cellarius [Übungen des Lateinischen] auswendig zu lernen hatte. Indem ich nun mit meinem Pensum bald fertig war und doch still sitzen sollte, horchte ich über das

Buch weg und faßte das Italienische, das mir als eine lustige Abweichung des Lateinischen auffiel, sehr behende.

Andere Frühzeitigkeiten in Absicht auf Gedächtnis und Kombination hatte ich mit jenen Kindern gemein, die dadurch einen frühen Ruf erlangt haben. Deshalb konnte mein Vater kaum erwarten, bis ich auf Akademie gehen würde. Sehr bald erklärte er, daß ich in Leipzig, für welches er eine große Vorliebe behalten, gleichfalls Jura studieren, alsdann noch eine andre Universität besuchen und promovieren sollte. Was diese zweite betraf, war es ihm gleichgültig, welche ich wählen würde; nur gegen Göttingen hatte er, ich weiß nicht warum, einige Abneigung, zu meinem Leidwesen: denn ich hatte gerade auf diese viel Zutrauen und große Hoffnungen gesetzt.

Ferner erzählte er mir, daß ich nach Wetzlar und Regensburg, nicht weniger nach Wien und von da nach Italien gehen sollte; ob er gleich wiederholt behauptete, man müsse Paris voraus sehen, weil man aus Italien kommend sich an nichts mehr ergetze.

Dieses Märchen meines künftigen Jugendganges ließ ich mir gern wiederholen, besonders da es in eine Erzählung von Italien und zuletzt in eine Beschreibung von Neapel auslief. *(Dichtung und Wahrheit)*

Die Bibel, die Fabeln, die Mythen

Man hatte zu der Zeit noch keine Bibliotheken für Kinder veranstaltet. Die Alten hatten selbst noch kindliche Gesinnungen, und fanden es bequem, ihre eigene Bildung der Nachkommenschaft mitzuteilen. Außer dem „Orbis pictus“ des Amos Comenius kam uns kein Buch dieser Art in die Hände; aber die große Foliobibel, mit Kupfern von Merian, ward häufig von uns durchblättert; Gottfrieds „Chronik“, mit Kupfern desselben Meisters, belehrte uns von den merkwürdigsten Fällen der Weltgeschichte; die „Acerra philologica“ tat noch allerlei Fabeln, Mythologien und Seltsamkeiten hinzu; und da ich gar bald die Ovidischen „Verwandlungen“ gewahr wurde, und besonders die ersten Bücher fleißig studierte: so war mein junges Gehirn schnell genug mit einer Masse von Bildern und Begebenheiten, von bedeutenden und wunderbaren Gestalten und Ereignissen angefüllt, und ich konnte niemals Langeweile haben, indem ich mich immerfort beschäftigte, diesen Erwerb zu verarbeiten, zu wiederholen, wieder hervorzubringen. *(Dichtung und Wahrheit)*

Goethe über die Bibel in einem Gespräch mit Eckermann am 11. März 1832

„Übrigens *echt* oder *unecht* sind bei Dingen der Bibel gar wunderliche Fragen. Was ist echt als das ganz Vortreffliche, das mit der reinsten Natur und Vernunft in Harmonie steht und noch heute unserer höchsten Entwickelung dient! Und was ist unecht als das Absurde, Hohle und Dumme, was keine Frucht bringt, wenigstens keine gute! – Sollte die Echtheit einer biblischen Schrift durch die Frage entschieden werden, ob uns durchaus Wahres überliefert worden, so könnte man sogar in einigen Punkten die Echtheit der Evangelien bezweifeln, wovon Markus und Lukas nicht aus unmittelbarer Ansicht und Erfahrung, sondern erst spät nach mündlicher Überlieferung geschrieben, und das letzte, von dem Jünger Johannes, erst im höchsten Alter. Dennoch halte ich die Evangelien alle vier für durchaus echt, denn es ist in ihnen der Abglanz einer Hoheit wirksam, die von der Person Christi ausging und die so göttlicher Art, wie nur je auf Erden das Göttliche erschienen ist. Fragt man mich, ob es in meiner Natur sei, ihm anbetende Ehrfurcht zu erweisen, so sage ich: Durchaus! – Ich beuge mich vor ihm als der göttlichen Offenbarung des höchsten Prinzips der Sittlichkeit. – Fragt man mich, ob es in meiner Natur sei, die Sonne zu verehren, so sage ich abermals: Durchaus! – Denn sie ist gleichfalls eine Offenbarung des Höchsten, und zwar die mächstigste, die uns Erdenkindern wahrzunehmen vergönnt ist. Ich anbete in ihr das Licht und die zeugende Kraft Gottes, wodurch allein wir leben, weben und sind, und alle Pflanzen und Tiere mit uns."

Die Darbringung der Naturopfer

Der Knabe hatte sich überhaupt an den ersten Glaubensartikel gehalten. Der Gott, der mit der Natur in unmittelbarer Verbindung stehe, sie als sein Werk anerkenne und liebe, dieser schien ihm der eigentliche Gott, der ja wohl auch mit dem Menschen wie mit allem übrigen in ein genaueres Verhältnis treten könne, und für denselben ebenso wie für die Bewegung der Sterne, für Tages- und Jahrszeiten, für Pflanzen und Tiere Sorge tragen werde. Einige Stellen des Evangeliums besagten dieses ausdrücklich. Eine Gestalt konnte der Knabe diesem Wesen nicht verleihen; er suchte ihn also in seinen Werken auf, und wollte ihm auf gut alttestamentliche Weise einen Altar errichten. Naturprodukte sollten die Welt im Gleichnis vorstellen, über diesen sollte eine Flamme brennen und das zu seinem Schöpfer sich aufsehnende Gemüt des Menschen bedeuten. Nun wurden aus der vorhandnen und zufällig vermehrten Naturaliensammlung die besten Stufen und Exemplare herausgesucht; allein wie solche zu schichten und aufzubauen sein möchten, das war nun die Schwierigkeit. Der Vater hatte einen schönen, rotlackierten, goldgeblümten Musikpult, in Gestalt einer vierseitigen Pyramide mit verschiedenen Abstufungen, den man zu Quartetten sehr bequem fand, ob er gleich in der letzten Zeit nur wenig gebraucht wurde. Dessen bemächtigte sich der Knabe, und baute nun stufenweise die Abgeordneten der Natur übereinander, so daß es recht heiter und zugleich bedeutend genug aussah. *(Dichtung und Wahrheit)*

Von den Sünden, kindlichen Schrecken und der klerikalen Indoktrination

In der Folge jedoch trat das Übel hervor, welches aus unserer durch mancherlei Dogmen komplizierten Religion bedenkliche Menschen dergestalt anfällt, daß es hypochondrische Zustände nach sich zieht und diese bis zu ihrem höchsten Gipfel, zur fixen Idee steigert. Es hatte nämlich schon sehr früh der Spruch, daß einer, der das Sakrament unwürdig genieße, sich selbst das Gericht esse und trinke, einen ungeheuren Eindruck auf mich gemacht. Alles Furchtbare, was ich in den Geschichten des Mittelalters von Gottesurteilen, den seltsamsten Prüfungen durch glühendes Eisen, flammendes Feuer, schwellendes Wasser gelesen hatte, selbst was uns die Bibel von der Quelle erzählt, die dem Unschuldigen wohl bekommt, den Schuldigen aufbläht und bersten macht, das alles stellte sich meiner Einbildungskraft dar und vereinigte sich zu dem höchsten Furchtbaren, indem falsche Zusage, Heuchelei, Meineid, Gotteslästerung – alles bei der heiligsten Handlung – auf dem Unwürdigen zu lasten schien. […] Dieser düstere Skrupel quälte mich dergestalt, und die Auskunft, die man mir hinreichend vorstellen wollte, schien mir so kahl und schwach, daß jenes Schreckbild nur an furchtbarem Ansehen dadurch gewann. *(Dichtung und Wahrheit)*

Klopstock und die Folgen

Aus der Ferne machte jedoch der Name Klopstock auch schon auf uns eine große Wirkung. Im Anfang wunderte man sich, wie ein so vortrefflicher Mann so wunderlich heißen könne; doch gewöhnte man sich bald daran und dachte nicht mehr an die Bedeutung dieser Silben.

Eine verdrießliche Epoche im Gegenteil eröffnete sich für meinen Vater, als durch Klopstocks „Messias" Verse, die ihm keine Verse schienen, ein Gegenstand der öffentlichen Bewunderung wurden. Er selbst hatte sich wohl gehütet, dieses Werk anzuschaffen; aber unser Hausfreund, Rat Schneider, schwärzte es ein und steckte es der Mutter und den Kindern zu. [...]

Portias Traum rezitierten wir um die Wette, und in das wilde verzweifelnde Gespräch zwischen Satan und Adramelech, welche ins Rote Meer gestürzt worden, hatten wir uns geteilt. Die erste Rolle, als die gewaltsamste war auf mein Teil gekommen, die andere, um ein wenig kläglicher, übernahm meine Schwester. [...]

Es war ein Samstagsabend im Winter, der Vater ließ sich immer bei Licht rasieren, um Sonntags früh sich zur Kirche bequemlich anziehen zu können, wir saßen auf einem Schemel hinter dem Ofen und murmelten, während der Barbier einseifte, unsere herkömmlichen Flüche ziemlich leise. Nun hatte aber Adramelech den Satan mit eisernen Händen zu fassen; meine Schwester packte ihn gewaltig an, rezitierte, zwar leise genug, aber doch mit steigender Leidenschaft:

> Hilf mir! ich flehe dich an, ich bete, wenn du es forderst,
> Ungeheuer, dich an! Verworfener, schwarzer Verbrecher,
> Hilf mir! ich leide die Pein des ewigen rächenden Todes!
> Vormals konnt' ich mit heißem, mit grimmigem Hasse dich hassen!
> Jetzt vermag ich's nicht mehr! Auch dies ist sprechender Jammer!

Bisher war alles leidlich gegangen, aber laut, mit fürchterlicher Stimme rief sie die folgenden Worte:

> O wie bin ich zermalmt!

Der gute Chirurgus erschrak und goß dem Vater das Seifenbecken in die Brust. Das gab einen großen Aufstand, und eine strenge Untersuchung ward gehalten, besonders in Betracht des Unglücks, das hätte entstehen können, wenn man schon im Rasieren begriffen gewesen wäre. Um allen Verdacht des Mutwillens von uns abzulehnen, bekannten wir uns zu unseren teuflischen Rollen, und das Unglück, das die Hexameter angerichtet hatten, war zu offenbar, als daß man sie aufs neue hätte verrufen und verbannen sollen. *(Dichtung und Wahrheit)*

Graf Thoranc, der französische Stadtkommandant in Frankfurt während des Krieges zwischen Preußen und den Habsburgern, erscheint am Hirschgraben und erweist sich als kunstsinniger Mann

Der Neujahrstag 1759 kam heran, für uns Kinder erwünscht und vergnüglich wie die vorigen, aber den ältern Personen bedenklich und ahndungsvoll. Die Durchmärsche der Franzosen war man zwar gewohnt, und sie ereigneten sich öfters und häufig, aber doch am häufigsten in den letzten Tagen des vergangenen Jahres. Genug, am 2. Januar, nachdem eine Kolonne durch Sachsenhausen über die Brücke durch die Fahrgasse bis an die Konstablerwache gelangt war, machte sie Halt, überwältigte das kleine, sie durchführende Kommando, nahm Besitz von gedachter Wache, zog die Zeile hinunter, und nach einem geringen Widerstand mußte sich auch die Hauptwache ergeben. Augenblicks waren die friedlichen Straßen in einen Kriegsschauplatz verwandelt. Dort verharrten und biwakierten die Truppen, bis durch regelmäßige Einquartierung für ihr Unterkommen gesorgt wäre.

Diese unerwartete, seit vielen Jahren unerhörte Last drückte die behaglichen Bürger gewaltig, und niemanden konnte sie beschwerlicher sein als dem Vater, der in sein kaum vollendetes [eben umgebautes] Haus fremde militärische Bewohner aufnehmen, ihnen seine wohlaufgeputzten und meist verschlossenen Staatszimmer einräumen, und das, was er so genau zu ordnen und zu regieren pflegte, fremder Willkür preisgeben sollte; er, ohnehin preußisch gesinnt, sollte sich nun von Franzosen in seinen Zimmern belagert sehen: es war das Traurigste, was ihm nach seiner Denkweise begegnen konnte. Wäre es ihm jedoch möglich gewesen, die Sache leichter zu nehmen, da er gut französisch sprach und im Leben sich wohl mit Würde und Anmut betragen konnte, so hätte er sich und uns manche trübe Stunde ersparen mögen; denn man quartierte bei uns den Königslieutenant, der, obgleich Militärperson, doch nur die Zivilvorfälle, die Streitigkeiten zwischen Soldaten und Bürgern, Schuldensachen und Händel zu schlichten hatte. Es war Graf Thoranc, von Grasse in der Provence ohnweit Antibes gebürtig, eine lange, hagre, ernste Gestalt, das Gesicht durch die Blattern sehr entstellt, mit schwarzen feurigen Augen, und von einem würdigen zusammengenommenen Betragen. Gleich sein Eintritt war für den Hausbewohner günstig. Man sprach von den verschiedenen Zimmern, welche teils abgegeben werden, teils der Familie verbleiben sollten, und als der Graf ein Gemäldezimmer erwähnen hörte, so erbat er sich gleich, ob es schon Nacht war, mit Kerzen die Bilder wenigstens flüchtig zu besehen. Er hatte an diesen Dingen eine übergroße Freude, bezeigte sich gegen den ihn begleitenden Vater auf das verbindlichste, und als er vernahm, daß die meisten Künstler noch lebten, sich in Frankfurt und in der Nachbarschaft aufhielten, so versicherte er, daß er nichts mehr wünsche, als sie baldigst kennen zu lernen und sie zu beschäftigen.

Gleich in den ersten Tagen der Anwesenheit des Grafen wurden die sämtlichen Frankfurter Maler, als Hirt, Schütz, Trautmann, Nothnagel, Juncker, zu ihm berufen. Sie zeigten ihre fertigen Gemälde vor, und der Graf eignete sich das Verkäufliche zu. Ihm wurde mein hübsches helles Giebelzimmer in der Mansarde eingeräumt und sogleich in ein Kabinett und Atelier umgewandelt: denn er war willens, die sämtlichen Künstler, vor allen aber Seekatz in Darmstadt, dessen Pinsel ihm besonders bei natürlichen und unschuldigen Vorstellungen höchlich gefiel, für eine ganze Zeit in Arbeit zu setzen. Er ließ daher von Grasse, wo sein älterer Bruder ein schönes Gebäude besitzen mochte, die sämtlichen Maße aller Zimmer und Kabinette herbeikommen, überlegte sodann mit den Künstlern die Wandabteilungen, und bestimmte die Größe der hiernach zu verfertigenden ansehnlichen Ölbilder, welche nicht in Rahmen eingefaßt, sondern als Tapetenteile auf die Wand befestigt werden sollten. *(Dichtung und Wahrheit)*

Rektor Albrecht, der Hebräischlehrer

Überall hörte ich sagen, daß zum Verständnis des Alten Testaments so wie des Neuen die Grundsprachen nötig wären. Das letzte las ich ganz bequem, weil die sogenannten Evangelien und Episteln, damit es ja auch Sonntags nicht an Übung fehle, nach der Kirche rezitiert, übersetzt und einigermaßen erklärt werden mußten. Ebenso dachte ich es nun auch mit dem Alten Testamente zu halten, das mir wegen seiner Eigentümlichkeit ganz besonders von jeher zugesagt hatte.

Mein Vater, der nicht gern etwas halb tat, beschloß, den Rektor unseres Gymnasiums, Doktor Albrecht, um Privatstunden zu ersuchen, die er mir wöchentlich so lange geben sollte, bis ich von einer so einfachen Sprache das Nötigste gefaßt hätte; denn er hoffte, sie werde, wo nicht so schnell, doch wenigstens in doppelter Zeit als die englische sich abtun lassen.

Der Rektor Albrecht war eine der originalsten Figuren von der Welt, klein, nicht dick aber breit, unförmlich ohne verwachsen zu sein, kurz ein Äsop mit Chorrock und Perücke. Sein über siebzigjähriges Gesicht war durchaus zu einem sarkastischen Lächeln verzogen, wobei seine Augen immer groß blieben und, obgleich rot, doch immer leuchtend und geistreich waren. Er wohnte in dem alten Kloster zu den Barfüßern, dem Sitz des Gymnasiums. Ich hatte schon als Kind, meine Eltern begleitend, ihn manchmal besucht, und die langen dunklen Gänge, die in Visitenzimmer verwandelten Kapellen, das unterbrochne treppen- und winkelhafte Lokal mit schaurigem Behagen durchstrichen. […]

Ohngeachtet alles Wohlwollens gelangte ich doch nicht ohne Einstand zur Sache: denn mein Lehrer konnte gewisse spöttische Anmerkungen, und was es denn mit dem Hebräischen eigentlich solle, nicht unterdrücken. Ich verschwieg ihm die Absicht auf das Judendeutsch, und sprach von besserem Verständnis des Grundtextes. Darauf lächelte er und meinte, ich solle schon zufrieden sein, wenn ich nur lesen lernte. Dies verdroß mich im stillen, und ich nahm alle meine Aufmerksamkeit zusammen, als es an die Buchstaben kam. Ich fand ein Alphabet, das ungefähr dem griechischen zur Seite ging, dessen Gestalten faßlich, dessen Benennungen mir zum größten Teil nicht fremd waren. Ich hatte dies alles sehr bald begriffen und behalten, und dachte, es sollte nun ans Lesen gehen. Daß dieses von der rechten zur linken Seite geschehe, war mir wohl bewußt. Nun aber trat auf einmal ein neues Heer von kleinen Buchstäbchen und Zeichen hervor, von Punkten und Strichelchen aller Art, welche eigentlich die Vokale vorstellen sollten, worüber ich mich um so mehr verwunderte, als sich in dem größern Alphabete offenbar Vokale befanden, und die übrigen nur unter fremden Benennungen verborgen zu sein schienen. Auch ward gelehrt, daß die jüdische Nation, solange sie geblüht, wirklich sich mit jenen ersten Zeichen begnügt und keine andere Art zu schreiben und zu lesen gekannt habe. Ich wäre nun gar zu gern auf diesem altertümlichen, wie mir schien bequemeren Wege gegangen; allein mein Alter erklärte etwas streng: man müsse nach der Grammatik verfahren, wie sie einmal beliebt und verfaßt worden. Das Lesen ohne diese Punkte und Striche sei eine sehr schwere Aufgabe, und könne nur von Gelehrten und den Geübtesten geleistet werden. Ich mußte mich also bequemen, auch diese kleinen Merkzeichen kennen zu lernen; aber die Sache ward mir immer verworrener. Nun sollten einige der ersten größern Urzeichen an ihrer Stelle gar nichts gelten, damit ihre kleinen Nachgebornen doch ja nicht umsonst dastehen möchten. Dann sollten sie einmal wieder einen leisen Hauch, dann einen mehr oder weniger harten Kehllaut andeuten, bald gar nur als Stütze und Widerlage dienen. Zuletzt aber, wenn man sich alles wohl gemerkt zu haben glaubte, wurden einige der großen sowohl als der kleinen Personnagen in den Ruhestand versetzt, so daß das Auge immer sehr viel und die Lippe sehr wenig zu tun hatte. Indem ich nun dasjenige, was mir dem Inhalt nach schon bekannt war, in einem fremden kauderwelschen Idiom herstottern sollte, wobei mir denn ein gewisses Näseln und Gurgeln als ein Unerreichbares nicht wenig empfohlen wurde, so kam ich gewissermaßen von der Sache ganz ab, und amüsierte mich auf eine kindische Weise an den seltsamen Namen dieser gehäuften Zeichen. *(Dichtung und Wahrheit)*

Die Kaiserkrönung Josephs II.

Der Krönungstag brach endlich an, den 3. April 1764; das Wetter war günstig und alle Menschen in Bewegung. Man hatte mir, nebst mehrern Verwandten und Freunden, in dem Römer selbst, in einer der obern Etagen, einen guten Platz angewiesen, wo wir das Ganze vollkommen übersehen konnten. Mit dem frühsten begaben wir uns an Ort und Stelle, und beschauten nunmehr von oben, wie in der Vogelperspektive, die Anstalten, die wir tags vorher in näheren Augenschein genommen hatten. Da war der neuerrichtete Spingbrunnen mit zwei großen Kufen rechts und links, in welche der Doppeladler auf dem Ständer weißen Wein hüben und roten Wein drüben aus seinen zwei Schnäbeln ausgießen sollte. [...]

Bei alledem herrschte eine ziemliche Stille, und als die Sturmglocke geläutet wurde, schien das ganze Volk von Schauer und Erstaunen ergriffen. Was nun zuerst die Aufmerksamkeit aller, die von oben herab den Platz übersehen konnten, erregte, war der Zug, in welchem die Herren von Aachen und Nürnberg die Reichskleinodien nach dem Dome brachten. Diese hatten als Schutzheiligtümer den ersten Platz im Wagen eingenommen, und die Deputierten saßen vor ihnen in anständiger Verehrung auf dem Rücksitz. Nunmehr begeben sich die drei Kurfürsten in den Dom. Nach Überreichung der Insignien an Kurmainz werden Krone und Schwert sogleich nach dem kaiserlichen Quartier gebracht. Auf dem Platze war jetzt das Sehenswürdigste die fertig gewordene und mit rot, gelb und weißem Tuch überlegte Brücke, und wir sollten den Kaiser, den wir zuerst im Wagen, dann zu Pferde sitzend angestaunt, nun auch zu Fuße wandelnd bewundern; und sonderbar genug, auf das letzte freuten wir uns am meisten; denn uns deuchte diese Weise sich darzustellen so wie die natürlichste, so auch die würdigste.

Nun verkündigte der Glockenschall und nun die Vordersten des langen Zuges, welche über die bunte Brücke ganz sachte einherschritten, daß alles getan sei. Die Aufmerksamkeit war größer denn je, der Zug deutlicher als vorher, besonders für uns, da er jetzt gerade nach uns zuging. Wir sahen ihn sowie den ganzen volkserfüllten Platz beinah im Grundriß. Nur zu sehr drängte sich am Ende die Pracht: denn die Gesandten, die Erbämter, Kaiser und König unter dem Baldachin, die drei geistlichen Kurfürsten, die sich anschlossen, die schwarz gekleideten Schöffen und Ratsherren, der goldgestickte Himmel, alles schien nur eine Masse zu sein, die, nur von einem Willen bewegt, prächtig harmonisch, und soeben unter dem Geläute der Glokken aus dem Tempel tretend, als ein Heiliges uns entgegenstrahlte.

Eine politisch-religiose Feierlichkeit hat einen unendlichen Reiz. Wir sehen die irdische Majestät vor Augen, umgeben von allen Symbolen ihrer Macht; aber indem sie sich vor der himmlischen beugt, bringt sie uns die Gemeinschaft beider vor die Sinne. Denn auch der einzelne vermag seine Verwandtschaft mit der Gottheit nur dadurch zu betätigen, daß er sich unterwirft und anbetet. *(Dichtung und Wahrheit)*

Pläne des Vaters, Pläne des Sohnes

MeinVater, in die Angelegenheiten der Stadt nur als Privatmann verflochten, äußerte sich im Verdruß über manches Mißlungene sehr lebhaft. Und sah ich ihn nicht, nach so viel Studien, Bemühungen, Reisen und mannigfaltiger Bildung, endlich zwischen seinen Brandmauern ein einsames Leben führen, wie ich mir es nicht wünschen konnte? Dies zusammen lag als eine entsetzliche Last auf meinem Gemüte, von der ich mich nur zu befreien wußte, indem ich mir einen ganz anderen Lebensplan, als den mir vorgeschriebenen, zu ersinnen trachtete. Ich warf in Gedanken die juristischen Studien weg und widmete mich allein den Sprachen, den Altertümern, der Geschichte und allem, was daraus hervorquillt.

Zwar machte mir jederzeit die poetische Nachbildung dessen, was ich an mir selbst, an anderen und an der Natur gewahr geworden, das größte Vergnügen.

Bei diesen Gesinnungen hatte ich immer Göttingen im Auge. Auf Männern wie Heyne, Michaelis und so manchem anderen ruhte mein ganzes Vertrauen; mein sehnlichster Wunsch war, zu ihren Füßen zu sitzen und auf ihre Lehren zu merken. Aber mein Vater blieb unbeweglich. Was auch einige Hausfreunde, die meiner Meinung waren, auf ihn zu wirken suchten: er bestand darauf, daß ich nach Leipzig gehen müsse. Nun hielt ich den Entschluß, daß ich, gegen seine Gesinnungen und Willen, eine eigne Studien- und Lebensweise ergreifen wollte, erst recht für Notwehr. Die Hartnäckigkeit meines Vaters, der, ohne es zu wissen, sich meinen Planen entgegensetzte, bestärkte mich in meiner Impietät, daß ich mir gar kein Gewissen daraus machte, ihm Stunden lang zuzuhören, wenn er mir den Kursus der Studien und des Lebens, wie ich ihn auf Akademien und in der Welt zu durchlaufen hätte, vorerzählte und wiederholte.

Da mir alle Hoffnung nach Göttingen abgeschnitten war, wendete ich nun meinen Blick nach Leipzig. Die heimliche Freude eines Gefangenen, wenn er seine Ketten abgelöst und die Kerkergitter bald durchgefeilt hat, kann nicht größer sein, als die meine war, indem ich die Tage schwinden und den Oktober herannahen sah. Die unfreundliche Jahreszeit, die bösen

Wege, von denen jedermann zu erzählen wußte, schreckten mich nicht. Der Gedanke, an einem fremden Orte zu Winterszeit Einstand geben zu müssen, machte mich nicht trübe; genug, ich sah nur meine gegenwärtigen Verhältnisse düster, und stellte mir die übrige unbekannte Welt licht und heiter vor.

Michael kam endlich, sehnlich erwartet, heran, da ich denn mit dem Buchhändler Fleischer und dessen Gattin, einer geborenen Triller, welche ihren Vater in Wittenberg besuchen wollte, mit Vergnügen abfuhr, und die werte Stadt, die mich geboren und erzogen, gleichgültig hinter mir ließ, als wenn ich sie nie wieder betreten wollte. *(Dichtung und Wahrheit)*

2. Student und Lizentiat in Leipzig und Straßburg 1765–1771

Verpflanze den schönen Baum,
Gärtner, er jammert mich.
Glücklicheres Erdreich
Verdiente der Stamm
Aus: Oden an einen Freund, 1767

In den gleichen verwirrten Zuständen, die den sechzehnjährigen Goethe aus dem Frankfurter *Kerker* nach Leipzig vertrieben haben, wird er kaum drei Jahre später zurückkehren. Mochten der äußere Anlaß für den Blutsturz – infolge einer Vergiftung der Atmungsorgane – die ätzenden Dämpfe bei Kupfersticharbeiten sein, so gab es wohl Gründe für einen psychosomatischen Zusammenhang. Ähnliche Erkrankungen in späteren Jahren machen diese Annahme wahrscheinlich.

Die schriftstellerischen Regeln, die ihm Christian Fürchtegott Gellert auf der Akademie vermittelte, werden zwar in Briefen an die Schwester eingeübt, verfielen aber bald der Kritik; Gottscheds moralische und erzieherische Vorstellungen fürs Theater, die die individuelle Empfindung verwerfen, werden in ihrer autoritären Starre durchschaut.

Der Begegnung mit Lessing, dessen *Laokoon* ihm eine differenzierte Ästhetik der Poesie und Malerei bietet, weicht er aus, als der Bewunderte nach Leipzig kommt [Mai 1768] – „es beliebte uns, ihm nirgends zu Gefallen zu gehen, ja die Orte, wo er hinkam zu vermeiden" –, es war das schlimmste Versäumnis, das er sich erlaubt hat. Nach dem Tod Lessings, im Februar 1781, wird er an Charlotte von Stein schreiben: „Mir hätte nicht leicht etwas fatalers begegnen können [...] Keine Viertelstunde vorher eh die Nachricht kam macht ich einen Plan ihn zu besuchen."

Sein Zeichenlehrer, der Maler und Bildhauer Adam Friedrich Oeser, vermittelt ihm die Ästhetik Winckelmanns. Er wird Jahrzehnte später, wohl aus Gründen, die ihn sensibel für den Zusammenhang zeigen, erkennen, daß diese Ästhetik Camouflage der Homosexualität Winckelmanns war. Das tritt erst in den Weimarer Jahren an den Tag, als er sich erzieherisch des jungen Fritz von Stein (des Sohns der von ihm geliebten Frau) annimmt und wohl auch vor sich selbst die homoerotische Variante seiner Empfindungen für das Kind verbirgt. Bei Oeser, in den Leipziger Jahren, führt ihn das Erlernen des bloß Handwerklichen gleichwohl immer noch an der Inspiration durchs Eigene vorbei.

Die Lebensentscheidung wird noch lange ungewiß bleiben. Es mag sein, daß die Erkrankung auch Protest war gegen den väterlichen Zwang, nach Leipzig zu gehen, statt das Studium der Altertumswissenschaft bei Heyne und Michaelis in Göttingen aufzunehmen. Vor allem aber die noch lange Jahre unentschiedene Neigung zwischen Poesie und Malerei, die er sechs Jahre später auf einer Lahnwanderung sogar einem Orakel unterwirft, hatte sicher Anteil an der psychosomatischen Erkrankung. Der Vater, erbost über den *Kränkling*, hat die späten poetischen Erfolge des Sohnes mit ernster Zuneigung begleitet in der – resignierten? – Einsicht, daß der junge Mann das *Eigene*, seine *Verselbstigung* auf anderen Wegen suchen mußte als auf dem der Jurisprudenz, und damit auch in anderen Formen öffentlichen Wirkens.

Wenn dieser (brieflich) Oeser gegenüber vorgibt, sich „wie [der Wielandsche] Prinz Biribincker nach dem Flammenbade“ zu fühlen, so spricht ein Briefsatz an den Leipziger Freund Ernst Theodor Langer doch von etwas anderem: „Ich binn jung und auf einem Weege der gewiß hinaus aus dem Labyrynte führt, wer ist's der mir versprechen könnte, das Licht wird dir wieder leuchten wie jetzt, und du wirst dich nie wieder verirren.“ Meinte die eine Mitteilung zwar die ästhetische Offenbarung und die handwerkliche Schulung, sprach die andere von der Versenkung in den – einstweilen – rettenden Pietismus und die Pansophie, so mochte doch im *Flammenbad* und im *Labyrynte* eine innere Wirklichkeit mitsprechen, in der sich Verzweiflung, Ratlosigkeit und Melancholie metaphorisch verhüllten.

Ein anderer Leipziger Freund, Ernst Wolfgang Behrisch, wird einige der Gedichte sammeln, die der junge Poet unter dem Titel *Anette* an die Tochter sein Wirts, Käthchen Schönkopf, gerichtet hat. Aber die vor allem an diesen Freund gerichteten Episteln über die verzweifelte Liebe lassen gegenüber den kleinen, konventionellen Poemen schon einen Ton hören, der erst in den *Sesenheimer Liedern,* vor allem aber wenige Jahre später im *Werther* zu vernehmen ist: der Tiefe der Empfindung, Direktheit und Frische der eigenen Erfahrung. Beides wird einmal, mit dem Instrument der Empfindsamkeit ins Ironische gewendet, diese selbst durchbrechen und eine neue Epoche in der deutschen Literatur einleiten.

Doch die Frankfurter Rekonvaleszenz setzt Zeichen auch in ganz anderer Richtung. Die Freundin der ebenfalls pietistisch gesinnten Mutter, Susanna Katharina von Klettenberg, wird ihn nicht nur mit pietistischen Texten, auch mit pansophischen Schriften, etwa denen des Paracelsus, bekannt machen. So befaßt er sich mit der Hermetik, jener Wissenschaft, die für sich in Anspruch nahm, die wahre Erkenntnis von Gott, Welt und Menschen zu vermitteln. Insbesondere aber trug sie den Gedanken des All-Einen vor, der vom unlöslichen Zusammenhang des Höchsten mit dem Niedersten, des Ganzen und des Einzelnen sprach. Eingegangen ist dieser Gedanke nicht nur in Mystik, Alchemie und Medizin, sondern in die Naturphilosophie überhaupt. Alles hing mit allem zusammen, das eine verwies aufs andere – es war die wesentliche Übereinstimmung alles Seienden. Spuren dieser Beschäftigung haben sich bis ins späteste Werk Goethes erhalten.

Von revolutionierender Wirkung auf den Neunzehnjährigen ist die Lektüre der *Unparteyischen Kirchen- und Ketzerhistorie von Anfang des Neuen Testaments auff das Jahr Christi 1688* des Frühpietisten Gottfried Arnold. Das Werk spricht vom zunehmenden Verfall der Kirche gerade in der reformatorischen Periode durch die Abkehr vom *Wort* und die Hinwendung zum *Buchstaben*: die *Wahren Zeugen* sind, nach Arnold, die Märtyrer und die Mystiker, die Außenseiter der institutionalisierten Kirche. Mit geschärftem Sinn (nicht zuletzt schon durch die kritische Betrachtung der Predigt nach dem Lissaboner Erdbeben) kann Goethe im Gedanken an Arnold die Kirchengeschichte noch im Alter einen „Mischmasch von Irrtum und Gewalt" nennen. Im *Faust* wird von dergleichen noch ironisch die Rede sein, und die Schlußszene dieses Werkes geht, nach einer großartigen Deutung Albrecht Schönes, auf den Gedanken eines großen Ketzers, Origenes, zurück. Eines anderen, Giordano Bruno, den die Inquisition 1600 auf der Piazza dei fiori in Rom auf den Scheiterhaufen gebracht hatte, gedenkt er, ohne Namensnennung, im ersten Teil des *Faust*: „Ja, was man so erkennen heißt! | Wer darf das Kind beim rechten Namen nennen? | Die wenigen, die was davon erkannt, | Die töricht gnug ihr volles Herz nicht wahrten, | Dem Pöbel ihr Gefühl, ihr Schauen offenbarten, | Hat man von je gekreuzigt und verbrannt." Und Brunos Kosmologie hat dem späten Gedicht *Weltseele* gleichsam den Text geliehen.

Die Genesung bringt den Aufbruch zum Abschluß der Studien nach Straßburg, eine ganz neue Erfahrung der Natur, die von der rokokohaften Versatzkulisse radikal Abschied nimmt und eine kühlere Betrachtung dessen, was vom Vergangenen erhaltenswert, was zu verweigern war. Da hört man auch ganz andere Töne als vordem. Er schreibt er nach Frankfurt über die Straßburger Pietisten: „Lauter Leute von mäsigem Verstande, die mit der ersten Religionsempfindung, auch den ersten vernünftigen Gedancken dachten, und nun meynen das wäre alles, weil *sie* sonst von nichts wissen."

Er findet sich an einem Mittagstisch für einige *studiosi* ein, begegnet dort dem Pädagogen Salzmann, dem, als Freund, später die Bekenntnisse über die Liebe zu Friederike Brion anvertraut werden, lernt Heinrich Jung (genannt Stilling) kennen, dessen ersten Erinnerungsband, *Heinrich Stillings Jugend* er später herausgibt, und sieht zum ersten Mal mit dem Straßburger Münster eine Gotik (er nennt sie *deutsch*), die ihm erst vier Jahrzehnte später durch den jungen Sulpiz Boisserée völlig erschlossen wird. Und er begegnet vor allem – dem schwierigen – Herder. Er nimmt auf, was der an einer Tränenfistel leidende Mann, der sich schmerzvollen Eingriffen unterziehen muß, ihm vermittelt, beginnt Homer intensiv zu lesen, sich mit Volkspoesie zu befassen, den (von Macpherson erfundenen) Ossian und wieder Shakespeare zu lesen und wird Zeuge der Entstehung von Herders großer Untersuchung über den *Ursprung der Sprache*. Für Herder wird er einige elsässische Volkslieder aufschreiben.

Seine provokante Dissertation über kirchenrechtliche Fragen, die von einer staatlichen Regelung der Kirchenordnung spricht und den Laien die Freiheit vermitteln sollte, zu sagen „was jeder bei sich fühle, denke oder sinne", wird zwar von der Fakultät abgelehnt, aber er erwirbt den Lizentiatengrad, und seine Arbeit zu Problemen der allgemeinen Rechtslehre wird gebilligt, der Titel ihm *cum applausu* zugestanden.

Die Liebe zu Friederike Brion steht im Zeichen einer Schuld, die, jenseits aller rechtlich faßbaren Begriffe – später ins ganze Werk eingeschmolzen – zuletzt fast mythische Konnotationen hat, wenn man Benjamins Begriff vom Mythos als dem „Schuldzusammenhang alles Lebendigen" folgt. Nicht fassen ließ diese Schuld sich allein mit der Figur des verräterischen Weislingen im *Götz von Berlichingen,* der nach einem Zeugnis des Autors allein erdacht ward, die Schuld an Friederike abzuarbeiten. Sie wird den *Faust I,* den *Wilhelm Meister* (Mignon) und auf geradezu elementare Weise *Die Wahlverwandtschaften* durchgeistern im Verständnis des Dämonischen in der unenträtselbaren Natur.

*

Ankunft des Studiosus G. in Leipzig

Als ich in Leipzig ankam, war es gerade Meßzeit, woraus mir ein besonderes Vergnügen entsprang: denn ich sah hier die Fortsetzung eines vaterländischen Zustandes vor mir, bekannte Waren und Verkäufer, nur an anderen Plätzen und in einer anderen Folge. Ich durchstrich den Markt und die Buden mit viel Anteil; besonders aber zogen meine Aufmerksamkeit an sich, in ihren seltsamen Kleidern, jene Bewohner der östlichen Gegenden, die Polen und Russen, vor allem aber die Griechen, deren ansehnlichen Gestalten und würdigen Kleidungen ich gar oft zu Gefallen ging.

Diese lebhafte Bewegung war jedoch bald vorüber, und nun trat mir die Stadt selbst mit ihren schönen, hohen und unter einander gleichen Gebäuden entgegen. Sie machte einen sehr guten Eindruck auf mich und es ist nicht zu leugnen, daß sie überhaupt, besonders aber in stillen Momenten der Sonn- und Feiertage, etwas Imposantes hat, so wie denn auch im Mondschein die Straßen, halb beschattet, halb erleuchtet, mich oft zu nächtlichen Promenaden einluden.

Indessen genügte mir gegen das, was ich bisher gewohnt war, dieser neue Zustand keineswegs. Leipzig ruft dem Beschauer keine altertümliche Zeit zurück; es ist eine neue, kurz vergangene, von Handelstätigkeit, Wohlhabenheit, Reichtum zeugende Epoche, die sich uns in diesen Denkmalen ankündet. Jedoch ganz nach meinem Sinn waren die mir ungeheuer scheinenden Gebäude, die, nach zwei Straßen ihr Gesicht wendend, in großen, himmelhoch umbauten Hofräumen eine bürgerliche Welt umfassend, großen Burgen, ja Halbstädten ähnlich sind. In einem dieser seltsamen Räume quartierte ich mich ein, und zwar in der „Feuerkugel" zwischen dem Alten und Neuen Neumarkt. Ein paar artige Zimmer, die in den Hof sahen, der wegen des Durchgangs nicht unbelebt war, bewohnte der Buchhändler Fleischer während der Messe, und ich für die übrige Zeit um einen leidlichen Preis. Als Stubennachbarn fand ich einen Theologen, der in seinem Fache gründlich unterrichtet, wohldenkend, aber arm war, und, was ihm große Sorgen für die Zukunft machte, sehr an den Augen litt. Er hatte sich dieses Übel durch übermäßiges Lesen bis in die tiefste Dämmerung, ja sogar, um das wenige Öl zu ersparen, bei Mondschein zugezogen. Unsere alte Wirtin erzeigte sich wohltätig gegen ihn, gegen mich jederzeit freundlich, und gegen beide sorgsam. *(Dichtung und Wahrheit)*

Der gelehrte Johann Christoph Gottsched empfängt den Studiosus

Unsern Besuch bei Gottsched darf ich nicht übergehen, indem die Sinnes- und Sittenweise dieses Mannes daraus hervortritt. Er wohnte sehr anständig in dem ersten Stock des „Goldenen Bären", wo ihm der ältere [Verleger] Breitkopf, wegen des hohen Vorteils, den die Gottschedischen Schriften, Übersetzungen und sonstigen Assistenzen der Handlung gebracht, eine lebenslängliche Wohnung zugesagt hatte.

Wir ließen uns melden. Der Bediente führte uns in ein großes Zimmer, indem er sagte, der Herr werde gleich kommen. Ob wir nun eine Gebärde, die er machte, nicht recht verstanden, wüßte ich nicht zu sagen; genug, wir glaubten, er habe uns in das anstoßende Zimmer gewiesen. Wir traten hinein zu einer sonderbaren Szene: denn in dem Augenblick trat Gottsched, der große, breite, riesenhafte Mann, in einem gründamastnen, mit rotem Taft gefütterten Schlafrock zur entgegengesetzten Türe herein; aber sein ungeheures Haupt war kahl und ohne Bedeckung. Dafür sollte jedoch sogleich gesorgt sein: denn der Bediente sprang mit einer großen Allongeperücke auf der Hand (die Locken fielen bis an den Ellenbogen) zu einer Seitentüre herein und reichte den Hauptschmuck seinem Herrn mit erschrockner Gebärde. Gottsched, ohne den mindesten Verdruß zu äußern, hob mit der linken Hand die

Perücke von dem Arme des Dieners, und indem er sie sehr geschickt auf den Kopf schwang, gab er mit seiner rechten Tatze dem armen Menschen eine Ohrfeige, so daß dieser, wie es im Lustspiel zu geschehen pflegt, sich zur Tür hinaus wirbelte, worauf der ansehnliche Altvater uns ganz gravitätisch zu sitzen nötigte und einen ziemlich langen Diskurs mit gutem Anstand durchführte. *(Dichtung und Wahrheit)*

Die Laune des verliebten G.

Meine frühere Neigung zu [der Frankfurter Freundin] Gretchen hatte ich nun auf ein Ännchen [die Tochter seines Gastwirts Schönkopf] übertragen, von der ich nicht mehr zu sagen wüßte, als daß sie jung, hübsch, munter, liebevoll und so angenehm war, daß sie wohl verdiente, in dem Schrein des Herzens eine Zeitlang als eine kleine Heilige aufgestellt zu werden, um ihr jede Verehrung zu widmen, welche zu erteilen oft mehr Behagen erregt als zu empfangen. Ich sah sie täglich ohne Hindernisse, sie half die Speisen bereiten, die ich genoß, sie brachte mir wenigstens abends den Wein, den ich trank, und schon unsere mittägige abgeschlossene Tischgesellschaft war Bürge, daß das kleine, von wenig Gästen außer der Messe besuchte Haus seinen guten Ruf wohl verdiente. Es fand sich zu mancherlei Unterhaltung Gelegenheit und Lust. Da sie sich aber aus dem Hause wenig entfernen konnte noch durfte, so wurde denn doch der Zeitvertreib etwas mager. Wir sangen die Lieder von Zachariä, spielten den „Herzog Michel" von Krüger, wobei ein zusammengeknüpftes Schnupftuch die Stelle der Nachtigall vertreten mußte, und so ging es eine Zeitlang noch ganz leidlich. Weil aber dergleichen Verhältnisse, je unschuldiger sie sind, desto weniger Mannigfaltigkeit auf die Dauer gewähren, so ward ich von jener bösen Sucht befallen, die uns verleitet, aus der Quälerei der Geliebten eine Unterhaltung zu schaffen und die Ergebenheit eines Mädchens mit willkürlichen und tyrannischen Grillen zu beherrschen. Die böse Laune über das Mißlingen meiner poetischen Versuche, über die anscheinende Unmöglichkeit, hierüber ins klare zu kommen, und über alles, was mich hie und da sonst kneipen mochte, glaubte ich an ihr auslassen zu dürfen, weil sie mich wirklich von Herzen liebte und, was sie nur immer konnte, mir zu Gefallen tat. Durch ungegründete und abgeschmackte Eifersüchteleien verdarb ich ihr und mir die schönsten Tage. *(Dichtung und Wahrheit)*

Der Maler, Bildhauer und Zeichenlehrer Adam Friedrich Oeser und die Kunstakademie auf der Pleißenburg

[Oesers] Freunde selbst bekannten im stillen, daß er, bei einem sehr schönen Naturell, seine jungen Jahre nicht in genugsamer Tätigkeit verwendet, deswegen er auch nie dahin gelangt sei, die Kunst mit vollkommener Technik auszuüben. Doch schien ein gewisser Fleiß seinem Alter vorbehalten zu sein, und es fehlte ihm die vielen Jahre, die ich ihn kannte, niemals an Erfindung noch Arbeitsamkeit. Er hatte mich gleich den ersten Augenblick sehr an sich gezogen; schon seine Wohnung, wundersam und ahndungsvoll, war für mich höchst reizend. In dem alten Schlosse Pleißenburg ging man rechts in der Ecke eine erneute heitre Wendeltreppe hinauf. Die Säle der Zeichenakademie, deren Direktor er war, fand man sodann links, hell und geräumig; aber zu ihm selbst gelangte man nur durch einen engen dunklen Gang, an dessen Ende man erst den Eintritt zu seinen Zimmern suchte, zwischen deren Reihe und einem weitläufigen Kornboden man soeben hergegangen war. Das erste Gemach mit Bildern geschmückt aus der späteren italienischen Schule, von Meistern, deren Anmut er höchlich zu preisen pflegte. Da ich Privatstunden mit einigen Edelleuten bei ihm genommen hatte, so war uns erlaubt, hier zu zeichnen, und wir gelangten auch manchmal in sein daranstoßendes inneres Kabinett, welches zugleich seine wenigen Bücher, Kunst- und Naturaliensammlungen, und was ihn sonst zunächst interessieren mochte, enthielt. Alles war mit Geschmack, einfach und dergestalt geordnet, daß der kleine Raum sehr viel umfaßte. Die Möbeln, Schränke, Portefeuilles elegant ohne Ziererei oder Überfluß. So war auch das erste, was er uns empfahl und worauf er immer wieder zurückkam, die Einfalt in allem, was Kunst und Handwerk vereint hervorzubringen berufen sind. Als ein abgesagter Feind des Schnörkel- und Muschelwesens und des ganzen barocken Geschmacks zeigte er uns dergleichen in Kupfer gestochne und gezeichnete alte Muster. *(Dichtung und Wahrheit)*

Die ‹Offenbarung› von Lessings Ästhetik: ‹Laokoon oder über die Grenzen der Mahlerey und Poesie›

Auf zweierlei Weise kann der Geist höchlich erfreut werden, durch Anschauung und Begriff. Aber jenes erfordert einen würdigen Gegenstand, der nicht immer bereit, und eine verhältnismäßige Bildung, zu der man nicht gerade gelangt ist. Der Begriff hingegen will nur Empfänglichkeit, er bringt den Inhalt mit, und ist selbst das Werkzeug der Bildung. Daher war uns jener Lichtstrahl höchst willkommen, den der vortrefflichste Denker durch düstre Wolken auf uns herableitete. Man muß Jüngling sein, um sich zu vergegenwärtigen, welche Wirkung Lessings *Laokoon* auf uns ausübte, indem dieses Werk uns aus der Region eines kümmerlichen Anschauens in die freien Gefilde des Gedankens hinriß. Das so lange mißverstandene *ut pictura poesis* war auf einmal beseitigt, der Unterschied der bildenden und Redekünste klar, die Gipfel beider erschienen nun getrennt, wie nah ihre Basen auch zusammenstoßen mochten. Der bildende Künstler sollte sich innerhalb der Grenze des Schönen halten, wenn dem redenden, der die Bedeutung jeder Art nicht entbehren kann, auch darüber hinauszuschweifen vergönnt wäre. Jener arbeitet für den äußeren Sinn, der nur durch das Schöne befriedigt wird, dieser für die Einbildungskraft, die sich wohl mit dem Häßlichen noch abfinden mag. Wie vor einem Blitz erleuchteten sich uns alle Folgen dieses herrlichen Gedankens, alle bisherige anleitende und urteilende Kritik ward, wie ein abgetragener Rock, weggeworfen, wir hielten uns von allem Übel erlöst, und glaubten mit einigem Mitleid auf das sonst so herrliche sechzehnte Jahrhundert herabblicken zu dürfen, wo man in deutschen Bildwerken und Gedichten das Leben nur unter der Form eines schellenbehangenen Narren, den Tod unter der Unform eines klappernden Gerippes, sowie die notwendigen und zufälligen Übel der Welt unter dem Bilde des fratzenhaften Teufels zu vergegenwärtigen wußte.

Am meisten entzückte uns die Schönheit jenes Gedankens, daß die Alten den Tod als den Bruder des Schlafs anerkannt, und beide, wie es Menächmen [Zwillingen] geziemt, zum Verwechseln gleich gebildet. Hier konnten wir nun erst den Triumph des Schönen höchlich feiern, und das Häßliche jeder Art, da es doch einmal aus der Welt nicht zu vertreiben ist, im Reiche der Kunst nur in den niedrigen Kreis des Lächerlichen verweisen. *(Dichtung und Wahrheit)*

Johann Joachim Winckelmann

Bei allen Bemühungen jedoch, welche sich auf Kunst und Altertum bezogen, hatte jeder stets Winckelmann vor Augen, dessen Tüchtigkeit im Vaterlande mit Enthusiasmus anerkannt wurde. Wir lasen fleißig seine Schriften, und suchten uns die Umstände bekannt zu machen, unter welchen er die ersten geschrieben hatte. Wir fanden darin manche Ansichten, die sich von Oesern herzuschreiben schienen, ja sogar Scherz und Grillen nach seiner Art, und ließen nicht nach, bis wir uns einen ungefähren Begriff von der Gelegenheit gemacht hatten, bei welcher diese merkwürdigen und doch mitunter so rätselhaften Schriften entstanden waren; ob wir es gleich dabei nicht sehr genau nahmen: denn die Jugend will lieber angeregt als unterrichtet sein, und es war nicht das letztemal, daß ich eine bedeutende Bildungsstufe sibyllinischen Blättern verdanken sollte [...] und wie ein Donnerschlag bei klarem Himmel fiel die Nachricht von Winckelmanns Tode zwischen uns nieder [Winckelmann war am 8. Juni 1768 in Triest ermordet worden]. Ich erinnere mich noch der Stelle, wo ich sie zuerst vernahm; es war in dem Hofe der Pleißenburg, nicht weit von der kleinen Pforte, durch die man zu Oeser hinaufzusteigen pflegte. Es kam mir ein Mitschüler entgegen, sagte mir, daß Oeser nicht zu sprechen sei, und die Ursache warum. [...] Es war ein allgemeines Jammern und Wehklagen, und sein frühzeitiger Tod schärfte die Aufmerksamkeit auf den Wert seines Lebens. *(Dichtung und Wahrheit)*

An den nach Dessau entschwundenen Freund
Ernst Wolfgang Behrisch

Leipzig d. 2. Nov. 67.

So leb ich, fast ohne Mädgen, fast ohne Freund, halb elend; noch einen Schritt und ich binns ganz.

Liebe ist Jammer, aber ieder Jammer wird Wollust, wenn wir seine klemmende, stechende Empfindung die unser Herz ängstigt durch Klagen lindern, und zu einem sanften Kützel verwandlen; ach da geht keine Wollust über den Jammer der Liebe, wenn ein Freund unser Elend hört unsre Tränen sieht, und das was wir davon zuviel haben, gottgleich wegnimmt, und durch Mitleid unsre Wunde heilt; es ist auch Wollust das Jücken einer erst zugeheilten Wunde. Aber kein Krancker kann durch eines unempfindlichen Arztes, grausames: es hat nicht viel zu sagen, mehr geängstigt werden, als ein Seelen-krancker durch einen gefühllosen Freund. Ein zurücktretendes Übel ist das gefährlichste, und es muß zurücktreten, für Schrecken zurücktreten; wenn der Krancke eine warme, sanfte Hand zu fassen hofft, und ein[e] kalte, kalte zu fassen kriegt. O das sind Allegorien. Die Einbildungskraft gefällt sich in dem weiten geheimnißvollen Felde der Bilder herum zuschweifen, und da Ausdrücke zu suchen, wenn Wahrheit den nächsten Weg nicht gehen darf oder nicht gerne gehen möchte. Du verstehst mich. Noch einige Sentenzen und du wirst mich ganz verstehn. Treue ist nicht das einzige Erforderniß zu einem Freunde. Warum wären Freunde so selten? Einen treuen Freund gefunden haben, heißt einen ehrlichen Mann gefunden haben, und die giebts, sage der Misantrope was er will. Aber Empfindung, ist kein Werck groser, guter Grundsätze.

Wieder eine neue Feder. Wieder einige Augenblicke Ruhe. O mein Freund. Schon das dritte Blat. Ich könnte dir tausend schreiben, ohne müde zu werden. Ohne fertig zu werden. Welcher Elender hat sich je satt geklagt.

Aber ich liebe sie. Ich glaube ich träncke Gift von ihrer Hand. Verzeih mir Freund. Ich schreibe warlich im Fieber, warlich im Paroxismus. Doch laß mich schreiben. Besser ich lasse hier meine Wuht aus, als daß ich mich mit dem Kopf wider die Wand renne.

Ich habe eine Viertelstunde auf meinem Stuhle geschlafen. Ich binn würcklich sehr matt. Aber das Blatt muß diesen Abend noch voll werden. Ich habe noch viel zu sagen.

Wie werde ich diese Nacht zu bringen? dafür graut's mir. Was werde ich morgen tuhn? das weiß ich. Ich werde ruhig seyn biß ich ins Hauß trete. Und da wird mein Herz zu pochen anfangen, und wenn ich sie gehen oder reden höre, wird es stärcker pochen, und nach Tische werd' ich gehen. Seh ich sie etwa, da werden mir die Tränen in die Augen kommen, und werde dencken: Gott verzeih dir wie ich dir verzeihe, und schencke dir alle die Jahre, die du meinem Leben raubst; das werde ich dencken, sie ansehen, mich freuen daß ich halb und halb glauben kann daß sie mich liebt, und wieder gehen. So wird's seyn morgen, übermorgen, und immer fort.

Marie Körner, die Tochter des Leipziger Kupferstechers Johann Michael Stork erinnert sich an dessen Schüler

Der Vater arbeitete vornehmlich kleine Vignetten für den Verlagsbuchhändler Breitkopf; auch durch Unterricht in seiner Kunst hatte er Verdienst. Von seinen Schülern der eifrigste, zugleich aber auch zu allerhand munteren Streichen aufgelegteste, war der später so berühmt gewordene Goethe, damals Student der Rechte, sechzehn Jahr alt. Unserer guten Mutter machte diese Bekanntschaft mancherlei Sorge und Verdruß. Wenn der Vater in später Nachmittagsstunde noch fleißig bei der Arbeit saß, trieb ihn der junge Freund an, frühzeitig Feierabend zu machen, und beschwichtigte die Einwendungen der Mutter damit, daß die Arbeit mit der feinen Radiernadel im Zwielicht die Augen zu sehr angreife, zumal er dabei durch das Glas sehe. Wenn nun aber die Mutter erwiderte, *durch* das Glas sehen, greife die Augen nicht so sehr an, wie *in* das Glas und zwar manches Mal zu tief sehen, so ließ doch der muntre Student nicht los und entführte uns den Vater zu Schönkopfs, oder nach Auerbachs Keller, wo in lustiger Gesellschaft die Studien zu Studentenszenen des *Faust* entstanden sind.

Plötzliche Krankheit, Abschied von Leipzig

Eines Nachts wachte ich mit einem heftigen Blutsturz auf, und hatte noch soviel Kraft und Besinnung, meinen Stubennachbar zu wecken. Doktor Reichel wurde gerufen, der mir aufs freundlichste hülfreich ward, und so schwankte ich mehrere Tage zwischen Leben und Tod, und selbst die Freude an einer erfolgenden Besserung wurde dadurch vergällt, daß sich, bei jener Eruption, zugleich ein Geschwulst an der linken Seite des Halses gebildet hatte, den man jetzt erst, nach vorübergegangner Gefahr, zu bemerken Zeit fand. Genesung ist jedoch immer angenehm und erfreulich, wenn sie auch langsam und kümmerlich vonstatten geht, und da bei mir sich die Natur geholfen, so schien ich auch nunmehr ein anderer Mensch geworden zu sein: denn ich hatte eine größere Heiterkeit des Geistes gewonnen, als ich bei mir lange nicht gekannt, ich war froh, mein Inneres frei zu fühlen, wenn mich gleich äußerlich ein langwieriges Leiden bedrohte.

Mit einem so gellenden Nachklange akademischer Großtaten fuhr ich im September 1768 von Leipzig ab, in dem bequemen Wagen eines Hauderers und in Gesellschaft einiger mir bekannten zuverlässigen Personen. In der Gegend von Auerstädt gedachte ich jenes früheren Unfalls; aber ich konnte nicht ahnden, was viele Jahre nachher mich von dorther mit größerer Gefahr bedrohen würde [1806, nach der Schlacht bei Jena und Auerstädt und der nachfolgenden Plünderung Weimars], ebenso wenig, als in Gotha, wo wir uns das Schloß zeigen ließen, ich, in dem großen mit Stukkaturbildern verzierten Saale, denken durfte, daß mir an eben der Stelle so viel Gnädiges und Liebes widerfahren sollte. *(Dichtung und Wahrheit)*

Aus dem Zyklus ‹Anette›:
Die Nacht

Gern verlaß' ich diese Hütte,
Meiner Schönen Aufenthalt,
Und durchstreich mit leisem Tritte
Diesen ausgestorbnen Wald.
Luna bricht die Nacht der Eichen,
Zephirs melden ihren Lauf,
Und die Birken streun mit Neigen
Ihr den süßten Weihrauch auf.

Schauer, der das Herze fühlen,
Der die Seele schmelzen macht,
Wandelt im Gebüsch im Kühlen.
Welche schöne, süße Nacht!
Freude! Wollust! Kaum zu fassen!
Und doch wollt' ich, Himmel, dir
Tausend deiner Nächte lassen,
Gäb' mein Mädchen eine mir.

Nach der Rückkehr ins Elternhaus
An Ernst Theodor Langer

Lieber Langer,

[...] Meine Liebe, diese unglückliche Leidenschafft, die mich zuviel, zuviel gekostet hat, als daß ich sie je vergeßen sollte, ist verscharrt, tief in mein Gedächtniß begraben, kalte Zerstreuung drüber geworfen, ich denke manchmal daran, ganz gleichgültig. Nicht rührender ist mir ein Gedancke an ihre C. als an meine Nette. Ein Glück für meine Situation, und Lieber, ich fürchte es wird nicht lange dauern, die Zerstreuung wird wegfliegen, und es wird ganz vor mir offen stehn, das Grab meiner Liebe. Meine Einbildungskrafft wird mit meinen Blute lebendig werden, und ich werde seyn was ich lange voraus sah mitten im Genuße der mich mit paradiesisch beladenen Zweigen umgiebt, ein Tantalus.

An Käthchen Schönkopf

Franckfurt am 1. Nov. 68.

Meine geliebteste Freundin,
Sie haben Recht, meine Freundinn, dass ich jetzt für das gestraft werde, was ich gegen Leipzig gesündigt habe, mein hiesiger Aufenthalt, ist so unangenehm, als mein Leipziger angenehm hätte seyn können, wenn gewissen Leuten gelegen gewesen wäre, mir ihn angenehm zu machen. Wenn Sie mich schelten wollen, so müssen Sie billig seyn, Sie wissen was mich unzufrieden, launisch, und verdrüsslich machte, das Dach war gut, aber die Betten hätten besser seyn können, sagt Franziska [in Lessings *Minna von Barnhelm*].

Zeigen Sie diesen Brief, und wenn ich bitten darf alle meine Briefe, Ihren Eltern, und wenn Sie wollen, Ihren besten Freunden, aber niemand weiter; Ich schreibe, wie ich geredet habe, aufrichtig, und dabey wünschte ich, dass es niemand, wer es falsch auslegen könnte zu sehen kriegte. Ich binn wie immer, unaufhörlich

ganz der Ihrige
JWGoethe.

An Adam Friedrich Oeser

Franckfurt, am 9 Nov. 1768.

Was binn ich Ihnen nicht schuldig, Theuerster Herr Professor, dass Sie mir den Weeg zum Wahren und Schönen gezeigt haben, dass Sie mein Herz gegen den Reitz fühlbaar gemacht haben. Ich binn Ihnen mehr schuldig, als dass ich Ihnen dancken könnte. Den Geschmack den ich am Schönen habe, meine Kentnisse, meine Einsichten, habe ich die nicht alle durch Sie? Wie gewiss, wie leuchtend wahr, ist mir der seltsame, fast unbegreifliche Satz geworden, dass die Werckstatt des grossen Künstlers mehr den keimenden Philosophen, den keimenden Dichter entwickelt, als der Hörsaal des Weltweisen und des Kritickers. Lehre tuht viel, aber Aufmunterung tuht alles. Wer unter allen meinen Lehre[r]n hat mich jemals würdig geachtet mich aufzumuntern, als Sie. Entweder ganz getadelt, oder ganz gelobt, und nichts kann Fähigkeiten so sehr niederreissen. Aufmunterung nach dem Tadel, ist Sonne nach dem Reegen, fruchtbaares Gedeyen. Ja Herr Professor wenn Sie meiner Liebe zu den Musen nicht aufgeholfen hätten ich wäre verzweifelt. Sie wissen was ich war da ich zu Ihnen kam, und was ich war da ich von Ihnen ging, der Unterschied ist Ihr Werck. Ich weiss wohl, es war mir wie Prinz Biribinckern [aus Wielands Roman *Don Sylvio von Rosalva*] nach dem Flammenbaade, ich sah ganz anders, ich sah mehr als sonst; und was über alles geht, ich sah was ich noch zu tuhn habe, wenn ich was seyn will.

Mißmut des Vaters, Freundschaft mit Susanna Katharina von Klettenberg, Pietismus, Pansophie und Johann Gottried Arnolds ‹Kirchen- und Ketzergeschichte›

Persönlich war mein Vater in ziemlicher Behaglichkeit. Er befand sich wohl, brachte einen großen Teil des Tags mit dem Unterrichte meiner Schwester zu, schrieb an seiner Reisebeschreibung, und stimmte seine Laute länger, als er darauf spielte. Er verhehlte dabei, so gut er konnte, den Verdruß, anstatt eines rüstigen, tätigen Sohns, der nun promovieren und jene vorgeschriebene Lebensbahn durchlaufen sollte, einen Kränkling zu finden, der noch mehr an der Seele als am Körper zu leiden schien. Er verbarg nicht seinen Wunsch, daß man sich mit der Kur expedieren möge; besonders aber mußte man sich mit hypochondrischen Äußerungen in seiner Gegenwart in acht nehmen, weil er alsdann heftig und bitter werden konnte.

Meine Mutter, von Natur sehr lebhaft und heiter, brachte unter diesen Umständen sehr langweilige Tage zu. Die kleine Haushaltung war bald besorgt. Das Gemüt der guten, innerlich niemals unbeschäftigten Frau wollte auch einiges Interesse finden, und das nächste begegnete ihr in der Religion, das sie um so lieber ergriff, als ihre vorzüglichsten Freundinnen gebildete und herzliche Gottesverehrerinnen waren. Unter diesen stand Fräulein von Klettenberg obenan. Es ist dieselbe, aus deren Unterhaltungen und Briefen die „Bekenntnisse der schönen Seele" entstanden sind, die man in *Wilhelm Meister* eingeschaltet findet. Sie war zart gebaut, von mittlerer Größe; ein herzliches natürliches Betragen war durch Welt- und Hofart noch gefälliger geworden. Ihr sehr netter Anzug erinnerte an die Kleidung Herrnhutischer Frauen. Heiterkeit und Gemütsruhe verließen sie niemals. Sie betrachtete ihre Krankheit als einen notwendigen Bestandteil ihres vorübergehenden irdischen Seins; sie litt mit der größten Geduld, und in schmerzlosen Intervallen war sie lebhaft und gesprächig. Ihre liebste, ja vielleicht einzige Unterhaltung waren die sittlichen Erfahrungen, die der Mensch, der sich beobachtet, an sich selbst machen kann; woran sich denn die religiosen Gesinnungen anschlossen, die auf eine sehr anmutige, ja geniale Weise bei ihr als natürlich und übernatürlich in Betracht kamen. *(Dichtung und Wahrheit)*

Da ich mit der Geschwulst am Halse sehr geplagt war, indem Arzt und Chirurgus diese Exkeszenz erst vertreiben, hernach, wie sie sagten, zeitigen wollten, sie zuletzt aufzuschneiden für gut befanden; so hatte ich eine geraume Zeit mehr an Unbequemlichkeit als an Schmerzen zu leiden, obgleich gegen das Ende der Heilung das immer fortdauernde Betupfen mit Höllenstein und anderen ätzenden Dingen höchst verdrießliche Aussichten auf jeden neuen Tag geben mußte. Arzt und Chirurgus gehörten auch unter die abgesonderten Frommen, obgleich beide von höchst verschiedenem Naturell waren.

Der Arzt, ein unerklärlicher, schlau blickender, freundlich sprechender, übrigens abstruser Mann, der sich in dem frommen Kreise ein ganz besonderes Zutrauen erworben hatte. Tätig und aufmerksam war er den Kranken tröstlich; mehr aber als durch alles erweiterte er seine Kundschaft durch die Gabe, einige geheimnisvolle selbstbereitete Arzneien im Hintergrunde zu zeigen, von denen niemand sprechen durfte, weil bei uns den Ärzten die eigene Dispensation streng verboten war. […] Um den Glauben an die Möglichkeit eines solchen Universalmittels zu erregen und zu stärken, hatte der Arzt seinen Patienten, wo er nur einige Empfänglichkeit fand, gewisse mystische chemischalchemische Bücher empfohlen, und zu verstehen gegeben, daß man durch eignes Studium derselben gar wohl dahin gelangen könne, jenes Kleinod sich selbst zu erwerben; welches um so notwendiger sei, als die Bereitung sich sowohl aus physischen als besonders aus moralischen Gründen nicht wohl überliefern lasse, ja daß man, um jenes große Werk einzusehen, hervorzubringen und zu benutzen, die Geheimnisse der Natur im Zusammenhang kennen müsse, weil es nichts Einzelnes sondern etwas Universelles sei, und auch wohl gar unter verschiedenen Formen und Gestalten hervorgebracht werden könne. Meine Freundin hatte auf diese lokkenden Worte gehorcht. Das Heil des Körpers war zu nahe mit dem Heil der Seele verwandt; und könnte je eine größere Wohltat, eine größere Barmherzigkeit auch an andern ausgeübt werden, als wenn man sich ein Mittel zu eigen machte, wodurch so manches Leiden gestillt, so manche Gefahr abgelehnt werden könnte? Sie hatte schon insgeheim Wellings *Opus mago-cabbalisticum* studiert, wobei sie jedoch, weil der Autor das Licht, was er mitteilt, sogleich wieder selbst verfinstert und aufhebt, sich nach einem Freunde umsah, der ihr in diesem Wechsel von Licht und Finsternis Gesellschaft leistete. [...] Umständlich genug ist zwar schon die Erzählung von dem, was mich in diesen Tagen berührt, aufgeregt und beschäftigt; allein ich muß demohngeachtet wieder zu jenem Interesse zurückkehren, das mir die übersinnlichen Dinge eingeflößt hatten, von denen ich ein für allemal, insofern es möglich wäre, mir einen Begriff zu bilden unternahm.

Einen großen Einfluß erfuhr ich dabei von einem wichtigen Buche, das mir in die Hände geriet, es war Arnolds *Kirchen- und Ketzergeschichte*. Dieser Mann ist nicht ein bloß reflektierender Historiker, sondern zugleich fromm und fühlend. Seine Gesinnungen stimmten sehr zu den meinigen, und was mich an seinem Werk besonders ergetzte, war, daß ich von manchen Ketzern, die man mir bisher als toll oder gottlos vorgestellt hatte, einen vorteilhaften Begriff erhielt. Der Geist des Widerspruchs und die Lust zum Paradoxen steckt in uns allen. Ich studierte fleißig die verschiedenen Meinungen, und da ich oft genug hatte sagen hören, jeder Mensch habe am Ende doch seine eigene Religion, so kam mir nichts natürlicher vor, als daß ich mir auch meine eigene bilden könne, und dieses tat ich mit vieler Behaglichkeit. Der neue Platonismus lag zum Grunde; das Hermetische, Mystische, Kabbalistische gab auch seinen Beitrag her, und so erbaute ich mir eine Welt, die seltsam genug aussah. (*Dichtung und Wahrheit*)

Abschied vom Vater im Unfrieden, Fahrt ins Elsaß zum Abschluß des Studiums und erster Eindruck vom Münster und von der Landschaft

Es gab eine Szene [mit dem Vater], welche, zwar wieder getuscht und ausgeglichen, doch meine Reise nach dem schönen Elsaß beschleunigte, die ich denn auch, auf der neu eingerichteten bequemen Diligence, ohne Aufenthalt und in kurzer Zeit vollbrachte.

Ich war im Wirtshaus „Zum Geist" abgestiegen und eilte sogleich, das sehnlichste Verlangen zu befriedigen und mich dem Münster zu nähern, welcher durch Mitreisende mir schon lange gezeigt und eine ganze Strecke her im Auge geblieben war. Als ich nun erst durch die schmale Gasse diesen Koloß gewahrte, sodann aber auf dem freilich sehr engen Platz allzu nah vor ihm stand, machte derselbe auf mich einen Eindruck ganz eigner Art, den ich aber, auf der Stelle zu entwickeln unfähig, für diesmal nur dunkel mit mir nahm, indem ich das Gebäude eilig bestieg, um nicht den schönen Augenblick einer hohen und heitern Sonne zu versäumen, welche mir das weite reiche Land auf einmal offenbaren sollte. [...]

Und so sah ich denn von der Plattform die schöne Gegend vor mir, in welcher ich eine Zeitlang wohnen und hausen durfte: die ansehnliche Stadt, die weitumherliegenden, mit herrlichen dichten Bäumen besetzten und durchflochtenen Auen, diesen auffallenden Reichtum der Vegetation, der, dem Laufe des Rheins folgend, die Ufer, Inseln und Werder bezeichnet. Nicht weniger mit mannigfaltigem Grün geschmückt ist der von Süden herab sich ziehende flache Grund, welchen die Iller bewässert; selbst westwärts nach dem Gebirge zu, finden sich manche Niederungen, die einen ebenso reizenden Anblick von Wald und Wiesenwuchs gewähren, so wie der nördliche mehr hügelige Teil von unendlichen kleinen Bächen durchschnitten ist, die überall ein schnelles Wachstum begünstigen. Denkt man sich nun zwischen diesen üppig ausgestreckten Matten, zwischen diesen fröhlich ausgesäeten Hainen alles zum Fruchtbau schickliche Land trefflich bearbeitet, grünend und reifend, und die besten und reichsten Stellen desselben durch Dörfer und Meierhöfe bezeichnet, und eine solche große und unübersehliche, wie ein neues Paradies für den Menschen recht vorbereitete Fläche näher und ferner von teils angebauten, teils waldbewachsnen Bergen begrenzt; so wird man das Entzücken begreifen, mit dem ich mein Schicksal segnete, das mir für einige Zeit einen so schönen Wohnplatz bestimmt hatte. *(Dichtung und Wahrheit)*

Aus: Von deutscher Baukunst (1772)

Als ich das erstemal nach dem Münster ging, hatt' ich den Kopf voll allgemeiner Erkenntnis guten Geschmacks. Auf Hörensagen ehrt' ich die Harmonie der Massen, die Reinheit der Formen, war ein abgesagter Feind der verworrnen Willkürlichkeiten gotischer Verzierungen. Unter die Rubrik *Gotisch*, gleich dem Artikel eines Wörterbuchs, häufte ich alle synonymische Mißverständnisse, die mir von Unbestimmtem, Ungeordnetem, Unnatürlichem, Zusammengestoppeltem, Aufgeflicktem, Überladenem jemals durch den Kopf gezogen waren. Nicht gescheiter als ein Volk, das die ganze fremde Welt barbarisch nennt, hieß alles *Gotisch*, was nicht in mein System paßte, von dem gedrechselten bunten Puppen- und Bilderwerk an, womit unsre bürgerliche Edelleute ihre Häuser schmücken, bis zu den ernsten Resten der älteren deutschen Baukunst, über die ich, auf Anlaß einiger abenteuerlichen Schnörkel, in den allgemeinen Gesang stimmte: „Ganz von Zierat erdrückt!", und so graute mir's im Gehen vorm Anblick eines mißgeformten krausborstigen Ungeheuers.

Mit welcher unerwarteten Empfindung überraschte mich der Anblick, als ich davor trat! Ein ganzer, großer Eindruck füllte meine Seele, den, weil er aus tausend harmonierenden Einzelnheiten bestand, ich wohl schmecken und genießen, keineswegs aber erkennen und erklären konnte. Sie sagen, daß es also mit den Freuden des Himmels sei, und wie oft bin ich zurückgekehrt, diese himmlisch-irdische Freude zu genießen, den Riesengeist unsrer ältern Brüder in ihren Werken zu umfassen. Wie oft bin ich zurückgekehrt, von allen Seiten, aus allen Entfernungen, in jedem Lichte des Tags zu schauen seine Würde und Herrlichkeit! Schwer ist's dem Menschengeist, wenn seines Bruders Werk so hoch erhaben ist, daß er nur beugen und anbeten muß. Wie oft hat die Abenddämmerung mein durch forschendes Schauen ermattetes Aug' mit freundlicher Ruhe geletzt, wenn durch sie die unzähligen Teile zu ganzen Massen schmolzen, und nun diese, einfach und groß, vor meiner Seele standen und meine Kraft sich wonnevoll entfaltete, zugleich zu genießen und zu erkennen! Da offenbarte sich mir, in leisen Ahndungen, der Genius des großen Werkmeisters.

Johann Gottfried Herder

Das bedeutendste Ereignis, was die wichtigsten Folgen für mich haben sollte, war die Bekanntschaft und die daran sich knüpfende nähere Verbindung mit Herder. Er hatte den Prinzen von Holstein-Eutin, der sich in traurigen Gemütszuständen befand, auf Reisen begleitet und war mit ihm bis Straßburg gekommen. Unsere Sozietät [um Johann Gotthilf Salzmann], sobald sie seine Gegenwart vernahm, trug ein großes Verlangen sich ihm zu nähern, und mir begegnete dies Glück zuerst ganz unvermutet und zufällig. Ich war nämlich in den Gasthof „Zum Geist" gegangen [Goethe hatte mittlerweile Wohnung am Fischmarkt genommen], ich weiß nicht welchen bedeutenden Fremden aufzusuchen. Gleich unten an der Treppe fand ich einen Mann, der eben auch hinaufzusteigen im Begriff war, und den ich für einen Geistlichen halten konnte.

Er fragte nach meinem Namen, der ihm von keiner Bedeutung sein konnte; allein meine Offenheit schien ihm zu gefallen, indem er sie mit großer Freundlichkeit erwiderte, und, als wir die Treppe hinaufstiegen, sich sogleich zu einer lebhaften Mitteilung bereit finden ließ. Es ist mir entfallen, wen wir damals besuchten; genug, beim Scheiden bat ich mir die Erlaubnis aus, ihn bei sich zu sehen, die er mir denn auch freundlich genug erteilte. Ich versäumte nicht, mich dieser Vergünstigung wiederholt zu bedienen, und ward immer mehr von ihm angezogen.

Ich war überhaupt sehr zutraulicher Natur, und vor ihm besonders hatte ich gar kein Geheimnis. Es währte jedoch nicht lange, als der abstoßende Puls seines Wesens eintrat und mich in nicht geringes Mißbehagen versetzte. Ich erzählte ihm mancherlei von meinen Jugendbeschäftigungen und Liebhabereien, unter andern von einer Siegelsammlung [...] Ich hatte sie nach dem Staatskalender eingerichtet, und war bei dieser Gelegenheit mit sämtlichen Potentaten, größern und geringern Mächten und Gewalten, bis auf den Adel herunter wohl bekannt geworden, und meinem Gedächtnis waren diese heraldischen Zeichen gar oft, und vorzüglich bei der Krönungsfeierlichkeit, zustatten gekommen. Ich sprach von diesen Dingen mit einiger Behaglichkeit; allein er war anderer Meinung, verwarf nicht allein dieses ganze Interesse, sondern wußte es mir auch lächerlich zu machen, ja beinahe zu verleiden.

Von diesem seinem Widersprechungsgeiste sollte ich noch gar manches ausstehen: denn er entschloß sich, teils weil er sich vom Prinzen abzusondern gedachte, teils eines Augenübels [einer Tränenfistel] wegen, in Straßburg zu verweilen. Dieses Übel ist eins der beschwerlichsten und unangenehmsten, und um desto lästiger, als es nur durch eine schmerzliche, höchst verdrießliche und unsichere Operation geheilt werden kann. [...]

Herder konnte allerliebst einnehmend und geistreich sein, aber ebenso leicht eine verdrießliche Seite hervorkehren. Dieses Anziehen und Abstoßen haben zwar alle Menschen ihrer Natur nach, einige mehr, einige weniger, einige in langsamem, andere in schnelleren Pulsen; wenige können ihre Eigenheiten hierin wirklich bezwingen, viele zum Schein. Was Herdern betrifft, so schrieb sich das Übergewicht seines widersprechenden, bittern, bissigen Humors gewiß von seinem Übel und den daraus entspringenden Leiden her. [...]

Die ganze Zeit dieser Kur besuchte ich Herdern morgens und abends; ich blieb auch wohl ganze Tage bei ihm und gewöhnte mich in kurzem um so mehr an sein Schelten und Tadeln, als ich seine schönen und großen Eigenschaften, seine ausgebreiteten Kenntnisse, seine tiefen Einsichten täglich mehr schätzen lernte. Die Einwirkung dieses gutmütigen Polterers war groß und bedeutend. Er hatte fünf Jahre mehr als ich, welches in jüngeren Tagen schon einen großen Unterschied macht; und da ich ihn für das anerkannte, was er war, da ich dasjenige zu schätzen suchte, was er schon geleistet hatte, so mußte er eine große Superiorität über mich gewinnen. Aber behaglich war der Zustand nicht: denn ältere Personen, mit denen ich bisher umgegangen, hatten mich mit Schonung zu bilden gesucht, vielleicht auch durch Nachgiebigkeit verzogen; von Herdern aber konnte man niemals eine Billigung erwarten, man mochte sich anstellen wie man wollte. Indem nun also auf der einen Seite meine große Neigung und Verehrung für ihn, und auf der andern das Mißbehagen, das er in mir erweckte, beständig mit einander im Streit lagen; so entstand ein Zwiespalt in mir, der erste in seiner Art, den ich in meinem Leben empfunden hatte. Da seine Gespräche jederzeit bedeutend waren, er mochte fragen, antworten oder sich sonst auf eine Weise mitteilen; so mußte er mich zu neuen Ansichten täglich, ja stündlich befördern. [...]

Am sorgfältigsten verbarg ich ihm das Interesse an gewissen Gegenständen, die sich bei mir eingewurzelt hatten und sich nach und nach zu poetischen Gestalten ausbilden wollten. Es war *Götz von Berlichingen* und *Faust*. Die Lebensbeschreibung des erstern hatte mich im Innersten ergriffen. Die Gestalt eines rohen, wohlmeinenden Selbsthelfers in wilder anarchischer Zeit erregte meinen tiefsten Anteil. Die bedeutende Puppenspielfabel des andern klang und summte gar vieltönig in mir wider. Auch ich hatte mich in allem Wissen umhergetrieben und war früh genug auf die Eitelkeit desselben hingewiesen worden. Ich hatte es auch im Leben auf allerlei Weise versucht, und war immer unbefriedigter und gequälter zurückgekommen. Nun trug ich diese Dinge, sowie manche andre, mit mir herum und ergetzte mich daran in einsamen Stunden, ohne jedoch etwas davon aufzuschreiben. *(Dichtung und Wahrheit)*

Erster Ritt nach Sesenheim, Begegnung mit der Familie Brion, Friederike

Mein Tischgenosse Weyland, der sein stilles fleißiges Leben dadurch erheiterte, daß er, aus dem Elsaß gebürtig, bei Freunden und Verwandten in der Gegend von Zeit zu Zeit einsprach, leistete mir auf meinen kleinen Exkursionen manchen Dienst, indem er mich in verschiedenen Ortschaften und Familien teils persönlich, teils durch Empfehlungen einführte. Dieser hatte mir öfters von einem Landgeistlichen gesprochen, der nahe bei Drusenheim, sechs Stunden von Straßburg, im Besitz einer guten Pfarre mit einer verständigen Frau und ein paar liebenswürdigen Töchtern lebe. Die Gastfreiheit und Anmut dieses Hauses ward immer dabei höchlich gerühmt. So viel bedurfte es kaum, um einen jungen Ritter anzureizen, der sich schon angewöhnt hatte, alle abzumüßigenden Tage und Stunden zu Pferde und in freier Luft zuzubringen. Also entschlossen wir uns auch zu dieser Partie. [...]

Alles war still und menschenleer, wie im Dorfe [Sesenheim] so im Hofe. Wir fanden den Vater, einen kleinen, in sich gekehrten aber doch freundlichen Mann, ganz allein: denn die Familie war auf dem Felde. Er hieß uns willkommen, bot uns eine Erfrischung an, die wir ablehnten. Mein Freund eilte die

Frauenzimmer aufzusuchen, und ich blieb mit unserem Wirt allein. [...]

Die älteste Tochter kam [...] hastig in die Stube, unruhig, ihre Schwester nicht gefunden zu haben. Man war besorgt um sie und schalt auf diese oder jene böse Gewohnheit; nur der Vater sagte ganz ruhig: „Laßt sie immer gehn, sie kommt schon wieder!" In diesem Augenblick trat sie wirklich in die Türe; und da ging fürwahr an diesem ländlichen Himmel ein allerliebster Stern auf. Beide Töchter trugen sich noch deutsch wie man es zu nennen pflegte, und diese fast verdrängte Nationaltracht kleidete Friedriken besonders gut. Ein kurzes weißes rundes Röckchen mit einer Falbel, nicht länger, als daß die nettsten Füßchen bis an die Knöchel sichtbar blieben; ein knappes weißes Mieder und eine schwarze Taffetschürze – so stand sie auf der Grenze zwischen Bäuerin und Städterin. Schlank und leicht, als wenn sie nichts an sich zu tragen hätte, schritt sie, und beinahe schien für die gewaltigen blonden Zöpfe des niedlichen Köpfchens der Hals zu zart. Aus heiteren blauen Augen blickte sie sehr deutlich umher, und das artige Stumpfnäschen forschte so frei in die Luft, als wenn es in der Welt keine Sorge geben könnte; der Strohhut hing ihr am Arm, und so hatte ich das Vergnügen, sie beim ersten Blick auf einmal in ihrer ganzen Anmut und Lieblichkeit zu sehn und zu erkennen. [...]

Die Unterhaltung bei Tische erweiterte die Ansicht jenes Land- und Familienkreises, indem von mancherlei lustigen Begebenheiten, die bald da bald dort vorgefallen, die Rede war. Friedrike, die neben mir saß, nahm daher Gelegenheit, mir verschiedene Ortschaften zu beschreiben, die es wohl zu besuchen der Mühe wert sei. Da immer ein Geschichtchen das andere hervorruft, so konnte ich nun auch mich desto besser in das Gespräch mischen und ähnliche Begebenheiten erzählen, und weil hiebei ein guter Landwein keineswegs geschont wurde, so stand ich in Gefahr, aus meiner [Verkleidungs-]Rolle zu fallen, weshalb der vorsichtigere Freund den schönen Mondschein zum Vorwand nahm und auf einen Spaziergang antrug, welcher denn auch sogleich beliebt wurde. Er bot der Ältesten den Arm, ich der Jüngsten, und so zogen wir durch die weiten Fluren, mehr den Himmel über uns zum Gegenstand habend, als die Erde, die sich neben uns in der Breite verlor. Friedrikens Reden jedoch hatten nichts Mondscheinhaftes; durch die Klarheit, womit sie sprach, machte sie die Nacht zum Tage, und es war nichts darin, was eine Empfindung angedeutet oder erweckt hätte, nur bezogen sich ihre Äußerungen mehr als bisher auf mich [...]

Wir begaben uns in eine geräumige Laube, und ich trug ein Märchen vor, das ich hernach unter dem Titel *Die neue Melusine* aufgeschrieben habe [in *Wilhelm Meisters Wanderjahre*]. Es verhält sich zum *Neuen Paris* [das er als Kind erfunden und erzählt hat] wie ungefähr der Jüngling zum Knaben, und ich würde es hier einrücken, wenn ich nicht der ländlichen Wirklichkeit und Einfalt, die uns hier gefällig umgibt, durch wunderliche Spiele der Phantasie zu schaden fürchtete. Genug, mir gelang, was den Erfinder und Erzähler solcher Produktionen belohnt, die Neugierde zu erregen, die Aufmerksamkeit zu fesseln, zu voreiliger Auflösung undurchdringlicher Rätsel zu reizen, die Erwartungen zu täuschen, durch das Seltsamere, das an die Stelle des Seltsamen tritt, zu verwirren, Mitleid und Furcht zu erregen, besorgt zu machen, zu rühren und endlich durch Umwendung eines scheinbaren Ernstes in geistreichen und heitern Scherz das Gemüt zu befriedigen, der Einbildungskraft Stoff zu neuen Bildern und dem Verstande zu fernerm Nachdenken zu hinterlassen. [...]

Mir war von meinem Vater eine gewisse lehrhafte Redseligkeit angeerbt; von meiner Mutter die Gabe, alles, was die Einbildungskraft hervorbringen, fassen kann, heiter und kräftig darzustellen, bekannte Märchen aufzufrischen, andere zu erfinden und zu erzählen, ja im Erzählen zu erfinden. *(Dichtung und Wahrheit)*

An Johann Gotthilf Salzmann

Sesenheim, 19. Juni 1771

Nun wär es wohl bald Zeit dass ich käme, ich will auch, und will auch, aber was will das Wollen gegen die Gesichter um mich herum. Der Zustand meines Herzens ist sonderbaar, und meine Gesundheit schwanckt wie gewöhnlich durch die Welt, die so schön ist als ich sie lang nicht gesehen habe. Die angenehmste Gegend, Leute die mich lieben, ein Zirckel von Freuden! Sind nicht die Träume deiner Kindheit alle erfüllt? frag ich mich manchmal, wenn sie mein Aug in diesem Horizont von Glückseeligkeiten herumweidet; Sind das nicht die Feengärten nach denen du dich sehntest? – Sie sinds, Sie sinds! Ich fühl es lieber Freund, und fühle dass man um kein Haar glücklicher ist wenn man erlangt was man wünschte. Die Zugabe! die Zugabe! die uns das Schicksaal zu ieder Glückseeligkeit drein wiegt! Lieber Freund, es gehört viel Muth dazu, in der Welt nicht missmutig zu werden. Als Knab pflanzt ich ein Kirschbäumgen im Spielen, es wuchs und ich hatte die Freude es blühen zu sehen, ein Mayfrost verderbte die Freude mit der Blüte, und ich musste ein Jahr warten, da wurden sie schön und reif; aber die Vögel hatten den grössten Theil gefressen eh ich eine Kirsche versucht hatte, ein ander Jahr warens die Raupen, dann ein genäschiger Nachbaar, dann das Meelthau; und doch wenn ich Meister über einen Garten werde, pflanz ich doch wieder Kirschbaumle, trotz allen Unglücksfällen gibts noch so viel Obst dass man satt wird; ich weiss noch eine schöne Geschichte von einem Rosenheckgen die meinem seeligen Grossvater passirt ist, und die wohl etwas erbaulicher als die Kirschbaumshistorie, die ich nicht anfangen mag, weil es schon spät ist.

Nächtlicher Ritt nach Sesenheim, eine Ahnung Friederikes und der ängstliche Blick ins Künftige

So stark ich auch ritt, überfiel mich doch die Nacht. Der Weg war nicht zu verfehlen, und der Mond beleuchtete mein leidenschaftliches Unternehmen. Die Nacht war windig und schauerlich, ich sprengte zu, um nicht bis morgen früh auf ihren Anblick warten zu müssen.

Es war schon spät, als ich in Sesenheim mein Pferd einstellte. Der Wirt, auf meine Frage, ob wohl in der Pfarre noch Licht sei, versicherte mich, die Frauenzimmer seien eben erst nach Hause gegangen; er glaube gehört zu haben, daß sie noch einen Fremden erwarteten. Das war mir nicht recht; denn ich hätte gewünscht, der einzige zu sein. Ich eilte nach, um wenigstens, so spät noch, als der erste zu erscheinen. Ich fand die beiden Schwestern vor der Türe sitzend; sie schienen nicht sehr verwundert, aber ich war es, als Friedrike Olivien ins Ohr sagte, so jedoch, daß ich's hörte: „Hab ich's nicht gesagt? da ist er!" Sie führten mich ins Zimmer, und ich fand eine kleine Kollation aufgestellt. Die Mutter begrüßte mich als einen alten Bekannten; wie mich aber die Ältere bei Licht besah, brach sie in ein lautes Gelächter aus: denn sie konnte wenig an sich halten.

Nach diesem ersten etwas wunderlichen Empfang ward sogleich die Unterredung frei und heiter, und was mir diesen

Abend verborgen blieb, erfuhr ich den andern Morgen. Friedrike hatte vorausgesagt, daß ich kommen würde; und wer fühlt nicht einiges Behagen beim Eintreffen einer Ahndung, selbst einer traurigen? Alle Vorgefühle wenn eine Leidenschaft wuchs, je mehr ich den Wert des trefflichen Mädchens kennen lernte, und die Zeit rückte heran, da ich so viel Liebes und Gutes, vielleicht auf immer, verlieren sollte [...]

Die Gewohnheit, zusammen zu sein, befestigte sich immer mehr; man wußte nicht anders, als daß ich diesem Kreis angehöre. Man ließ es geschehn und gehn, ohne gerade zu fragen, was daraus werden sollte. Und welche Eltern finden sich nicht genötigt, Töchter und Söhne in so schwebenden Zuständen eine Weile hinwalten zu lassen, bis sich etwas zufällig fürs Leben bestätigt, besser, als es ein lange angelegter Plan hätte hervorbringen können. [...]

Die Rheininseln waren öfters ein Ziel unserer Wasserfahrten. Dort brachten wir ohne Barmherzigkeit die kühlen Bewohner des klaren Rheines in den Kessel, auf den Rost, in das siedende Fett, und hätten uns hier, in den traulichen Fischerhütten, vielleicht mehr als billig angesiedelt, hätten uns nicht die entsetzlichen Rheinschnaken nach einigen Stunden wieder weggetrieben. Über diese unerträgliche Störung einer der schönsten Lustpartien, wo sonst alles glückte, wo die Neigung der Liebenden mit dem guten Erfolge des Unternehmens nur zu wachsen schien, brach ich wirklich, als wir zu früh, ungeschickt und ungelegen nach Hause kamen, in Gegenwart des guten geistlichen Vaters, in gotteslästerliche Reden aus und versicherte, daß diese Schnaken allein mich von dem Gedanken abbringen könnten, als habe ein guter und weiser Gott die Welt erschaffen. Der alte fromme Herr rief mich dagegen ernstlich zur Ordnung und verständigte mich, daß diese Mükken und anderes Ungeziefer erst nach dem Falle unserer ersten Eltern entstanden, oder, wenn deren im Paradiese gewesen, daselbst nur angenehm gesummet und nicht gestochen hätten. [...]

Solchen Zerstreuungen und Heiterkeiten gab ich mich um so lieber und zwar bis zur Trunkenheit hin, als mich mein leidenschaftliches Verhältnis zu Friedriken nunmehr zu ängstigen anfing. Eine solche jugendliche, aufs Geratewohl gehegte Neigung ist der nächtlich geworfenen Bombe zu vergleichen, die in einer sanften, glänzenden Linie aufsteigt, sich unter die

Sterne mischt, ja einen Augenblick unter ihnen zu verweilen scheint, alsdann aber abwärts zwar wieder dieselbe Bahn, nur umgekehrt, bezeichnet, und zuletzt da, wo sie ihren Lauf geendet, Verderben hinbringt. Friedrike blieb sich immer gleich; sie schien nicht zu denken noch denken zu wollen, daß dieses Verhältnis sich so bald endigen könne.
(Dichtung und Wahrheit)

Aus den Sesenheimer Liedern
(1771)

Willkommen und Abschied
Es schlug mein Herz. Geschwind, zu Pferde!
Und fort, wild wie ein Held zur Schlacht.
Der Abend wiegte schon die Erde,
Und an den Bergen hing die Nacht.
Schon stund im Nebelkleid die Eiche
Wie ein getürmter Riese da,
Wo Finsternis aus dem Gesträuche
Mit hundert schwarzen Augen sah.

Der Mond von einem Wolkenhügel
Sah schläfrig aus dem Duft hervor,
Die Winde schwangen leise Flügel,
Umsausten schauerlich mein Ohr.
Die Nacht schuf tausend Ungeheuer,
Doch tausendfacher war mein Mut,
Mein Geist war ein verzehrend Feuer,
Mein ganzes Herz zerfloß in Glut.

Ich sah dich, und die milde Freude
Floß aus dem süßen Blick auf mich.
Ganz war mein Herz an deiner Seite,
Und jeder Atemzug für dich.
Ein rosenfarbes Frühlingswetter
Lag auf dem lieblichen Gesicht
Und Zärtlichkeit für mich, ihr Götter,
Ich hofft' es, ich verdient' es nicht.

Der Abschied, wie bedrängt, wie trübe!
Aus deinen Blicken sprach dein Herz.
In deinen Küssen welche Liebe,
O welche Wonne, welcher Schmerz!

Du gingst, ich stund und sah zur Erde
Und sah dir nach mit nassem Blick.
Und doch, welch Glück, geliebt zu werden,
Und lieben, Götter, welch ein Glück!

Abschied von Friederike, und eine Vorahnung des letzten Wiedersehens im September 1779

In solchem Drang und Verwirrung konnte ich doch nicht unterlassen, Friedriken noch einmal zu sehn. Es waren peinliche Tage, deren Erinnerung mir nicht geblieben ist. Als ich ihr die Hand noch vom Pferde reichte, standen ihr die Tränen in den Augen, und mir war sehr übel zu Mute. Nun ritt ich auf dem Fußpfade gegen Drusenheim, und da überfiel mich eine der sonderbarsten Ahndungen. Ich sah nämlich, nicht mit den Augen des Leibes, sondern des Geistes, mich mir selbst, denselben Weg, zu Pferde wieder entgegen kommen, und zwar in einem Kleide, wie ich es nie getragen: es war hechtgrau mit etwas Gold. Sobald ich mich aus diesem Traum aufschüttelte, war die Gestalt ganz hinweg. Sonderbar ist es jedoch, daß ich nach acht Jahren, in dem Kleide, das mir geträumt hatte, und das ich nicht aus Wahl, sondern aus Zufall gerade trug, mich auf demselben Wege fand, um Friedriken noch einmal zu besuchen. Es mag sich übrigens mit diesen Dingen wie es will verhalten, das wunderliche Trugbild gab mir in jenen Augenblicken des Scheidens einige Beruhigung. Der Schmerz, das herrliche Elsaß, mit allem, was ich darin erworben, auf immer zu verlassen, war gemildert, und ich fand mich, dem Taumel des Lebewohls endlich entflohn, auf einer friedlichen und erheiternden Reise so ziemlich wieder. *(Dichtung und Wahrheit)*

An Johann Gottfried Herder

Frankfurt, September 1771

Dass ich Ihnen geben kann was Sie wünschen, und mehr als Sie vielleicht hoffen, macht mir eine Freude, deren Sie mich so wenig, als eines wahren Enthusiasmus fähig glauben können, nach dem Bilde das Sie Sich einmal von mir haben machen müssen. Genug ich habe noch aus Elsas zwölf Lieder mitgebracht, die ich auf meinen Streiffereyen aus denen Kehlen der ältsten Müttergens aufgehascht habe. Ein Glück denn ihre Enckel singen alle: ich liebte nur Ismenen. Sie waren Ihnen bestimmt; Ihnen allein bestimmt; so dass ich meinen besten Gesellen keine Abschrifft auf's dringendste Bitten erlaubt habe. Ich will mich nicht aufhalten, etwas von ihrer Fürtrefflichkeit, noch von dem Unterschiede ihres Wehrtes zu sagen. Aber ich habe sie bissher als einen Schatz an meinem Herzen getragen, alle Mädgen die Gnade vor meinen Augen finden wollen, müssen sie lernen und singen; meine Schwester soll Ihnen die Melodien die wir haben, |: sind NB die alten Melodien, wie sie Gott erschaffen hat :| sie soll sie Ihnen abschreiben. Und nun geschwind Adieu, dass ich ans abschreiben komme.

Nun binn ich fertig und warte biss die Post abgeht. Ich hoffe die Lieder sollen Ihnen Freude machen, und hiermit Adieu. Von Celtischen Gälischen Sachen soll nächstens etwas folgen, es fehlen mir noch gewisse Bücher die ich aber bald kriegen muss. Einige Gravamina über Ihren Brief mit dem ich, im ganzen, sehr zufrieden zu seyn Ursache hab. Eins zum voraus: Machen Sie künftig ein Couvert, es sind einige Stellen versiegelter als die Offenb. Johannis.

Weiter nichts für diesmal.

Ich binn
Ihr
Goethe.

Der Studiosus Elias Stöber äußert sich sehr unmutig gegenüber dem Kommilitonen F. D. Ring

4./5. Juli 1772

Der Herr Goethe hat eine Rolle hier [in Straßburg] gespielt, die ihn als einen überwitzigen Halbgelehrten und als einen wahnsinnigen Religions-Verächter nicht eben nur verdächtig, sondern ziemlich bekannt gemacht. Er muß, wie man fast durchgängig von ihm glaubt, in seinem Obergebäude einen Sparren zu viel oder zu wenig haben.

Friederikes Abschiedsbrief

Die Antwort Friedrikens auf einen schriftlichen Abschied zerriß mir das Herz. Es war dieselbe Hand, derselbe Sinn, dasselbe Gefühl, die sich zu mir, die sich an mir herangebildet hatten. Ich fühlte nun erst den Verlust, den sie erlitt, und sah keine Möglichkeit ihn zu ersetzen, ja nur ihn zu lindern. Sie war mir ganz gegenwärtig; stets empfand ich, daß sie mir fehlte, und,

was das Schlimmste war, ich konnte mir mein eignes Unglück nicht verzeihen. Gretchen [eine Jugendliebe in Frankfurt] hatte man mir genommen, Annette [Käthchen Schönkopf] mich verlassen, hier war ich zum erstenmal schuldig; ich hatte das schönste Herz in seinem Tiefsten verwundet, und so war die Epoche einer düsteren Reue, bei dem Mangel einer gewohnten erquicklichen Liebe, höchst peinlich, ja unerträglich.
(Dichtung und Wahrheit)

3. Flüchtige Heimkehr: Götz und das Wetzlarer Vorspiel 1771–1772

> Schließt eure Herzen sorgfältiger als eure Tore. Es kommen die Zeiten des Betrugs, es ist ihm Freiheit gegeben. Die Nichtswürdigen werden regieren mit List, und der Edle wird in ihre Netze fallen.
>
> *Götz von Berlichingen*

„Mein ganzer Genius liegt auf einem Unternehmen worüber Homer und Schäckespear und alles vergessen worden. Ich dramatisire die Geschichte eines der edelsten Deutschen, rette das Andencken eines braven Mannes, und die Arbeit die mich's kostet, macht mir einen wahren Zeitvertreib, den ich hier so nöthig habe, denn es ist traurig an einem Ort zu leben wo unsre ganze Wirksamkeit in sich selbst summen muß." Der Brief an den Straßburger Freund Salzmann scheint am Ende vom alten Schlechten zu reden, aber die Zeit im Elsaß hatte in ihm doch offenbar Epoche gemacht: Shakespeare, Homer, Ossian, Pindar, das waren Herders Empfehlungen.

Vom *Genius* wird etwas später noch einmal die Rede sein, wenn das „Hauptgeschäft" hinter ihm liegt und mit einer großen Hymne das Neue, das *eigene Selbst* hervortritt.

Die bürgerliche Praxis, die sich dem jungen Rechtsanwalt eröffnet und in der er insgesamt 28 Prozesse führen wird, hätte im Blick aufs Kommende freilich wüstenähnliche Züge gehabt. Des *Lebens goldnem Baum* stand da eine *graue Theorie* entgegen, für die sich der spätere Staatsminister zwar noch dankbar erweisen wird – nur für den Moment steht dergleichen nicht zum Diskurs.

In einer kleinen *Rede zum Schäckspearstag* zieht er öffentlich das Modell einer dramatischen Dichtungsart auf, die die Epoche des Sturm und Drang zugleich einleitet und abschließt: alles, was danach, von Anderen, kommt, ist nur noch Nachahmung. In seinem Shakespeare abgelauschten *Raritätenkasten* (im *Werther* wird der Begriff noch einmal düster auferstehen) wird mit dem *Götz von Berlichingen* nicht nur die aristotelische Dramentheorie aufgelöst – das Werk besteht aus 56 knapp und ingeniös montierten Szenen –, es wird zugleich ein historisches Weltbild entworfen, dem die Geschichtsbetrachtung bis ins hohe Alter subsumiert ist: ein chaotischer, *naturgegebener* Verlauf des Geschehens: Raub und Totschlag, Zufall und Notwendigkeit im Schicksal eines Mannes, „den die Fürsten hassen und zu dem sich die Bedrängten wenden", höfischer Byzantinismus, Treulosigkeit, Macht und Gewalt sind die Zeichen, unter denen die Historie nicht nur der Jahrzehnte steht, von denen da die Rede ist. In einem nachgelassenen Gedicht wird es heißen, *bis sie sich alle einander ermorden, ist der jüngste Tag vertagt geworden.* Nach allem, was da bisher geschrieben, ausprobiert, auf dem Weg der Ich-Findung nachgeahmt, aufgehoben und verworfen wurde, war dieses schmale Werk eine Leistung, die von den Kennern der literarischen Szene verblüfft und fasziniert zur Kenntnis genommen wurde.

Der Darmstädter Freund Johann Heinrich Merck sorgt für den Druck. Über ihn findet der Stückeschreiber aus dem *traurigen Ort* Frankfurt in den Darmstädter Kreis der Empfindsamen, wo er auch Herders Braut Caroline Flachsland trifft. Er wird Mitarbeiter an dem von Merck geleiteten Rezensionsorgan *Frankfurter Gelehrte Anzeigen* (und fünfzig Jahre später wird Eckermann von dem Alten, der in die Böhmischen Bäder aufbricht, noch rasch beauftragt, aus den anonym erschienenen Aufsätzen – „nach Kenntnis meiner damaligen Sinnesart" – die seinen herauszufinden).

Der in Darmstadt gepflegte Gefühlskult wird auch bei ihm noch das eine oder andere empfindsame Poem an die jungen Frauen adressieren, aber dem steht (1772) eine Hymne gegenüber, die in *Dichtung und Wahrheit* zwar später ein „Halbunsinn" genannt wird, aber dem Felde der zeitgenössischen Lyrik so fern ist wie die Rückseite des Gestirns, unter dem sie (dem autobiographischen Zeugnis nach) entstand: *Wanderers Sturmlied.* Hat man in Versen „und ich schwebe | Über Wasser über Erde | Göttergleich" – der Anspielung auf die Genesis – blasphemische Züge wahrnehmen wollen, so wird mit dem angerufenen *Genius* in dieser Hymne zum ersten Mal überhaupt poetische Individualität – in der Synthese der schöpferischen und der *dämonischen* Mächte –, ein metaphysisches Element festgeschrieben. Die beschworene Individualität mochte er mit dem Altersdiktum vom *Halbunsinn* wohl verwischen in dem

Augenblick, als er mit der Arbeit an der Autobiographie begann, jenem Moment, da er im romantischen Subjektivismus nicht nur ein neues beängstigendes Chaos fürchtete. Er war da etwas in der eigenen Persönlichkeitsgeschichte begegnet, woran sich zu erinnern unbekömmlich sein mußte. Dem verquollenen Subjektivismus der Empfindsamen war erst *Werther* mit der Befreiung zum eigenen Ich begegnet. Darauf verweist indirekt auch eine Stelle in *Dichtung und Wahrheit*, in der dieses Moment für die Autobiographie selbst instrumentalisiert wird. Als er über die Entstehung des *Werther* zu sprechen beginnt, „fühlt er sich zum erstenmal bei der Arbeit [an der Biographie] leicht ums Herz: denn von nun an wird dieses Buch erst, was es eigentlich sein soll."

Vielleicht hat er überdies im – keineswegs weltabgewandten – Irrationalismus der Romantik so etwas wie das entsetzliche Abbild einer künftigen Welt wahrgenommen (nicht allein die ihm verächtlichen historistisch orientierten „Mittelältler"): von ihr war im frühen Tieck und später bei Hoffmann die Rede.

Erst der zweite *Faust*-Teil suchte die Versöhnung mit der Helena-Phantasmagorie; und vor ihr noch lag die Begegnung mit der Malerei – etwa – Philipp Otto Runges.

Das *Prometheus*-Poem der Auflehnung gegen den Vater-Gott [„Bedecke deinen Himmel, Zeus …"] steht gleichsam im Einzugsfeld dieses *Sturmlieds* selbst dann, wenn diese Dichtung, die in der Geistesgeschichte des 18. Jahrhunderts noch Furore gemacht hat, eher den Konflikt mit dem eigenen Vater abbildet.

Der Aufbruch nach Wetzlar zur Praktikantenschulung des jungen Rechtsanwalts, wo im Reichskammergericht die Pandekten vermoderten, war offensichtlich heiter. Im Grase auf dem Rücken liegend hat Johann Christian Kestner ihn zum ersten Mal gesehen. Die Braut des Legationssekretärs, Charlotte Buff, konnte ebensowenig wie der Autor selbst voraussehen, daß man die (ein wenig erfundene) Geschichte ihrer Begegnung zwei Jahre darauf zur Weltliteratur zählen würde. Das schmale Werk schildert nicht allein eine hoffnungslose Liebe, überdies gespiegelt in einer hoffnungsloseren anderen (eines jungen Bauernburschen), macht aber, im Negativ, an dieser anderen die tiefenpsychologische Erkenntnis unabweislich, daß Selbstmord der – physisch vermiedene – Mord an der Geliebten selber ist. Ein weiteres Motiv – und der Autor wird darüber nach seinen ersten Erfahrungen in Weimar noch deutlicher in *Wilhelm Meisters Lehrjahre* – ist die höfische Verachtung des Bürgers durch den Feudaladel, den Werther bitter zu ertragen hat.

Der Autor von *Werthers Leiden* hat die Liebe zu Charlotte, wie das Werk zeigen wird, recht gut überstanden. Erst sehr spät wird sich das Bekenntnis der wahren inneren Zusammenhänge schwerer Lebensgefährdung einstellen. Aber das wird er erst dem Freunde Zelter (1812) anvertrauen. Um gleichwohl aus einem Zustand, „durch Gewohnheit und Nachsicht leidenschaftlicher als billig", zu fliehen, verschwand er ohne Abschied aus Wetzlar, wanderte die Lahn herunter, inszenierte ein kleines – nicht das letzte – Orakel über seine künstlerische Zukunft und ist auf dem Weg, mit dem Freund Merck Sophie von LaRoche (einst Braut Wielands) zu besuchen. Deren älteste Tochter, Maximiliane, wird zum Grund für eine „neue Leidenschaft". Ihre schwarzen Augen wurden der Lotte Werthers verliehen.

*

Johann Heinrich Merck

Ich ward bald mit [Johann Heinrich] Merck bekannt, dem ich durch Herdern, von Straßburg aus, nicht ungünstig angekündigt war. Dieser eigne Mann, der auf mein Leben den größten Einfluß gehabt, war von Geburt ein Darmstädter. Von seiner früheren Bildung wüßte ich wenig zu sagen. Nach vollendeten Studien führte er einen Jüngling nach der Schweiz, wo er eine Zeitlang blieb, und beweibt zurückkam. Als ich ihn kennen lernte, war er Kriegszahlmeister in Darmstadt. Mit Verstand und Geist geboren, hatte er sich sehr schöne Kenntnisse, besonders der neueren Literaturen, erworben, und sich in der Welt- und Menschengeschichte nach allen Zeiten und Gegenden umgesehn. Treffend und scharf zu urteilen war ihm gegeben. [...]

In seinem Charakter lag ein wunderbares Mißverhältnis: von Natur ein braver, edler, zuverlässiger Mann, hatte er sich gegen die Welt erbittert, und ließ diesen grillenkranken Zug dergestalt in sich walten, daß er eine unüberwindliche Neigung fühlte, vorsätzlich ein Schalk, ja ein Schelm zu sein. Verständig, ruhig, gut in einem Augenblick, konnte es ihm in dem andern einfallen, wie die Schnecke ihre Hörner hervorstreckt, irgend etwas zu tun, was einen andern kränkte, verletzte, ja was ihm schädlich ward. Doch wie man gern mit etwas Gefährlichem umgeht, wenn man selber davor sicher zu sein glaubt, so hatte ich eine desto größere Neigung, mit ihm zu leben und seiner guten Eigenschaften zu genießen, da ein zuversichtliches Gefühl mich ahnden ließ, daß er seine schlimme Seite nicht gegen mich kehren werde. *(Dichtung und Wahrheit)*

Der Darmstädter Kreis

Wie sehr dieser Kreis [um Merck] mich belebte und förderte, wäre nicht auszusprechen. Man hörte gern die Vorlesung meiner gefertigten oder angefangenen Arbeiten, man munterte mich auf, wenn ich offen und umständlich erzählte, was ich eben vorhatte, und schalt mich, wenn ich bei jedem neuen Anlaß das Früherbegonnene zurücksetzte. *Faust* war schon vorgeruckt, *Götz von Berlichingen* baute sich nach und nach in meinem Geiste zusammen, das Studium des funfzehnten und sechzehnten Jahrhunderts beschäftigte mich, und jenes Münstergebäude hatte einen sehr ernsten Eindruck in mir zurückgelassen, der als Hintergrund zu solchen Dichtungen gar wohl dastehn konnte. *(Dichtung und Wahrheit)*

Eislauf

Einen herrlichen Sonnentag [...] auf dem Eise zu verbringen, genügte uns nicht; wir setzten unsere Bewegung bis spät in die Nacht fort. Denn wie andere Anstrengungen den Leib ermüden, so verleiht ihm diese eine immer neue Schwungkraft. Der über den nächtlichen, weiten, zu Eisfeldern überfrorenen Wiesen aus den Wolken hervortretende Vollmond, die unserm Lauf entgegensäuselnde Nachtluft, des bei abnehmendem Wasser sich senkenden Eises ernsthafter Donner, unserer eigenen Bewegungen sonderbarer Nachhall vergegenwärtigten uns Ossiansche Szenen ganz vollkommen. Bald dieser bald jener Freund ließ in deklamatorischem Halbgesange eine Klopstokkische Ode ertönen, und wenn wir uns im Dämmerlichte zusammenfanden, erscholl das ungeheuchelte Lob des Stifters unserer Freuden:

Und sollte der unsterblich nicht sein,
Der Gesundheit uns und Freuden erfand,
Die das Roß mutig im Lauf niemals gab,
Welche der Ball selber nicht hat?

(Dichtung und Wahrheit)

Zum Shakespeares-Tag

Erwarten Sie nicht, daß ich viel und ordentlich schreibe, Ruhe der Seele ist kein Festtagskleid; und noch zurzeit habe ich wenig über Shakespearen gedacht; geahndet, empfunden, wenn's hoch kam, ist das höchste, wohin ich's habe bringen können. Die erste Seite, die ich in ihm las, machte mich auf zeitlebens ihm eigen, und wie ich mit dem ersten Stücke fertig war, stund ich wie ein Blindgeborner, dem eine Wunderhand das Gesicht in einem Augenblicke schenkt. Ich erkannte, ich fühlte aufs lebhafteste meine Existenz um eine Unendlichkeit erweitert, alles war mir neu, unbekannt, und das ungewohnte Licht machte mir Augenschmerzen. Nach und nach lernt' ich sehen, und, Dank sei meinem erkenntlichen Genius, ich fühle noch immer lebhaft, was ich gewonnen habe.

Ich zweifelte keinen Augenblick, dem regelmäßigen Theater zu entsagen. Es schien mir die Einheit des Orts so kerkermäßig ängstlich, die Einheiten der Handlung und der Zeit lästige Fesseln unsrer Einbildungskraft. Ich sprang in die freie Luft und fühlte erst, daß ich Hände und Füße hatte. Und jetzo, da ich sahe, wie viel Unrecht mir die Herrn der Regeln in ihrem Loch angetan haben, wie viel freie Seelen noch drinne sich krümmen, so wäre mir mein Herz geborsten, wenn ich ihnen nicht Fehde angekündigt hätte und nicht täglich suchte, ihre Türne zusammenzuschlagen. [...]

Shakespeares Theater ist ein schöner Raritätenkasten, in dem die Geschichte der Welt vor unsern Augen an dem unsichtbaren Faden der Zeit vorbeiwallt. Seine Plane sind, nach dem gemeinen Stil zu reden, keine Plane, aber seine Stücke drehen sich alle um den geheimen Punkt (den noch kein Philosoph gesehen und bestimmt hat), in dem das Eigentümliche unsres Ichs, die prätendierte Freiheit unsres Wollens, mit dem notwendigen Gang des Ganzen zusammenstößt. Unser verdorbner Geschmack aber umnebelt dergestalt unsere Augen, daß wir fast eine neue Schöpfung nötig haben, uns aus dieser Finsternis zu entwickeln.

Und ich rufe: Natur! Natur! nichts so Natur als Shakespeares Menschen. Da hab' ich sie alle überm Hals.

Laßt mir Luft, daß ich reden kann!

Er wetteiferte mit dem Prometheus, bildete ihm Zug vor Zug seine Menschen nach, nur in kolossalischer Größe; darin liegt's, daß wir unsre Brüder verkennen; und dann belebte er sie alle mit dem Hauch seines Geistes, er redet aus allen, und man erkennt ihre Verwandtschaft.

Und was will sich unser Jahrhundert unterstehen, von Natur zu urteilen? Wo sollten wir sie her kennen, die wir von Jugend auf alles geschnürt und geziert an uns fühlen und an andern sehen. Ich schäme mich oft vor Shakespearen, denn es kommt manchmal vor, daß ich beim ersten Blick denke, das hätt' ich anders gemacht! Hintendrein erkenn' ich, daß ich ein armer Sünder bin, daß aus Shakespearen die Natur weissagt, und daß meine Menschen Seifenblasen sind, von Romanengrillen angetrieben.

Arbeit am ‹Götz von Berlichingen›

Durch die fortdauernde Teilnahme an Shakespeares Werken hatte ich mir den Geist so ausgeweitet, daß mir der enge Bühnenraum und die kurze einer Vorstellung zugemessene Zeit keineswegs hinlänglich schienen, um etwas Bedeutendes vorzutragen. Das Leben des biedern Götz von Berlichingen, von ihm selbst geschrieben, trieb mich in die historische Behandlungsart, und meine Einbildungskraft dehnte sich dergestalt aus, daß auch meine dramatische Form alle Theatergrenzen überschritt, und sich den lebendigen Ereignissen mehr und mehr zu nähern suchte. Ich hatte mich davon, so wie ich vorwärts ging, mit meiner Schwester umständlich unterhalten, die an solchen Dingen mit Geist und Gemüt teilnahm, und ich erneuerte diese Unterhaltung so oft, ohne nur irgend zum Werke zu schreiten, daß sie zuletzt ungeduldig und wohlwollend dringend bat, mich nur nicht immer mit Worten in die Luft zu ergehn, sondern endlich einmal das, was mir so gegenwärtig wäre, auf das Papier festzubringen. Durch diesen Antrieb bestimmt, fing ich eines Morgens zu schreiben an, ohne daß ich einen Entwurf oder Plan vorher aufgesetzt hätte. Ich schrieb die ersten Szenen, und abends wurden sie Cornelien vorgelesen. Sie schenkte ihnen vielen Beifall, jedoch nur bedingt, indem sie zweifelte, daß ich so fortfahren würde, ja sie äußerte sogar einen entschiedenen Unglauben an meine Beharrlichkeit. Dieses reizte mich nur um so mehr, ich fuhr den nächsten Tag fort, und so den dritten; die Hoffnung wuchs bei den täglichen Mitteilungen, auch mir ward alles von Schritt zu Schritt lebendiger, indem mir ohnehin der Stoff durchaus eigen geworden; und so hielt ich mich ununterbrochen ans Werk, das ich geradeswegs verfolgte, ohne weder rückwärts, noch rechts, noch links zu sehn, und in etwa sechs Wochen hatte ich das Vergnügen, das Manuskript geheftet zu erblicken. [...]

Ohne [...] an dem ersten Manuskript irgend etwas zu verändern, welches ich wirklich noch in seiner Urgestalt besitze, nahm ich mir vor, das Ganze umzuschreiben, und leistete dies auch mit solcher Tätigkeit, daß in wenigen Wochen ein ganz erneutes Stück vor mir lag. Ich ging damit um so rascher zu Werke, je weniger ich die Absicht hatte, diese zweite Bearbeitung jemals drucken zu lassen, sondern sie gleichfalls nur als Vorübung ansah, die ich künftig, bei einer mit mehrerem Fleiß und Überlegung anzustellenden neuen Behandlung, abermals zum Grunde legen wollte.

Als ich nun mancherlei Vorschläge, wie ich dies anzufangen gedächte, Mercken vorzutragen anfing, spottete er mein und fragte, was denn das ewige Arbeiten und Umarbeiten heißen solle? Die Sache werde dadurch nur anders und selten besser; man müsse sehn, was das eine für Wirkung tue, und dann immer wieder was Neues unternehmen. – „Bei Zeit auf die Zäun', so trocknen die Windeln!" rief er sprüchwörtlich aus; das Säumen und Zaudern mache nur unsichere Menschen. Ich erwiderte ihm dagegen, daß es unangenehm sein würde, eine Arbeit, an die ich so viele Neigung verwendet, einem Buchhändler anzubieten, und mir vielleicht gar eine abschlägige Antwort zu holen.

Hier ward nun meines Freundes technischmerkantilische Lust auf einmal rege. Durch die Frankfurter Zeitung hatte er sich schon mit Gelehrten und Buchhändlern in Verbindung gesetzt, wir sollten daher, wie er meinte, dieses seltsame und gewiß auffallende Werk auf eigne Kosten herausgeben, und es werde davon ein guter Vorteil zu ziehen sein; wie er denn, mit so vielen andern, öfters den Buchhändlern ihren Gewinn nachzurechnen pflegte, der bei manchen Werken freilich groß war, besonders wenn man außer acht ließ, wie viel wieder an anderen Schriften und durch sonstige Handelsverhältnisse verloren geht. Genug, es ward ausgemacht, daß ich das Papier anschaffen, er aber für den Druck sorgen solle; und somit ging es frisch ans Werk, und mir gefiel es gar nicht übel, meine wilde dramatische Skizze nach und nach in saubern Aushängebogen zu sehen: sie nahm sich wirklich reinlicher aus, als ich selbst gedacht. Wir vollendeten das Werk, und es ward in vielen Paketen versendet. Nun dauerte es nicht lange, so entstand überall eine große Bewegung; das Aufsehen, das es machte, ward allgemein. *(Dichtung und Wahrheit)*

Goethe in Frankfurt an Johann Daniel Salzmann in Straßburg

28. November 1771

Sie kennen mich so gut und doch wett' ich, Sie raten nicht, warum ich nicht schreibe. Es ist eine Leidenschaft, eine ganz unerwartete Leidenschaft, Sie wissen, wie mich dergleichen in ein Zirkelchen werfen kann, daß ich Sonne, Mond und die lieben Sterne darüber vergesse. Ich kann nicht ohne das sein, Sie wissen's lang, und koste, was es wolle, ich stürze mich drein. Diesmal sind keine Folgen zu befürchten. Mein ganzer Genius liegt auf einem Unternehmen, worüber Homer und Shakespeare und alles vergessen worden. Ich dramatisiere die Geschichte eines der edelsten Deutschen, rette das Andenken eines braven Mannes, und die viele Arbeit, die mich's kostet, macht mir einen wahren Zeitvertreib, den ich hier so nötig habe.

Goethe in Wetzlar an J. G. Herder in Bückeburg

Etwa 10. Juli 1772

Von „Berlichingen" ein Wort. Euer Brief war Trostschreiben; ich setzte ihn weiter schon herunter als Ihr. Die Definitiv, „daß Euch Schäckessp. ganz verdorben pp" erkannt' ich gleich in ihrer ganzen Stärke; genug, es muß eingeschmolzen, von Schlaken gereinigt, mit neuem edlerem Stoff versetzt und umgegossen werden. Dann soll's wieder vor Euch erscheinen.

Es ist alles nur gedacht. Das ärgert mich genug. Emilia Galotti ist auch nur gedacht, und nicht einmal Zufall oder Caprice spinnen irgend drein. Mit halbweg Menschenverstand kann man das warum von ieder Szene, von iedem Wort, möcht' ich sagen, auffinden. Drum binn ich dem Stück nicht gut, so ein Meisterstück es sonst ist, und meinem eben so wenig. Wenn mir im Grunde der Seele nicht noch so vieles ahndete, manchmal nur aufschwebte, daß ich hoffen könnte: wenn Schönheit und Größe sich mehr in dein Gefühl webt, wirst du gutes und Schönes thun, reden und schreiben, ohne daß du's weißt, warum – Lebt wohl.

Chr. M. Wieland, Über das Schauspiel ‹Götz von Berlichingen› im Teutschen Merkur. Juni 1774

Immerhin sei dies Schauspiel das man nicht aufführen kann bis uns irgend eine wohltätige Fee ein eigen Theater und eigene Schauspieler dazu herzaubert – immerhin sei es ein „schönes Ungeheuer". Möchten wir viele solche Ungeheuer haben! Der Fortschritt zu wahren Meisterstücken würde dann sehr leicht sein. Wer hat es gelesen, ohne zu fühlen (wenn er auch nicht sagen konnte, wie und warum), daß ihn nicht leicht eine andre Lektüre (immer nehme ich „Emilia Galotti" aus) mit solcher Gewalt ergriffen, so stark interessiert, so mächtig erschüttert, so durchaus vom ersten Zug bis zum letzten in die Begeisterung des Dichters hineingezogen, und ans ununterbrochene Anschaun der lebendigen Gemälde, die er, ut Magus, vor unsern Augen vorbeiführt, angeheftet habe? – Welche Wunder sollte der Genie, der dies getan hat, nicht auf unserer Schaubühne würken können, wenn es ihm einfiele, Schauspiele zu schreiben, die man aufführen könnte?

Goethe in Frankfurt an Sophie von La Roche in Ehrenbreitstein

23. Dezember 1774

Mir hat meine Autorschaft die Suppen noch nicht fett gemacht, und wird's und soll's auch nicht tun.

Zu einer Zeit, da sich so ein großes Publikum mit „Berlichingen" beschäftigte und ich so viel Lob und Zufriedenheit von allen Enden einnahm, sah ich mich genötigt Geld zu borgen, um das Papier zu bezahlen, worauf ich ihn hatte drucken lassen.

Wanderes Sturmlied

Wen du nicht verlässest, Genius,
Nicht der Regen, nicht der Sturm
Raucht ihm Schauer übers Herz.
Wen du nicht verlässest, Genius,
Wird der Regenwolke
Wird dem Schloßensturm
Entgegen singen
Wie die Lerche
Du dadroben.

Den du nicht verlässest, Genius,
Wirst ihn heben übern Schlammpfad
Mit den Feuerflügeln.
Wandeln wird er
Wie mit Blumenfüßen
Über Deukalions Flutschlamm
Python tötend, leicht, groß
Pythius Apollo.

Dem du nicht verlässest, Genius,
Wirst die wollnen Flügel unterspreiten,
Wenn er auf dem Felsen schläft,
Wirst mit Hüterfittichen ihn decken
In des Haines Mitternacht.

Wen du nicht verlässest, Genius,
Wirst im Schneegestöber
Wärmumhüllen,
Nach der Wärme ziehn sich Musen,
Nach der Wärme Charitinnen.

Umschwebt mich, ihr Musen,
Ihr Charitinnen!
Das ist Wasser, das ist Erde
Und der Sohn des Wassers und der Erde,
Über den ich wandle
Göttergleich.

Ihr seid rein wie das Herz der Wasser,
Ihr seid rein wie das Mark der Erde,
Ihr umschwebt mich, und ich schwebe
Über Wasser über Erde
Göttergleich *(Die ersten sechs Strophen)*

Der Weg nach Wetzlar und die Pandekten des Reichskammergerichts

Kaiser Joseph, nach eignem Antriebe und in Nachahmung Friedrichs, richtete zuerst seine Aufmerksamkeit auf die Waffen und die Justiz. Er faßte das Kammergericht ins Auge; herkömmliche Ungerechtigkeiten, eingeführte Mißbräuche waren ihm nicht unbekannt geblieben. Auch hier sollte aufgeregt, gerüttelt und getan sein. Ohne zu fragen, ob es sein kaiserlicher Vorteil sei, ohne die Möglichkeit eines glücklichen Erfolgs vorauszusehn, brachte er die Visitation in Vorschlag, und übereilte ihre Eröffnung. Seit hundertundsechsundsechzig Jahren hatte man keine ordentliche Visitation zustande gebracht; ein ungeheurer Wust von Akten lag aufgeschwollen und wuchs jährlich, da die siebzehn Assessoren nicht einmal imstande waren, das Laufende wegzuarbeiten. Zwanzigtausend Prozesse hatten sich aufgehäuft, jährlich konnten sechzig abgetan werden, und das Doppelte kam hinzu. Auch auf die Visitatoren wartete keine geringe Anzahl von Revisionen, man wollte ihrer funfzigtausend zählen. Überdies hinderte so mancher Mißbrauch den Gerichtsgang; als das Bedenklichste aber von allem erschienen im Hintergrunde die persönlichen Verbrechen einiger Assessoren.

Als ich nach Wetzlar gehn sollte, war die Visitation schon einige Jahre im Gange, die Beschuldigten suspendiert, die Untersuchung weitvorgerückt; und weil nun die Kenner und Meister des deutschen Staatsrechts diese Gelegenheit nicht vorbeilassen durften, ihre Einsichten zu zeigen und sie dem gemeinen Besten zu widmen, so waren mehrere gründliche wohlgesinnte Schriften erschienen, aus denen sich, wer nur einige Vorkenntnisse besaß, gründlich unterrichten konnte. *(Dichtung und Wahrheit)*

Das ‹wunderliche Element› des ‹Werther›

Jener Vorsatz, meine innere Natur nach ihren Eigenheiten gewähren, und die äußere nach ihren Eigenschaften auf mich einfließen zu lassen, trieb mich an das wunderliche Element, in welchem *Werther* ersonnen und geschrieben ist. Ich suchte mich innerlich von allem Fremden zu entbinden, das Äußere liebevoll zu betrachten, und alle Wesen, vom menschlichen an, so tief hinab, als sie nur faßlich sein möchten, jedes in seiner

Art auf mich wirken zu lassen. Dadurch entstand eine wundersame Verwandtschaft mit den einzelnen Gegenständen der Natur, und ein inniges Anklingen, ein Mitstimmen ins Ganze, so daß ein jeder Wechsel, es sei der Ortschaften und Gegenden, oder der Tags- und Jahreszeiten, oder was sonst sich ereignen konnte, mich aufs innigste berührte. Der malerische Blick gesellte sich zu dem dichterischen, die schöne ländliche, durch den freundlichen Fluß belebte Landschaft vermehrte meine Neigung zur Einsamkeit und begünstigte meine stillen nach allen Seiten hin sich ausbreitenden Betrachtungen.

Aber seitdem ich jenen Familienkreis zu Sesenheim und nun wieder meinen Freundeszirkel zu Frankfurt und Darmstadt verlassen, war mir eine Leere im Busen geblieben, die ich auszufüllen nicht vermochte; ich befand mich daher in einer Lage, wo uns die Neigung, sobald sie nur einigermaßen verhüllt auftritt, unversehens überschleichen und alle guten Vorsätze vereiteln kann.

Und indem nun der Verfasser zu dieser Stufe seines Unternehmens gelangt, fühlt er sich zum erstenmal bei der Arbeit leicht ums Herz: denn von nun an wird dieses Buch erst, was es eigentlich sein soll. Es hat sich nicht als selbständig angekündigt; es ist vielmehr bestimmt, die Lücken eines Autorlebens auszufüllen, manches Bruchstück zu ergänzen und das Andenken verlorner und verschollener Wagnisse zu erhalten. *(Dichtung und Wahrheit)*

Christian Kestner und Lotte Buff

Unter den jungen Männern, welche, der Gesandtschaft zugegeben, sich zu ihrem künftigen Dienstlauf vorüben sollten, fand sich einer, den wir kurz und gut den Bräutigam zu nennen pflegten. Er zeichnete sich aus durch ein ruhiges gleiches Betragen, Klarheit der Ansichten, Bestimmtheit im Handeln und Reden. Seine heitere Tätigkeit, sein anhaltender Fleiß empfahl ihn dergestalt den Vorgesetzten, daß man ihm eine baldige Anstellung versprach. Hiedurch berechtigt, unternahm er, sich mit einem Frauenzimmer zu verloben, das seiner Gemütsart und seinen Wünschen völlig zusagte. Nach dem Tode ihrer Mutter hatte sie sich als Haupt einer zahlreichen jüngeren Familie höchst tätig erwiesen und den Vater in seinem Witwerstand allein aufrecht erhalten, so daß ein künftiger Gatte von ihr das gleiche für sich und seine Nachkommenschaft hoffen und ein entschiedenes häusliches Glück erwarten konnte. Ein jeder gestand, auch ohne diese Lebenszwecke eigennützig für sich im Auge zu haben, daß sie ein wünschenswertes Frauenzimmer sei. Sie gehörte zu denen, die, wenn sie nicht heftige Leidenschaften einflößen, doch ein allgemeines Gefallen zu erregen geschaffen sind. Eine leicht aufgebaute, nett gebildete Gestalt, eine reine gesunde Natur und die daraus entspringende frohe Lebenstätigkeit, eine unbefangene Behandlung des täglich Notwendigen, das alles war ihr zusammen gegeben. In der Betrachtung solcher Eigenschaften ward auch mir immer wohl, und ich gesellte mich gern zu denen, die sie besaßen; und wenn ich nicht immer Gelegenheit fand, ihnen wirkliche Dienste zu leisten, so teilte ich mit ihnen lieber als mit andern den Genuß jener unschuldigen Freuden, die der Jugend immer zur Hand sind und ohne große Bemühung und Aufwand ergriffen werden. [...]

Der neue Ankömmling, völlig frei von allen Banden, sorglos in der Gegenwart eines Mädchens, das, schon versagt, den gefälligsten Dienst nicht als Bewerbung auslegen und sich desto eher daran erfreuen konnte, ließ sich ruhig gehen, war aber bald dergestalt eingesponnen und gefesselt, und zugleich von dem jungen Paare so zutraulich und freundlich behandelt, daß er sich selbst nicht mehr kannte. Müßig und träumerisch, weil ihm keine Gegenwart genügte, fand er das, was ihm abging, in einer Freundin, die, indem sie fürs ganze Jahr lebte, nur für den Augenblick zu leben schien. Sie mochte ihn gern zu ihrem Begleiter; er konnte bald ihre Nähe nicht missen, denn sie vermittelte ihm die Alltagswelt, und so waren sie, bei einer ausgedehnten Wirtschaft, auf dem Acker und den Wiesen, auf dem Krautland wie im Garten, bald unzertrennliche Gefährten. Erlaubten es dem Bräutigam seine Geschäfte, so war er an seinem Teil dabei; sie hatten sich alle drei an einander gewöhnt, ohne es zu wollen, und wußten nicht, wie sie dazu kamen, sich nicht entbehren zu können. So lebten sie, den herrlichen Sommer hin, eine echt deutsche Idylle, wozu das fruchtbare Land die Prosa, und eine reine Neigung die Poesie hergab. Durch reife Kornfelder wandernd erquickten sie sich am taureichen Morgen; das Lied der Lerche, der Schlag der Wachtel waren ergetzliche Töne; heiße Stunden folgten, ungeheure Gewitter brachen herein, man schloß sich nur desto mehr an einander, und mancher kleine Familienverdruß war leicht ausgelöscht durch fortdauernde Liebe. Und so nahm ein gemeiner Tag den andern auf, und alle schienen Festtage zu sein; der ganze Kalender hätte müssen rot gedruckt werden. Verstehen wird mich, wer sich erinnert, was von dem glücklich-unglücklichen Freunde der Neuen Heloise geweissagt worden: „Und zu den Füßen seiner Geliebten sitzend, wird er Hanf brechen, und er wird wünschen Hanf zu brechen, heute, morgen und übermorgen, ja sein ganzes Leben." *(Dichtung und Wahrheit)*

Aus Kestners Tagebuch

Ende Juni 1772

[...] Nachher, und wie ich meine Arbeit, die ich hatte, getan, gehe ich zu meinem Mädchen, ich finde den Dr. Goede da [...] Er liebt sie, und ob er gleich ein Philosoph ist und mir gut ist, so sieht er mich doch nicht gerne kommen, und mit meinem Mädchen vergnügt sein. Und ich, ob ich ihm gleich recht gut bin, so sehe ich doch auch nicht gern, daß er bei meinem Mädchen allein bleiben, und sie unterhalten soll. Ich muß gehen, zum Glück kommt der Vater. Ich gehe schon ruhiger [...]

An Johann Christian Kestner

Wetzlar, 10. September 1772

Er ist fort Kestner wenn Sie diesen Zettel kriegen, er ist fort. Geben Sie Lottchen innliegenden Zettel. Ich war sehr gefasst aber euer Gespräch hat mich auseinander gerissen. Ich kann Ihnen in dem Augenblick nichts sagen, als leben Sie wohl. Wäre Ich einen Augenblick länger bey euch geblieben, ich hätte nicht gehalten. Nun binn ich allein, und morgen geh ich. O mein armer Kopf.

An Charlotte Buff

Wetzlar, 10. September 1772

Wohl hoff ich wiederzukommen, aber Gott weis wann. Lotte wie war mirs bey deinen Reden ums Herz, da ich wusste es ist das letztemal dass Ich Sie sehe. Nicht das leztemal, und doch geh ich morgen fort. Fort ist er. Welcher Geist brachte euch auf den Diskurs [ein Gespräch über das Leben nach dem Tod; im *Werther* über den Selbstmord]. Da ich alles sagen durfte was ich fühlte, ach mir wars um hienieden zu thun, um Ihre Hand die ich zum leztenmal küsste. Das Zimmer in das ich nicht wiederkehren werde, und der liebe Vater der mich zum letztenmal begleitete. Ich binn nun allein, und darf weinen, ich lasse euch glücklich, und gehe nicht aus euern Herzen. Und sehe euch wieder, aber nicht morgen ist nimmer. Sagen Sie meinen Buben er ist fort. Ich mag nicht weiter.

An Charlotte Buff

Frankfurt, 8. Oktober 1772

Danck Ihrem guten Geist goldne Lotte, der Sie trieb mir eine unerwartete Freude zu machen, und wenn er so schwarz wäre wie das Schicksaal, danck ihm. heut eh ich zu Tisch ging grüsst ich Ihr bild herzlich, und bey Tisch – Ich wunderte mich über den seltsamen Brief, brach ihn auf und steckt Ihn weg. O liebe Lotte seit ich Sie das erstemal sah, wie ist das alles so anders, es ist noch eben diese Blütenfarbe am Band, doch verschossner kommt mirs vor, als im Wagen, ist auch natürlich. Danck Ihrem Herzen dass Sie mir noch so ein Geschenck machen können, Ich wollt aber auch in die finstersten Hölen meines Verdrusses – Nein Lotte Sie bleiben mir, dafür geb Ihnen der reiche im Himmel seine schönsten Früchte, und wem er Sie auf Erden versagt dem lass er droben im Paradiese wo kühle Bäche fliessen zwischen Palmbäumen und Früchte drüber hängen wie Gold – indessen wollt ich wäre auf eine Stunde bey Ihnen.

Noch was, eh ich zu Bette gehe, unsre beyden Verliebten, sind auf dem Gipfel der Glückseeligkeit. Der Vater ist unter höchst billigen Bedingungen zufrieden, und es hängt nun von Nebenbestimmungen ab.

Gleichfalls liebe Lotte? Gute Nacht.

Ein Orakel auf der Wanderung an der Lahn

Mit Merck war verabredet, daß wir uns zur schönen Jahrszeit in Koblenz bei Frau von La Roche treffen wollten. Ich hatte mein Gepäck nach Frankfurt, und was ich unterwegs brauchen könnte, durch eine Gelegenheit die Lahn hinunter gesendet, und wanderte nun diesen schönen, durch seine Krümmungen lieblichen, in seinen Ufern so mannigfaltigen Fluß hinunter, dem Entschluß nach frei, dem Gefühle nach befangen, in einem Zustande, in welchem uns die Gegenwart der stummlebendigen Natur so wohltätig ist. Mein Auge, geübt, die malerischen und übermalerischen Schönheiten der Landschaft zu entdecken, schwelgte in Betrachtung der Nähen und Fernen, der bebuschten Felsen, der sonnigen Wipfel, der feuchten Gründe, der thronenden Schlösser und der aus der Ferne lokkenden blauen Bergreihen.

Ich wanderte auf dem rechten Ufer des Flusses, der in einiger Tiefe und Entfernung unter mir, von reichem Weidengebüsch zum Teil verdeckt, im Sonnenlicht hingleitete. Da stieg in mir der alte Wunsch wieder auf, solche Gegenstände würdig nachahmen zu können. Zufällig hatte ich ein schönes Taschenmesser in der linken Hand, und in dem Augenblicke trat aus dem tiefen Grunde der Seele gleichsam befehlshaberisch hervor: ich sollte dies Messer ungesäumt in den Fluß schleudern. Sähe ich es hineinfallen, so würde mein künstlerischer Wunsch erfüllt werden; würde aber das Eintauchen des Messers durch die überhängenden Weidenbüsche verdeckt, so sollte ich Wunsch und Bemühung fahren lassen. So schnell, als diese Grille in mir aufstieg, war sie auch ausgeführt. Denn ohne auf die Brauchbarkeit des Messers zu sehn, das gar manche Gerätschaften in sich vereinigte, schleuderte ich es mit der Linken, wie ich es hielt, gewaltsam nach dem Flusse hin. Aber auch hier mußte ich die trügliche Zweideutigkeit der Orakel, über die man sich im Altertum so bitter beklagt, erfahren. Des Messers Eintauchen in den Fluß ward mir durch die letzten Weidenzweige verborgen, aber das dem Sturz entgegenwirkende Wasser sprang wie eine starke Fontäne in die Höhe, und war mir vollkommen sichtbar. Ich legte diese Erscheinung nicht zu meinen Gunsten aus, und der durch sie in mir erregte Zweifel war in der Folge schuld, daß ich diese Übungen unterbrochner und fahrlässiger anstellte, und dadurch selbst Anlaß gab, daß die Deutung des Orakels sich erfüllte.

(Dichtung und Wahrheit)

4. Werther in Frankfurt 1773–1775

Zum Bleiben ich, zum Scheiden du erkoren,
Gingst du voran – und hast nicht viel verloren.
An Werther (1824)

„Ich wandere in Wüsten da kein Wasser ist, meine Haare sind mir Schatten und mein Blut mein Brunnen. Und euer Schiff doch mit bunten Flaggen und Jauchzen zuerst im Hafen freut mich." Die biblische Metaphorik, die er der eigenen Poesie einverwandelt wie den antiken Mythos oder – wie in *Wanderers Sturmlied* – die Pindarsche Hymnik (seine eigene Hymne hat nur die Auffassung von Pindar, von der er sich seine Bilder leiht), bereichert auch die Bildkraft dieser Briefsequenz an Kestners. Sie spricht nicht von seiner „verlorenen Liebe" selbst, sondern, immer noch, von innerer Zerrissenheit. Aus ihr, ihr allein, rettet die Niederschrift des *Werther*-Romans (Februar 1774). Daß der Welterfolg des Buches, wie immer, auf Stoff und Inhalt, kaum auf die Kunstleistung reflektierte, hat auch verdeckt, was diese Leistung offenbar machte. Im Grunde war es überhaupt erst sie, die der sogenannten *Genie*-Epoche ihren Bekenntnischarakter gab.

Im Ton der Empfindsamkeit wird die Kulisse unechter Gefühligkeit vor der Realität einer zunehmenden Seelenzerrüttung weggezogen und damit zugleich der ganzen Epoche der Prozeß gemacht. Mit dem Erfundenen konfrontiert, widerlegt die Ausweglosigkeit die zeitgenössische Empfindelei als lebensfern und kunstfremd. Die das im Text mithörten, müssen, aller Mißdeutung vorzubeugen, dem *Werther*-Autor, wie Lessing, ein möglichst „zynisches" Schlußkapitel empfehlen. Daß aus dem Buch die wahre Empfindung als Gegenbild ihres Gekünstelten sprach, spiegelt auch wohl verborgen die Ironie der Herausgeberschaft, Kunstmittel der Distanz in zwei Richtungen: gegenüber sich selbst und dem Geschehen. Der lakonische Schluß zerstört, noch im wörtlichen Zitat eines Briefes von Kestner an Goethe (über den Tod des jungen braunschweigischen Legationssekretärs Karl Wilhelm Jerusalem), alle Sentimentalität der Empfindsamen. Werthers Seelenodyssee führt in den Untergang auch einer literarischen Epoche.

Wenn der Sechzigjährige einmal eingestehen wird, daß sich dergleichen nicht „mit heiler Haut“ schreibe, wenn er noch mit siebzig (nach der Lektüre – „Nachts für mich“) sagen wird, es werde ihm „unheimlich dabei“, und wenn im Text selbst an einer entscheidenden Stelle leidenschaftlicher Entäußerung aus dem *Ossian* (Macphersons) zitiert wird, dann scheint sich in die Erinnerung auch ein Ton zu mischen, der mit Versen aus der *Iphigenie* in dieses Leben zurückschlägt: „Drum habe die Sonne nicht zu lieb | Und nicht die Sterne | Komm folge mir ins dunkle Reich hinab.“

War mit dem *Götz* ein und für allemal ein Geschichtsbild gezeichnet, dem allein mit dem Begriff des „Erzählbaren“ beizukommen war, so mit dem *Werther* das Bild einer bürgerlichen Gesellschaft, die an der Schwelle ihrer öffentlichen Wirksamkeit in der Scheinhaftigkeit eines angsthaften Gefühlskults zu ersticken schien, für den die Aufklärung fast bedrohliche Züge hatte: Lessing und Lichtenberg mochten das wissen – auch davon spricht ihre Reaktion auf den *Werther.*

Noch im Jahr zuvor war eine Reihe kleiner Fasnachtsspiele und Hanswurstiaden und eine satirische Farce auf (den im Grunde verehrten) Wieland entstanden, der Kenntnisse genug von dem jungen Kollegen hat, um mit geistreichem Charme auf dieses *Pasquill* (*Götter, Helden und Wieland*) zu reagieren. Auch hatte er für eine ganze Weile Freundschaft mit dem Zürcher Theologen Johann Caspar Lavater und auch mit Friedrich Heinrich Jacobi in Pempelfort geschlossen. Die intolerante wahnhafte Christologie des einen wie die *Glaubenssophisterei* des anderen ertrug er lange mit Geduld und im Widerspruch, nahm aber in den frühen Weimarer Jahren – nicht zuletzt auf dem Weg über Spinozas *Ethik* – Abschied von diesen Auffassungen, in denen ihm „die tiefsten Geheimnisse der wahrsten Menschheit mit Strohseilen des Wahns und der Beschräncktheit zusammen gehängt“ erschienen.

Hält man sich die ironische Heiterkeit seiner Bambocciaden und Hanswurstiaden und die Luzidität vor Augen, mit der er Lavaters und Jacobis Weltbilder auseinandernehmen wird, dann mag das auch als Widerstand gegen die eigenen Melancholien gelesen werden, ebenso wie die Lakonie, mit der *Werthers Leiden* endet.

Am 11. Dezember 1774 steht „eines dämmrigen Dezembernachmittags“ ein junger Offizier in seinem Giebelzimmer: Karl Ludwig von Knebel, Prinzenerzieher aus Weimar, der die beiden jugendlichen Prinzen Carl August und Constantin von Sachsen-Weimar-Eisenach auf eine Bildungsreise begleitet. Worüber man spricht und was man gemeinsam liest (Mösers *Patriotische Phantasien*), bereitet die Zukunft der nächsten 58 Jahre vor.

Die Liebe zu Lili Schönemann, die in den kommenden Monaten zu einem Verlöbnis und einer so tiefen Krise führt, aus der nur eine Flucht (eine kleine Reise mit Freunden in die Schweiz) retten kann, wird gleichwohl noch Jahrzehnte später eine der *tiefsten Neigungen* genannt, die ihm widerfahren seien. Er äußert das bezeichnenderweise in einem Moment, 1815, als er nicht nur endgültig Abschied von Frankfurt nimmt, sondern auch von jener jungen Frau, deren Gegenwärtigkeit sich die schönsten Liebesgedichte des *West-östlichen Divan* verdanken: Marianne von Willemer.

Als ihm die Mutter zu seinem Entsetzen auf dem Dachboden am Hirschgraben alte Kinderwiegen zeigt, ist das Ende des Verlöbnisses mit Lili für ihn nur noch eine Frage der Zeit, das unterschiedliche Religionsbekenntnis Instrument seiner Auflösung: „Dem Hafen häuslicher Glückseeligkeit, und festem Fuse in wahrem Leid und Freud der Erde wähnt ich vor kurzem näher zu kommen, bin aber auf leidige Weise wieder hinaus in's weite Meer geworfen.“ Der Empfänger dieser Briefnotiz, Herder, kann kaum die Ironie überhört haben.

In der Schweiz, auf dem Gotthard, gab es den berühmten *Scheideblick nach Italien,* festgehalten in einer kleinen Skizze von spröder Zartheit – doch dieses Sehnsuchtsbild blieb für den Moment unerfüllbar. Nicht des Vaters sondern die eigene Neigung sollte über diese Grenze führen.

Die Trennung von Lili fiel mit dem langen Abschied von Frankfurt zusammen. Carl August hatte ihn nach Weimar eingeladen, wiederholte die Einladung auf seiner zweiten Reise nach Süden, anläßlich seiner Hochzeit mit Louise von Hessen-Darmstadt, und so brach Goethe Ende Oktober 1775 auf. In Briefen an Freunde ist von zwei Werken die Rede, die ihn, im Manuskript, nach Weimar begleiten: „Ich bin leidlich. Hab am *Faust* viel geschrieben.“ Das andere war *Egmont* (über dessen erste Szenen sich der Vater noch interessiert gebeugt hat).

Egmont wird noch fast anderthalb Jahrzehnte, *Faust* sechsundfünfzig Jahre auf die Vollendung warten.

*

Aus: Die Leiden des jungen Werthers

Ich war ausgestiegen, und eine Magd, die ans Tor kam, bat uns, einen Augenblick zu verziehen, Mamsell Lottchen würde gleich kommen. Ich ging durch den Hof nach dem wohlgebauten Hause, und da ich die vorliegenden Treppen hinaufgestiegen war und in die Tür trat, fiel mir das reizendste Schauspiel in die Augen, das ich je gesehen habe. In dem Vorsaale wimmelten sechs Kinder von eilf zu zwei Jahren um ein Mädchen von schöner Gestalt, mittlerer Größe, die ein simples weißes Kleid, mit blaßroten Schleifen an Arm und Brust, anhatte. Sie hielt ein schwarzes Brot und schnitt ihren Kleinen rings herum jedem sein Stück nach Proportion ihres Alters und Appetits ab, gab's jedem mit solcher Freundlichkeit, und jedes rief so ungekünstelt sein „Danke!", indem es mit den kleinen Händchen lange in die Höhe gereicht hatte, ehe es noch abgeschnitten war, und nun mit seinem Abendbrote vergnügt entweder wegsprang, oder nach seinem stillen Charakter gelassen davonging nach dem Hoftore zu, um die Fremden und die Kutsche zu sehen, darin ihre Lotte wegfahren sollte. – „Ich bitte um Vergebung," sagte sie, „daß ich Sie hereinbemühe und die Frauenzimmer warten lasse. Über dem Anziehen und allerlei Bestellungen fürs Haus in meiner Abwesenheit habe ich vergessen, meinen Kindern ihr Vesperbrot zu geben, und sie wollen von niemanden Brot geschnitten haben als von mir." – Ich machte ihr ein unbedeutendes Kompliment, meine ganze Seele ruhte auf der Gestalt, dem Tone, dem Betragen, und ich hatte eben Zeit, mich von der Überraschung zu erholen, als sie in die Stube lief, ihre Handschuhe und den Fächer zu holen. Die Kleinen sahen mich in einiger Entfernung so von der Seite an, und ich ging auf das jüngste los, das ein Kind von der glücklichsten Gesichtsbildung war. Es zog sich zurück, als eben Lotte zur Türe herauskam und sagte: „Louis, gib dem Herrn Vetter eine Hand." – Das tat der Knabe sehr freimütig, und ich konnte mich nicht enthalten, ihn, ungeachtet seines kleinen Rotznäschens, herzlich zu küssen. – „Vetter?" sagte ich, indem ich ihr die Hand reichte, „glauben Sie, daß ich des Glücks wert sei, mit Ihnen verwandt zu sein?“ – „O“, sagte sie mit einem leichtfertigen Lächeln, „unsere Vetterschaft ist sehr weitläufig, und es wäre mir leid, wenn Sie der schlimmste drunter sein sollten.“ – Im Gehen gab sie Sophien, der ältesten Schwester nach ihr, einem Mädchen von ungefähr eilf Jahren, den Auftrag, wohl auf die Kinder acht zu haben und den Papa zu grüßen, wenn er vom Spazierritte nach Hause käme. Den Kleinen sagte sie, sie sollten ihrer Schwester Sophie folgen, als wenn sie's selber wäre, das denn auch einige ausdrücklich versprachen. Eine kleine, naseweise Blondine aber, von ungefähr sechs Jahren, sagte: „Du bist's doch nicht, Lottchen, wir haben dich doch lieber.“ – Die zwei ältesten Knaben waren hinten auf die Kutsche geklettert, und auf mein Vorbitten erlaubte sie ihnen, bis vor den Wald mitzufahren, wenn sie versprächen, sich nicht zu necken und sich recht fest zu halten. [...]

Wie ich mich unter dem Gespräche in den schwarzen Augen weidete – wie die lebendigen Lippen und die frischen, muntern Wangen meine ganze Seele anzogen – wie ich, in den herrlichen Sinn ihrer Rede ganz versunken, oft gar die Worte nicht hörte, mit denen sie sich ausdrückte – davon hast du eine Vorstellung, weil du mich kennst. Kurz, ich stieg aus dem Wagen wie ein Träumender, als wir vor dem Lusthause stille hielten, und war so in Träumen rings in der dämmernden Welt verloren, daß ich auf die Musik kaum achtete, die uns von dem erleuchteten Saal herunter entgegenschallte. [...]

Am 18. August.

Mußte denn das so sein, daß das, was des Menschen Glückseligkeit macht, wieder die Quelle seines Elendes würde?

Das volle, warme Gefühl meines Herzens an der lebendigen Natur, das mich mit so vieler Wonne überströmte, das rings umher die Welt mir zu einem Paradiese schuf, wird mir jetzt zu einem unerträglichen Peiniger, zu einem quälenden Geist, der mich auf allen Wegen verfolgt. Wenn ich sonst vom Felsen über den Fluß bis zu jenen Hügeln das fruchtbare Tal überschaute und alles um mich her keimen und quellen sah; wenn ich jene Berge, vom Fuße bis auf zum Gipfel, mit hohen, dichten Bäumen bekleidet, jene Täler in ihren mannigfaltigen Krümmungen von den lieblichsten Wäldern beschattet sah, und der sanfte Fluß zwischen den lispelnden Rohren dahingleitete und die lieben Wolken abspiegelte, die der sanfte Abendwind am Himmel herüberwiegte [...]

Es hat sich vor meiner Seele wie ein Vorhang weggezogen, und der Schauplatz des unendlichen Lebens verwandelt sich vor mir in den Abgrund des ewig offenen Grabes. Kannst du sagen: *Das ist!* da alles vorübergeht? da alles mit der Wetterschnelle vorüberrollt, so selten die ganze Kraft seines Daseins ausdauert, ach, in den Strom fortgerissen, untergetaucht und an Felsen zerschmettert wird? Da ist kein Augenblick, der nicht dich verzehrte und die Deinigen um dich her, kein Augenblick, da du nicht ein Zerstörer bist, sein mußt; der harmloseste Spaziergang kostet tausend armen Würmchen das Leben, es zerrüttet *ein* Fußtritt die mühseligen Gebäude der Ameisen und stampft eine kleine Welt in ein schmähliches Grab. Ha! nicht die große, seltne Not der Welt, diese Fluten, die eure Dörfer wegspülen, diese Erdbeben, die eure Städte verschlingen, rühren mich; mir untergräbt das Herz die verzehrende Kraft, die in dem All der Natur verborgen liegt; die nichts gebildet hat, das nicht seinen Nachbar, nicht sich selbst zerstörte. Und so taumle ich beängstigt. Himmel und Erde und ihre webenden Kräfte um mich her: ich sehe nichts als ein ewig verschlingendes, ewig wiederkäuendes Ungeheuer.

Am 20. Januar

Ich muß Ihnen schreiben, liebe Lotte, hier in der Stube einer geringen Bauernherberge, in die ich mich vor einem schweren Wetter geflüchtet habe. Solange ich in dem traurigen Nest D. unter dem fremden, meinem Herzen ganz fremden Volke herumziehe, habe ich keinen Augenblick gehabt, keinen, an dem mein Herz mich geheißen hätte, Ihnen zu schreiben; und jetzt in dieser Hütte, in dieser Einsamkeit, in dieser Einschränkung, da Schnee und Schloßen wider mein Fensterchen wüten, hier waren Sie mein erster Gedanke. Wie ich hereintrat, überfiel mich Ihre Gestalt, Ihr Andenken, O Lotte! so heilig, so warm! Guter Gott! der erste glückliche Augenblick wieder.

Wenn Sie mich sähen, meine Beste, in dem Schwall von Zerstreuung! Wie ausgetrocknet meine Sinne werden! Nicht einen Augenblick der Fülle des Herzens, nicht eine selige Stunde! nichts! nichts! Ich stehe wie vor einem Raritätenkasten und sehe die Männchen und Gäulchen vor mir herumrücken, und frage mich oft, ob es nicht optischer Betrug ist. Ich spiele mit, vielmehr, ich werde gespielt wie eine Marionette und fasse manchmal meinen Nachbar an der hölzernen Hand und schaudere zurück. Des Abends nehme ich mir vor, den Sonnenaufgang zu genießen, und komme nicht aus dem Bette; am Tage hoffe ich, mich des Mondscheins zu erfreuen, und bleibe in meiner Stube. Ich weiß nicht recht, warum ich aufstehe, warum ich schlafen gehe. [...]

Am 6. Dezember

Wie mich die Gestalt verfolgt! Wachend und träumend füllt sie meine ganze Seele! Hier, wenn ich die Augen schließe, hier in meiner Stirne, wo die innere Sehkraft sich vereinigt, stehen ihre schwarzen Augen. Hier! ich kann dir es nicht ausdrücken. Mache ich meine Augen zu, so sind sie da; wie ein Meer, wie ein Abgrund ruhen sie vor mir, in mir, füllen die Sinne meiner Stirn.

Was ist der Mensch, der gepriesene Halbgott! Ermangeln ihm nicht eben da die Kräfte, wo er sie am nötigsten braucht? Und wenn er in Freude sich aufschwingt oder im Leiden versinkt, wird er nicht in beiden eben da aufgehalten, eben da zu dem stumpfen, kalten Bewußtsein wieder zurückgebracht, da er sich in der Fülle des Unendlichen zu verlieren sehnte?

Ich trete an das Fenster, meine Beste, und sehe, und sehe noch durch die stürmenden, vorüberfliehenden Wolken einzelne Sterne des ewigen Himmels! Nein, ihr werdet nicht fallen! der Ewige trägt euch an seinem Herzen, und mich. Ich sehe die Deichselsterne des Wagens, des liebsten unter allen Gestirnen. Wenn ich nachts von dir ging, wie ich aus deinem Tore trat, stand er gegen mir über. Mit welcher Trunkenheit habe ich ihn oft angesehen, oft mit aufgehobenen Händen ihn zum Zeichen, zum heiligen Merksteine meiner gegenwärtigen Seligkeit gemacht! [...]

Ein Nachbar sah den Blick vom Pulver und hörte den Schuß fallen; da aber alles stille blieb, achtete er nicht weiter drauf.

Morgens um sechse tritt der Bediente herein mit dem Lichte. Er findet seinen Herrn an der Erde, die Pistole und Blut. Er ruft, er faßt ihn an; keine Antwort, er röchelt nur noch. Er läuft nach den Ärzten, nach Alberten. Lotte hört die Schelle ziehen, ein Zittern ergreift alle ihre Glieder. Sie weckt ihren Mann, sie stehen auf, der Bediente bringt heulend und stotternd die Nachricht, Lotte sinkt ohnmächtig vor Alberten nieder.

Als der Medikus zu dem Unglücklichen kam, fand er ihn an der Erde ohne Rettung, der Puls schlug, die Glieder waren alle gelähmt. Über dem rechten Auge hatte er sich durch den Kopf geschossen, das Gehirn war herausgetrieben. Man ließ ihm zum Überfluß eine Ader am Arme, das Blut lief, er holte noch immer Atem.

Aus dem Blut auf der Lehne des Sessels konnte man schließen, er habe sitzend vor dem Schreibtische die Tat vollbracht, dann ist er heruntergesunken, hat sich konvulsivisch um den Stuhl herumgewälzt. Er lag gegen das Fenster entkräftet auf dem Rücken, war in völliger Kleidung, gestiefelt, im blauen Frack mit gelber Weste.

Das Haus, die Nachbarschaft, die Stadt kam in Aufruhr. Albert trat herein. Werthern hatte man auf das Bett gelegt, die Stirn verbunden, sein Gesicht schon wie eines Toten, er rührte kein Glied. Die Lunge röchelte noch fürchterlich, bald schwach, bald stärker; man erwartete sein Ende.

Von dem Weine hatte er nur ein Glas getrunken. „Emilia Galotti" lag auf dem Pulte aufgeschlagen.

Von Alberts Bestürzung, von Lottens Jammer laßt mich nichts sagen.

Der alte Amtmann kam auf die Nachricht hereingesprengt, er küßte den Sterbenden unter den heißesten Tränen. Seine ältesten Söhne kamen bald nach ihm zu Fuße, sie fielen neben dem Bette nieder im Ausdrucke des unbändigsten Schmerzens, küßten ihm die Hände und den Mund, und der älteste, den er immer am meisten geliebt, hing an seinen Lippen, bis er verschieden war und man den Knaben mit Gewalt wegriß. Um zwölfe mittags starb er. Die Gegenwart des Amtmannes und seine Anstalten tuschten einen Auflauf. Nachts gegen eilfe ließ er ihn an die Stätte begraben, die er sich erwählt hatte. Der Alte folgte der Leiche und die Söhne, Albert vermocht's nicht. Man fürchtete für Lottens Leben. Handwerker trugen ihn. Kein Geistlicher hat ihn begleitet.

Zum taedium vitae und zum Selbstmord

Jener Ekel vor dem Leben hat seine physischen und seine sittlichen Ursachen, jene wollen wir dem Arzt, diese dem Moralisten zu erforschen überlassen, und, bei einer so oft durchgearbeiteten Materie, nur den Hauptpunkt beachten, wo sich jene Erscheinung am deutlichsten ausspricht. Alles Behagen am Leben ist auf eine regelmäßige Wiederkehr der äußeren Dinge gegründet. Der Wechsel von Tag und Nacht, der Jahreszeiten, der Blüten und Früchte, und was uns sonst von Epoche zu Epoche entgegentritt, damit wir es genießen können und sollen, diese sind die eigentlichen Triebfedern des irdischen Lebens. Je offener wir für diese Genüsse sind, desto glücklicher fühlen wir uns; wälzt sich aber die Verschiedenheit dieser Erscheinungen vor uns auf und nieder, ohne daß wir daran teilnehmen, sind wir gegen so holde Anerbietungen unempfänglich: dann tritt das größte Übel, die schwerste Krankheit ein, man betrachtet das Leben als eine ekelhafte Last. [...]

Der Selbstmord ist ein Ereignis der menschlichen Natur, welches, mag auch darüber schon so viel gesprochen und gehandelt sein als da will, doch einen jeden Menschen zur Teilnahme fordert, in jeder Zeitepoche wieder einmal verhandelt werden muß. Montesquieu erteilt seinen Helden und großen Männern das Recht, sich nach Befinden den Tod zu geben, indem er sagt, es müsse doch einem jeden freistehen, den fünften Akt seiner Tragödie da zu schließen, wo es ihm beliebe. Hier aber ist von solchen Personen nicht die Rede, die ein bedeutendes Leben tätig geführt, für irgend ein großes Reich oder für die Sache der Freiheit ihre Tage verwendet, und denen man wohl nicht verargen wird, wenn sie die Idee, die sie beseelt, sobald dieselbe von der Erde verschwindet, auch noch jenseits zu verfolgen denken. Wir haben es hier mit solchen zu tun, denen eigentlich aus Mangel von Taten, in dem friedlichsten Zustande von der Welt, durch übertriebene Forderungen an sich selbst das Leben verleidet. Da ich selbst in dem Fall war und am besten weiß, was für Pein ich darin erlitten, was für Anstrengung es mir gekostet, ihr zu entgehn [...] ich hatte mich durch diese Komposition, mehr als durch jede andere, aus einem stürmischen Elemente gerettet, auf dem ich durch eigne und fremde Schuld, durch zufällige und gewählte Lebensweise, durch Vorsatz und Übereilung, durch Hartnäckigkeit und Nachgeben auf die gewaltsamste Art hin und wider getrieben worden. Ich fühlte mich, wie nach einer Generalbeichte, wieder froh und frei, und zu einem neuen Leben berechtigt. [...]
(Dichtung und Wahrheit)

An Kestner

28. November 1772

Ich dank Euch, lieber Kestner, für die Nachricht von des armen Jerusalems Tod, sie hat uns herzlich interessiert. Ihr sollt sie wiederhaben, wenn sie abgeschrieben ist [...] Gestern fiel mir ein, an Lotten zu schreiben. Ich dachte aber, alle ihre Antwort ist doch nur: wir wollen's so gut sein lassen. Und erschießen mag ich mich vor der Hand noch nicht [...]

Das Unternehmen wird gegenüber dem Ehepaar Kestner verteidigt

Frankfurt, Oktober 1774

Ich muss euch gleich schreiben meine Lieben, meine Erzürnten, dass mirs vom Herzen komme. Es ist gethan, es ist ausgegeben, verzeiht mir wenn ihr könnt. – Ich will nichts, ich bitte euch, ich will nichts von euch hören, biss der Ausgang bestätigt haben wird dass eure Besorgnisse zu hoch gespannt waren, biss ihr dann auch im Buche selbst das unschuldige Gemisch von Wahrheit und Lüge reiner an euerm Herzen gefühlt haben werdet. Du hast Kestner, ein liebevoller Advokat, alles erschöpft, alles mir weggeschnitten, was ich zu meiner Entschuldigung sagen könnte; aber ich weis nicht, mein Herz hat noch mehr zu sagen, ob sichs gleich nicht ausdrücken kann. [...]

Gott im Himmel man sagt von dir: du kehrest alles zum besten.

Und meine lieben wenn euch der Unmuth übermannt, denckt nur denckt, dass der alte euer Goethe, immer neuer und neuer, und ietzt mehr als iemals der eurige ist.

Johann Christian Kestner an seinen Freund August von Hennings

7. November 1774

Diese Jerusalemische Geschichte, die ich möglichst genau erforschte, weil sie merkwürdig war, schrieb ich mit allen Umständen auf und schickte sie Goethen nach Frankfurt; der hat dann den Gebrauch im 2. Teil seines „Werthers" davon gemacht und nach Gefallen etwas hinzugetan [...] Goethe hat's gewiß nicht übel gemeint; er schätzte meine Frau und mich dazu zu hoch. Seine Briefe und seine andern Handlungen beweisen es. Er betrug sich auch viel größer, als er sich im Werther zum Teil geschildert hat.

Gotthold Ephraim Lessing an Johann Joachim Eschenburg

Mein lieber Herr Eschenburg,

Wenn aber ein so warmes Produkt Gutes stiften soll: meinen Sie nicht, daß es noch eine kleine kalte Schlußrede haben müßte? Ein paar Winke hintenher, wie Werther zu einem so abenteuerlichen Charakter gekommen; wie ein andrer Jüngling, dem die Natur eine ähnliche Anlage gegeben, sich dafür zu bewahren habe. Denn ein solcher dürfte die poetische Schönheit leicht für die moralische nehmen, und glauben, daß der gut gewesen sein müsse, der unsere Teilnehmung so stark beschäftiget. Und das war er doch wahrlich nicht; ja, wenn unsers J[erusalem]s Geist völlig in dieser Lage gewesen wäre, so müßte ich ihn fast – verachten. Glauben Sie wohl, daß je ein römischer oder griechischer Jüngling sich so und darum das Leben genommen? Gewiß nicht. Die wußten sich vor der Schwärmerei der Liebe ganz anders zu schützen: und zu Sokrates Zeiten würde man ein solches Besessensein von der Liebe, das etwas wider die Natur zu unternehmen antreibt, nur kaum einem Mädchen verziehen haben. Solche kleingroße, verächtlich schätzbare Originale hervorzubringen, war nur der christlichen Erziehung vorbehalten, die ein körperliches Bedürfnis so schön in eine geistige Vollkommenheit zu verwandeln weiß. Also, lieber Goethe, noch ein Kapitelchen zum Schlusse; und je zynischer je besser! [...]

Wolfenbüttel,
den 26. Oktober 1774

Dero
ganz ergebenster
Lessing

Georg Christoph Lichtenberg an seinen Verleger Dieterich

London, 1. Mai 1775

Für die Leiden und Freuden und Tollheiten des jungen Werthers danke ich Dir vielmals. Ist es wahr, daß sich ein junger Herr von Lütichow über das Buch erschossen hat, das mag mir ein rechter Herr von Lütichow gewesen sein. Ich glaube, der Geruch eines Pfannkuchens ist ein stärkerer Bewegungsgrund, in der Welt zu bleiben, als alle die mächtig gemeinten Schlüsse des jungen Werthers sind, aus derselben zu gehen.

Johann Caspar Lavater, der Theologe aus Zürich

Es dauerte nicht lange, so kam ich auch mit Lavatern in Verbindung. Der Begriff von der Menschheit, der sich in ihm und an seiner Menschheit herangebildet hatte, war so genau mit der Vorstellung verwandt, die er von Christo lebendig in sich trug, daß es ihm unbegreiflich schien, wie ein Mensch leben und atmen könne, ohne zugleich ein Christ zu sein. Mein Verhältnis zu der christlichen Religion lag bloß in Sinn und Gemüt, und ich hatte von jener physischen Verwandtschaft, zu welcher Lavater sich hinneigte, nicht den mindesten Begriff. Ärgerlich war mir daher die heftige Zudringlichkeit eines so geist- als herzvollen Mannes, mit der er auf mich sowie auf [den jüdischen Philosophen] Mendelssohn und andere losging, und behauptete, man müsse entweder mit ihm ein Christ, ein Christ nach seiner Art werden, oder man müsse ihn zu sich hinüberziehen, man müsse ihn gleichfalls von demjenigen überzeugen, worin man seine Beruhigung finde. Diese Forderung, so unmittelbar dem liberalen Weltsinn, zu dem ich mich nach und nach auch bekannte, entgegen stehend, tat auf mich nicht die beste Wirkung. Alle Bekehrungsversuche, wenn sie nicht gelingen, machen denjenigen, den man zum Proselyten ausersah, starr und verstockt, und dieses war um so mehr mein Fall, als Lavater zuletzt mit dem harten Dilemma hervortrat: Entweder Christ oder Atheist! Ich erklärte darauf, daß, wenn er mir mein Christentum nicht lassen wollte, wie ich es bisher gehegt hätte, so könnte ich mich auch wohl zum Atheismus entschließen, zumal da ich sähe, daß niemand recht wisse, was beides eigentlich heißen solle. *(Dichtung und Wahrheit)*

Lavater an Goethe

Zürich, den 30.November 1773

Mein lieber Bruder,

Gott weiß es, du bist's noch mehr, seit du's mir gesagt hast: Ich bin kein Christ. Ich nehm's keiner Seele übel, die nicht glauben kann; aber von denen wend' ich mein Angesicht, die sagen: sie glauben, u. nicht glauben. Wer glaubt? – u. wem ist des Herrn Arm offenbar?

Aber nun – Bruder sage mir's, wie du's sagen kannst; was hast du wider den Christus, dessen Namen ich zu verherrlichen dürste, noch nicht verherrliche.

Ich schwöre dir Ehrlichkeit. Sage mir, ist Christus nicht Gottes Ebenbild u. Urbild der Menschheit? – u. ich will stille horchen, was du darwider hast, u. gewiß nicht schikanieren, u. gewiß nicht Parteisache machen.

Aber von dir – und deiner empfindsamen Tiefsicht erwart' ich auch, was ich von keinem, keinem ungläubigen Zweifler, Spötter erwarte.

Dränge mich, so zeig' ich dir Christus – oder ich ergreife wider ihn die Feder. Es ist kein Christ auf Erden; ich bin noch keiner; Aber du sollst Einer werden – oder ich werde was du bist. Innigst umarm' ich meine Brüder – Nicht Worte geb' ich dir – Geist, oder nichts. – Rede – ich werde hören, u. verstehn – denn ich bin – von Ewigkeit zu Ewigkeit dein Bruder L.

Eckermann über ein mit Gespräch mit Goethe am 28. Februar 1831

Da nun aber das große Wesen, welches wir die Gottheit nennen, sich nicht bloß im Menschen, sondern auch in einer reichen gewaltigen Natur und in mächtigen Weltbegebenheiten ausspricht, so kann auch natürlich eine nach menschlichen Eigenschaften von ihm gebildete Vorstellung nicht ausreichen, und der Aufmerkende wird bald auf die Unzulänglichkeiten und Widersprüche stoßen, die ihn in Zweifel, ja in Verzweiflung bringen, wenn er nicht entweder klein genug ist, sich durch eine künstliche Ausrede beschwichtigen zu lassen, oder groß genug, sich auf den Standpunkt einer höheren Ansicht zu erheben. Einen solchen Standpunkt fand Goethe früh in Spinoza, und er erkennet mit Freuden, wie sehr dic Ansichten dieses großen Denkers den Bedürfnissen seiner Jugend gemäß gewesen. Er fand in ihm sich selber und so konnte er sich auch an ihm auf das schönste befestigen.

Goethe an Johann Caspar Lavater

Weimar, den 29. Juli 1782

[...] Da ich zwar kein Widerkrist, kein Unkrist aber doch ein dezidirter Nichtkrist binn, so haben dein Pilatus [eine Schrift Lavaters] und so weiter widrige Eindrücke gemacht, weil du dich gar zu ungebärdig gegen den alten Gott und seine Kinder stellst [...] laß mich deine eigene Menschen Stimme hören damit wir von der Seite verbunden bleiben, da es von der andern nicht geht.

Goethe an Lavater

Weimar, den 9. August 1782

Mein Kopf ist von irrdischen Sorgen für andere belastet, drum nur ein Wort, möge es das Mißverständnis nicht vermehren. Wenn ich vor dir stünd, so würden wir in einer Viertelstunde einander verständlich seyn. Wir berühren uns beide so nah als Menschen können, dann kehren wir uns seitwärts und gehen entgegengesezte Wege, du so sichern Schritts als ich. Wir gelangen einsam, ohne an einander zu denken, an die äußersten Gränzen unseres Daseyns, ich bin still und verschweige was mir Gott und die Natur offenbart, ich kehre mich um, und sehe dich auf Einmahl das deinige gewaltig lehrend. Der Raum zwischen uns ist in dem Augenblick würklich, ich verliere den Lavater, in dessen Nähe ich wohl auch von dem Zusammenhang seiner Empfindungen und Ideen hingerissen worden, den ich erkenne und liebe, ich sehe nur die scharfen Linien, die sein Flammenschwerdt schneidet, und es macht mir auf den Moment eine widerliche Empfindung. Es ist sehr menschlich, wenn auch nur menschlich dunkel.

Goethe an Friedrich Heinrich Jacobi

Weimar, 9. Juni 1785

Schon lange haben wir deine Schrifft [Über die Lehre des Spinoza in Briefen an den Herrn Moses Mendelssohn] erhalten und gelesen. Ich mache Herdern und mir Vorwürfe, daß wir so lange mit unsrer Antwort zögern [...] Darüber sind wir einig und waren es beym ersten Anblicke, daß die Idee die du von der Lehre des Spinoza giebst derienigen die wir davon gefasst haben um vieles näher rückt als wir nach deinen mündlichen Äusserungen erwarten konnten [...] Du erkennst die höchste Realität an, welche der Grund des ganzen Spinozismus ist, worauf alles übrige ruht, woraus alles übrige fliest. Er beweist nicht das Daseyn Gottes, das Daseyn ist Gott. Und wenn ihn andre deshalb Atheum schelten, so mögte ich ihn theissimum ia christianissimum nennen und preisen. [...] Vergieb mir daß ich so gern schweige wenn von einem göttlichen Wesen die Rede ist, das ich nur aus den rebus singularibus erkenne, zu deren nähern und tiefern Betrachtung niemand aufmuntern kann als Spinoza selbst, obgleich vor seinem Blicke alle einzelnen Dinge zu verschwinden scheinen. [...]

Liebe zu Lili Schönemann
Goethe an Auguste Gräfin zu Stolberg

Franckfurt, den 13. Februar 1775

Wenn Sie sich, meine liebe, einen Goethe vorstellen können, der im galonirten Rock, sonst von Kopf zu Fuse auch in leidlich konsistenter Galanterie, umleuchtet vom unbedeutenden Prachtglanze der Wandleuchter und Kronenleuchter, mitten unter allerley Leuten [im Hause Schönemann], von ein Paar schönen Augen am Spieltische gehalten wird, der in abwechselnder Zerstreuung aus der Gesellschaft, ins Conzert, und von da auf den Ball getrieben wird, und mit allem Interesse des Leichtsinns, einer niedlichen Blondine den Hof macht; so haben Sie den gegenwärtigen Fassnachts Goethe, der Ihnen neulich einige dumpfe tiefe Gefühle vorstolperte [...]

‹An Lili›
Neue Liebe, neues Leben

Herz, mein Herz, was soll das geben,
Was bedränget dich so sehr?
Welch ein fremdes neues Leben –
Ich erkenne dich nicht mehr.
Weg ist alles, was du liebtest,
Weg dein Fleiß und deine Ruh –
Ach, wie kamst du nur dazu?

Fesselt dich die Jugendblüte,
Diese liebliche Gestalt,
Dieser Blick voll Treu und Güte
Mit unendlicher Gewalt?
Will ich rasch mich ihr entziehen,
Mich ermannen, ihr entfliehen,
Führet mich im Augenblick
– Ach – mein Weg zu ihr zurück.
Und an diesem Zauberfädchen,
Das sich nicht zerreißen läßt,
Hält das liebe lose Mädchen
Mich so wider Willen fest.
Muß in ihrem Zauberkreise
Leben nun auf ihre Weise;
Die Verändrung, ach, wie groß!
Liebe, Liebe, laß mich los!

Goethe in einem Gespräch mit Eckermann am 5. März 1830

„Ich sehe die reizende Lili wieder in aller Lebendigkeit vor mir, und es ist mir, als fühlte ich wieder den Hauch ihrer beglückenden Nähe. Sie war in der Tat die erste, die ich tief und wahrhaft liebte. Auch kann ich sagen, daß sie die letzte gewesen. [...] Ich bin meinem eigentlichen Glücke nie so nahe gewesen als in der Zeit jener Liebe zu Lili. Die Hindernisse, die uns auseinander hielten, waren im Grunde nicht unübersteiglich – und doch ging sie mir verloren. – Und dann kommt noch das Dämonische hinzu, das jede Leidenschaft zu begleiten pflegt, und das in der Liebe sein eigentliches Element findet. In meinem Verhältnis zu Lili war es besonders wirksam [...]"

Reise in die Schweiz im Sommer 1775
An Charlotte Kestner

Tief in der Schweiz am Orte wo Tell seinem Knaben den Apfel vom Kopf schoss, warum iust von da ein paar Worte an Sie da ich so lang schwieg?

Gut liebe Lotte, einen Blick auf Sie und Ihre kleinen, und das liebe Männgen, aus all der herrlichen Natur heraus, mitten unter dem edlen Geschlecht das seiner Väter nicht ganz unwerth seyn darf, obs gleich auch Menschen sind hüben und drüben.

Ich kann nichts erzählen nichts beschreiben. Vielleicht erzähl ich mehr wenn mirs abwesend ist, wie mirs wohl eh mit lieben Sachen gangen ist.

Nicht wahr Sie haben mich noch ein bisgen lieb und so halten Sie's und küssen Ihren Mann auch von mir u. Ihre Kleinen.

Adieu. grüsen Sie Meyers recht viel. Altdorf drey stunden vom Gotthard den ich morgen besteige. d. 19 Jun. 1775

Aus: Briefe aus der Schweiz

Am 16. Juni 1775, denn hier find' ich zuerst das Datum verzeichnet, traten wir einen beschwerlichen Weg an; wilde, steinige Höhen mußten überstiegen werden und zwar in vollkommener Einsamkeit und Öde. Abends 3/4 auf achte standen wir den Schwyzer Hocken gegenüber, zweien Berggipfeln, die nebeneinander mächtig in die Luft ragen. Wir fanden auf unsern Wegen zum erstenmal Schnee, und an jenen zackigen Felsgipfeln hing es noch vom Winter her.

Ernsthaft und fürchterlich füllte ein uralter Fichtenwald die unabsehlichen Schluchten, in die wir hinab sollten. Nach kurzer Rast, frisch und mit mutwilliger Behendigkeit, sprangen wir den von Klippe zu Klippe, von Platte zu Platte in die Tiefe sich stürzenden Fußpfad, und gelangten um zehn Uhr nach Schwyz. Wir waren zugleich müde und munter geworden, hinfällig und aufgeregt, wir löschten gähling unsern heftigen Durst und fühlten uns noch mehr begeistert. Man denke sich den jungen Mann, der etwa vor zwei Jahren den *Werther* schrieb, einen jüngeren Freund, der sich schon an dem Manuscript jenes wunderbaren Werks entzündet hatte, beide ohne Wissen und Wollen gewissermaßen in einen Naturzustand versetzt, lebhaft gedenkend vorübergegangener Leidenschaften, nachhängend den gegenwärtigen, folgelose Plane bildend, im Gefühl behaglicher Kraft das Reich der Phantasie durchschwelgend, dann nähert man sich der Vorstellung jenes Zustandes, den ich nicht zu schildern wüßte, stünde nicht im Tagebuche: „Lachen und Jauchzen dauerte bis um Mitternacht."

Den 17. morgens sahen wir die Schwyzer Hocken vor unsern Fenstern. An diesen ungeheuern unregelmäßigen Naturpyramiden stiegen Wolken nach Wolken hinauf. Um 1 Uhr nachmittags von Schwyz weg, gegen den Rigi zu, um 2 Uhr auf dem Lauerzer See herrlicher Sonnenschein. Vor lauter Wonne sah man gar nichts; zwei tüchtige Mädchen führten das Schiff; das war anmutig, wir ließen es geschehen. Auf der Insel langten wir an, wo sie sagen: hier habe der ehemalige Zwingherr gehaust; wie ihm auch sei, jetzt zwischen die Ruinen hat sich die Hütte des Waldbruders eingeschoben.

Wir bestiegen den Rigi, um halb achte standen wir bei der Mutter Gottes im Schnee; sodann an der Kapelle, am Kloster vorbei, im Wirtshaus „Zum Ochsen".

Den 18. sonntags früh die Kapelle vom „Ochsen" aus gezeichnet. Um 12 Uhr nach dem Kalten Bad oder zum Drei-Schwestern-Brunnen. Ein Viertel nach zwei hatten wir die Höhe erstiegen; wir fanden uns in Wolken, diesmal uns doppelt unangenehm, als die Aussicht hindernd und als niedergehender Nebel netzend. Aber als sie hie und da auseinander rissen und uns, von wallenden Rahmen umgeben, eine klare, herrliche, sonnenbeschienene Welt als vortretende und wechselnde Bilder sehen ließen, bedauerten wir nicht mehr diese Zufälligkeiten; denn es war ein nie gesehner, nie wieder zu schauender Anblick, und wir verharrten lange in dieser gewissermaßen unbequemen Lage, um durch die Ritzen und Klüfte der immer bewegten Wolkenballen einen kleinen Zipfel besonnter Erde, einen schmalen Uferzug und ein Endchen See zu gewinnen.

Um 8 Uhr abends waren wir wieder vor der Wirtshaustüre zurück und stellten uns an gebackenen Fischen und Eiern und genugsamem Wein wieder her.

Der erste Blick nach Italien

Früh aufgestanden, befand ich mich bald zwar unter freiem Himmel, jedoch in engen, von hohen Gebirgskuppen umschlossenen Räumen. Ich hatte mich an den Fußpfad, der nach Italien hinunterging, niedergelassen und zeichnete, nach Art der Dilettanten, was nicht zu zeichnen war und was noch weniger ein Bild geben konnte: die nächsten Gebirgskuppen, deren Seiten der herabschmelzende Schnee mit weißen Furchen und schwarzen Rücken sehen ließ; indessen ist mir durch diese fruchtlose Bemühung jenes Bild im Gedächtnis unauslöschlich geblieben. *(Dichtung und Wahrheit)*

Der Abschied von Lili

Nachdem ich sodann in Darmstadt Mercken seinen Triumph gönnen müssen, daß er die baldige Trennung von der fröhlichen Gesellschaft vorausgesagt hatte, fand ich mich wieder in Frankfurt, wohl empfangen von jedermann, auch von meinem Vater, ob dieser gleich seine Mißbilligung, daß ich nicht nach Airolo hinabgestiegen, ihm meine Ankunft in Mailand gemeldet habe, zwar nicht ausdrücklich aber stillschweigend merken ließ, besonders auch keine Teilnahme an jenen wilden Felsen, Nebelseen und Drachennestern im mindesten beweisen konnte. Nicht im Gegensatz, aber gelegentlich, ließ er doch merken, was denn eigentlich an allem dem zu haben sei; wer Neapel nicht gesehn, habe nicht gelebt.

Ich vermied nicht und konnte nicht vermeiden, Lili zu sehen, es war ein schonender zarter Zustand zwischen uns beiden. Ich war unterrichtet, man habe sie in meiner Abwesenheit völlig überzeugt, sie müsse sich von mir trennen, und dieses sei um so notwendiger, ja tunlicher, weil ich durch meine Reise und eine ganz willkürliche Abwesenheit mich genugsam selbst erklärt habe. Dieselben Lokalitäten jedoch in Stadt und auf dem Land, dieselben Personen, mit allem Bisherigen vertraut, ließen denn doch kaum die beiden noch immer Liebenden, obgleich auf eine wundersame Weise auseinander Gezogenen, ohne Berührung. Es war ein verwünschter Zustand, der sich in einem gewissen Sinne dem Hades, dem Zusammensein jener glücklich-unglücklichen Abgeschiedenen, verglich. *(Dichtung und Wahrheit)*

Die ersten Zeichen von Weimar aus der Ferne und der Besuch des weimarischen Prinzenerziehers Karl Ludwig von Knebel an einem Spätwinterabend

Als ich nun einst in dieser Epoche und so beschäftigt, bei gesperrtem Lichte, in meinem Zimmer saß, dem wenigstens der Schein einer Künstlerwerkstatt hierdurch verliehen war, überdies auch die Wände, mit halbfertigen Arbeiten besteckt und behangen, das Vorurteil einer großen Tätigkeit gaben; so trat ein wohlgebildeter schlanker Mann bei mir ein, den ich zuerst in der Halbdämmerung für [den Pempelforter Freund] Fritz Jacobi hielt, bald aber meinen Irrtum erkennend als einen Fremden begrüßte. An seinem freien anständigen Betragen war eine gewisse militärische Haltung nicht zu verkennen. Er nannte mir seinen Namen von Knebel, und aus einer kurzen Eröffnung vernahm ich, daß er, im preußischen Dienste, bei einem längern Aufenthalt in Berlin und Potsdam, mit den dortigen Literatoren und der deutschen Literatur überhaupt ein gutes und tätiges Verhältnis angeknüpft habe. [...]

Kaum hatten wir die allgemein deutschen literarischen Gegenstände durchgesprochen, als ich zu meinem Vergnügen erfuhr, daß er gegenwärtig in Weimar angestellt und zwar dem Prinzen Konstantin zum Begleiter bestimmt sei. Von den dortigen Verhältnissen hatte ich schon manches Günstige vernommen: denn es kamen viele Fremde von daher zu uns, die Zeugen gewesen waren, wie die Herzogin Amalia zu Erziehung ihrer Prinzen die vorzüglichsten Männer berufen; wie die Akademie Jena durch ihre bedeutenden Lehrer zu diesem schönen Zweck gleichfalls das Ihrige beigetragen; wie die Künste nicht nur von gedachter Fürstin geschützt, sondern selbst von ihr gründlich und eifrig getrieben würden. Auch vernahm man, daß Wieland in vorzüglicher Gunst stehe; wie denn auch der „Deutsche Merkur", der die Arbeiten so mancher auswärtigen Gelehrten versammelte, nicht wenig zu dem Rufe der Stadt beitrug, wo er herausgegeben wurde. Eins der besten deutschen Theater war dort eingerichtet, und berühmt durch Schauspieler sowohl als Autoren, die dafür arbeiteten. Diese schönen Anstalten und Anlagen schienen jedoch durch den schrecklichen Schloßbrand, der im Mai desselben Jahres sich ereignet hatte, gestört und mit einer langen Stockung bedroht; allein das Zutrauen auf den Erbprinzen war so groß, daß jedermann sich überzeugt hielt, dieser Schade werde nicht allein bald ersetzt, sondern auch dessen ungeachtet jede andere Hoffnung reichlich erfüllt werden. Wie ich mich nun, gleichsam als ein alter Bekannter, nach diesen Personen und Gegenständen erkundigte und den Wunsch äußerte, mit den dortigen Verhältnissen näher bekannt zu sein; so versetzte der Ankömmling gar freundlich: es sei nichts leichter als dieses, denn soeben lange der Erbprinz [Carl August] mit seinem Herrn Bruder, dem Prinzen Konstantin, in Frankfurt an, welche mich zu sprechen und zu kennen wünschten. [...]

Ich eilte nunmehr mit demselben zu den jungen Fürsten, die mich sehr frei und freundlich empfingen, so wie auch der Führer des Erbprinzen, Graf Görtz, mich nicht ungern zu sehen schien. Ob es nun gleich an literarischer Unterhaltung nicht fehlte, so machte doch ein Zufall die beste Einleitung, daß sie gar bald bedeutend und fruchtbar werden konnte.

Es lagen nämlich Mösers *Patriotische Phantasien*, und zwar der erste Teil, frisch geheftet und unaufgeschnitten, auf dem Tische. Da ich sie nun sehr gut, die Gesellschaft sie aber wenig kannte, so hatte ich den Vorteil, davon eine ausführliche Relation liefern zu können; und hier fand sich der schicklichste Anlaß zu einem Gespräch mit einem jungen Fürsten, der den besten Willen und den festen Vorsatz hatte, an seiner Stelle entschieden Gutes zu wirken. Mösers Darstellung, so dem Inhalt als dem Sinne nach, muß einem jeden Deutschen höchst interessant sein. Wenn man sonst dem Deutschen Reiche Zersplitterung, Anarchie und Ohnmacht vorwarf, so erschien aus dem Möserischen Standpunkte gerade die Menge kleiner Staaten als höchst erwünscht zu Ausbreitung der Kultur im einzelnen, nach den Bedürfnissen, welche aus der Lage und Beschaffenheit der verschiedensten Provinzen hervorgehn; und wenn Möser, von der Stadt, vom Stift Osnabrück ausgehend und über den westfälischen Kreis sich verbreitend, nunmehr dessen Verhältnis zu dem ganzen Reiche zu schildern wußte, und bei Beurteilung der Lage, das Vergangene mit dem Gegenwärtigen zusammenknüpfend, dieses aus jenem ableitete und dadurch, ob eine Veränderung lobens- oder tadelnswürdig sei, gar deutlich auseinander setzte: so durfte nur jeder Staatsverweser, an seinem Ort, auf gleiche Weise verfahren, um die Verfassung seines Umkreises und deren Verknüpfung mit Nachbarn und mit dem Ganzen aufs beste kennen zu lernen, und sowohl Gegenwart als Zukunft zu beurteilen. *(Dichtung und Wahrheit)*

An Karl Ludwig von Knebel

Lieber Knebel. Ich weis nicht wohin ich ein Wörtgen an Sie senden soll. Item es mag laufen. Lieben Sie mich noch? u. dencken Sie an mich? – Ich! – falle aus einer Verworrenheit in die andre, und stecke würcklich mit meinem armen Herzen wieder unvermuthet in allem Anteil des Menschen Geschicks, aus dem ich mich erst kaum gerettet hatte. Klopstock fand mich [bei seinem Besuch im Frankfurter Elternhaus] in sonderbaarer Bewegung. Ich habe von dem Theuren nur geschlurpft. Ich habe allerley gethan, und doch wenig. Hab ein Schauspiel bald fertig, treibe die bürgerlichen Geschäffte so heimlich leise, als trieb ich Schleichhandel, bin sonst immer der, den Sie kennen. Und nun schreiben Sie mir viel von Ihnen. Vom theuern Herzog. erinnern Sie ihn meiner in Liebe. Adieu. Adieu

Frankfurt, den 14 April 1775 G.

An Johann Heinrich Merck

Frankfurt, 7. Oktober 1775

Ich erwarte den Herzog und Louisen, gehe mit ihnen nach Weimar. Da wirds doch wieder allerley guts und ganzes und halbes geben, das uns Gott geseegne. Leb indess wohl Alter und behelf dich im Leben. Kannst du mir zehn Carolin schikken so thus mit den nächsten Kärgern. Ich bedarf ihrer und so weiter. Ich hab das Hohelied Salomons übersezt welches ist die herrlichste Sammlung liebes Lieder die Gott erschaffen hat. [...]

5. Fürstentum und Bürgerleben 1775–1786

> O Weimar! dir fiel ein besonder Los:
> Wie Bethlehem in Juda, klein und groß!
> Bald wegen Geist und Witz beruft dich weit
> Europens Mund, bald wegen Albernheit.
>
> *Auf Miedings Tod (1782)*

Justus Mösers, des Osnabrücker Publizisten und Staatsmanns *Patriotische Phantasien*, über die er im Winterlicht der Frankfurter Abende sich beugte, als der spätere „Urfreund" Karl Ludwig von Knebel, abgesandt vom Weimarer Herzog, bei ihm erschien, wird einmal zu den imaginären Bewerbungsakten des Ministers Goethe gehören. Die Sammlung politischer Betrachtungen über Fragen der Staatsverwaltung, des Handels, des Rechts und der Sozialpädagogik – geschrieben für die Rolle von Kleinstaaten innerhalb der Reichsverfassung – mochte gerade für ein Herzogtum wie Sachsen-Weimar-Eisenach zum Grund einer allgemeinen Gesetzgebung werden.

Nicht ganz von ungefähr wird, was Möser hier über die Erhaltung lokaler und territorialer (Kultur-)Traditionen sagt, im *Egmont* zum Gesprächsgegenstand zwischen dem Grafen und dem Herzog von Alba – und nicht ohne Vorahnung fürs Schicksal der Territorien findet dieses Gespräch in einem Moment statt, wo Egmont, ohne es zu wissen, schon dem Untergang geweiht ist. So scheint es, als wäre Mösers Warnung vor der autokratischen Reichsordnung, die das Landesrecht unterdrückt, im *Egmont* nachgeschrieben – mit all ihren düsteren Konsequenzen. Als man 1792 im Weimarer Conseil (Goethe war auf dem französischen Kriegsschauplatz) den Koalitionskrieg gegen die Französische Republik zum „Reichskrieg" erklärte, reagiert er seinem Kollegen Voigt gegenüber ganz im Verständnis dieser „Neuordnung": „Wir werden also auch mit der Herde ins Verderben rennen [...]" Carl August wird mit einem Vorboten dieser Geschichte alsbald die böse Erfahrung machen, daß Friedrich II. von Preußen mit der Besetzung Sachsen-Weimars droht, wenn man ihm für seine Kriege keine Rekruten zeichne.

Egmont, schon in Frankfurt entworfen, wird erst, aus dem Abstand einer zehn Jahre währenden staatspolitischen Erfahrung anderer Art in Italien vollendet.

Daß das erste entscheidende Jahrzehnt der gemeinsamen, mühseligen und oft erdrückenden Arbeit im Land und zwischen dem jungen Fürsten und dem sechsundzwanzigjährigen Frankfurter Anwalt am Ende zu einer Landesverfassung führt, die zu den liberalsten auf dem Gebiet des Reiches gehört, mag auch Verdienst einer Konstellation sein, die nicht ihresgleichen in diesen Zeiten absolutistischer Herrschaft hatte: ein reichsstädtischer Bürger, ausgezogen (wie es später nach Sam. 1,10 im *Wilhelm Meister* heißen wird), „die Eselinnen seines Vaters zu suchen", fand zwar kein „Königreich", aber ein kleines thüringisches Herzogtum, in Gesellschaft und zeitweilig brüderlicher *Compagnie* mit einem souveränen und – gleichwohl – autokratischen Herrscher, der von seiner Mutter Anna Amalia der Obhut Christoph Martin Wielands übergeben worden und mithin in kosmopolitischem Sinn erzogen worden war.

Gleichwohl schienen angesichts der autoritären Fürstenrechte (auf die Johann Caspar Goethe mit einer solchen Wut reagierte, daß er seinem Sohn, dem „Hof- und Fürstenknecht", lange die finanzielle Zuwendung entzog) alle Mühen aussichtslos, die Staatsführung mit den Mitteln bürgerlich aufgeklärter Vernunft anzuleiten.

Doch Carl August sah offenkundig auf den Mann, nicht aufs Hofschranzentum: „Einen Mann von Genie nicht an dem Ort gebrauchen, wo er seine außerordentlichen Talente gebrauchen kann, heißt denselben mißbrauchen", ließ er einen Staatsbeamten wissen, der sich heftig gegen die Wahl Goethes ins *Geheime Conseil* gewehrt hatte (Juni 1776). Und für den Poeten, der sich unversehens in Staatspflichten wiederfand (sich aber nie innerlich vor der autoritativen Ordnung lösen wird und in späteren Jahren noch, wie bei Lorenz Okens regierungskritischer *Isis*, Druckverbote empfiehlt, auf die sein Landesherr *nicht* rekurriert), war es, wie er an Merck schrieb, auch für die nüchterne Weltbeurteilung nützlich, auf seinem Platz „das durchaus Scheisige dieser zeitlichen Herrlichkeit" zu erblicken.

Sein zeitweilig tolles Treiben mit Carl August, über das man – von Klopstock bis Voß – die Nase verzog, wurde von den Kennern der Szenerie als die bürgerliche Einübung ins menschenfreundliche Herrschen gewahrt, denn für sie lag der

Zweck des „freundschaftlich leitenden Genius“ auf der Hand: „eine Weile muß ers so treiben um den Herzog zu gewinnen und dann gutes zu stifften“ und „aus ihm das Muster eines großen Fürsten zu bilden.“ So sah es Charlotte von Stein, jene Frau, die er bis an den Rand des Ich-Verlustes in diesen Jahren geliebt und deshalb zehn Jahre darauf geflohen hat.

Und unbewußt mochte er für sich in seinem Handeln und Wirken die Chance wittern, den ihm fremd gebliebenen Vater (dessen Haltung er im Alter verinnerlicht und im äußeren Erscheinungsbild externalisiert hat) auch dort zu überflügeln, wohin Johann Caspar Goethe nur der Hohlform des Titels nach gelangt war: wirkender Staatsmann zu sein.

Was er auf sich nahm, hat er – bei all seiner menschlichen Wärme – mit inspirierter Intelligenz und Härte gegen sich selbst zu lösen versucht, hat sich – für das Ilmenauer Silberbergwerk – mit dem Bergbau vertraut gemacht – eine Praxis, die später zur geologischen Forschung führt, von der Arbeit über den *Granit* [1784], in dem er das Urgestein der Erde sieht, die auf dem Weg der Evolution für ihn aus einem „feurigen Urmeer“ entstanden war, bis ins dichterische Werk (*Wilhelm Meisters Wanderjahre,* 1827), die Reisen in die Schweiz (1779) und nach Böhmen. Er hat die Wegebaukommission geleitet, zu seinem Kummer auch, aus obbenannten Gründen, Rekruten ausgehoben und mancherlei anderes getan, auch um die Finanznöte des Landes zu lindern. Die *Harzreise im Winter* (1777) wird für ihn zum Probierstein: zur Prüfung der physischen Kondition in Eis und Schnee und – gestützt auf einen Akt phänomenaler Vogelflugdeutung im Anblick des *Geyers*, der über *Morgenwolken* schwebt – zur Entscheidung für den Verbleib in Weimar. Schon im Februar 1776 war der Freund Herder auf seine (und Wielands) Empfehlung zum Generalsuperintendenten des Herzogtums ernannt worden.

Das kleine Gartenhaus an der Ilm, bald umgeben von selbst gepflanzten Bäumen (die er im hohen Alter, ein „fast unheimlicher Anblick“, herangewachsen sieht), wird Tusculum, Gesprächsort und stilles Gegenbild der „Unstetigkeit“ seines Bewohners – wie die poetische Chiffre des vollkommenen Verschwindens in der Natur, die er im Herbst 1783 in die Wand einer Jagdhütte auf dem Kickelhahn bei Ilmenau ritzt: *Über allen Gipfeln ist Ruh.*

Auch seinem Fürsten hat er einen Probierstein in den Weg gelegt. 1779 nahm er ihn mit auf eine Schweizer Reise und ersparte ihm und sich selbst keinen lebensgefährlichen Aufstieg, keinen Bergpaß, keine elementare Naturerfahrung: „Auf einmal sahen wir den Gipfel einer sehr hohen Klippe, völlig wie geschmolzen Erz im Ofen, glühen und roten Dampf davon aufsteigen. Dieses sonderbare Phänomen wirkte die Abendsonne, die den Schnee und den davon aufsteigenden Nebel erleuchtete."

Es scheint, als habe die beginnende Erforschung der Natur in diesen Jahren nicht allein mit der „Subordination der Schriftstellerey unter das Leben" zu tun. Die später beschworene Begegnung von *Poesie und Wissenschaft* erzwingt auf verschlungenen Wegen ihre Fortsetzung. Er unterrichtet sich an der Jenaer Universtiät über Anatomie, und seine eigenen Studien führen zur Entdeckung des Zwischenkieferknochens (*os intermaxillare*). Das wird den engsten Freunden, einstweilen unterm Siegel der Verschwiegenheit, in der Metaphorik biblischer Verkündung mitgeteilt; mit ironischen Gründen versteht sich: der Mensch hatte ja seit biblischen Zeiten nichts mit dem Tier gemein, und wer sich mit der Pansophie – und am Ende auch mit Spinoza – im Kopf und nicht nur im Gefühl der Frömmigkeit beschäftigt hatte, mußte das All-Eine nicht aus dem Sinn verloren haben.

Doch der Bürger beschäftigt das institutionalisierte Hofleben auch auf andere Art. Im Herbt 1776 richtet er eine Liebhaberbühne ein, die – auch im Ilmpark – Komödien und Singspiele darbietet – vor allem aber die Prosafassung der *Iphigenie* (1779), die ihre „klassische" Form freilich erst in der Versfassung zehn Jahre später findet – in der auch die barbarischen Erfahrungen der Menschennot („Der König von Tauris soll sprechen, als wenn kein Strumpfwirker in Apolda hungerte") in den Weimarer Jahren von der aufgeklärten Humanität durchwirkt sind. Über seine eigene Hilfsbereitschaft Menschen gegenüber, die in Not geraten sind, spricht er öffentlich so gut wie gar nicht; er handelt: an Peter im Baumgarten, an Friedrich Georg Krafft (angenommener Name eines Mannes, den er nie zu sehen bekommt), an Plessing (den er, unter anderem Namen, im Harz aufsucht).

Die Wirkung der Geliebten, Charlotte von Stein, an die Tausende von Billets, Berichte und Briefe gerichtet sind, ist fast unheimlich. „Ich kann mir die Macht, die diese Frau über mich hat, anders nicht erklären als durch die Seelenwanderung" – und sie erlangt, durch ein großes Gedicht belegt, seelische Urbilder, aus denen ihn erst die Flucht in das Land – und die Stadt – retten wird, die für ihn „allein auf der ganzen Erde zum Paradies werden kann". Auch die Staatsgeschäfte waren ihm, nach zehn Jahren im Joch, verleidet. Das kam schließlich mit der nötigen Schärfe brieflich an den Tag: „Denn ich sage immer wer sich mit der Administration abgiebt, ohne regierender Herrscher zu seyn, der muß entweder ein Philister oder ein Schelm oder ein Narr seyn."

Charlotte von Stein, die Empfängerin dieser Briefbemerkung, schien den Wink überhört zu haben. Im August 1786 begleitete er sie noch vom böhmischen Karlsbad nach Schneeberg im Erzgebirge, kehrte noch einmal nach Karlsbad zurück – und verabschiedete sich nahezu wortlos in der Frühe des 3. September für zwei Jahre ins – für die Freunde lange – Ungewisse: „Selbst jetzt weiß ich noch nicht was aus mir werden soll."

*

Der Arzt und Schriftsteller Johann Georg Zimmermann an Charlotte von Stein in Weimar

Hannover, 22. Oktober 1775

In Straßburg habe ich unter hundert anderen Schattenrissen den Ihrigen, gnädige Frau, Goethe gezeigt. Hier haben Sie, was er mit seiner sauberen Handschrift auf den Rand des Bildes geschrieben hat: „Es wäre ein herrliches Schauspiel zu sehen, wie die Welt sich in dieser Seele spiegelt. *Sie sieht die Welt, wie sie ist,* und doch durchs *Medium der Liebe.* So ist auch Sanftheit der allgemeinere Eindruck." Niemals hat, soviel ich weiß, jemand über einen Schattenriß mit mehr Genie geurteilt, und niemals hat jemand über Sie, gnädige Frau, mit mehr Wahrheit gesprochen [...]

Ich habe in Frankfurt bei Herrn Goethe gewohnt, einem der außerordentlichsten und gewaltigsten Genies, die jemals durch die Welt gegangen sind. Er wird sicherlich kommen, Sie in Weimar zu besuchen. Dann erinnern Sie sich daran, daß alles, was ich ihm von Ihnen in Straßburg erzählt habe, ihm drei Nächte lang den Schlaf geraubt hat.

Goethe an den Herzog Carl August

Waldeck bei Bürgel, 23. und 24. Dezember 1775

Daß mir in diesem Winckel der Welt, Nachts, in dieser Jahrszeit, mein alt Zigeunerlied [aus dem *Götz*] wieder einfällt, ist ebenso natürlich lieber gnädiger Herr, als dass ich mich gleich hinsezze es Ihnen aufzuschreiben, und hinterdrein einen Brief zu sudeln, denn ich vermisse Sie warrlich schon, ob wir gleich nicht zwölf Stunden aus einander sind.

Drunten sizzen sie noch, nach aufgehobnem Tische, und schmauchen, und schwazzen dass ich's durch den Boden höre, Einsiedels [des Kammerherrn] klingende Stimme voraus. Ich bin heraufgegangen, es ist halb neune.

Wind und Wetter hat uns hergetrieben, auch Regen und was dran hängt. Die Klufft nach Jena hinein hat mich in glücklichem Abendsonnenblick mit all ihrer dürren Herrlichkeit angelächelt. Die Lage von Jena selbst mich gefreut, der Ort mich gedrückt, und zwischen da und hier war nicht viel Gaffens, es kam ein Regen aus Italien, wie uns ein Alter versicherte, der mit dem Schubekarrn an uns vorbey fuhr: In Italien sey warm, da komme der warme Wind her, in den dreysig sey er da gewesen, erzählte er so ganz flüchtig weg. Hier liegen wir recht in den Fichten drein. Bey natürlichen guten Menschen. Ich hab Sie etliche Mal auf dem Ritt gewünscht, auch hier, es würde Ihnen wohl seyn. Unterwegs haben wir in den Schencken den gedruckten Karl August gegrüst, und haben gefuhlt, wie Lieb wir Sie haben, dass uns Ihr Name auch neben dem (L.S.) [loco sigilli = anstatt des Siegels] Freude machte. Einsiedel ist zu Bette. Sein Magen liegt schief, Kaffee und Brandwein wolltens nicht bessern. Ich will auch gehn. Gute, herzliche Nacht. […]

Sonntags 24. Dezember früh bey Tags Anbruch.

Fatales Tauwetter und so der ganze Ton des Tags verstimmt, wollen sehn wie wir ihn wieder aufbringen. Der herrliche Morgenstern den ich mir von nun an zum Wapen nehme, steht hoch am Himmel. Einsiedel ist in Geilheit starck befangen, ich habe die ganze Nacht von Heerzügen geträumt die alle wohl abgelauffen sind, besonders von einer Reise aus der Schweiz nach Pohlen, die ich that den Marschall Saxe zu sehen und unter ihm zu dienen, der eben in meiner Traum Welt noch lebte.

Die Kirche geht an, in die wir nicht gehen werden, aber den Pfarrer lass ich fragen ob er die Odyssee nicht hat, und hat er sie nicht schick ich nach Jena. Denn unmöglich ist die zu entbehren hier in der homerisch einfachen Welt. Besonders fielen mir einige Verse ein, und recht auf, da ich heute früh lang ausgeschlafen hatte und es nicht Tag werden wollte, was ohngefähr heisst: Und in ihre Felle gehüllt lagen sie am glimmenden Heerde, über ihnen wehte der nasse Sturm durch die unendliche Nacht und lagen und schliefen den erquicklichen Schlaf biss zum spät dämmernden Morgen.

Ich muss nach Bürgel zum Recktor schicken um den Homer, hab indess in der Bibel gelesen. Hier ein Stück Jesaisas: Siehe, der Herr macht's Land leer und wüste; und wirft um was drinnen ist, und zerstreuet seine Einwohner – der Most verschwindet, die Rebe verschmachtet, und alle die Herzlich froh waren, ächzen. Der Paucken Jubel feyert, das festliche Jauchzen verstummt und der Harfen Gesang ist dahin. Niemand singt mehr zum Weintrincken, das beste Getränck ist bitter dem Munde. Die leere Stadt ist zerbrochen, die Häuser sind verschlossen, niemand geht aus und ein. Eitel Wüstung ist die Stadt, und die Tohre stehen öde. Denn im Land und im Volck gehts eben, als wenn ein Öhlbaum abgepflückt ist, als wenn man nachlieset so die Wein Erndte aus ist.

Nun muss ich einen Boten fortschicken der das nach Weimar trägt. Lassen Sie lieber gnädger Herr den Brief nicht sehen als Wedeln. Alles was mich umgiebt, Einsiedel, Kalb, Bertuch das ganze Haus legt sich zu Füssen.

Der Pflicht vergessen
Wir Fische nie.
[sprichw. nach Wieland]

G.

Vom Herzog Carl August von Sachsen-Weimar

Gotha, 25. Dezember 1775

Lieber Göthe, ich habe deinen Brief erhalten, er freut mich unendlich, wie sehr wünschte ich mit freirer Brust und Herzen die liebe Sonne in den Jenaischen Felsen auf, und untergehen zu sehen und das zwar mit dir. Ich sehe sie hier alle Tage, aber das Schloß ist so hoch, und in so einer unangenehmen Ebne, von so vielen dienstbaren Geistern erfüllt, welche ihr leichtes, luftiges Wesen in Samt u. Seiden gehüllt haben, daß mirs ganz schwindlig, und übel wird, und alle Abend mich den Teufel übergeben möchte. Es sind hier der Leute comme il faut so viel, und wissen so genau ihre Fischpflicht, daß ich Stets die S[chwere] N[ot] möchte kriegen.

Ich komme erst den Freitag wieder. Mache doch, daß du hierher kömmst, die Leute sind gar zu neugierig auf dich. Miselchen [Liebchen] ist recht brav. Ich habe um mich consistent zu erhalten, meinen großen Hund von Eisenach kommen lassen, welcher mir durch seine Treue viel Freude macht. Grüße unser Miselchen wenn du sie siehst. Gott befohlen. C. A.

Goethe an Herder

Stetten bey Erfurt d. 2ten *Januar 76*

Heut kann ich dir schon Hoffnung geben [Herders Berufung auf die Superintendentur nach Weimar], was ich vorgestern nicht konnte. Und das thu ich gleich, nicht um dein, sondern der Frau [Caroline Herder] willen. Ich bin mit Wielanden hier bey liebenden Menschen. Du musst ihm auch helfen seinen Merckur stärcken davon sein Auskommen und seiner Kinder Glück abhängt. Er wünscht dich her, hatte eh dic Idee als ich. Weis aber nicht was iezt vorgeht. Ich hoffe du sollsts allein durch mich, und aus freyer Wahl des Herzogs haben; – der Stadthalter von Erfurt hat das beste von dir gesagt, und bestätigt dem iungen Fürsten deinen Geist und Kraft, ich habe für deine politische Klugheit in geistlichen Dingen gut gesagt, denn der Herzog will absolut keine Pfaffen Trakasserien über Orthodoxie und den Teufel, und da haben die Bahrdte [mit dem aufgeklärt theologischen Rationalismus] euer Geschlecht stinkend gemacht – Ich wünsche dich meinem Herzog und ihn dir. Es wird euch beyden wohl thun, und – ia lieber Bruder, ich muss das stifften eh ich scheide. Leb wohl. Wie die Sache rückt sollst du Nachricht haben. Zerreiss meine Zettel wie ich gewissenhafft die deinigen. G.

Goethe an Merck

Weimar, den 22. Januar 1776

[...] Ich bin nun ganz in alle Hof- und politische Händel verwickelt und werde fast nicht wieder weg können. Meine Lage ist vortheilhaft genug, und die Herzogthümer Weimar und Eisenach immer ein Schauplatz, um zu versuchen, wie einem die

Weltrolle zu Gesichte stünde. Ich übereile mich drum nicht, und Freiheit und Gnüge werden die Hauptconditionen der neuen Einrichtung seyn, ob ich gleich mehr als jemals am Platz bin, das durchaus Scheisige dieser zeitlichen Herrlichkeit zu erkennen. Eben drum Adieu – Ich hab einen Streich gemacht [Herders Berufung], der hoffentlich durchgeht und Dir hoher Spaß seyn wird.

An Charlotte von Stein

Weimar, April 1776?

Warum soll ich dich plagen! Liebstes Geschöpf! – Warum mich betrügen und dich plagen und so fort. – Wir können einander nichts seyn und sind einander zu viel – Glaub mir wenn ich so klar wie Faden mit dir redte, du bist mit mir in allem einig. Aber eben weil ich die Sachen nur seh wie sie sind, das macht mich rasend. Gute Nacht Engel und guten Morgen. Ich will dich nicht wiedersehn – Nur – du weisst alles Ich hab mein Herz – Es ist alles dumm was ich sagen könnte. – Ich seh dich eben künftig wie man Sterne sieht! – denck das durch.

Charlotte von Stein an Johann Georg Zimmermann

Weimar, 10. Mai 1776

Mir geht's mit Goethen wunderbar. Nach acht Tagen, wie er mich so heftig verlassen hat, kommt er mit einem Übermaß von Liebe wieder. Ich hab zu mancherlei Betrachtungen durch Goethen Anlaß bekommen; je mehr ein Mensch fassen kann, deucht mir, je dunkler, anstößiger wird ihm das Ganze, je eher fehlt man den ruhigen Weg. Gewiß hatten die gefallnen Engel mehr Verstand wie die übrigen…

Ich bin durch unsern lieben Goethe ins Deutsch-Schreiben gekommen, wie Sie sehen, und ich dank's ihm. Was wird er wohl noch mehr aus mir machen? Denn, wenn er hier, lebt er immer um mich herum. Jetzt nenn ich ihn meinen Heiligen, und darüber ist er mir unsichtbar worden, seit einigen Tagen verschwunden, und lebt in der Erde fünf Meilen von hier im Bergwerke [...] Lenz, Goethens Freund, ist hier, aber es ist kein Goethe! Goethe und Wieland haben sich alle beide hier Gärtens gekauft, sind aber nicht Nachbarn, sondern liegen an verschiedne Tore. In Goethens Garten hab ich schon einmal Kaffee getrunken und von seinen Spargel gegessen, den er selbst gestochen und in seinen Ziehbrunnen gewaschen hatte. In Goethens Garten ist die schönste Aussicht, die hier zu haben ist. Er liegt an einen Berg, und unten ist die Wiese, die von einen kleinen Fluß durchschlungen wird.

Goethe an Christoph Martin Wieland

Weimar, April 1776?

Ich kann mir die Bedeutsamkeit – die Macht, die diese Frau über mich hat, anders nicht erklären als durch die Seelenwanderung. – Ja, wir waren einst Mann und Weib! – Nun wissen wir von uns – verhüllt, in Geisterduft. – Ich habe keine Namen für uns – die Vergangenheit – die Zukunft – das All.

An das Ehepaar Kestner

Liebe Kinder. Ich hab so vielerley von Stund zu Stund das mich herumwirft, ehmals warens meine eigne Gefühle, iezt sind neben denen, noch die Verworrenheiten andrer Menschen die ich tragen und zurecht legen muss. Soviel nur: ich bleibe hier, und kann da wo ich, und wie ich bin meines Lebens geniessen, und einem der edelsten Menschen, in mancherley Zuständen förderlich und dienstlich seyn. Der Herzog mit dem ich nun schon an die Monate in der wahrsten und innigsten Seelen Verbindung stehe, hat mich endlich auch an seine Geschäffte gebunden, aus unsrer Liebschafft ist eine Ehe entstanden, die Gott seegne. Er hat mir Siz und Stimme in seinem Geheimen Rath, und den Titel als Geheimer Legationsrath geben, und wir hoffen das beste.

Viel gute liebe Menschen giebt's noch hier mit deren Allgemeiner Zufriedenheit ich da bleibe, ob ich gleich manchem nicht so recht anstehe. Addio behaltet mich lieb. d. 9. Jul. 76. Weimar.

Schreibt mir was von euern Kindern. Matthäi hat mir einen Brief bracht. G.

An Charlotte von Stein

Weimar, 2.–9. Juli 1776

d.2.jul. Es ist und bleibt Gegenwart alles! – Was hilft mich's dass Sie in der Welt sind, dass Sie an mich dencken. Sie fehlen mir an allen Ecken, ich schleiche meinen Tag herum und es ist mir eben weh bey der Sache. Mit Wielanden hab ich göttlich reine Stunden. Das tröstet mich viel. Ihre Schwester [Sophie von Schardt] ist gut, sie kommt wohl einmal vor meinem Garten vorbey und guckt ob ich drinn bin. hinein ist sie noch nicht kommen. Ich hab ihr Rosen geschickt und hab sie lieb. Dass Sie für mich zeichnen macht mir Hoffnung. Der kleine ruhige Land Blick hat mir gar wohl an Herzen gethan. – Sie werden noch herrlich zeichnen lernen. Nur immer das Datum an ein Eckgen ganz klein. Addio.

Nachts halb eilf der Mondschein war so göttlich ich lief noch ins Wasser. Auf der Wiese im Mond. Gute Nacht.

Einem Brief an Charlotte von Stein beigelegt

Warum gabst du uns die tiefen Blicke,
Unsre Zukunft ahndungsvoll zu schaun,
Unsrer Liebe, unserm Erdenglücke
Wähnend selig nimmer hinzutraun?
Warum gabst uns, Schicksal, die Gefühle,
Uns einander in das Herz zu sehn,
Um durch all' die seltenen Gewühle
Unser wahr Verhältnis auszuspähn?

Ach, so viele tausend Menschen kennen,
Dumpf sich treibend, kaum ihr eigen Herz,
Schweben zwecklos hin und her und rennen
Hoffnungslos in unversehnem Schmerz;
Jauchzen wieder, wenn der schnellen Freuden
Unerwart'te Morgenröte tagt.
Nur uns armen liebevollen beiden
Ist das wechselseit'ge Glück versagt,
Uns zu lieben, ohn' uns zu verstehen,
In dem andern sehn, was er nie war,
Immer frisch auf Traumglück auszugehen
Und zu schwanken auch in Traumgefahr.

Glücklich, den ein leerer Traum beschäftigt!
Glücklich, dem die Ahndung eitel wär'!
Jede Gegenwart und jeder Blick bekräftigt
Traum und Ahndung leider uns noch mehr.
Sag', was will das Schicksal uns bereiten?
Sag', wie band es uns so rein genau?

Ach, du warst in abgelebten Zeiten
Meine Schwester oder meine Frau;

Kanntest jeden Zug in meinem Wesen,
Spähtest, wie die reinste Nerve klingt,
Konntest mich mit *einem* Blicke lesen,
Den so schwer ein sterblich Aug' durchdringt.
Tropftest Mäßigung dem heißen Blute,
Richtetest den wilden irren Lauf,
Und in deinen Engelsarmen ruhte
Die zerstörte Brust sich wieder auf;
Hieltest zauberleicht ihn angebunden
Und vergaukeltest ihm manchen Tag.
Welche Seligkeit glich jenen Wonnestunden,
Da er dankbar dir zu Füßen lag,
Fühlt' sein Herz an deinem Herzen schwellen,
Fühlte sich in deinem Auge gut,
Alle seine Sinnen sich erhellen
Und beruhigen sein brausend Blut.

Und von allem dem schwebt ein Erinnern
Nur noch um das ungewisse Herz,
Fühlt die alte Wahrheit ewig gleich im Innern,
Und der neue Zustand wird ihm Schmerz.
Und wir scheinen uns nur halb beseelet,
Dämmernd ist um uns der hellste Tag.
Glücklich, daß das Schicksal, das uns quälet,
Uns doch nicht verändern mag.

Die Herzoginmutter Anna Amalia an den Präsidenten des Geheimen Conseils Jakob Friedrich Freiherr von Fritsch

Weimar, 13. Mai 1776

Sie sind eingenommen gegen Goethe, den Sie vielleicht nur aus unwahren Berichten kennen oder den Sie von einem falschen Gesichtspunkt beurteilen. Sie wissen, wie sehr mir der Ruhm meines Sohnes am Herzen liegt und wie sehr ich darauf hingearbeitet habe und noch täglich arbeite, daß er von Ehrenmännern umgeben sei. Wäre ich überzeugt, daß Goethe zu diesen kriechenden Geschöpfen gehörte, denen kein anderes Interesse heilig ist als ihr eigenes und die nur aus Ehrgeiz tätig sind, so würde ich die erste sein, gegen ihn aufzutreten. Ich will Ihnen nicht von seinen Talenten, von seinem Genie sprechen [...] ich rede nur von seiner Moral [...] Machen Sie Goethes Bekanntschaft. Suchen Sie ihn kennenzulernen! Sie wissen, daß ich meine Leute erst gehörig prüfe, bevor ich über sie urteile.

Johann Heinrich Voß an seine Braut Ernestine Boie

Wandsbek, 14. Juli 1776

In Weimar wäre ohnehin nichts mit des Grafen [Friedrich Leopold zu Stolberg] Beförderung gewesen. Es geht da erschrecklich zu. Der Herzog läuft mit Goethen wie ein wilder Pursche auf den Dörfern herum; er besäuft sich und genießet brüderlich einerlei Mädchen mit ihm. Ein Minister [Fritsch?], der's gewagt hat, ihm seiner Gesundheit halben die Ausschweifungen abzuraten, hat zur Antwort gekriegt, er müßte es tun, sich zu stärken. Er ist sehr schwach von Körper, und sein Vater ist vom Trinken gestorben. Klopstock hat desfalls an Goethe geschrieben und ihm seinen Wandel vorgerückt, daß er sich an dem Herzoge, seinem Freunde, seiner Gemahlin, seiner Mutter, dem ganzen Lande und der ganzen Gelehrtenrepublik versündigte, weil kein Fürst künftig einen Dichter zu seiner Gesellschaft wählen würde. Goethe verbat sich in seinem und des Herzogs Namen solche Anmahnungen, die ihnen das süße Leben verbitterten, und Klopstock schrieb ihm darauf, daß er seiner Freundschaft unwürdig sei. Die Briefe sind sehr merkwürdig, und ich hoffe noch, Dir eine Abschrift davon schicken zu können. Kl[opstock] glaubt, es werde ein blutiges Ende für G[oethe] nehmen, denn der Adel ist aufs äußerste gegen ihn erbittert.

Tagebuch, 8. Oktober 1777 auf der Wartburg

Hier nun zum leztenmal, auf der reinen ruhigen Höhe, im Rauschen des Herbst winds. Unten hatt ich heute ein Heimweh nach Weimar nach meinem Garten, das sich hier schon wieder verliert. – Gern kehr ich doch zurück in mein enges Nest, nun bald in Sturm gewickelt, in Schnee verweht. Und wills Gott in Ruhe vor den Menschen mit denen ich doch nichts zu theilen habe. Hier hab ich weit weniger gelitten als ich gedacht habe, bin aber in viel Entfremdung bestimmt, wo ich doch noch Band glaubte. Herzog wird mir immer näher und näher u Regen und rauher wind rückt die Schaafe zusammen. – *Regieren!!*

Goethe an seine Mutter
(die von seinen Freunden, nach der Mutter der ‹Haimonskinder› Frau Aja genannt wurde)

An Frau Aya, Tante Fahlmer und
Freund Bölling gesamt,

Weimar, Mittwoch d. 6. Nov. 1776 Abends 6 Uhr. Ich sizze noch in meinem Garten, es ist das schönste Wetter von der Welt, pflanze und mache allerley Zeugs das künftig Jahr soll schön aussehn und uns in guten Augenblicken Freude machen. Heut hab ich einen neuen Gang machen lassen, hab auf die Arbeiten getrieben, denn ich hatte einmal Ruh, es waren wenig Menschen da, nun hab ich die Expedition der letzten Session signirt, und will euch nur mit wenig Worten sagen dass ich so vergnügt und glücklich bin, als es ein Mensch seyn kan. Von Geschäfften bin ich eben nicht gedrückt, desto mehr geplagt von dem was den Grund aller Geschäffte macht: von den tollen Grillen, Leidenschafften und Thorheiten und Schwächen und Stärken der Menschen, davon hab ich den Vorteil dass ich nicht über alles das Zeit habe an mich selbst zu dencken und wie sich Frau Aja erinnert: dass ich unleidlich war da mich nichts plagte, so bin ich geborgen da ich geplagt werde. – Übrigens hab ich alles was ein Mensch sich wünschen kann, und bin freylich doch nicht ruhig, des Menschen Treiben ist unendlich bis er ausgetrieben hat. Lebt wohl und schreibt mir mehr, denn ich kann nicht schreiben. Hier habt ihr ein klein Blümlein vergiss mein nicht. Leßts! lassts den Vater lesen, schickts der Schwester und die soll mir's wiederschicken, niemand solls abschreiben. Und das soll heilig gehalten werden so kriegt ihr auch wieder was. G.

Harzreise im Winter 1777

An Charlotte von Stein
Donnerst. d. 4. Dez. 77 *****r[Goslar]

Von hier wollt ich Ihnen zu erst schreiben, Sie sehn aber aus dem Bleystifft Blättgen dass ich früher laut worden bin. Ein ganz entsezlich Wetter hab ich heut ausgestanden was die Stürme für Zeugs in diesen Gebürgen ausbrauen ist unsäglich, Sturm Schnee, Schlossen, Regen, und zwey Meilen an einer Nordwand eines Waldgebürgs her, alles fast ist nass, und erhohlt haben sich meine Sinne kaum nach Essen, Trincken, drey stunden Ruhe u.s.w. – Mein Abenteuer hab ich bestanden, schön, ganz, wie ich mir's vorauserzählt, wie Sie's sehr vergnügen wird zu hören, denn Sie allein dürfens hören, auch der Herzog und so muss es Geheimniss seyn. Es ist niedrig aber schön, es ist nichts und viel, – die Götter wissen allein was sie wollen, und was sie mit uns wollen, ihr Wille geschehe.

Hier bin ich nun wieder in Mauern und Dächern des Alterthums versenckt. Bey einem Wirthe der gar viel väterlichs hat, es ist eine schöne Philisterey im Hause es wird einem ganz wohl. – Wie sehr ich wieder, auf diesem duncklen Zug, Liebe zu der Classe von Menschen gekriegt habe! die man die niedre nennt! die aber gewiss für Gott die höchste ist. Da sind doch alle Tugenden Beysammen, Beschräncktheit, Genügsamkeit, Grader Sinn, Treue, Freude über das leidlichste Gute, Harmlosigkeit, Dulden – Dulden – Ausharren in un – ich will mich nicht in Ausrufen verlieren.

Aus: Harzreise im Winter

Dem Geier gleich,
Der auf schweren Morgenwolken
Mit sanftem Fittich ruhend
Nach Beute schaut,
Schwebe mein Lied.

Denn ein Gott hat
Jedem seine Bahn
Vorgezeichnet,
Die der Glückliche
Rasch zum freudigen
Ziele rennt;
Wem aber Unglück
Das Herz zusammenzog,
Er sträubt vergebens
Sich gegen die Schranken
Des ehernen Fadens,
Den die doch bittre Schere
Nur einmal löst.
In Dickichtsschauer
Drängt sich das rauhe Wild,
Und mit den Sperlingen
Haben längst die Reichen

In ihre Sümpfe sich gesenkt.
[...]
Aber den Einsamen hüll'
In deine Goldwolken,
Umgib mit Wintergrün,
Bis die Rose wieder heranreift,
Die feuchten Haare,
O Liebe, Deines Dichters!

Mit der dämmernden Fackel
Leuchtest du ihm
Durch die Furten bei Nacht,
Über grundlose Wege
Auf öden Gefilden,
Mit dem tausendfarbigen Morgen
Lachst du ins Herz ihm;
Mit dem beizenden Sturm
Trägst du ihn hoch empor.
Winterströme stürzen vom Felsen
In seine Psalmen,
Und Altar des lieblichsten Danks
Wird ihm des gefürchteten Gipfels
Schneebehangner Scheitel,
Den mit Geisterreihen
Kränzten ahnende Völker.

Du stehst mit unerforschtem Busen
Geheimnisvoll-offenbar
Über der erstaunten Welt
Und schaust aus Wolken
Auf ihre Reiche und Herrlichkeit,
Die du aus den Adern deiner Brüder
Neben dir wässerst.

An Charlotte von Stein

Clausthal d. 11. Abends, heut früh bin ich vom Torfhause über die Altenau wieder zurück und habe Ihnen viel erzählt unter weegs, O ich bin ein gesprächiger Mensch wenn ich allein bin.

Nur ein Wort zur Erinnrung. wie ich gestern zum Torfhause kam sas der Förster bey seinem Morgenschluck in Hemdsermeln, und diskursive redete ich vom Brocken und er versicherte mir die Unmöglichkeit hinauf zu gehn, und wie offt er

Sommers droben gewesen wäre und wie leichtfertig es wäre iezt es zu versuchen – Die Berge waren im Nebel man sah nichts, und so sagt er ists auch iezt oben, nicht drey Schritte vorwärts können Sie sehn. Und wer nicht alle Tritte weis ppp. Da sas ich mit schwerem Herzen, mit halben Gedancken wie ich zurückkehren wollte. Und ich kam mir vor wie der König den der Prophet mit dem Bogen schlagen heisst und der zu wenig schlägt. Ich war still und bat die Götter das Herz dieses Menschen zu wenden und das Wetter, und war still. So sagt er zu mir: nun können Sie den Brocken sehn, ich trat ans Fenster und er lag vor mir klar wie mein Gesicht im Spiegel, da ging mir das Herz auf und ich rief: Und ich sollte nicht hinaufkommen! haben Sie keinen Knecht, niemanden – Und er sagte ich will mit Ihnen gehn. – Ich habe ein Zeichen ins Fenster geschnitten zum Zeugniss meiner Freuden Trähnen und wärs nicht an Sie hielt ich's für Sünde es zu schreiben. Ich habs nicht geglaubt biss auf der obersten Klippe. Alle Nebel lagen unten, und oben war herrliche Klarheit und heute Nacht bis früh war er im Mondschein sichtbaar und finster auch in der Morgendämmrung da ich aufbrach.

Friedrich Wilhelm Riemer erzählt in seinen ‹Mittheilungen über Goethe› von dessen Schwimmversuchen in der Ilm

Gerade um dieselbe Zeit [1778] war es, wo Goethe die ersten Versuche mit Schwimmen anstellte, zuerst im Floßgraben vor seinem Garten, dann in der Ilm selber. Er hatte es früher schon mit einem *Korkwams* versucht, das daher als Gleichnis mehrmals in seinen Schriften vorkommt; nun geschah es ohne dieses Hülfsmittel, und Goethe scheint es sehr weit in dieser Kunst gebracht zu haben. Er badete in jener Zeit überhaupt häufig, sogar des Nachts in der Ilm, meist bei Mondschein, selbst in November- und Dezembertagen; und trieb auch wohl allerlei Neckereien mit den bei nächtlicher Weile Vorübergehenden. So – erzählte er mir – habe er einmal einen Bauer aus Oberweimar, der spät in der Nacht nach Hause zurückkehrend über das Gatter der Floßbrücke steigen wollen, dadurch in Furcht und Schrecken versetzt, daß er in seiner weißen Gestalt mit schwarzem langem Haupthaar, aus dem Wasser auf- und niedertauchend und dabei wunderbare Töne von sich gebend, in jenem Manne die energische Vorstellung einer Ilmnixe erregte, deren Existenz dieser sich nun wahrscheinlich nicht wieder habe ausreden lassen.

Tagebuch 1779

13. Januar. Weimar. Die Kriegs Commiss. übernommen Erste Session. Fest und ruhig in meinen Sinnen, und scharf. Allein dies Geschäffte diese Tage her. Mich drinn gebadet. und gute Hoffnung, in Gewissheit des Ausharrens. Der Druck der Geschäffte ist sehr schön der Seele, wenn sie entladen ist spielt sie freyer und geniest des Lebens. Elender ist nichts als der behagliche Mensch ohne Arbeit, das schönste der Gaben wird ihm eckel. Schwierigkeit irdische Maschinen in Gang zu sezzen, auch zu erhalten. Lehrbuch und Geschichte sind gleich lächerlich dem Handelnden. Aber auch kein stolzer Gebet als um Weisheit, denn diese haben die Götter ein für allemal den Menschen versagt. Klugheit theilen sie aus, dem Stier nach seinen Hörnern und der Kazze nach ihren Klauen, sie haben alle Geschöpfe bewaffnet.

Dass ich nur die Hälfte Wein trincke ist mir sehr nüzlich, seit ich den Caffee gelassen die heilsamste Diät.

7. August. Weimar. Zu Hause aufgeräumt, meine Papiere durchgesehen und alle alten Schaalen [darunter Briefe] verbrannt. Andre Zeiten andre Sorgen. Stiller Rückblick aufs Leben, auf die Verworrenheit, Betriebsamkeit Wissbegierde der Jugend, wie sie überall herumschweift um etwas befriedigendes zu finden. Wie ich besonders in Geheimnissen, duncklen Imaginativen Verhältnissen eine Wollust gefunden habe. Wie ich alles Wissenschaftliche nur halb angegriffen und bald wieder habe fahren lassen, wie eine Art von demütiger Selbstgefälligkeit durch alles geht was ich damals schrieb. Wie kurzsinnig in Menschlichen und göttlichen Dingen ich mich umgedreht habe. Wie des Thuns, auch des Zweckmäsigen Denckens und Dichtens so wenig, wie in zeitverderbender Empfindung und Schatten Leidenschafft gar viel Tage verthan, wie wenig mir davon zu Nuz kommen und da die Hälfte nun des Lebens vorüber ist, wie nun kein Weeg zurückgelegt sondern vielmehr ich nur dastehe wie einer der sich aus dem Wasser rettet und den die Sonne anfängt wohlthätig abzutrocknen. Die Zeit dass ich im Treiben der Welt bin seit 75 Oktbr. getrau ich noch

nicht zu übersehen. Gott helfe weiter. und gebe Lichter, dass wir uns nicht selbst so viel im Weege stehn.

An den Herzog Carl August

Weimar, 9. Februar 1779

Gnädigster Herr,

Nach der Antwort des Königs in Preussen Maj. worinn derselbe solche Gründe hinzulegen glaubt, die Ew. Durchlaucht bewegen sollen, ihm die verlangte [Rekruten] Werbung in Ihren Landen zu gestatten, und es als gewiss anzunehmen scheint, dass man sich mit dem General Möllendorff besprechen und eine Auskunft zu treffen wissen werde, bleibt nach aller Überzeugung nichts übrig, als dass man eine baldige und feste Entschliessung fasse, welchen Theil man ergreiffen und wie man sich auf die ein oder andere Weise betragen solle? Man hat vorläufig am besten zu seyn geglaubt wenn man beyde unangenehme Seiten gegenwärtiger Lage, natürlich gegen einander stellte, das zwiefache Benehmen wovon man eins zu wählen hat ohnübertrieben hinlegte, und die Folgen eines ieden überdächte, so weit man sie mit einem zwar uneingenommnen, aber freilich immer beschränckten Geiste vorauszusehen imstande ist.

Gesezt also man fügt sich dem Begehren des Königs, so kan es entweder geschehen wenn man ihm die Werbung erlaubt, oder mit dem General Möllendorf auf eine Anzahl abzugebender Mannschafft übereinkommt, und auch diese entweder durch die Preusen ausnehmen lässt oder sie selbst ausnimmt und sie ihnen überliefert.

Erwählt man das erste, so werden diese gefährliche Leute sich festsetzen, und überall Wurzel fassen, sie werden auf alle Weise die beste iunge Mannschaft an sich zu ziehen suchen, sie werden mit List und heimlicher Gewalt eine grose Anzahl wegnehmen, sie werdens an nichts fehlen lassen selbst die Soldaten Ew.Durchl. untreu zu machen.

Will man mit dem General Möllendorf auf eine gewisse Anzahl übereinkommen, und ihnen etwa selbst überlassen die iunge Mannschafft nach gewissen zu fertigenden Verzeichnissen aus den Aemtern auszuheben, so kan man nicht versichert seyn dass es dabey bleiben wird. Ein und der andre der es merckt wird austreten, sie werden statt dessen nach andern greifen, es werden Händel entstehen, und sie werden davon Anlas nehmen, was man mit ihnen ausgemacht hat zu überschreiten.

Will man endlich sich entschliessen eine Auswahl selbst zu machen und ihnen die Leute auszuliefern; so ist darinn wohl fürs ganze das geringste übel, aber doch bleibt auch dieses, ein unangenehmes verhasstes und schaamvolles Geschäfft. Und wahrscheinlich ist man mit allem diesem doch nicht am Ende des Verdrusses. Diese mit Gewalt in fremde Hände gegebne Leute, werden in kurzem desertiren, und in ihr Vaterland zurückkehren, die Preusen werden sie wieder fordern, im Fall sie fehlen, austreten oder sich verbergen, an ihrer Stelle andre wegnehmen. Diese Plage wird mit iedem Herbste wiederkommen. Wie sie sich gewiss auch nicht begnügen werden, wenn man ihnen einmal Mannschafft stellt, mit iedem Frühjahr werden sie diese Anforderungen erneuern.

Dagegen wird man von kayserlicher Seite diesen Schritt den man so sehr wider Willen gethan gewiss übel aufnehmen. Man wird sie niemals überreden können dass man so nothgedrungen, und so ungern eine solche Entschliesung ergriffen hat. Der alte Verdacht den man gegen die sächsischen Häuser hegt, dass sie wenig Neigung für das Oestreichische haben, wird wieder rege werden [...]

Johann Daniel Falk ‹Goethe aus näherm persönlichen Umgange dargestellt›: Eine Theaterszene

Um dieselbe Zeit wurde auch ein Liebhabertheater in Weimar eröffnet, woran Goethe, [die Schauspielerin] Corona Schröter, [der Schatullenverwalter und Verleger] Bertuch, [der Kammerherr] von Einsiedel und andere den lebhaftesten und tätigsten Anteil nahmen. Einst spielte man „Den eifersüchtigen Ehemann“ [von Gotter]. Die Rolle des Liebhabers in diesem Stükke war dem Herrn von Einsiedel zugefallen. Unglücklicherweise aber überfiel diesen, kurz vor der Aufführung, eine Unpäßlichkeit. Die Rolle war in so kurzer Zeit nicht wieder zu besetzen, und zum größten Verdrusse aller übrigen Mitspielenden stockte nun das Ganze. Da schlug sich, mehr beherzt und gutmütig, als in solchen Dingen gewandt, ein verwegener sächsischer Rittmeister ins Mittel und übernahm die Rolle. Am dritten Tage kam er zum Herrn von Einsiedel und ließ sich dieselbe überhören. Es ging leidlich, besonders wenn man dabei, wie man konnte, auf einen guten Souffleur rechnete. Als es aber zur Aufführung kam, wurde alles anders, und der so unternehmende Rittmeister geriet in die größte Verwirrung. Es wurde ihm so heiß vor der Stirn, als ob er vor einer Schwadron Husaren ritte und eben einhauen sollte; doch faßte er sich einigermaßen und spielte fort, bis auf die Szene, wo er mit seiner Geliebten von dem eifersüchtigen Ehemanne überrascht und mit einem Dolche erstochen wird. Hier vergaß er plötzlich das Stichwort, stockte und meckerte in einem fort, und der eifersüchtige Ehemann, den Bertuch spielte, der schon lange mit einem Dolche hinter den Kulissen wartend dastand, konnte ihm durchaus nichts anhaben. Eben fing jener seine Rolle, Stichwörter und den ganzen Plunder, wie Shakespeare sagt, wieder von vorne an, als Bertuch plötzlich, auf Anraten Goethes, der die Direktion des Ganzen führte, auf die Bühne sprang und dem Leben seines unglücklichen Nebenbuhlers durch einen kräftigen Dolchstich gleichsam ex abrupto ein Ende zu machen suchte. Wer aber nicht fallen wollte, war der Rittmeister. Vergebens, daß ihm Bertuch zu wiederholten Malen ins Ohr raunte: „In's Teufels Namen, so fallen Sie doch!" Er rührte sich nicht von der Stelle, sondern blieb kerzengerade und völlig aufrecht neben seiner Geliebten stehen, den Umstehenden, die ihm zuredeten, daß er fallen sollte, einmal über das andere versichernd, daß sein Stichwort noch nicht gekommen sei. In dieser für den Direktor ebenso sehr als für die Mitspieler peinlichen Lage faßte der erstere einen heldenmütigen Entschluß und rief mit donnernder Stimme hinter den Kulissen hervor: „Wenn er von vorn nicht fallen will, so stich ihn von hinten durch den R[anze]n! Wir müssen ihn uns auf alle Fälle vom Halse schaffen! Er verderbt uns ja das ganze Stück!" Auf diesen entscheidenden Zuruf ermannte sich auch der sonst so tätige, jetzt aber ebenfalls etwas unschlüssig gewordene Bertuch. „Stirb!" rief auch er mit schrecklicher Stimme, und führte zugleich einen so nachdrücklichen Dolchstoß in die Flanke seines Widersachers, daß derselbe, durch dieses Seitenmanöver außer Fassung gebracht, diesmal wirklich zu Boden fiel. In demselben Augenblicke aber erschienen auch schon vier von Goethe abgeschickte handfeste Statisten, die bestimmte Ordre hatten, den Toten, er möchte wollen oder nicht, hinweg und beiseite zu schaffen. Dies geschah denn auch wirklich, und zur größten Freude der Zuschauer konnte das Stück nun ungehindert fortspielen.

Reise in die Schweiz mit dem Herzog Carl August im Spätjahr 1779

Das Gedicht ‹Gesang der Geister über den Wassern› wurde nach dem Anblick des Staubbachfalls bei Lauterbrunnen geschrieben

Des Menschen Seele
Gleicht dem Wasser:
Vom Himmel kommt es,
Zum Himmel steigt es,
Und wieder nieder
Zur Erde muß es,
Ewig wechselnd.

Strömt von der hohen,
Steilen Felswand
Der reine Strahl,
Dann stäubt er lieblich
In Wolkenwellen
Zum glatten Fels,
Und leicht empfangen
Wallt er verschleiernd,
Leisrauschend
Zur Tiefe nieder.

Ragen Klippen
Dem Sturz entgegen,
Schäumt er unmutig
Stufenweise
Zum Abgrund.

Im flachen Bette
Schleicht er das Wiesental hin,
Und in dem glatten See
Weiden ihr Antlitz
Alle Gestirne.

Wind ist der Welle
Lieblicher Buhler;
Wind mischt vom Grund aus
Schäumende Wogen.

Seele des Menschen,
Wie gleichst du dem Wasser!
Schicksal des Menschen,
Wie gleichst du dem Wind!

Aus: Briefe aus der Schweiz im Jahre 1779

Den 5. November abends

Der Montblanc und die Gebirge die von ihm herabsteigen, die Eismassen, die diese ungeheuren Klüfte ausfüllen, machen die östliche Wand aus, an der die ganze Länge des Tals hin sieben Gletscher, einer größer als der andere, herunter kommen. Unsere Führer, die wir gedingt hatten, das Eismeer zu sehen, kamen beizeiten. Der eine ist ein rüstiger junger Bursche, der andre ein schon älterer und sich klugdünkender, der mit allen gelehrten Fremden Verkehr gehabt hat, von der Beschaffenheit der Eisberge sehr wohl unterrichtet und ein sehr tüchtiger Mann. Er versicherte uns, daß seit achtundzwanzig Jahren – so lange führ' er Fremde auf die Gebirge – er zum erstenmal so spät im Jahr, nach Allerheiligen, jemand hinauf bringe; und doch sollten wir alles ebensogut wie im August sehen. Wir stiegen, mit Speise und Wein gerüstet, den Montenvers hinan, wo uns der Anblick des Eismeers überraschen sollte. Ich würde es, um die Backen nicht so voll zu nehmen, eigentlich das Eistal oder den Eisstrom nennen: denn die ungeheuren Massen von Eis dringen aus einem tiefen Tal, von oben anzusehen, in ziemlicher Ebne hervor. Gerad hinten endigt ein spitzer Berg, von dessen beiden Seiten Eiswogen in den Hauptstrom hereinstarren. Es lag noch nicht der mindeste Schnee auf der zakkigen Fläche und die blauen Spalten glänzten gar schön hervor. Das Wetter fing nach und nach an sich zu überziehen, und ich sah wogige graue Wolken, die Schnee anzudeuten schienen, wie ich sie niemals gesehn. In der Gegend wo wir standen, ist die kleine von Steinen zusammen gelegte Hütte für das Bedürfnis der Reisenden, zum Scherz das Schloß von Montenvers genannt. Monsieur Blaire, ein Engländer, der sich zu Genf aufhält, hat eine geräumigere an einem schicklichem Ort, etwas weiter hinauf, erbauen lassen, wo man am Feuer sitzend, zu einem Fenster hinaus, das ganze Eistal übersehen kann. Die Gipfel der Felsen gegenüber und auch in die Tiefe des Tals hin sind sehr spitzig ausgezackt. Es kommt daher, weil sie aus einer

Gesteinart zusammen gesetzt sind, deren Wände fast ganz perpendikular in die Erde einschießen. Wittert eine leichter aus, so bleibt die andere spitz in die Luft stehen. Solche Zacken werden Nadeln genennet und die Aiguille du Dru ist eine solche hohe merkwürdige Spitze, gerade dem Montenvers gegenüber. Wir wollten nunmehr auch das Eismeer betreten und diese ungeheuren Massen auf ihnen selbst beschauen. Wir stiegen den Berg hinunter und machten einige hundert Schritte auf den wogigen Kristallklippen herum. Es ist ein ganz trefflicher Anblick, wenn man, auf dem Eise selbst stehend, den oberwärts sich herabdrängenden und durch seltsame Spalten geschiedenen Massen entgegen sieht. Doch wollt' es uns nicht länger auf diesem schlüpfrigen Boden gefallen, wir waren weder mit Fußeisen, noch mit beschlagenen Schuhen gerüstet; vielmehr hatten sich unsere Absätze durch den langen Marsch abgerundet und geglättet. Wir machten uns also wieder zu den Hütten hinauf und nach einigem Ausruhen zur Abreise fertig. Wir stiegen den Berg hinab und kamen an den Ort, wo der Eisstrom stufenweis bis hinunter ins Tal dringt, und traten in die Höhle in der er sein Wasser ausgießt. Sie ist weit, tief, von dem schönsten Blau, und es steht sich sicherer im Grund als vorn an der Mündung, weil an ihr sich immer große Stücke Eis schmelzend ablösen. Wir nahmen unsern Weg nach dem Wirtshause zu, bei der Wohnung zweier Blondins vorbei: Kinder von zwölf bis vierzehn Jahren, die sehr weiße Haut, weiße, doch schroffe Haare, rote und bewegliche Augen wie die Kaninchen haben. Die tiefe Nacht, die im Tale liegt, lädt mich zeitig zu Bette, und ich habe kaum noch so viel Munterkeit Ihnen zu sagen, daß wir einen jungen zahmen Steinbock gesehen haben, der sich unter den Ziegen ausnimmt, wie der natürliche Sohn eines großen Herrn, dessen Erziehung in der Stille einer bürgerlichen Familie aufgetragen ist. Von unsern Diskursen geht's nicht an, daß ich etwas außer der Reihe mitteile. An Graniten, Gneisen, Lärchen- und Zirbelbäumen finden Sie auch keine große Erbauung; doch sollen Sie ehestens merkwürdige Früchte von unserm Botanisieren zu sehen kriegen. Ich bilde mir ein, sehr schlaftrunken zu sein und kann nicht eine Zeile weiter schreiben.

An Charlotte von Stein

26. Juni 1780

[...] die Nachricht von Feuer in Gros Brembach iagte mich fort, und ich war geschwind in den Flammen. Nach so lange trocknem Wetter, bey einem unglücklichen Wind war die Gewalt des Feuers unbändig. Man fühlte da recht wie einzeln man ist, und wie die Menschen doch so viel guten und schicklichen Begriff haben etwas anzugreifen. Die fatalsten sind dabey wie immer, die nur sehn was *nicht* geschieht, Und darüber die aufs nothwendige gerichteten Menschen irre machen. Ich habe ermahnt, gebeten, getröstet, beruhigt und meine ganze Sorgfalt auf die Kirche gewendet, die noch in Gefahr stund als ich kam und wo außer dem Gebäude noch viel Frucht die dem Herrn gehört, auf dem Boden zu Grunde gegangen wäre. Voreilige Flucht ist der gröste Schaden bey diesen Gelegenheiten, wenn man sich anstatt zu retten widersezte, man könnte das unglaubliche thun. Aber Mensch ist Mensch und die Flamme ein Ungeheuer. Ich bin noch zu keinem Feuer in seiner ganzen Acktivität gekommen als zu diesem. Nach der Bauart unsrer Dörfer müssen wir's täglich erwarten. Es ist als wenn der Mensch genötigt wäre, einen zierlich und künstlich zugebauten Holzstos zu bewohnen, der recht, das Feuer schnell aufzunehmen, zusammen getragen wäre. [...]

Meine Augbrauen sind versengt, und das Wasser in meinen Schuhen siedend hat mir die Zehen gebrüht, ein wenig zu ruhen legt ich mich nach Mitternacht, da alles noch brannte und knisterte im Wirthshaus aufs Bett, und ward von Wanzen heimgesucht und versuchte also manch menschlich Elend und unbequemlichkeit. [...]

An Lavater

20. September 1780

Das Tagewerck das mir aufgetragen ist, das mir täglich leichter und schweerer wird, erfordert wachend und träumend meine Gegenwart diese Pflicht wird mir täglich theurer, und darinn wünscht ich's den grössten Menschen gleich zu thun, und in nichts Grösserm. Diese Begierde, die Pyramide meines Daseyns, deren Basis mir angegeben und gegründet ist, so hoch als möglich in die Luft zu spizzen, überwiegt alles andere und lässt kaum augenblickliches Vergessen zu. Ich darf mich nicht säumen, ich bin schon weit in Jahren vor, und vielleicht bricht mich das Schicksaal in der Mitte, und der Babilonische Thurn bleibt stumpf unvollendet. Wenigstens soll man sagen es war kühn entworfen und wenn ich lebe, sollen wills Gott die Kräffte bis hinauf reichen.

Tagebuch 13. Mai 1780

Ich fühle nach und nach ein allgemeines Zutrauen und gebe Gott dass ichs verdienen möge, nicht wies leicht ist, sondern wie ichs wünsche. Was ich trage an mir und andern sieht kein Mensch. Das beste ist die tiefe Stille in der ich gegen die Welt lebe und wachse, und gewinne was sie mir mit Feuer und Schwert nicht nehmen können. […]

Friedrich Leopold Graf zu Stolberg
an seine Schwester Katharina

11. Juni 1784

Goethe hat dicht bei der Stadt ein Gartenhäuschen, in einem Wäldchen am Fluß bei Felsen. Durch unendlich schöne Felsengänge geht man hin. Hier hat er drei Jahre Winter und Sommer gewohnt. Oft ging er im Mondschein durch die Felsengänge aus der lärmenden Stadt zurück, oft im Winter über tiefen Schnee beim Glanz der Fackel. Da schwand ihm das Gewirr des Tages schnell, und hohe Erscheinungen gingen in ihm auf. Mehrere Geschäfte zwangen ihn, diese süße Einsiedelei zu verlassen. Die höchsten Rosenstöcke, die ich je gesehen, und Geißblattranken umziehen das ganze Haus, und rundumher singen nahe Nachtigallen.

Goethe in einem Gespräch mit Eckermann während einer Fahrt auf den Ettersberg bei Weimar, 24. September 1827

„Immer die alte Geschichte! Immer der alte Meeresboden! – Wenn man von dieser Höhe auf Weimar hinabblickt und auf die mancherlei Dörfer umher, so kommt es einem vor wie ein Wunder, wenn man sich sagt, daß es eine Zeit gegeben, wo in dem weiten Tale dort unten die Walfische ihr Spiel getrieben. Und doch ist es so, wenigstens höchst wahrscheinlich. Die Möve aber, die damals über dem Meere flog, das diesen Berg bedeckte, hat sicher nicht daran gedacht, daß wir heute hier fahren würden. Und wer weiß, ob nach vielen Jahrtausenden die Möve nicht abermals über diesen Berg fliegt."

Goethe an seinen Schützling Johann Friedrich Krafft (angenommener Name) in Ilmenau

Dem, der sich mit den Wellen herumarbeitet, ist's wohl der schlimmste Herzensstos, wenn der Willige am Ufer nicht Kräffte genug hat, alle zu retten, die der Sturm gegen seine Küste treibt. Wenn der, dem ein Menschengeschöpf die reichste Beute des Strandrechts wäre, mit wenigen sich begnügen und die andern untergehn sehn muß.

In der Vorstellung, die ich mir von Ihnen aus den Briefen mache, glaub ich mich nicht zu betrügen, und was mir am wehsten thut, ist, daß ich einem Mann, der so genügsam verlangt, weder Hülfe noch Hoffnung geben kann.

Um diesen Teich, den ein Engel nur selten bewegt, harren Hunderte viele Jahre her, nur Wenige können genesen, und ich bin der Mann nicht, zwischen der Zeit zu sagen: Steh auf und wandle.

Nehmen Sie das wenige, was ich Ihnen geben kann, als ein Bret, das ich Ihnen in dem Augenblick zuwerfe, um Zeit zu gewinnen.

Bleiben Sie in der Jahrszeit wo Sie sind, ich will in der Folge gern für eine kleine Beihülfe sorgen. Melden Sie mir die Ankunft des Gelds und wie weit Sie damit zu reichen dencken.

Ist Ihnen mit einem Kleid, Überrock, Stiefeln, warmen Strümpfen gedient, so schreiben Sie, ich habe zu entbehren.

Nehmen Sie diese Tropfen Balsams aus der kompendiosen Reiseapothecke des dienstfertigen Samariters, wie ich sie gebe.

W[eimar,] d. 2. Nov. 78 G.

An Charlotte von Stein

Meiningen d. 12ten Apr. 1782

Es ist ein erhabnes, wundervolles Schauspiel wenn ich nun über Berge und Felder reite, da mir die Entstehung und Bildung der Oberfläche unsrer Erde und die Nahrung welche Menschen draus ziehen zu gleicher Zeit deutlich und anschaulich wird; erlaube wenn ich zurückkomme daß ich dich nach meiner Art auf den Gipfel des Felsens führe und dir die Reiche der Welt und ihre Herrlichkeit zeige.

Jeder Weg in unbekannte Gebirge bestätigte die alte Erfahrung, daß das Höchste und das Tiefste Granit sei, daß diese Steinart, die man nun näher kennen und von andern unterscheiden lernte, die Grundfeste unserer Erde sei, worauf sich alle übrigen mannigfaltigen Gebirge hinaufgebildet. In den innersten Eingeweiden der Erde ruht sie unerschüttert, ihre hohe Rükken steigen empor, deren Gipfel nie das alles umgebende Wasser erreichte. So viel wissen wir von diesem Gesteine und wenig mehr. Aus bekannten Bestandteilen, auf eine geheimnisreiche Weise zusammengesetzt, erlaubt es ebensowenig seinen Ursprung aus Feuer wie aus Wasser herzuleiten. Höchst mannigfaltig in der größten Einfalt wechselt seine Mischung ins Unzählige ab. Die Lage und das Verhältnis seiner Teile, seine Dauer, seine Farbe ändert sich mit jedem Gebirge, und die Massen eines jeden Gebirges sind oft von Schritt zu Schritte wieder in sich unterschieden und im ganzen doch wieder immer einander gleich. Und so wird jeder, der den Reiz kennt, den natürliche Geheimnisse für den Menschen haben, sich nicht wundern, daß ich den Kreis der Beobachtungen, den ich sonst betreten, verlassen und mich mit einer recht leidenschaftlichen Neigung in diesen gewandt habe. Ich fürchte den Vorwurf nicht, daß es ein Geist des Widerspruches sein müsse, der mich von Betrachtung und Schilderung des menschlichen Herzens, des jüngsten, mannigfaltigsten, beweglichsten, veränderlichsten, erschütterlichsten Teiles der Schöpfung, zu der Beobachtung des ältesten, festesten, tiefsten, unerschütterlichsten Sohnes der Natur geführt hat. Denn man wird mir gerne zugeben, daß alle natürlichen Dinge in einem genauen Zusammenhange stehen, daß der forschende Geist sich nicht gerne von etwas Erreichbarem ausschließen läßt. Ja man gönnte mir, der ich durch die Abwechselungen der menschlichen Gesinnungen, durch die schnelle Bewegungen derselben in mir selbst und in andern manches gelitten habe und leide, die erhabene Ruhe, die jene einsame stumme Nähe der großen, leise sprechenden Natur gewährt, und wer davon eine Ahndung hat, folge mir.

Mit diesen Gesinnungen nähere ich mich euch, ihr ältesten, würdigsten Denkmäler der Zeit. Auf einem hohen nackten Gipfel sitzend und eine weite Gegend überschauend, kann ich mir sagen: Hier ruhst du unmittelbar auf einem Grunde, der bis zu den tiefsten Orten der Erde hinreicht, keine neuere Schicht, keine aufgehäufte zusammengeschwemmte Trümmer haben sich zwischen dich und den festen Boden der Urwelt gelegt, du gehst nicht wie in jenen fruchtbaren schönen Tälern über ein anhaltendes Grab, diese Gipfel haben nichts Lebendiges erzeugt und nichts Lebendiges verschlungen, sie sind vor allem Leben und über alles Leben. In diesem Augenblicke, da die innern anziehenden und bewegenden Kräfte der Erde gleichsam unmittelbar auf mich wirken, da die Einflüsse des Himmels mich näher umschweben, werde ich zu höheren Betrachtungen der Natur hinaufgestimmt, und wie der Menschengeist alles belebt, so wird auch ein Gleichnis in mir rege, dessen Erhabenheit ich nicht widerstehen kann. So einsam, sage ich zu mir selber, indem ich diesen ganz nackten Gipfel hinabsehe und kaum in der Ferne am Fuße ein geringwachsendes Moos erblicke, so einsam, sage ich, wird es dem Menschen zumute, der nur den ältsten, ersten, tiefsten Gefühlen der Wahrheit seine Seele eröffnen will. Ja, er kann zu sich sagen: Hier auf dem ältesten, ewigen Altare, der unmittelbar auf die Tiefe der Schöpfung gebaut ist, bring ich dem Wesen aller Wesen ein Opfer. Ich fühle die ersten, festesten Anfänge unsers Daseins, ich überschaue die Welt, ihre schrofferen und gelinderen Täler und ihre fernen fruchtbaren Weiden, meine Seele wird über sich selbst und über alles erhaben und sehnt sich nach dem nähern Himmel. Aber bald ruft die brennende Sonne Durst und Hunger, seine menschlichen Bedürfnisse, zurück. Er sieht sich nach jenen Tälern um, über die sich sein Geist schon hinausschwang, er beneidet die Bewohner jener fruchtbareren quellreichen Ebnen, die auf dem Schutte und Trümmern von Irrtümern und Meinungen ihre glücklichen Wohnungen aufgeschlagen haben, den Staub ihrer Voreltern aufkratzen und das geringe Bedürfnis ihrer Tage in einem engen Kreise ruhig befriedigen. Vorbereitet durch diese Gedanken, dringt die Seele in die vergangenen Jahrhunderte hinauf, sie vergegenwärtigt sich alle Erfahrungen sorgfältiger Beobachter, alle Vermutungen feuriger Geister. Diese Klippe, sage ich zu mir selber, stand schroffer, zackiger, höher in die Wolken, da dieser Gipfel noch als eine meerumfloßne Insel in den alten Wassern dastand, um sie sauste der Geist, der über den Wogen brütete, und in ihrem weiten Schoße die höheren Berge aus den Trümmern des Urgebirges und aus ihren Trümmern und den Resten der eigenen Bewohner die späteren und ferneren Berge sich bildeten. Schon fängt das Moos zuerst sich zu erzeugen an, schon bewegen sich seltner die schaligen Bewohner des Meeres, es senkt sich das Wasser, die höhern Berge werden grün, es fängt alles an, von Leben zu wimmeln. –

Aber bald setzen sich diesem Leben neue Szenen der Zerstörungen entgegen. In der Ferne heben sich tobende Vulkane in die Höhe, sie scheinen der Welt den Untergang zu drohen, jedoch unerschüttert bleibt die Grundfeste, auf der ich noch sicher ruhe, indes die Bewohner der fernen Ufer und Inseln unter dem untreuen Boden begraben werden. *(1784; Auszug)*

An Herder über die Entdeckung des Zwischenkieferknochens

Nach Anleitung des Evangelii muß ich dich auf das eiligste mit einem Glücke bekannt machen, das mir zugestoßen ist. Ich habe gefunden – weder Gold noch Silber, aber was mir eine unsägliche Freude macht das *os intermaxillare* am Menschen!

Ich verglich mit [dem Jenaer Naturwissenschaftler] Loder(n) Menschen- und Thierschädel, kam auf die Spur und siehe da ist es. Nur bitt' ich dich, laß dich nichts merken, denn es muß geheim behandelt werden. Es soll dich auch recht herzlich freuen, denn es ist wie der Schlußstein zum Menschen, fehlt nicht, ist auch da! Aber wie! Ich habe mirs auch in Verbindung mit deinem Ganzen gedacht, wie schön es da wird. Lebe wohl! Sonntag Abend bin ich bei dir, Antworte mir nicht hierauf, der Bote findet mich nicht mehr.

Jena, Sonnabend 27. März 1784 Nachts. G.

Eckermann über ein Gespräch mit Goethe über seine ersten Jahre in Weimar

10. Februar 1829

Über seine ersten Jahre in Weimar. Das poetische Talent im Konflikt mit der Realität, die er durch seine Stellung zum Hof und verschiedenartige Zweige des Staatsdienstes zu höherem Vorteil in sich aufzunehmen genötigt ist. Deshalb in den ersten zehn Jahren nichts Poetisches von Bedeutung hervorgebracht. Fragmente vorgelesen. Durch Liebschaften verdüstert. Der Vater fortwährend ungeduldig gegen das Hofleben.

Vorteile, daß er den Ort nicht verändert und daß er dieselbigen Erfahrungen nicht nötig gehabt, zweimal zu machen.

Flucht nach Italien, um sich zu poetischer Produktivität wiederherzustellen. Aberglaube, daß er nicht hinkomme, wenn jemand darum wisse. Deshalb tiefes Geheimnis. Von Rom aus an den Herzog geschrieben.

6. Arkadien oder die italienischen Jahre 1786–1790

Ein weißer Glanz ruht über Land und Meer
Und duftend schwebt der Äther ohne Wolken
Aus dem Fragment ‚Nausikaa', 1787

Noch im hohen Alter hat er, auf seine (erste) italienische Reise angesprochen, erklärt: „Zu dieser Höhe, zu diesem Glück der Empfindung bin ich später nie wieder gekommen; ich bin, mit meinem Zustande in Rom verglichen, eigentlich nachher nie wieder froh geworden." Sprach er, in den Briefen aus Italien, von einer *Wiedergeburt*, so meinte der Begriff die Wiederholung eines Initiationserlebnisses aus der Kindheit. „Von früher Jugend an", so ließ Catharina Elisabeth Goethe die Herzoginmutter Anna Amalia wissen, mit der sie freundschaftlich korrespondierte, „war der Gedancke Rom zu sehen in seine Seele geprägt." Der Vater hatte viel von seinem *Viaggio in Italia* (1740) erzählt, bei dessen Niederschrift ihm der spätere Italienisch-Lehrer des Sohnes beistand; im Hause hingen neben der Landkarte, auf der diese Reise verzeichnet war, die römischen *Prospecte;* es gab ein kleines Gondelmodell, das er vor sich sah, als er im Herbst 1786 Venedig erreicht hatte.

„Die Hauptsache ist", so schrieb er aus Vicenza an Charlotte von Stein, „daß alle diese Gegenstände, die nun schon über dreissig Jahre auf meine Imagination abwesend gewürckt haben und also alle zu hoch stehn, nun in den ordentlichen Cammer und Haus Ton der Coexistenz heruntergestimmt werden." Es lag auf der Hand: die Wirklichkeit erschien da auf dem Plan; die Illusion ist freilich nie ganz unter ihr erloschen, davon zeugt manch überwältigter Brief. Wortwörtlich geschah auch etwas anderes. Zum ersten Mal wird er sich mit der Historie der Altertümer auch seiner eigenen Geschichtlichkeit bewußt: „Die Gestalt dieser Welt vergeht. Ich möchte mich nur noch mit den bleibenden Verhältnissen beschäftigen." Überdies werden ihm die *Trümmer und Teilgen* der Geschichte, von denen er Knebel erzählen wird, ein und für allemal mit der Natur verschmolzen: in der Beobachtung des „wechselnd Weben“ zwischen „Geburt und Grab“, das ihm gerade in Venedig augenfällig ist, ist schon der frühe Ton einer im *West-östlichen Divan* festgehaltenen Einsicht hörbar, der für alle Motive des späteren Werkes konstitutiv wird: „Und so lang du das nicht hast, | Dieses: Stirb und werde! | Bist du nur ein trüber Gast | Auf der dunklen Erde.“

Im Blick auf die Klassizität, die ihn umgibt, gewinnt er den Begriff des *Objektiven* in der Kunst, der sich nach der Italienerfahrung – vor allem für *Tasso* – erhalten wird, auf seinem Grund aber das *Individuelle* im Verständnis eines Naturbegriffs festhält, in dem die eigentümliche Dialektik von Nähe und Ferne zwischen Mensch und Natur sich ausdrückt.

„Ich kämpfe mit Todt und Leben und keine Zunge spricht aus was in mir vorging, dieser Sturz hat mich zu mir selbst gebracht. – Komme ich geistig und leiblich davon, überwältigt meine Natur, mein Geist, mein Glück, diese Krise, so ersetz ich dir tausendfältig was zu ersetzen ist“: gerichtet an Charlotte von Stein, die er auch verlassen hat – aber was er hier sagt, greift weit über diese Liebe hinaus. Von einer Erkenntniskrise ist da die Rede, deren Verlauf noch Jahrzehnte später, als die Niederschrift der *Italienischen Reise* den autobiographischen Schriften inkorporiert wird, unübersehbar im Text mitzulesen ist.

Seine Begegnungen mit der Kunst der Renaissance, mit Palladio, Leonardo, Raffael, Michelangelo und der Malerei des 16. Jahrhunderts sind Fackeln in diesem Dämmer halber Gewißheiten, so bedeutend, daß er sich vordem erschien „wie ein Baumeister, der einen Turm aufführen wollte und ein schlechtes Fundament gelegt hatte.“

Schon nach den ersten Monaten schreibt er um die Jahreswende 1786/87 nach Weimar: „Das vergangne [Jahr] war das wichtigste meines Lebens, ich mag nun sterben, oder noch eine Weile dauren, in beiden Fällen war es gut.“ Zur Erkenntnis kommt die Praxis. Er geht mit den deutschen Malern in Rom um, mit Tischbein (bei dem er wohnt und der ihn malt), mit Hackert (unter dessen Anleitung er zeichnet), mit Kniep (der ihn nach Sizilien begleitet) und mit Angelica Kauffmann. Der eher konservative Maler Heinrich Meyer bleibt sein Freund und kunsttheoretischer Berater bis ans Lebensende.

Er begegnet Karl Philipp Moritz, der sich durch eine vom Pietismus deformierte Kindheit und Jugend gekämpft hat, der deutschen Literatur mit seinem *Anton Reiser* den größten *psychologischen Roman* nicht nur dieser Zeit übergeben wird und später als Altertumskundler hoch angesehen ist. In diesem Mann erkennt er „einen Bruder", und die Bemerkung verweist auf viel verschwiegene Dunkelheit in der eigenen Seelenbiographie.

Die Fahrt nach Sizilien bringt mit der homerischen Welt nicht nur das Fragment eines dramatischen Gedichts, *Nausikaa*, hervor, das zum zarten Symbol seiner italienischen Welterfahrung wird. Ganz unmittelbar damit ist verknüpft seine „Idee" (Schiller) von der *Urpflanze*, die ihm in den botanischen Gärten Palermos aufgeht: das dichterische ist gleichsam verschmolzen mit dem naturgewordenen Sinnbild der Urgeschichte ans Licht getreten.

Der Abschied von Italien bringt noch einmal eine – vielleicht alte – Wunschphantasie zutage, und gerade sie macht faßbar, warum Abschied immer das Gesicht des Todes hat, vor dem allein ein unlöschbares Sehnsuchtsbild rettet. Aus Mailand schreibt er an Knebel, der den tieferen Sinn der Anspielung, vielleicht, verstehen mochte: „Auf Como über den See nach Cleven Chur und so weiter. Da wird auch manch Stück Granit betreten und wieder einmal geklopft werden. Ich kaufe hier einen Hammer und werde an den Felsen pochen um des Todes Bitterkeit zu vertreiben." Der Aufsatz über den *Granit* ging ihm ja zurück auf den Plan eines *Romans über das Weltall.* Eigentümlich muß dabei erscheinen, daß das berühmte Bild, das Tischbein von ihm in der Campagna gemalt hat, ihn in der Pose eines Weltenherrschers zeigt und unwillkürlich an eine Stelle in jenem Brief an Charlotte von Stein erinnert, der der Entstehung des Aufsatzes *Über den Granit* vorausgeht: „Es ist ein erhabnes, wundervolles Schauspiel wenn ich nun über Berge und Felder reite, da mir die Entstehung und Bildung der Oberfläche unsrer Erde und die Nahrung welche Menschen draus ziehen zu gleicher Zeit deutlich und anschaulich wird; erlaube wenn ich zurückkomme daß ich dich nach meiner Art auf den Gipfel des Felsens führe und dir die Reiche der Welt und der Herrlichkeit zeige." (Die Adressatin mag die biblische Versucher-Anspielung [Matth. 4,8] schaudernd mitgelesen haben).

Nach seiner Rückkehr, die ihn mit der Verbitterung der Geliebten ebenso konfrontiert wie mit der Verständnislosigkeit der Freunde (die er redlich in Briefen an seinem Wandlungsprozeß hatte teilnehmen lassen), wird ihm die Beschäftigung mit der Morphologie – die in Begriffen des antiken Mythos *(Metamorphose der Pflanzen)* in den Zusammenhang seines neuen Verstehens von Natur und Geschichte gehört – zum rettendem Moment in der Vereinsamung.

Auch an *Iphigenie auf Tauris* wird der Rekurs auf den Mythos greifbar als Aufklärung über den Zusammenhang des Elementaren mit der Geschichte. Die endgültige Versfassung (sie geht zurück auf eine Anregung von Karl Philipp Moritz) war kaum früher als nach der Italien-Erfahrung möglich. Die Begegnung zivilisierter Kultur mit ihrer Urgeschichte auf Tauris wird zum Ineinander beider, wenn Iphigenie dem ‚mythischen' Barbarenkönig von ihrer eigenen grauenhaften Familientragödie erzählt und am Ende erfährt, daß erst dieses Bekenntnis vom Verbrechen der Urväter sie frei gemacht hat für die Humanität, die Thoas ihr zuteil werden läßt schon in der Auflösung von Rechten, die im Mythos verankert waren. Als der König von Tauris seine Gefangenen freigibt, scheinen sie aus der mythischen Gewalt in (aufgeklärte) Humanität entlassen.

In dem historischen Moment (nach der Französischen Revolution), als er Jahre später Schiller gegenüber äußert, die ganze Sache sei „so verteufelt human", stand ihm die Möglichkeit, daß Aufklärung von mythischer Gewalt (den *Elementen*) sich lösen lasse, als bare Utopie längst vor Augen.

Auch *Egmont* wird während der italienischen Jahre vollendet, in das Stück gehen nicht allein die staatspolitischen Erfahrungen ein. Ausführlich spricht ein Abschnitt in *Dichtung und Wahrheit* über seinen Begriff des *Dämonischen* nicht nur im Blick auf die Gestalt Egmonts. Der Gedanke hat ihn bis in seine spätesten Jahre, nicht zuletzt in Zusammenhang mit Napoleon, beschäftigt, und er stellt auf Umwegen abermals die Verbindung mit dem antiken Mythos her.

Tasso, erst nach der Rückkehr vollendet, bricht die frühen Jahre höfischer Erfahrung kritisch in zwei Richtungen: die Hofkritik verbindet sich mit der am verblendeten Subjektivismus des „Hofpoeten", der am Höfischen wächst und gleichzeitig daran zu zerbrechen droht. Daß die Abschiedsworte der

Prinzessin Leonore sich tief in Charlotte von Steins persönliches Verständnis ihrer Liebe zu dem Italien-Flüchtigen einfühlen, spricht für dessen eigene Liebesfähigkeit. Seine beschwörenden Briefe an sie aus Italien kamen im Subtext eher dem Eingeständnis einer Schuld nahe, der die Drohung des Ich-Verlustes vor Augen steht.

Charlotte hat nicht die gleiche Größe gezeigt. Als er in Christiane Vulpius eine Liebe fand, die – auch – zur sinnlichen Heiterkeit der *Römischen Elegien* leitete, hat die verstörte Verlassene böse und kalt reagiert. Erst spät kam es zur Versöhnung.

Noch einmal bricht er (1790), der Herzogin Anna Amalia entgegenzureisen, nach Italien auf. Die Neubegegnung ist bitter, das Sehnsuchtsbild scheint erloschen, erst die Erinnerung wird es zurückbringen. Und die *Venezianischen Epigramme* sind eher ein Zeugnis des Zorns sowohl übers Verlorene als auch über die dunkle Welt im Norden, in die er, endgültig, zurückgekehrt war.

*

An den Herzog Carl August

Verzeihen Sie daß ich beim Abschiede von meinem Reisen und Außenbleiben nur unbestimmt sprach, selbst jetzt weiß ich noch nicht was aus mir werden soll.

Sie sind glücklich, Sie gehen einer gewünschten und gewählten Bestimmung entgegen, Ihre häusliche Angelegenheiten sind in guter Ordnung, auf gutem Wege, und ich weiß Sie erlauben mir auch daß ich nun an mich denke, ja Sie haben mich selbst oft dazu aufgefordert. Im allgemeinen bin ich in diesem Augenblicke gewiß entbehrlich, und was die besondern Geschäfte betrifft die mir aufgetragen sind, diese hab ich so gestellt, daß sie eine Zeitlang bequem ohne mich fortgehen können; ja ich dürfte sterben und es würde keinen Ruck tun. Noch viele Zusammenstimmungen dieser Konstellation übergehe ich, und bitte Sie nur um einen unbestimmten Urlaub. Durch den zweijährigen Gebrauch des Bades hat meine Gesundheit viel gewonnen und ich hoffe auch für die Elastizität meines Geistes das Beste, wenn er eine Zeitlang, sich selbst gelassen, der freien Welt genießen kann. [...]

‹Korrespondenz, Berichte, Tagebuch› aus ‹Italienische Reise› 1786–1788

Verona, den 16. September 1786

Das Amphitheater ist also das erste bedeutende Monument der alten Zeit, das ich sehe, und so gut erhalten! Als ich hineintrat, mehr noch aber, als ich oben auf dem Rande umherging, schien es mir seltsam, etwas Großes und doch eigentlich nichts zu sehen. Auch will es leer nicht gesehen sein, sondern ganz voll von Menschen, wie man es in neuerer Zeit Joseph dem Zweiten und Pius dem Sechsten zu Ehren veranstaltet. Der Kaiser, der doch auch Menschenmassen vor Augen gewohnt war, soll darüber erstaunt sein. Doch nur in der frühesten Zeit tat es seine ganze Wirkung, da das Volk noch mehr Volk war, als es jetzt ist. Denn eigentlich ist so ein Amphitheater recht gemacht, dem Volk mit sich selbst zu imponieren, das Volk mit sich selbst zum besten zu haben.

Vicenza, den 19. September

Vor einigen Stunden bin ich hier angekommen, habe schon die Stadt durchlaufen, das Olympische Theater und die Gebäude des Palladio gesehen. Man hat ein sehr artiges Büchelchen mit Kupfern zur Bequemlichkeit der Fremden herausgegeben mit einem kunstverständigen Texte. Wenn man nun diese Werke gegenwärtig sieht, so erkennt man erst den großen Wert derselben; denn sie sollen ja durch ihre wirkliche Größe und Körperlichkeit das Auge füllen und durch die schöne Harmonie ihrer Dimensionen nicht nur in abstrakten Aufrissen, sondern mit dem ganzen perspektivischen Vordringen und Zurückweichen den Geist befriedigen; und so sag' ich vom Palladio: er ist ein recht innerlich und von innen heraus großer Mensch gewesen. Die höchste Schwierigkeit, mit der dieser Mann wie alle neuern Architekten zu kämpfen hatte, ist die schickliche Anwendung der Säulenordnungen in der bürgerlichen Baukunst; denn Säulen und Mauern zu verbinden, bleibt doch immer ein Widerspruch. Aber wie er das untereinander gearbeitet hat, wie er durch die Gegenwart seiner Werke imponiert und vergessen macht, daß er nur überredet! Es ist wirklich etwas Göttliches in seinen Anlagen, völlig wie die Force des großen Dichters, der aus Wahrheit und Lüge ein Drittes bildet, dessen erborgtes Dasein uns bezaubert. [...]

Padua, den 26. September, abends.

In vier Stunden bin ich heute von Vicenza herübergefahren, auf ein einsitziges Chaischen, Sediola genannt, mit meiner ganzen Existenz gepackt. Man fährt sonst bequem in vierthalb Stunden; da ich aber den köstlichen Tag gern unter freiem Himmel genießen wollte, so war es mir angenehm, daß der Vetturin hinter seiner Schuldigkeit zurückblieb. Man fährt in der fruchtbarsten Ebene immer südostwärts, zwischen Hecken und Bäumen, ohne weitere Aussicht, bis man endlich die schönen Gebirge, von Norden gegen Süden streichend, zur rechten Hand sieht. Die Fülle der Pflanzen- und Fruchtgehänge über Mauern und Hecken, an Bäumen herunter, ist unbeschreiblich. Kürbisse beschweren die Dächer, und die wunderlichsten Gurken hängen an Latten und Spalieren.

In der Kirche der Eremitaner habe ich Gemälde von Mantegna gesehen, einem der älteren Maler, vor denen ich erstaunt bin. Was in diesen Bildern für eine scharfe, sichere Gegenwart dasteht! Von dieser ganz wahren, nicht etwa scheinbaren, effektlügenden, bloß zur Einbildungskraft sprechenden, sondern derben, reinen, lichten, ausführlichen, gewissenhaften, zarten, umschriebenen Gegenwart, die zugleich etwas Strenges, Emsiges, Mühsames hatte, gingen die folgenden Maler aus, wie ich an Bildern von Tizian bemerkte, und nun konnte die Lebhaftigkeit ihres Genies, die Energie ihrer Natur, erleuchtet von dem Geiste ihrer Vorfahren, auferbaut durch ihre Kraft, immer höher und höher steigen, sich von der Erde heben und himmlische, aber wahre Gestalten hervorbringen. So entwickelte sich die Kunst nach der barbarischen Zeit.

Venedig

So stand es denn im Buche des Schicksals auf meinem Blatte geschrieben, daß ich 1786 den achtundzwanzigsten September, abends, nach unserer Uhr um fünfe, Venedig zum erstenmal, aus der Brenta in die Lagunen einfahrend, erblicken und bald darauf diese wunderbare Inselstadt, diese Biberrepublik betreten und besuchen sollte. So ist denn auch, Gott sei Dank, Venedig mir kein bloßes Wort mehr, kein hohler Name, der mich so oft, mich, den Todfeind von Wortschällen, geängstiget hat.

Als die erste Gondel an das Schiff anfuhr (es geschieht, um Passagiere, welche Eil' haben, geschwinder nach Venedig zu bringen), erinnerte ich mich eines frühen Kinderspielzeuges, an das ich vielleicht seit zwanzig Jahren nicht mehr gedacht hatte. Mein Vater besaß ein schönes mitgebrachtes Gondelmodell; er hielt es sehr wert, und mir ward es hoch angerechnet, wenn ich einmal damit spielen durfte. Die ersten Schnäbel von blankem Eisenblech, die schwarzen Gondelkäfige, alles grüßte mich wie eine alte Bekanntschaft, ich genoß einen langentbehrten freundlichen Jugendeindruck.

Nach Tische eilte ich, mir erst einen Eindruck des Ganzen zu versichern, und warf mich ohne Begleiter, nur die Himmelgegenden merkend, ins Labyrinth der Stadt, welche, obgleich durchaus von Kanälen und Kanälchen durchschnitten, durch Brücken und Brückchen wieder zusammenhängt. Die Enge und Gedrängtheit des Ganzen denkt man nicht, ohne es gesehen zu haben. Gewöhnlich kann man die Breite der Gasse mit ausgereckten Armen entweder ganz oder beinahe messen, in den engsten stößt man schon mit den Ellbogen an, wenn man die Hände in die Seite stemmt; es gibt wohl breitere, auch hie und da ein Plätzchen, verhältnismäßig aber kann alles enge genannt werden.

Ich fand leicht den großen Kanal und die Hauptbrücke Rialto; sie besteht aus einem einzigen Bogen von weißem Marmor. Von oben herunter ist es eine große Ansicht, der Kanal gesäet voll Schiffe, die alles Bedürfnis vom festen Lande herbeiführen und hier hauptsächlich anlegen und ausladen, dazwischen wimmelt es von Gondeln. Besonders heute, als am Michaelisfeste, gab es einen Anblick wunderschön lebendig; doch um diesen einigermaßen darzustellen, muß ich etwas weiter ausholen. Die beiden Hauptteile von Venedig, welche der große Kanal trennt, werden durch die einzige Brücke Rialto miteinander verbunden, doch ist auch für mehrere Kommunikation gesorgt, welche in offenen Barken an bestimmten Überfahrtspunkten geschieht. Nun sah es heute sehr gut aus, als die wohlgekleideten, doch mit einem schwarzen Schleier bedeckten Frauen sich viele zusammen übersetzen ließen, um zu der Kirche des gefeierten Erzengels zu gelangen. Ich verließ die Brücke und begab mich an einen solchen Überfahrtspunkt, die Aussteigenden genau zu betrachten. Ich habe sehr schöne Gesichter und Gestalten darunter gefunden.

Nachdem ich müde geworden, setzte ich mich in eine Gondel, die engen Gassen verlassend, und fuhr, mir das entgegengesetzte Schauspiel zu bereiten, den nördlichen Teil des großen Kanals durch, um die Insel der heiligen Klara, in die Lagunen, den Kanal der Giudecca herein, bis gegen den Markusplatz, und war nun auf einmal ein Mitherr des Adriatischen Meeres, wie jeder Venezianer sich fühlt, wenn er sich in seine Gondel legt. Ich gedachte dabei meines guten Vaters in Ehren, der nichts Besseres wußte, als von diesen Dingen zu erzählen. Wird mir's nicht auch so gehen? Alles, was mich umgibt, ist würdig, ein großes respektables Werk versammelter Menschenkraft, ein herrliches Monument, nicht eines Gebieters, sondern eines Volks. Und wenn auch ihre Lagunen sich nach und nach ausfüllen, böse Dünste über dem Sumpfe schweben, ihr Handel geschwächt, ihre Macht gesunken ist, so wird die ganze Anlage der Republik und ihr Wesen nicht einen Augenblick dem Beobachter weniger ehrwürdig sein. Sie unterliegt der Zeit, wie alles, was ein erscheinendes Dasein hat. [...]

Als ich bei hohem Sonnenschein durch die Lagunen fuhr und auf den Gondelrändern die Gondoliere, leicht schwebend, buntbekleidet, rudernd, betrachtete, wie sie auf der hellgrünen Fläche sich in der blauen Luft zeichneten, so sah ich das beste, frischeste Bild der venezianischen Schule. Der Sonnenschein hob die Lokalfarben blendend hervor, und die Schattenseiten waren so licht, daß sie verhältnismäßig wieder zu Lichtern hätten dienen können. Ein Gleiches galt von den Widerscheinen des meergrünen Wassers. Alles war hell in hell gemalt, so daß die schäumende Welle und die Blitzlichter darauf nötig waren, um das Tüpfchen aufs i zu setzen.

Tizian und Paul [Paolo Veronese] hatten diese Klarheit im höchsten Grade, und wo man sie in ihren Werken nicht findet, hat das Bild verloren oder ist aufgemalt.

Die Kuppeln und Gewölbe der Markuskirche nebst ihren Seitenflächen, alles ist bilderreich, alles bunte Figuren auf goldenem Grunde, alles musivische Arbeit; einige sind recht gut, andere gering, je nachdem die Meister waren, die den Karton verfertigten. [...]

Ich wende mich mit meiner Erzählung nochmals ans Meer, dort habe ich heute die Wirtschaft der Seeschnecken, Patellen [Muscheln] und Taschenkrebse gesehen und mich herzlich darüber gefreut. Was ist doch ein Lebendiges für ein köstliches, herrliches Ding! Wie abgemessen zu seinem Zustande, wie wahr, wie seiend! Wieviel nützt mir nicht mein bißchen Studium der Natur, und wie freue ich mich, es fortzusetzen! Doch ich will, da es sich mitteilen läßt, die Freunde nicht mit bloßen Ausrufungen anreizen. [...]

Den 3. Oktober

Die Kirche Il Redentore, ein schönes, großes Werk von Palladio, die Fassade lobenswürdiger als die von St. Giorgio. Diese mehrmals in Kupfer gestochenen Werke müßte man vor sich sehen, um das Gesagte verdeutlichen zu können. Hier nur wenige Worte.

Palladio war durchaus von der Existenz der Alten durchdrungen und fühlte die Kleinheit und Enge seiner Zeit wie ein großer Mensch, der sich nicht hingeben, sondern das übrige soviel als möglich nach seinen edlen Begriffen umbilden will. Er war unzufrieden, wie ich aus gelinder Wendung seines Buches schließe, daß man bei christlichen Kirchen nach der Form der alten Basiliken zu bauen fortfahre, er suchte deshalb seine heiligen Gebäude der alten Tempelform zu nähern; daher entstanden gewisse Unschicklichkeiten, die mir bei Il Redentore glücklich beseitigt, bei St.Giorgio aber zu auffallend erscheinen. [...]

Inwendig ist Il Redentore gleichfalls köstlich, alles, auch die Zeichnung der Altäre, von Palladio; leider die Nischen, die mit Statuen ausgefüllt werden sollten, prangen mit flachen, ausgeschnittenen, gemalten Brettfiguren.

An Charlotte von Stein

Venedig, 4. Oktober 1786

Wieder ein kleines Lebenszeichen von deinem I.iebenden und ich hoffe und weiß Geliebten. Mein erstes auf einem ähnlichen Blättchen wirst du erhalten haben. Ich bin wohl, habe das schönste Wetter und geht mir alles glücklich. Mein Tagebuch ist zum erstenmal geschlossen, du erhältst ehstens die genaue Geschichte jedes Tags seitdem ich dich verließ, alles was ich getan gedacht und empfunden habe. Behalt es aber für dich, wie es nur für dich geschrieben ist, wir wollen bei meiner Rückkunft jedem daraus das Seinige mitteilen. Bald meld ich auch wohin du mir schreiben kannst, und wie freu ich mich von dir zu hören und deine Hand wieder zu sehen.

Rom

Rom, den 1. November 1786

Endlich kann ich den Mund auftun und meine Freunde mit Frohsinn begrüßen. Verziehen sei mir das Geheimnis und die gleichsam unterirdische Reise hierher. Kaum wagte ich mir selbst zu sagen, wohin ich ging, selbst unterwegs fürchtete ich noch, und nur unter der Porta del Popolo war ich mir gewiß, Rom zu haben.

Und laßt mich nun auch sagen, daß ich tausendmal, ja beständig eurer gedenke in der Nähe der Gegenstände, die ich allein zu sehen niemals glaubte. Nur da ich jedermann mit Leib und Seele in Norden gefesselt, alle Anmutung nach diesen Gegenden verschwunden sah, konnte ich mich entschließen, einen langen, einsamen Weg zu machen und den Mittelpunkt zu suchen, nach dem mich ein unwiderstehliches Bedürfnis hin zog. Ja, die letzten Jahre wurde es eine Art von Krankheit, von der mich nur der Anblick und die Gegenwart heilen konnte. Jetzt darf ich es gestehen; zuletzt durft' ich kein lateinisch Buch mehr ansehen, keine Zeichnung einer italienischen Gegend. Die Begierde, dieses Land zu sehen, war überreif: da sie befriedigt ist, werden mir Freunde und Vaterland erst wieder recht aus dem Grunde lieb und die Rückkehr wünschenswert, ja um desto wünschenswerter, da ich mit Sicherheit empfinde, daß ich soviele Schätze nicht zu eignem Besitz und Privatgebrauch mitbringe, sondern daß sie mir und andern durchs ganze Leben zur Leitung und Fördernis dienen sollen.

Rom, den 1. November 1786

Ja, ich bin endlich in dieser Hauptstadt der Welt angelangt! Wenn ich sie in guter Begleitung, angeführt von einem recht verständigen Manne, vor funfzehn Jahren gesehen hätte, wollte ich mich glücklich preisen. Sollte ich sie aber allein, mit eignen Augen sehen und besuchen, so ist es gut, daß mir diese Freude so spät zuteil ward.

An Knebel

Rom d. 1. Nov. 1786

Gewiß man muß sich einen eignen Sinn machen Rom zu sehn, alles ist nur Trümmer, und doch, wer diese Trümmer nicht gesehn hat, kann sich von Größe keinen Begriff machen. So sind Musea und Galerien auch nur Schädelstätten, Gebeinhäuser und Rumpfkammern; aber was für Schädel pp.! Alle Kirchen geben uns nur die Begriffe von Mattem und Verstümmlung. Alle neue Paläste sind auch nur geraubte und geplünderte Teilgen der Welt Ich mag meinen Worten keine weitere Ausdehnung geben!

„An diesen Ort knüpft sich die ganze Geschichte der Welt an"

Doch immer sind mir noch diese herrlichen Gegenstände wie neue Bekanntschaften. Man hat nicht mit ihnen gelebt, ihnen ihre Eigentümlichkeiten nicht abgewonnen. Einige reißen uns mit Gewalt an sich, daß man eine Zeitlang gleichgültig, ja ungerecht gegen andere wird. So hat z. B. das Pantheon, der Apoll von Belvedere, einige kolossale Köpfe und neuerlich die Sixtinische Kapelle so mein Gemüt eingenommen, daß ich daneben fast nichts mehr sehe. Wie will man sich aber, klein wie man ist und ans Kleine gewohnt, diesem Edlen, Ungeheuren, Gebildeten gleichstellen? Und wenn man es einigermaßen zurechtrükken möchte, so drängt sich abermals eine ungeheure Menge von allen Seiten zu, begegnet dir auf jedem Schritt, und jedes fordert für sich den Tribut der Aufmerksamkeit. Wie will man sich da herausziehen? Anders nicht, als daß man es geduldig wirken und wachsen läßt und fleißig auf das merkt, was andere zu unsern Gunsten gearbeitet haben.

Winckelmanns Kunstgeschichte, übersetzt von Fea, die neue Ausgabe, ist ein sehr brauchbares Werk, das ich gleich angeschafft habe und hier am Orte in guter, auslegender und belehrender Gesellschaft sehr nützlich finde.

Auch die römischen Altertümer fangen mich an zu freuen. Geschichte, Inschriften, Münzen, von denen ich sonst nichts wissen mochte, alles drängt sich heran. Wie mir's in der Naturgeschichte erging, geht es auch hier, denn an diesen Ort knüpft sich die ganze Geschichte der Welt an, und ich zähle einen zweiten Geburtstag, eine wahre Wiedergeburt, von dem Tage, da ich Rom betrat.

Karl Philipp Moritz (an seinen Verleger Johann Heinrich Campe?)

20. November 1786

Der Herr von Goethe ist hier angekommen, und mein hiesiger Aufenthalt hat dadurch ein neues und doppeltes Interesse für mich gewonnen.

Dieser Geist ist ein Spiegel, in welchem sich mir alle Gegenstände in ihrem lebhaftesten Glanze und ihren frischesten Farben darstellen.

Der Umgang mit ihm bringt die schönsten Träume meiner Jugend in Erfüllung, und seine Erscheinung, gleich einem wohltätigen Genius, in dieser Sphäre der Kunst, ist mir, sowie mehreren, ein unverhofftes Glück.

Denn bei allen Schönheiten der Natur und Kunst gibt es doch nichts Höheres, als den harmonischen Gedankenwechsel, wodurch die dunklen Empfindungen erst zur Sprache und zum Bewußtsein kommen.

20. Januar 1787

Was nun während den vierzig Tagen, die ich unter fast unaufhörlichen Schmerzen [nach einem Sturz vom Pferd] unbeweglich auf einem Fleck habe liegen müssen, der edle menschenfreundliche Goethe für mich getan hat, kann ich ihm nie verdanken, wenigstens aber werde ich es nie vergessen; er ist mir in dieser fürchterlichen Lage, wo sich oft alles zusammenhäufte, um die unsäglichen Schmerzen, die ich litt, noch zu vermehren, und meinen Zustand zugleich gefahrvoll und trostlos zu machen, alles gewesen, was ein Mensch einem Menschen nur sein kann. Täglich hat er mich mehr als einmal besucht, und mehrere Nächte bei mir gewacht; um alle Kleinigkeiten, die zu meiner Hilfe und Erleichterung dienen konnten, ist er unaufhörlich besorgt gewesen, und hat alles hervorgesucht, was nur irgend dazu abzwecken konnte, mich bei gutem Mute zu erhalten.

An Charlotte von Stein

Rom, d. 13. Dez. 1786

Moritz der an seinem Armbruch noch im Bette liegt, erzählte mir wenn ich bei ihm war Stücke aus seinem Leben und ich erstaunte über die Ähnlichkeit mit dem meinigen. Er ist wie ein jüngerer Bruder von mir, von derselben Art, nur da vom Schicksal verwahrlost und beschädigt, wo ich begünstigt und vorgezogen bin. Das machte mir einen sonderbaren Rückblick in mich selbst. Besonders da er mir zuletzt gestand, daß er durch seine Entfernung von Berlin eine Herzensfreundin betrübt. – Nicht genug! Ich las Tischbeinen meine Iphigenie vor die nun bald fertig ist. Die sonderbare, originale Art wie dieser das Stück ansah und mich über den Zustand in welchem ich es geschrieben aufklärte, erschröckte mich. Es sind keine Worte wie fein und tief er den Menschen unter dieser Helden-Maske empfunden.

Rom, den 22. November 1786, am Cäcilienfeste

Das Andenken dieses glücklichen Tages muß ich durch einige Zeilen lebhaft erhalten und, was ich genossen, wenigstens historisch mitteilen. Es war das schönste, ruhigste Wetter, ein ganz heiterer Himmel und warme Sonne. Ich ging mit Tischbein nach dem Petersplatze, wo wir erst auf und ab gehend und, wenn es uns zu warm wurde, im Schatten des großen Obelisks, der eben für zwei breit genug geworfen wird, spazierten und Trauben verzehrten, die wir in der Nähe gekauft hatten. Dann gingen wir in die Sixtinische Kapelle, die wir auch hell und heiter, die Gemälde wohl erleuchtet fanden. Das „Jüngste Gericht“ und die mannigfaltigen Gemälde der Decke, von Michelangelo, teilten unsere Bewunderung. Ich konnte nur sehen und anstaunen. Die innere Sicherheit und Männlichkeit des Meisters, seine Großheit geht über allen Ausdruck. Nachdem wir alles wieder und wieder gesehen, verließen wir dieses Heiligtum und gingen nach der Peterskirche, die von dem heitern Himmel das schönste Licht empfing und in allen Teilen hell und klar erschien. Wir ergötzten uns als genießende Menschen an der Größe und der Pracht, ohne durch allzu eklen und verständigen Geschmack uns diesmal irremachen zu lassen, und unterdrückten jedes schärfere Urteil. Wir erfreuten uns des Erfreulichen.

Endlich bestiegen wir das Dach der Kirche, wo man das Bild einer wohlgebauten im kleinen findet. Häuser und Magazine, Brunnen, (dem Ansehn nach) Kirchen und einen großen Tempel, alles in der Luft, und schöne Spaziergänge dazwischen. Wir bestiegen die Kuppel und besahen die hellheitere Gegend der Apenninen, den Berg Soracte, nach Tivoli die vulkanischen

Hügel, Frascati, Castel Gandolfo und die Plaine und weiter das Meer. Nahe vor uns die ganze Stadt Rom in ihrer Breite und Weite, mit ihren Bergpalästen, Kuppeln etc. Es rührte sich keine Luft, und in dem kupferfarbenen Knopf war es heiß wie in einem Treibhause. Nachdem wir das alles beherzigt hatten, stiegen wir herab und ließen uns die Türen zu den Gesimsen der Kuppel, des Tambours und des Schiffs aufschließen; man kann um selbe herumgehen und diese Teile und die Kirche von oben betrachten.

Als wir auf dem Gesims des Tambours standen, ging der Papst unten in der Tiefe vorbei, eine Nachmittagsandacht zu halten. Es fehlte uns also nichts zur Peterskirche. Wir stiegen völlig wieder herab, nahmen in einem benachbarten Gasthofe ein fröhliches, frugales Mahl und setzten unsern Weg nach der Cäcilienkirche fort.

Viele Worte würde ich brauchen, um die Auszierung der ganz mit Menschen angefüllten Kirche zu beschreiben. Man sah eben keinen Stein der Architektur mehr. Die Säulen waren mit rotem Samt überzogen und mit goldenen Tressen umwunden, die Kapitäle mit gesticktem Samt in ungefährer Kapitälform, so alle Gesimse und Pfeiler behangen und bedeckt. Alle Zwischenräume und Mauern mit lebhaft gemalten Stücken bekleidet, daß die ganze Kirche mit Mosaik ausgelegt schien, und über zweihundert Wachskerzen brannten um und neben dem Hochaltar, so daß die ganze eine Wand mit Lichtern besetzt und das Schiff der Kirche vollkommen erleuchtet war.

Catharina Elisabeth Goethe an Friedrich von Stein (den Sohn Charlotte von Steins, der in der ersten Wochen der Abwesenheit Goethes mit dem Sekretär und Diener Philipp Seidel im Hause Goethes wohnte)

Frankfurt, 17. Dezember
[wohl Oktober, s. den folgenden Brief] 1786

Wissen Sie denn noch immer nicht, wo mein Sohn ist? das ist ein irrender Ritter! nun, er wird schon einmal erscheinen und von seinen Heldentaten Rechenschaft ablegen, wer weiß, wie viele Riesen und Drachen er bekämpft, wie viele gefangene Prinzessinnen er befreit hat. Wollen uns im voraus auf die Erzählung der Abenteuer freuen und in Geduld die Entwickelung abwarten.

Catharina Elisabeth Goethe an ihren Sohn

Franckfurth den 17. November 1786

Lieber Sohn! Eine Erscheinung aus der Unterwelt hätte mich nicht mehr in Verwunderung setzen können als dein Brief aus Rom Jubeliren hätte ich vor Freude mögen daß der Wunsch der von frühester Jugend an in deiner Seele lag, nun in Erfüllung gegangen ist Einen Menschen wie du bist, mit deinen Kentnüßen, mit dem reinen großen Blick vor alles was gut, groß und schön ist, der so ein Adlerauge hat, muß so eine Reiße auf sein gantzes übriges Leben vergnügt und glücklich machen – und nicht allein dich sondern alle die das Glück haben in deinem Wirckungs kreiß zu Leben. Ewig werden mir die Worte der Seeligen Klettenbergern im Gedächtnüß bleiben. „Wenn dein Wolfgang nach Maintz reißet bringt Er mehr Kentnüße mit, als andere die von Paris und London zurück kommen" – Aber sehen hätte ich dich mögen beym ersten Anblick der Peters Kirche!!! Doch du versprichst ja mich in der Rückreiße zu besuchen, da mußt du mir alles Haarklein erzählen. Vor ohngefähr 4 Wochen [s.o.] schriebe Fritz von Stein er wäre deinetwegen in großer Verlegenheit – kein Mensch selbst der Herzog nicht, wüste wo du wärest – jedermann glaubte dich in Böhmen u.s.w. Dein mir so sehr lieber und Intresanter Brief vom 4ten November kam Mittwochs den 15 ditto Abens um 6 Uhr bey mir an.

An Charlotte von Stein

23. Dezember 1786

Die Wiedergeburt die mich von innen heraus umarbeitet, würkt immer fort, ich dachte wohl hier was zu lernen, daß ich aber so weit in die Schule zurückgehn, daß ich so viel *ver*lernen mußte dacht ich nicht. Desto lieber ist mirs, ich habe mich ganz hingegeben und es ist nicht allein der Kunstsinn, es ist auch der moralische der große Erneuerung leidet. Viel erleichtern würde mir diese sonderbare Hauptepoche meines Lebens, wenn ich ein freundlich Wort von dir vernähme, da ich jetzt alles allein austragen muß.

Aus dem Tagebuch

In diesem Künstlerwesen [der deutschen Maler in Rom] lebt man wie in einem Spiegel-Zimmer, wo man auch wider Willen sich selbst und andere oft wiederholt sieht. Ich bemerkte wohl, daß Tischbein mich öfters aufmerksam betrachtete, und nun zeigt sich's, daß er mein Porträt zu malen gedenkt. Sein Entwurf ist fertig, er hat die Leinwand schon aufgespannt. Ich soll in Lebensgröße als Reisender, in einen weißen Mantel gehüllt, in freier Luft auf einem umgestürzten Obelisken sitzend, vorgestellt werden, die tief im Hintergrunde liegenden Ruinen der Campagna di Roma überschauend. Es gibt ein schönes Bild, nur zu groß für unsere nordischen Wohnungen. Ich werde wohl wieder dort unterkriechen, das Porträt aber wird keinen Platz finden.

An die Weimarer Freunde

Hier folgt denn also das Schmerzenskind, denn dieses Beiwort verdient *Iphigenia*, aus mehr als einem Sinne. [...]

Iphigenia in Jamben zu übersetzen, hätte ich nie gewagt, wäre mir in Moritzens „Prosodie" nicht ein Leitstern erschienen. Der Umgang mit dem Verfasser, besonders während seines Krankenlagers, hat mich noch mehr darüber aufgeklärt, und ich ersuche die Freunde, darüber mit Wohlwollen nachzudenken.

An Charlotte von Stein

Rom d. 17. Jan. 87

Heute kommt mir dein Brief der mir die Ankunft des Tagebuchs meldet, wie erquickt er mein Gemüt. Seit dem Tode meiner Schwester hat mich nichts so betrübt, als die Schmerzen die ich dir durch mein Scheiden und Schweigen verursacht. Du siehst wie nah mein Herz bei dir war. Warum schickt ich dir nicht das Tagebuch von jeder Station! Ich kann nur sagen und wiederholen verzeih und laß uns von neuem und freudiger zusammen leben. Mein kürzeres Tagebuch von Venedig auf Rom hast du nun auch. In Rom konnt ich nicht mehr schreiben. Es dringt zu eine große Masse Existenz auf einen zu, man muß eine Umwandlung sein selbst geschehen lassen, man kann an seinen vorigen Ideen nicht mehr kleben bleiben, und doch nicht einzeln sagen worin die Aufklärung besteht.

Den 2. Februar 1787

Von der Schönheit, im vollen Mondschein Rom zu durchgehen, hat man, ohne es gesehen zu haben, keinen Begriff. Alles

Einzelne wird von den großen Massen des Lichts und Schattens verschlungen, und nur die größten, allgemeinsten Bilder stellen sich dem Auge dar. Seit drei Tagen haben wir die hellsten und herrlichsten Nächte wohl und vollständig genossen. Einen vorzüglich schönen Anblick gewährt das Coliseo. Es wird nachts zugeschlossen, ein Eremit wohnt darin an einem Kirchelchen, und Bettler nisten in den verfallenen Gewölben. Sie hatten auf flachem Boden ein Feuer angelegt, und eine stille Luft trieb den Rauch erst auf der Arena hin, daß der untere Teil der Ruinen bedeckt war und die ungeheuern Mauern oben drüber finster herausragten; wir standen am Gitter und sahen dem Phänomen zu, der Mond stand hoch und heiter. Nach und nach zog sich der Rauch durch die Wände, Lücken und Öffnungen, ihn beleuchtete der Mond wie einen Nebel. Der Anblick war köstlich. So muß man das Pantheon, das Kapitol beleuchtet sehn, den Vorhof der Peterskirche und andere große Straßen und Plätze. Und so haben Sonne und Mond, eben wie der Menschengeist, hier ein ganz anderes Geschäft als anderer Orten, hier, wo ihrem Blick ungeheure und doch gebildete Massen entgegenstehn.

Reise nach Neapel und Sizilien

Neapel, den 25. Februar 1787

Endlich auch hier glücklich und mit guten Vorbedeutungen angekommen. Von der Tagesreise nur soviel: St. Agata verließen wir mit Sonnenaufgang, der Wind blies heftig hinter uns her, und dieser Nordost hielt den ganzen Tag an. Erst Nachmittag ward er Herr von den Wolken; wir litten von Kälte. [...]

Unser Weg ging wieder durch und über vulkanische Hügel, wo ich nur noch wenige Kalkfelsen zu bemerken glaubte. Endlich erreichten wir die Plaine von Capua, bald darnach Capua selbst, wo wir Mittag hielten. Nachmittag tat sich ein schönes, flaches Feld vor uns auf. Die Chaussee geht breit zwischen grünen Weizenfeldern durch, der Weizen ist wie ein Teppich und wohl spannenhoch. Pappeln sind reihenweis auf den Feldern gepflanzt, hoch ausgezweigt und Wein hinangezogen. So geht es bis Neapel hinein. Ein klarer, herrlich lockerer Boden und gut bearbeitet. Die Weinstöcke von ungewöhnlicher Stärke und Höhe, die Ranken wie Netze von Pappel zu Pappel schwebend.

Der Vesuv blieb uns immer zur linken Seite, gewaltsam dampfend, und ich war still für mich erfreut, daß ich diesen merkwürdigen Gegenstand endlich auch mit Augen sah. Der Himmel ward immer klärer, und zuletzt schien die Sonne recht heiß in unsere enge rollende Wohnung. Bei ganz rein heller Atmosphäre kamen wir Neapel näher; und nun fanden wir uns wirklich in einem andern Lande. Die Gebäude mit flachen Dächern deuten auf eine andere Himmelsgegend, inwendig mögen sie nicht sehr freundlich sein. Alles ist auf der Straße, sitzt in der Sonne, so lange sie scheinen will. Der Neapolitaner glaubt, im Besitz des Paradieses zu sein, und hat von den nördlichen Ländern einen sehr traurigen Begriff: „Sempre neve, case di legno, gran ignoranza, ma danan [denari] assai." Solch ein Bild machen sie sich von unserm Zustande. Zur Erbauung sämtlicher deutschen Völkerschaften heißt diese Charakteristik übersetzt: „Immer Schnee, hölzerne Häuser, große Unwissenheit; aber Geld genug."

Neapel selbst kündigt sich froh, frei und lebhaft an, unzählige Menschen rennen durcheinander, der König ist auf der Jagd, die Königin guter Hoffnung, und so kann's nicht besser gehn.

Den 2. März

bestieg ich den Vesuv, obgleich bei trübem Wetter und umwölktem Gipfel. Fahrend gelangt' ich nach Resina, sodann auf einem Maultiere den Berg zwischen Weingärten hinauf; nun zu Fuß über die Lava vom Jahre Einundsiebenzig, die schon feines, aber festes Moos auf sich erzeugt hatte; dann an der Seite der Lava her. Die Hüfte des Einsiedlers blieb mir links auf der Höhe. Ferner den Aschenberg hinauf welches eine sauere Arbeit ist. Zwei Dritteile dieses Gipfels waren mit Wolken bedeckt. Endlich erreichten wir den alten, nun ausgefüllten Krater, fanden die neuen Laven von zwei Monaten vierzehn Tagen, ja, eine schwache von fünf Tagen schon erkaltet. Wir stiegen über sie an einem erst aufgeworfenen vulkanischen Hügel hinauf, er dampfte aus allen Enden. Der Rauch zog von uns weg, und ich wollte nach dem Krater gehn. Wir waren ungefähr funfzig Schritte in den Dampf hinein, als er so stark wurde, daß ich kaum meine Schuhe sehen konnte. Das Schnupftuch vorgehalten half nichts, der Führer war mir auch verschwunden, die Tritte auf den ausgeworfenen Lavabröckchen unsicher, ich fand für gut, umzukehren und mir den gewünschten Anblick auf einen heitern Tag und verminderten Rauch zu sparen. Indes weiß ich doch auch, wie schlecht es sich in solcher Atmosphäre Atem holt.

Neapolitanisches Marktleben

Neapel, den 29. Mai 1787

Die Butiken wo grüne Sachen verkauft werden, wo Rosinen, Melonen und Feigen aufgesetzt sind, erfreuen das Auge auf das allerangenehmste. Die Eßwaren hängen in Girlanden über die Straßen hinüber; große Paternoster von vergoldeten, mit roten Bändern geschnürten Würsten; welsche Hähne, welche alle eine roten Fahne unter dem Bürzel stecken haben. Man versicherte, daß deren dreißigtausend verkauft worden, ohne die zu rechnen, welche die Leute im Hause gemästet hatten. Außer diesem werden noch eine Menge Esel, mit grüner Ware, Kapaunen und jungen Lämmern beladen durch die Stadt und über den Markt getrieben, und die Haufen Eier, welche man hier und da sieht, sind so groß, daß man sich ihrer niemals so viel beisammen gedacht hat. Und nicht genug, daß alles dieses verzehret wird: alle Jahre reitet ein Polizeidiener mit einem Trompeter durch die Stadt und verkündet auf allen Plätzen und Kreuzwegen, wieviel tausend Ochsen, Kälber, Lämmer, Schweine u.s.w. der Neapolitaner verzehrt habe. Das Volk höret aufmerksam zu, freut sich unmäßig über die großen Zahlen, und erinnert sich des Anteils an diesem Genusse mit Vergnügen.

Besuch bei Philipp Hackert

Caserta, Donnerstag, den 15. März

Hackert wohnt im alten Schlosse gar behaglich, es ist räumlich genug für ihn und Gäste. Immerfort beschäftigt mit Zeichnen oder Malen, bleibt er doch gesellig und weiß die Menschen an sich zu ziehen, indem er einen jeden zu seinem Schüler macht. Auch mich hat er ganz gewonnen, indem er mit meiner Schwäche Geduld hat, vor allen Dingen auf Bestimmtheit der Zeichnung, sodann auf Sicherheit und Klarheit der Haltung dringt. Drei Tinten stehen, wenn er tuscht, immer bereit, und indem er von hinten hervorarbeitet und eine nach der anderen braucht, so entsteht ein Bild, man weiß, nicht woher es kommt. Wenn es nur so leicht auszuführen wäre, als es aussieht. Er sagte zu mir mit seiner gewöhnlichen bestimmten Aufrichtigkeit: „Sie haben Anlage, aber Sie können nichts machen. Bleiben Sie achtzehn Monat bei mir, so sollen Sie etwas hervorbringen, was Ihnen und andern Freude macht." Ist das nicht ein Text, über den man allen Dilettanten eine ewige Predigt halten sollte?

Sizilien

Und nun nach allem diesem und hundertfältigem Genuß lokken mich die Sirenen jenseits des Meeres, und wenn der Wind gut ist, geh' ich mit diesem Briefe zugleich ab, er nordwärts, ich südwärts. Des Menschen Sinn ist unbändig, ich besonders bedarf der Weite gar sehr. Nicht sowohl das Beharren als ein schnelles Auffassen muß jetzt mein Augenmerk sein. Hab' ich einem Gegenstande nur die Spitze des Fingers abgewonnen, so kann ich mir die ganze Hand durch Hören und Denken wohl zueignen.

Palermo, den 3. April 1787

Wir fuhren Donnerstag, den 29. März, mit Sonnenuntergang von Neapel und landeten erst nach vier Tagen um drei Uhr im Hafen von Palermo. Ein kleines Diarium, das ich beilege, erzählt überhaupt unsere Schicksale. Ich habe nie eine Reise so ruhig angetreten als diese, habe nie eine ruhigere Zeit gehabt als auf der durch beständigen Gegenwind sehr verlängerten Fahrt, selbst auf dem Bette im engen Kämmerchen, wo ich mich die ersten Tage halten mußte, weil mich die Seekrankheit stark angriff. Nun denke ich ruhig zu euch hinüber; denn wenn irgend etwas für mich entscheidend war, so ist es diese Reise.

Hat man sich nicht ringsum vom Meere umgeben gesehen, so hat man keinen Begriff von Welt und von seinem Verhältnis zur Welt.

Palermo, Sonnabend, den 7. April 1787

In dem öffentlichen Garten unmittelbar an der Reede brachte ich im stillen die vergnügtesten Stunden zu. Es ist der wunderbarste Ort von der Welt. Regelmäßig angelegt, scheint er uns doch feenhaft; vor nicht gar langer Zeit gepflanzt, versetzt er ins Altertum. Grüne Beeteinfassungen umschließen fremde

Gewächse, Zitronenspaliere wölben sich zum niedlichen Laubengange, hohe Wände des Oleanders, geschmückt von tausend roten nelkenhaften Blüten, locken das Auge. Ganz fremde, mir unbekannte Bäume, noch ohne Laub, wahrscheinlich aus wärmern Gegenden, verbreiten seltsame Zweige. Eine hinter dem flachen Raum erhöhte Bank läßt einen so wundersam verschlungenes Wachstum übersehen und lenkt den Blick zuletzt auf große Bassins, in welchen Gold- und Silberfische sich gar lieblich bewegen, bald sich unter bemooste Röhren verbergen, bald wieder scharenweis, durch einen Bissen Brot gelockt, sich versammeln. An den Pflanzen erscheint durchaus ein Grün, das wir nicht gewohnt sind, bald gelblicher, bald blaulicher als bei uns. Was aber dem Ganzen die wundersamste Anmut verlieh, war ein starker Duft, der sich über alles gleichförmig verbreitete, mit so merklicher Wirkung, daß die Gegenstände, auch nur einige Schritte hintereinander entfernt, sich entschiedener hellblau voneinander absetzten, so daß ihre eigentümliche Farbe zuletzt verlorenging, oder wenigstens sehr überbläut sie sich dem Auge darstellten.

Welche wundersame Ansicht ein solcher Duft entfernteren Gegenständen, Schiffen, Vorgebirgen erteilt, ist für ein malerisches Auge merkwürdig genug, indem die Distanzen genau zu unterscheiden, ja zu messen sind; deswegen auch ein Spaziergang auf die Höhe höchst reizend ward. Man sah keine Natur mehr, sondern nur Bilder, wie sie der künstlichste Maler durch Lasieren auseinander gestuft hätte.

Aber der Eindruck jenes Wundergartens war mir zu tief geblieben; die schwärzlichen Wellen am nördlichen Horizonte, ihr Anstreben an die Buchtkrümmungen, selbst der eigene Geruch des dünstenden Meeres, das alles rief mir die Insel der seligen Phäaken in die Sinne sowie ins Gedächtnis. Ich eilte sogleich, einen Homer zu kaufen, jenen Gesang mit großer Erbauung zu lesen und eine Übersetzung aus dem Stegreif [dem Maler] Kniep(en) vorzutragen, der wohl verdiente, bei einem guten Glase Wein von seinen strengen heutigen Bemühungen behaglich auszuruhen.

Palermo, Dienstag, den 17. April 1787

Es ist ein wahres Unglück, wenn man von vielerlei Geistern verfolgt und versucht wird! Heute früh ging ich mit dem festen, ruhigen Vorsatz, meine dichterischen Träume fortzusetzen, nach dem öffentlichen Garten, allein eh' ich mich's versah, erhaschte mich ein anderes Gespenst, das mir schon diese Tage nachgeschlichen. Die vielen Pflanzen, die ich sonst nur in Kübeln und Töpfen, ja die größte Zeit des Jahres nur hinter Glasfenstern zu sehen gewohnt war, stehen hier froh und frisch unter freiem Himmel, und indem sie ihre Bestimmung vollkommen erfüllen, werden sie uns deutlicher. Im Angesicht so vielerlei neuen und erneuten Gebildes fiel mir die alte Grille wieder ein, ob ich nicht unter dieser Schar die *Urpflanze* entdecken könnte. Eine solche muß es denn doch geben! Woran würde ich sonst erkennen, daß dieses oder jenes Gebilde eine Pflanze sei, wenn sie nicht alle nach einem Muster gebildet wären?

Taormina, Montag, den 7. Mai 1787

Gott sei Dank, daß alles, was wir heute gesehen, schon genugsam beschrieben ist, mehr aber noch, daß Kniep sich vorgenommen hat, morgen den ganzen Tag oben zu zeichnen. Wenn man die Höhe der Felsenwände erstiegen hat, welche unfern des Meeresstrandes in die Höhe steilen, findet man zwei Gipfel durch ein Halbrund verbunden. Was dies auch von Natur für eine Gestalt gehabt haben mag, die Kunst hat nachgeholfen und daraus den amphitheatralischen Halbzirkel für Zuschauer gebildet; Mauern und andere Angebäude von Ziegelsteinen, sich anschließend, supplierten die nötigen Gänge und Hallen. Am Fuße des stufenartigen Halbzirkels erbaute man die Szene quer vor, verband dadurch die beiden Felsen und vollendete das ungeheuerste Natur- und Kunstwerk.

Setzt man sich nun dahin, wo ehmals die obersten Zuschauer saßen, so muß man gestehen, daß wohl nie ein Publikum im Theater solche Gegenstände vor sich gehabt. Rechts zur Seite auf höheren Felsen erheben sich Kastelle, weiter unten liegt die Stadt, und obschon diese Baulichkeiten aus neueren Zeiten sind, so standen doch vor alters wohl eben dergleichen auf derselben Stelle. Nun sieht man an dem ganzen langen Gebirgsrücken des Ätna hin, links das Meerufer bis nach Catania, ja Syrakus; dann schließt der ungeheure, dampfende Feuerberg das weite, breite Bild, aber nicht schrecklich, denn die mildernde Atmosphäre zeigt ihn entfernter und sanfter als er ist.

Zweiter Römischer Aufenthalt vom Juni 1787 bis April 1788

Rom, den 8. Juni 1787

Vorgestern bin ich glücklich wieder hier angelangt, und gestern hat der feierliche Fronleichnamstag mich sogleich wieder zum Römer eingeweiht. Gern will ich gestehen, meine Abreise von Neapel machte mir einige Pein; nicht sowohl die herrliche Gegend als eine gewaltige Lava hinter mir lassend, die von dem Gipfel aus ihren Weg nach dem Meere zu nahm, die ich wohl hätte in der Nähe betrachten, deren Art und Weise, von der man so viel gelesen und erzählt hat, ich in meine Erfahrungen hätte mit aufnehmen sollen.

Dienstag, den 31. Juli,

wurden einige Mondscheine aufs Papier gebracht, dann sonst allerlei gute Kunst getrieben. Abends ging ich mit einem Landsmann spazieren, und wir stritten über den Vorzug von Michelangelo und Raffael; ich hielt die Partie des ersten, er des andern, und wir schlossen zuletzt mit einem gemeinschaftlichen Lob auf Leonard da Vinci. Wie glücklich bin ich, daß nun alle diese Namen aufhören, Namen zu sein, und lebendige Begriffe des Wertes dieser trefflichen Menschen nach und nach vollständig werden.

An die Weimarer Freunde

Den 11. August.

Ich bleibe noch bis künftige Ostern in Italien. Ich kann jetzt nicht aus der Lehre laufen. Wenn ich aushalte, komme ich gewiß so weit, daß ich meinen Freunden mit mir Freude machen kann. Ihr sollt immer Briefe von mir haben, meine Schriften kommen nach und nach, so habt ihr den Begriff von mir als eines abwesend Lebenden, da ihr mich so oft als einen gegenwärtig Toten bedauert habt.

Egmont ist fertig und wird zu Ende dieses Monats abgehen können. Alsdann erwarte ich mit Schmerzen euer Urteil.

Kein Tag vergeht, daß ich nicht in Kenntnis und Ausübung der Kunst zunehme. Wie eine Flasche sich leicht füllt, die man oben offen unter das Wasser stößt, so kann man hier leicht sich ausfüllen, wenn man empfänglich und bereitet ist; es drängt das Kunstelement von allen Seiten zu. [...]

Ich werde oft schreiben und den Winter durch immer im Geiste unter euch sein. *Tasso* kommt nach dem neuen Jahre. *Faust* soll auf seinem Mantel als Kurier meine Ankunft melden. Ich habe alsdann eine Hauptepoche zurückgelegt, rein geendigt, und kann wieder anfangen und eingreifen, wo es nötig ist. Ich fühle mir einen leichtern Sinn und bin fast ein andrer Mensch als vorm Jahr.

Rom, den 10. Januar.

Meine titanischen Ideen waren nur Luftgestalten, die einer ernsteren Epoche vorspukten. Ich bin nun recht im Studio der Menschengestalt, welche das non plus ultra alles menschlichen Wissens und Tuns ist. Meine fleißige Vorbereitung im Studio der ganzen Natur, besonders die Osteologie, hilft mir starke Schritte machen. Jetzt seh' ich, Jetzt genieß' ich erst das Höchste, was uns vom Altertum übrigblieb: die Statuen. Ja, ich sehe wohl ein, daß man ein ganzes Leben. studieren kann und am Ende doch noch ausrufen möchte: „Jetzt seh' ich, jetzt genieß' ich erst."

An den Herzog Carl August

Rom, d. 17. März 88

[...] Ich darf wohl sagen: ich habe mich in dieser anderthalbjährigen Einsamkeit selbst wiedergefunden; aber als was? – Als Künstler! Was ich sonst noch bin, werden Sie beurteilen und nutzen. Sie haben durch Ihr fortdaurendes würkendes Leben, jene fürstliche Kenntnis: wozu die Menschen zu brauchen sind, immer mehr erweitert und geschärft, wie mir jeder Ihrer Briefe deutlich sehen läßt; dieser Beurteilung unterwerfe ich mich gern. Nehmen Sie mich als Gast auf, lassen Sie mich an Ihrer Seite das ganze Maß meiner Existenz ausfüllen und des Lebens genießen; so wird meine Kraft, wie eine nun geöffnete, gesammelte, gereinigte Quelle von einer Höhe, nach Ihrem Willen leicht dahin oder dorthin zu leiten sein. Ihre Gesinnungen, die Sie mir vorläufig in Ihrem Briefe zu erkennen geben sind so schön und für mich bis zur Beschämung ehrenvoll. Ich kann nur sagen: Herr hie bin ich, mache aus deinem Knecht was du willst. [...]

Das Römische Carneval
Masken

Nun fangen die Masken an, sich zu vermehren. Junge Männer, geputzt in Festtagskleidern der Weiber aus der untersten Klasse, mit entblößtem Busen und frecher Selbstgenügsamkeit, lassen sich meist zuerst sehen. Sie liebkosen die ihnen begegnenden Männer, tun gemein und vertraut mit den Weibern als mit ihresgleichen, treiben sonst, was ihnen Laune, Witz oder Unart eingeben.

Wir erinnern uns unter andern eines jungen Menschen, der die Rolle einer leidenschaftlichen, zanksüchtigen und auf keine Weise zu beruhigenden Frau vortrefflich spielte und so sich den ganzen Korso hinab zankte, jedem etwas anhängte, indes seine Begleiter sich alle Mühe zu geben schienen, ihn zu besänftigen.

Hier kommt ein Pulcinell gelaufen, dem ein großes Horn an bunten Schnüren um die Hüften gaukelt. Durch eine geringe Bewegung, indem er sich mit den Weibern unterhält, weiß er die Gestalt des alten Gottes der Gärten in dem heiligen Rom kecklich nachzuahmen, und seine Leichtfertigkeit erregt mehr Lust als Unwillen. Hier kommt ein anderer seinesgleichen, der, bescheidner und zufriedner, seine schöne Hälfte mit sich bringt.

Da die Frauen ebensoviel Lust haben, sich in Mannskleidern zu zeigen, als die Männer, sich in Frauenskleidern sehen zu lassen, so haben sie die beliebte Tracht des Pulcinells sich anzupassen nicht verfehlt, und man muß bekennen, daß es ihnen gelingt, in dieser Zwittergestalt oft höchst reizend zu sein.

Mit schnellen Schritten, deklamierend, wie vor Gericht, drängt sich ein Advokat durch die Menge; er schreit an die Fenster hinauf, packt maskierte und unmaskierte Spaziergänger an, droht einem jeden mit einem Prozeß, macht bald jenem eine lange Geschichtserzählung von lächerlichen Verbrechen, die er begangen haben soll, bald diesem eine genaue Spezifikation seiner Schulden. Die Frauen schilt er wegen ihrer Cicisbeen [Hausfreunde], die Mädchen wegen ihrer Liebhaber; er beruft sich auf ein Buch, das er bei sich führt, produziert Dokumente, und das alles mit einer durchdringenden Stimme und geläufigen Zunge. Er sucht jedermann zu beschämen und konfus zu machen. Wenn man denkt, er höre auf, so fängt er erst recht an; denkt man, er gehe weg, so kehrt er um; auf den einen geht er gerade los und spricht ihn nicht an, er packt einen andern, der schon vorbei ist; kommt nun gar ein Mitbruder ihm entgegen, so erreicht die Tollheit ihren höchsten Grad.

Abschied von Rom

Auf eine besonders feierliche Weise sollte jedoch mein Abschied aus Rom vorbereitet werden; drei Nächte vorher stand der volle Mond am klarsten Himmel, und ein Zauber, der sich dadurch über die ganze Stadt verbreitet, so oft empfunden, ward nun aufs eindringlichste fühlbar. Die großen Lichtmassen, klar, wie von einem milden Tage beleuchtet, mit ihren Gegensätzen von tiefen Schatten, durch Reflexe manchmal erhellt, zur Ahnung des Einzelnen, setzen uns in einen Zustand wie von einer andern, einfachern, größeren Welt.

Und wie sollte mir gerade in solchen Augenblicken Ovids Elegie [*Tristia 1,3*] nicht ins Gedächtnis zurückkehren, der, auch verbannt, in einer Mondnacht Rom verlassen sollte. „Cum repeto noctem!" seine Rückerinnerung, weit hinten am Schwarzen Meere, im trauer- und jammervollen Zustande, kam mir nicht aus dem Sinn, ich wiederholte das Gedicht, das mir teilweise genau im Gedächtnis hervorstieg, aber mich wirklich an eigner Produktion irre werden ließ und hinderte; die auch, später unternommen, niemals zustande kommen konnte.

> Wandelt von jener Nacht mir das traurige Bild vor die Seele,
> Welche die letzte für mich ward in der römischen Stadt,
> Denk' ich wieder der Nacht, wo des Teuren so viel mir zurückblieb,
> Gleitet vom Auge mir noch jetzt eine Träne herab.
> Und schon ruhten bereits die Stimmen der Menschen und Hunde,
> Luna, sie lenkt' in der Höh' nächtliches Rossegespann.
> Zu ihr schaut' ich hinan, sah dann kapitolische Tempel,
> Welchen umsonst so nah unsere Laren gegrenzt. –

Antonio beklagt sich beim Fürsten von Ferrara über den Dichter am Hofe; aus: ‹Torquato Tasso›

ANTONIO. Wie leicht der Jüngling schwere Lasten trägt
Und Fehler wie den Staub vom Kleide schüttelt!
Es wäre zu verwundern, wenn die Zauberkraft
Der Dichtung nicht bekannter wäre, die
Mit dem Ohnmöglichen so gern ihr Spiel
Zu treiben liebt. Ob du auch so, mein Fürst,
Ob alle deine Diener diese Tat
So unbedeutend halten, zweifl ich fast.
Die Majestät verbreitet ihren Schutz
Auf jeden, der sich ihr wie einer Gottheit
Und ihrer unverletzten Wohnung naht.
Wie an dem Fuße des Altars, bezähmt
Sich auf der Schwelle jede Leidenschaft.
Da blinkt kein Schwert, da fällt kein drohend Wort,
Da fordert selbst Beleidgung keine Rache.
Es bleibt das weite Feld ein offner Raum
Für Grimm und Unversöhnlichkeit genug.
Dort wird kein Feiger drohn, kein Mann wird fliehn.
Hier diese Mauern haben deine Väter
Auf Sicherheit gegründet, ihrer Würde
Ein Heiligtum befestigt, diese Ruhe
Mit schweren Strafen ernst und klug erhalten;
Verbannung, Kerker, Tod ergriff den Schuldigen.
Da war kein Ansehn der Person, es hielt
Die Milde nicht den Arm des Rechts zurück;
Und selbst der Frevler fühlte sich geschreckt.
Nun sehen wir nach langem schönem Frieden
In das Gebiet der Sitten rohe Wut
Im Taumel wiederkehren. Herr, entscheide,
Bestrafe! denn wer kann in seiner Pflicht
Beschränkten Grenzen wandeln, schützet ihn
Nicht das Gesetz und seines Fürsten Kraft?

Die Prinzessin spricht von ihrer verborgenen Liebe zu Tasso

PRINZESSIN. Wenn das Vertrauen heilt, so heil ich bald;
Ich hab es rein und hab es ganz zu dir.
Ach, meine Freundin! Zwar ich bin entschlossen,

Er scheide nur; allein ich fühle schon
Den langen ausgedehnten Schmerz der Tage, wenn
Ich nun entbehren soll was mich erfreute.
Die Sonne hebt von meinen Augenlidern
Nicht mehr sein schön verklärtes Traumbild auf;
Die Hoffnung ihn zu sehen füllt nicht mehr
Den kaum erwachten Geist mit froher Sehnsucht;
Mein erster Blick hinab in unsre Gärten
Sucht ihn vergebens in dem Tau der Schatten.
Wie schön befriedigt fühlte sich der Wunsch
Mit ihm zu sein an jedem heitern Abend!
Wie mehrte sich im Umgang das Verlangen
Sich mehr zu kennen, mehr sich zu verstehn,
Und täglich stimmte das Gemüt sich schöner
Zu immer reinern Harmonien auf.
Welch eine Dämmrung fällt nun vor mir ein!
Der Sonne Pracht, das fröhliche Gefühl
Des hohen Tags, der tausendfachen Welt
Glanzreiche Gegenwart, ist öd und tief
Im Nebel eingehüllt, der mich umgibt.
Sonst war mir jeder Tag ein ganzes Leben;
Die Sorge schwieg, die Ahndung selbst verstummte,
Und glücklich eingeschifft trug uns der Strom
Auf leichten Wellen ohne Ruder hin:
Nun überfällt in trüber Gegenwart
Der Zukunft Schrecken heimlich meine Brust.

Aus ‹Römische Elegien›

V.

Froh empfind' ich mich nun auf klassischem Boden begeistert,
Vor- und Mitwelt spricht lauter und reizender mir.
Hier befolg' ich den Rat, durchblättre die Werke der Alten
Mit geschäftiger Hand, täglich mit neuem Genuß.
Aber die Nächte hindurch hält Amor mich anders beschäftigt;
Werd' ich auch halb nur gelehrt, bin ich doch doppelt beglückt.
Und belehr' ich mich nicht, indem ich des lieblichen Busens

Formen spähe, die Hand leite die Hüften hinab?
Dann versteh' ich den Marmor erst recht: ich denk' und vergleiche,
Sehe mit fühlendem Aug', fühle mit sehender Hand.
Raubt die Liebste denn gleich mir einige Stunden des Tages,
Gibt sie Stunden der Nacht mir zur Entschädigung hin.
Wird doch nicht immer geküßt, es wird vernünftig gesprochen;
Überfällt sie der Schlaf, lieg' ich und denke mir viel.
Oftmals hab' ich auch schon in ihren Armen gedichtet
Und des Hexameters Maß leise mit fingernder Hand
Ihr auf den Rücken gezählt. Sie atmet in lieblichem Schlummer,
Und es durchglühet ihr Hauch mir bis ins Tiefste die Brust.
Amor schüret die Lamp' indes und denket der Zeiten,
Da er den nämlichen Dienst seinen Triumvirn getan.

Arbeit am ‹Egmont› und Gedanken über das Dämonische

Unter die einzelnen Teile der Weltgeschichte, die ich sorgfältiger studierte, gehörten auch die Ereignisse, welche die nachher vereinigten Niederlande so berühmt gemacht. Ich hatte die Quellen fleißig erforscht und mich möglichst unmittelbar zu unterrichten und mir alles lebendig zu vergegenwärtigen gesucht. Höchst dramatisch waren mir die Situationen erschienen und als Hauptfigur, um welche sich die übrigen am glücklichsten versammeln ließen, war mir Graf Egmont aufgefallen, dessen menschlich ritterliche Größe mir am meisten behagte.

Die persönliche Tapferkeit, die den Helden auszeichnet, ist die Base, auf der sein ganzes Wesen ruht, der Grund und Boden, aus dem es hervorsproßt. Er kennt keine Gefahr, und verblendet sich über die größte, die sich ihm nähert. Durch Feinde, die uns umzingeln, schlagen wir uns allenfalls durch; die Netze der Staatsklugheit sind schwerer zu durchbrechen. Das Dämonische, was von beiden Seiten im Spiel ist, in welchem Konflikt das Liebenswürdige untergeht und das Gehaßte triumphiert, sodann die Aussicht, daß hieraus ein Drittes hervorgehe, das dem Wunsch aller Menschen entsprechen werde, dieses ist es wohl, was dem Stücke, freilich nicht gleich bei seiner Erscheinung, aber doch später und zur rechten Zeit, die Gunst verschafft hat, deren es noch jetzt genießt. Und so will ich denn auch hier, um mancher geliebten Leser willen, mir selbst vorgreifen und, weil ich wohl weiß, ob ich so bald wieder zur Rede gelange, etwas aussprechen, wovon ich mich erst viel später überzeugte. Obgleich jenes Dämonische sich in allem Körperlichen und Unkörperlichen manifestieren kann, ja bei den Tieren sich aufs merkwürdigste ausspricht; so steht es vorzüglich mit dem Menschen im wunderbarsten Zusammenhang und bildet eine der moralischen Weltordnung, wo nicht entgegengesetzte, doch sie durchkreuzende Macht, so daß man die eine für den Zettel, die andere für den Einschlag könnte gelten lassen. Für die Phänomene, welche hiedurch hervorgebracht werden, gibt es unzählige Namen: denn alle Philosophien und Religionen haben prosaisch und poetisch dieses Rätsel zu lösen und die Sache schließlich abzutun gesucht, welches ihnen noch fernerhin unbenommen bleibe. Am furchtbarsten aber erscheint dieses Dämonische, wenn es in irgend einem Menschen überwiegend hervortritt. Während meines Lebensganges habe ich mehrere teils in der Nähe, teils in der Ferne beobachten können. Es sind nicht immer die vorzüglichsten Menschen, weder an Geist noch an Talenten, selten durch Herzensgüte sich empfehlend; aber eine ungeheure Kraft geht von ihnen aus, und sie üben eine unglaubliche Gewalt über alle Geschöpfe, ja sogar über die Elemente, und wer kann sagen, wie weit sich eine solche Wirkung erstrecken wird? Alle vereinten sittlichen Kräfte vermögen nichts gegen sie; vergebens, daß der hellere Teil der Menschen sie als Betrogene oder als Betrüger verdächtig machen will, die Masse wird von ihnen angezogen. Selten oder nie finden sich Gleichzeitige ihresgleichen, und sie sind durch nichts zu überwinden, als durch das Universum selbst, mit dem sie den Kampf begonnen; und aus solchen Bemerkungen mag wohl jener sonderbare aber ungeheure Spruch entstanden sein: Nemo contra deum nisi deus ipse. *(Dichtung und Wahrheit)*

An Charlotte von Stein

Belvedere (bei Weimar) d. 1. Juni 1789

Ich danke dir für den Brief, den du mir zurückließest, wenn er mich gleich auf mehr als eine Weise betrübt hat. Ich zauderte darauf zu antworten, weil es in einem solchen Falle schwer ist aufrichtig zu sein und nicht zu verletzen.

Wie sehr ich dich liebe, wie sehr ich meine Pflicht gegen dich und Fritzen kenne, hab ich durch meine Rückkunft aus Italien bewiesen. Nach des Herzogs Willen wäre ich noch dort, Herder ging hin und da ich nicht voraussah dem Erbprinzen etwas sein zu können, hatte ich kaum etwas anders im Sinne als dich und Fritzen.

Was ich in Italien verlassen habe, mag ich nicht wiederholen, du hast mein Vertrauen darüber unfreundlich genug aufgenommen.

Leider warst du, als ich ankam, in einer sonderbaren Stimmung und ich gestehe aufrichtig: daß die Art wie du mich empfingst, wie mich andre nahmen, für mich äußerst empfindlich war. Ich sah Herdern, die Herzogin [nach Italien] verreisen, einen mir dringend angebotnen Platz im Wagen leer, ich blieb um der Freunde willen, wie ich um ihrentwillen gekommen war und mußte mir in demselben Augenblick hartnäckig wiederholen lassen, ich hätte nur wegbleiben können, ich nehme doch keinen Teil an den Menschen usw. Und das alles eh von einem Verhältnis [mit Christiane Vulpius] die Rede sein konnte das dich so sehr zu känken scheint.

Und welch ein Verhältnis ist es? Wer wird dadurch verkürzt? Wer macht Anspruch an die Empfindungen die ich dem armen Geschöpf gönne? Wer an die Stunden die ich mit ihr zubringe?

Frage Fritzen, die Herdern, jeden, der mir näher ist, ob ich unteilnehmender, weniger mitteilend, untätiger für meine Freunde bin als vorher? Ob ich nicht vielmehr ihnen und der Gesellschaft erst recht angehöre.

Und es müßte durch ein Wunder geschehen, wenn ich allein zu dir, das beste, innigste Verhältnis verloren haben sollte.

Wie lebhaft habe ich empfunden daß es noch da ist, wenn ich dich einmal gestimmt fand mit mir über interessante Gegenstände zu sprechen.

Aber das gestehe ich gern, die Art wie du mich bisher behandelt hast, kann ich nicht erdulden. Wenn ich gesprächig war, hast du mir die Lippen verschlossen, wenn ich mitteilend war hast du mich der Gleichgültigkeit, wenn ich für Freunde tätig war, der Kälte und Nachlässigkeit beschuldigt. Jede meiner Mienen hast du kontrolliert, meine Bewegungen, meine

Art zu sein getadelt und mich immer mal a mon aise gesetzt. Wo sollte da Vertrauen und Offenheit gedeihen, wenn du mich mit vorsätzlicher Laune von dir stießest.

Catharina Elisabeth Goethe nach einem Besuch Christianes in Frankfurt an ihren Sohn

17. April 1807

Du kannst Gott danken! So ein liebes – herrliches unverdorbenes Gottesgeschöpf findet man sehr selten. Wie beruhigt bin ich jetzt – da ich sie genau kenne – über alles was dich angeht; und was mir unausspechlich wohl tat, war, daß alle Menschen, alle meine Bekannten sie liebten. Es war eine solche Herzlichkeit unter ihnen, die nach zehnjähriger Bekanntschaft nicht inniger hätte sein können – mit einem Wort es war ein glücklicher Gedanke sich mir und allen meinen Freunden zu zeigen, alle vereinigen sich mit mir dich glücklich zu preisen.

1790 – Aus: ‹Tag- und Jahreshefte›

Meine frühern Verhältnisse zur Universität Jena, wodurch wissenschaftliche Bemühungen angeregt und begünstigt worden, eilte ich sogleich wieder anzuknüpfen. Die dortigen Museen fernerhin, unter Mitwirkung vorzüglicher sachkundiger Männer, vermehrt aufzustellen, zu ordnen und zu erhalten, war eine so angenehme als lehrreiche Beschäftigung, und ich fühlte mich beim Betrachten der Natur, beim Studium einer weitumhergreifenden Wissenschaft für den Mangel an Kunstleben einigermaßen entschädigt. *Die Metamorphose der Pflanzen* ward als Herzenserleichterung geschrieben. Indem ich sie abdrucken ließ, hoffte ich ein Specimen pro loco den Wissenden darzulegen. Ein botanischer Garten ward vorbereitet.

Malerische Farbengebung war zu gleicher Zeit mein Augenmerk, und als ich auf die ersten physischen Elemente dieser Lehre zurückging, entdeckte ich zu meinem großen Erstaunen: die Newtonische Hypothese sei falsch und nicht zu halten. Genaueres Untersuchen bestätigte mir nur meine Überzeugung, und so war mir abermals eine Entwickelungskrankheit eingeimpft, die auf Leben und Tätigkeit den größten Einfluß haben sollte.

Angenehme häuslich-gesellige Verhältnisse gaben mir Mut und Stimmung, die *Römischen Elegien* auszuarbeiten und zu redigieren. Die *Venezianischen Epigramme* gewann ich unmittelbar darauf. Ein längerer Aufenthalt in der wunderbaren Wasserstadt, erst in Erwartung der von Rom zurückkehrenden Herzogin Amalia, sodann aber ein längeres Verweilen daselbst im Gefolge dieser alles um sich her, auswärts und zu Hause, belebenden Fürstin, brachten mir die größten Vorteile.

7. Die Natur, die Wissenschaft und die Farben

> Und hier schließt die Natur den Ring der ewigen Kräfte;
> Doch ein neuer sogleich fasset den vorigen an,
> Daß die Kette sich fort durch alle Zeiten verlänge
> Und das Ganze belebt, so wie das Einzelne, sei.
>
> *Die Metamorphose der Pflanzen (1798)*

Im *Tiefurter Journal*, einer handschriftlich verbreiteten Zeitung des Intellektuellenkreises um die Herzoginmutter Anna Amalia, erschien 1783 ein Text, dessen erste Sätze lauten: „Natur! Wir sind von ihr umgeben und umschlungen – unvermögend aus ihr herauszutreten und unvermögend tiefer in sie hineinzukommen. Ungebeten und ungewarnt nimmt sie uns in den Kreißlauf ihres Tanzes auf und treibt sich mit uns fort, biß wir ermüdet sind und ihrem Arme entfallen.

Sie schaft ewig neue Gestalten; was da ist, war noch nie, was war kommt nicht wieder – Alles ist neu und doch immer das Alte.

Wir leben mitten in ihr und sind ihr fremde. Sie spricht unaufhörlich mit uns und verräth uns ihr Geheimniß nicht. Wir wirken beständig auf sie und haben doch keine Gewalt über sie."

Goethes Freunde waren sich sicher, er selbst sei der Autor des nicht gezeichneten Textes, zumal die Handschrift im *Journal* die seines Dieners und Sekretärs Philipp Seidel war. Was zu lesen stand, war eine Niederschrift des jungen Schweizer Theologen Christoph Tobler, der Weimar im Mai 1781 besucht hatte, im Kreis Anna Amalias und auch bei Goethe allein zu Gast gewesen war. Mit ihm hatte er über sein Naturverständnis gesprochen.

Über vier Jahrzehnte später, im Mai 1828, hat der fast Achtzigjährige dem Kanzler von Müller versichert, daß der Aufsatz zwar nicht von ihm sei, aber „mit den Vorstellungen wohl übereinstimmt, zu denen sich mein Geist damals ausgebildet hatte. Ich möchte die Stufe damaliger Einsicht einen Komparativ nennen, der seine Richtung gegen einen noch nicht erreichten Superlativ zu äußern gedrängt ist. Man sieht die Neigung zu einer Art Pantheismus, indem den Welterscheinungen ein unerforschliches [...] sich selbst widersprechendes Wesen zum Grunde gedacht ist, und mag als Spiel, dem es bitterer Ernst ist, gar wohl gelten."

Im Grunde umfaßt dieser kleine Text schon Einsichten, die den Naturbeobachter lebenslang beschäftigt haben. Denn von der reinen Freude über die *tausend Formen* der Natur war da, trotz des panegyrischen Tons, ja mitnichten die Rede. Die ersten Sätze sprachen von Unheimlichem: einer Rätselhaftigkeit, einem Elementaren, in das wir alle ungewarnt *verschlungen sind,* will sagen: von den elementaren, im Grunde unentschlüsselbaren Triebkräften auch der Menschen-Natur wurde hier gehandelt. Mithin von der Ambivalenz, Teil der Natur zu sein, dem Bewußtsein gleichwohl aber entzogen. *Sibyllinische Blätter* waren ihm das geblieben, von denen man „annehmen könne, daß gar viele derselben auf dem Jupiter, auf dem Uranus und anderen Planeten zerstreut umherlägen." So Johann Daniel Falk über ein Gespräch mit dem Alten. Neben der universellen war die mythische Konnotation nicht zu überhören.

Die Vermutung kann nicht fern sein, daß in den ersten Worten des überlieferten *Journal*-Textes auch die Erinnerung an die Kindheitserfahrung vom Lissaboner Erdbeben mitsprach. Sie mochte mittlerweile Ursprung der Einsicht in die Tiefenstruktur des menschlichen Seelenlebens sein und die Erkenntnis entwickelt haben, daß dieses Seelenleben selbst etwas zu tun hatte mit den elementaren Naturvorgängen. Davon wird in *Die Wahlverwandtschaften* die Rede sein, nicht weniger aber auch in den „sehr ernsten Scherzen" des *Faust.*

Seiner lebenslang währenden, geduldigen Naturbeobachtung – von der Geologie, der Botanik, der Morphologie bis zur Optik – mochte mit der Suche nach *Ordnungen und Gesetzmäßigkeiten* im Tiefsten der Wunsch nach Linderung der Ängste zugrundeliegen, die auf jene schockhafte frühe Erfahrung des Chaotisch-Rätselhaften der Natur zurückgingen.

Die Poesie überträgt, was an Schönheiten sich ihr darbietet, in Symbole, in Metaphern und mythische Figuren, die auf unvergessene Lektüreerfahrungen zurückweisen – so die der *Metamorphose,* die „nach des Ovid Weise gedacht ist", wie ein spätes Zeugnis über seine botanischen Studien erklärt. Doch hatte Ovid seinen Begriff der Metamorphose von einem altvordern römischen Kollegen, dem Poeten Parthenios (um 40 v. Chr.), übernommen, so wird sich Goethe auch nicht allein auf Ovid, sondern zugleich auf den Linné-Schüler Nikolaus Dahlberg berufen können, dessen (1755 erschienenes) Werk *Metamorphosis plantarum* er gelesen hatte. Der antike Begriff mochte da sehr poetisch die – auch heute noch unerklärbare – Evolution umspielen. Denn der „Begriff vom Entstehen ist uns ganz und gar versagt; daher wir, wenn wir etwas werden sehen, denken, daß es schon dagewesen sei." So hat er diese Einsicht in ‚Makariens Archiv' in *Wilhelm Meisters Wanderjahre* (1829) mitgeteilt.

Seine Verbitterung über die Ignoranz einer Wissenschaft, die die Resultate seiner Naturbeobachtung nicht wahrhaben wollte, war heftig. Man wolle nicht sehen, daß „ein Poet, der sich bloß mit sittlichen, dem Gefühl und der Einbildungskraft anheim gegebenen Phänomenen gewöhnlich befasse, sich einen Augenblick von seinem Wege abwenden und, in flüchtigem Vorübergehen, eine [...] bedeutende Entdeckung habe gewinnen können." Dabei sei er keineswegs „durch eine außerordentliche Gabe des Geistes, nicht durch eine momentane Inspiration [...] sondern durch ein folgerechtes Bemühen endlich zu einem [...] erfreulichen Resultate gelangt."

„Nirgends", so ließ er hören, „wollte man zugeben, daß Wissenschaft und Poesie vereinbar seien. Man vergaß daß Wissenschaft [in der Antike] sich aus Poesie entwickelt habe, man bedachte nicht daß, nach einem Umschwung von Zeiten, beide sich wieder freundlich, zu beiderseitigem Vorteil, auf höherer Stelle, gar wohl wieder begegnen könnten." Um Einsprüchen zu begegnen, hat er noch im Alter, wie sein Sekretär Riemer im November 1823 notierte, klar gemacht, was gemeint war: „Goethe hätte wollen die Naturwissenschaft auf mehrere hundert, ja tausend Jahre zugrunde richten, wenn er Märchen, Mythologie, Kunst und seine poetische Darstellungsgabe mit in die Naturwissenschaft hätte einmengen wollen." Und in den gleichen Tagen hält ein anderer Gesprächspartner fest: „Bei Goethe – über das Verderben der Naturforschung durch Poesie." Damit lag auf der Hand: nicht poetische Inspiration, allein beobachtende Forschung galt. Das schärfte zugleich den Blick für gefährliche Hypothesen: Er habe sich „nie rein spekulativ verhalten, sondern gleich zu jedem Satze eine Anschauung suchen" müssen und sei „deshalb gleich in die Natur hinaus" geflohen.

Die Aufgaben und Erkundungen im Bergbau während der ersten Weimarer Jahre sind äußerliche Förderung geologischer Interessen. Seine Sammlungen von Mineralien, Gesteinen und Fossilien nehmen seit 1779 gewaltige Ausmaße an. Die Überzeugung, daß die Erde aus einem *Urmeer* hervorgegangen sei, wird ihn, den *Neptunisten,* später für eine Weile mit dem hochgeschätzten Alexander von Humboldt entzweien, der die Erdentstehung auf vulkanische Ursachen zurückführt. Ihm selbst war die Vorstellung einer so gewalttätigen Entstehung des Planeten grauenvoll – der Ursprung des Lebens war im Meer. Noch in den zweiten Teil des *Faust* wird das eingehen: „Vom Schönen, Wahren durchdrungen... | Alles ist aus dem Wasser entsprungen! | Alles wird durch das Wasser erhalten! | Ozean, gönn' uns Dein ewiges Walten. | Wenn Du nicht Wolken sendetest, | Nicht reiche Bäche spendetest, | Hin und her nicht Flüsse wendetest, | Die Ströme nicht vollendetest: | Was wären Gebirge, was Ebnen und Welt? | Du bist's der das frischeste Leben erhält." Er läßt das *Thales* aussprechen, und dieser Vorsokratiker, der im „Wasser das Lebensprinzip" sah, mochte ihm zum Eideshelfer seiner Vorstellung werden. Die Antike hat auch der Tiefenpsychologie später ihre Urbilder vermacht: Freud erkannte *Mutterleibsphantasien* in den Träumen von Wasser.

Jenseits des von dem griechischen Philosophen Plotin ausgehenden poetischen Bildes des „sonnenhaften Auges", das ihn an die Wahrheit seiner *Farbenlehre* band, mochte ihm gleichwohl ahnen, daß er mit den Thesen dieses großen Werkes angesichts der kommenden Naturwissenschaften auf der Seite der Verlierer stand. Nicht zuletzt die *Konfession des Verfassers,* die er dem *Historischen Teil* des Werkes inkorporiert hat, macht dem aufmerksamen Leser die Trauer über die vergessene Zukunft seiner Lehre hörbar. Ihre ersten Beobachtungen gehen auf die Straßburger Tage zurück – wie die ersten Ideen zum *Faust.* Bis in seine letzten Stunden hat ihn die *Farbenlehre* begleitet: Es wird berichtet, daß er auf dem Sterbebett mit Ottilie, seiner Schwiegertochter, noch Farbenphänomene versuchen wollte. Mit dem *Faust* hat er dieses Werk für sein bedeutendstes gehalten.

Hat Albrecht Schöne die theologische Konnotation der *Farbenlehre* in einer Studie hervorgehoben, so ließe sich auch hier ein Zentrum seines Wirkens zwischen Poesie und Wissenschaft wahrnehmen. So hat er mit Entzücken die Überlegungen aufgenommen, die der junge Maler Philipp Otto Runge in einem Brief über die Farbgebung seiner *Tageszeiten* anstellte.

Aus Himmelserscheinungen in der Frühzeit, aus der Kunst der Renaissance in Italien war ihm klar geworden, „daß ich mit einiger Übung und anhaltendem Nachdenken auch diesen schönen Genuß der Weltoberfläche mir werde zueignen können." Zurückschreckend vor der Gewalt des „gespaltenen Lichtstrals", waren ihm allein Licht und Dunkel die Grundelemente der Farbphänomene. Vor allem aber das *sonnenhafte Auge* als „ein Geschöpf des Lichtes leistet(e)" ihm „alles, was das Licht selbst leisten kann."

Fast erschreckend ist die Beobachtung des jungen Frédéric Soret (der, selbst Naturkundler, der *Farbenlehre* durchaus skeptisch gegenübersteht), daß Goethe eines Tages „mitten im Halbschlummer [...] von dem Widerstand sprach", auf den seine Theorie stoße: „‚Entdeckt man solch eine Wahrheit', sagte er, ‚so ist es, wie wenn man bei einem furchtbaren Schiffbruch eine Rettungsplanke erwischt, die nur einen Mann über Wasser halten kann, man rettet sich allein, alle übrigen müssen elend ersaufen.'"

Auf eine ganz eigentümliche Weise wird dem Greis so etwas wie eine ‚höhere Rechtfertigung' seiner Lehre zuteil, als Eckermann ihm aus Straßburg eine kleine Büste Napoleons „aus Opalglas" mitbringt (die noch heute im Arbeitszimmer in Weimar steht). Der „sieghafte Held" Napoleon, für ihn ohnehin eine mythische Figur, hatte von jenseits des Grabes die Wahrheit seiner „zarten Empirie" bewiesen.

*

Natur und Kunst, sie scheinen sich zu fliehen
Und haben sich, eh' man es denkt, gefunden;
Der Widerwille ist auch mir verschwunden,
Und beide scheinen gleich mich anzuziehen.

Es gilt wohl nur ein redliches Bemühen!
Und wenn wir erst in abgemeßnen Stunden
Mit Geist und Fleiß uns an die Kunst gebunden,
Mag frei Natur im Herzen wieder glühen.

So ist's mit aller Bildung auch beschaffen:
Vergebens werden ungebundne Geister
Nach der Vollendung reiner Höhe streben.
Wer Großes will, muß sich zusammenraffen;
In der Beschränkung zeigt sich erst der Meister,
Und das Gesetz nur kann uns Freiheit geben.
(Etwa 1800)

Poetische Metamorphosen

Phantasie ist der Natur viel näher als die Sinnlichkeit, diese ist eingeschlossen in der Natur, jene schwebt über ihr. Phantasie ist der Natur gewachsen, Sinnlichkeit wird von ihr beherrscht.

Frühste lebhafte tüchtige Sinnlichkeit finden wir immer sich zur Phantasie erhebend. Sogleich wird sie produktiv anthropomorphisch. Felsen und Ströme sind von Halbgöttern belebt, Untergötter endigen unterwärts in Tiere: Pan, Faune, Tritone. Götter nehmen Tiergestalt an ihre Absichten zu erfüllen, welche Fabeln sind die ältesten dieser Art.

Bei Ovid ist die Analogie der tierischen und menschlichen Glieder im Übergang trefflich ausgedrückt. Dante hat eine höchst merkwürdige Stelle dieser Art [*Divina Commedia, Inferno 25* und *Purgatorio 25*].

(Nachlaß; hier zitiert nach der ‹Leopoldina›-Ausgabe der Naturwissenschaftlichen Schriften)

Aus einem Gespräch mit Eckermann am 24. Februar 1831

„Das Schwierige bei der Natur", sagte Goethe, „ist, das Gesetz auch da zu sehen, wo es sich uns verbirgt, und sich nicht durch Erscheinungen irremachen zu lassen, die unsern Sinnen widersprechen. Denn es widerspricht in der Natur manches den Sinnen und ist doch wahr. Daß die Sonne stillstehe, daß sie nicht auf- und untergehe, sondern daß die Erde sich täglich in undenkbarer Geschwindigkeit herumwälze, widerspricht den Sinnen so stark wie etwas, aber doch zweifelt kein Unterrichteter, daß es so sei. Und so kommen auch widersprechende Erscheinungen im Pflanzenreiche vor, wobei man sehr auf seiner

Hut sein muß, sich dadurch nicht auf falsche Wege leiten zu lassen.“

Vorschlag zur Güte

Die Natur gehört sich selbst an, Wesen dem Wesen; der Mensch gehört ihr, sie dem Menschen. Wer mit gesunden, offnen, freien Sinnen sich hineinfühlt übt sein Recht aus, eben so das frische Kind als der ernsteste Betrachter. Wundersam ist es daher, wenn die Naturforscher sich im ungemessenen Felde den Platz untereinander bestreiten und eine gränzenlose Welt sich wechselsweise verengen möchten.

Erfahren, schauen, beobachten, betrachten, verknüpfen, entdecken, erfinden sind Geistestätigkeiten, welche tausendfältig einzeln und zusammengenommen, von mehr oder weniger begabten Menschen ausgeübt werden. Bemerken, sondern, zählen, messen, wägen sind gleichfalls große Hülfsmittel, durch welche der Mensch die Natur umfaßt und über sie Herr zu werden sucht, damit er zuletzt alles zu seinem Nutzen verwende. [...]

Bei der gegenwärtigen Lage der Naturwissenschaft muß daher immer wiederholt zur Sprache kommen was sie fördern und was sie hindern kann, und nichts wird förderlicher sein als wenn jeder an seinem Platze fest hält, weiß was er vermag, ausübt was er kann, andern dagegen die gleiche Befugnis zugesteht, daß auch sie wirken und leisten. Leider aber geschieht, wie die Sachen stehen, dies nicht ohne Kampf und Streit, indem nach Welt- und Menschenweise feindselige Kräfte wirken, ausschließende Besitzungen sich festbilden und Verkümmerungen mancher Art, nicht etwa im Verborgenen sondern öffentlich eintreten. *(1817)*

Bedenken und Ergebung

Wir können bei Betrachtung des Weltgebäudes, in seiner weitesten Ausdehnung, in seiner letzten Teilbarkeit, uns der Vorstellung nicht erwehren, daß dem Ganzen eine Idee zum Grund liege, wornach Gott in der Natur, die Natur in Gott, von Ewigkeit zu Ewigkeit, schaffen und wirken möge. Anschauung, Betrachtung, Nachdenken führen uns naher an jene Geheimnisse. Wir erdreisten uns und wagen auch Ideen, wir bescheiden uns und bilden Begriffe, die analog jenen Uranfängen sein möchten. *(Auszug; 1820)*

Über Spinoza

Mein Zutrauen auf Spinoza ruhte auf der friedlichen Wirkung, die er in mir hervorbrachte und es vermehrte sich nur, als man meine werten Mystiker des Spinozismus anklagte; als ich erfuhr, daß Leibniz selbst diesem Vorwurf nicht entgehen können, ja daß [der Naturwissenschaftler] Boerhaave, wegen gleicher Gesinnungen verdächtig, von der Theologie zur Medizin übergehen müssen.

Denke man aber nicht, daß ich seine Schriften hätte unterschreiben und mich dazu buchstäblich bekennen mögen. Denn daß niemand den andern versteht, daß keiner bei denselben Worten dasselbe was der andere denkt, daß ein Gespräch, eine Lektüre bei verschiedenen Personen verschiedene Gedankenfolgen aufregt, hatte ich schon allzu deutlich eingesehn, und man wird dem Verfasser von *Werther* und *Faust* wohl zutrauen, daß er, von solchen Mißverständnissen tief durchdrungen, nicht selbst den Dünkel gehegt, einen Mann vollkommen zu verstehen, der, als Schüler von Descartes, durch mathematische und rabbinische Kultur sich zu dem Gipfel des Denkens hervorgehoben, der bis auf den heutigen Tag noch das Ziel aller spekulativen Bemühungen zu sein scheint.

Was ich mir aber aus ihm zugeeignet, würde sich deutlich genug darstellen, wenn der Besuch, den der ewige Jude bei Spinoza abgelegt, und den ich als ein wertes Ingrediens zu jenem Gedichte [nicht überliefertes Fragment eines epischen Gedichts] mir ausgedacht hatte, niedergeschrieben übrig geblieben wäre. Ich gefiel mir aber in dem Gedanken sowohl, und beschäftigte mich im stillen so gern damit, daß ich nicht dazu gelangte, etwas aufzuschreiben; dadurch erweiterte sich aber der Einfall, der als vorübergehender Scherz nicht ohne Verdienst gewesen wäre, dergestalt, daß er seine Anmut verlor und ich ihn als lästig aus dem Sinn schlug. Insofern mir aber die Hauptpunkte jenes Verhältnisses zu Spinoza unvergeßlich geblieben sind, indem sie eine große Wirkung auf die Folge meines Lebens ausübten, will ich so kurz und bündig als möglich eröffnen und darstellen.

Die Natur wirkt nach ewigen, notwendigen, dergestalt göttlichen Gesetzen, daß die Gottheit selbst daran nichts ändern könnte. Alle Menschen sind hierin, unbewußt, vollkommen einig. Man bedenke, wie eine Naturerscheinung, die auf Verstand, Vernunft, ja auch nur auf Willkür deutet, uns Erstaunen, ja Entsetzen bringt.

Wenn sich in Tieren etwas Vernunftähnliches hervortut, so können wir uns von unserer Verwunderung nicht erholen: denn ob sie uns gleich so nahe stehen, so scheinen sie doch durch eine unendliche Kluft von uns getrennt und in das Reich der Notwendigkeit verwiesen. Man kann es daher jenen Denkern nicht übelnehmen, welche die unendlich kunstreiche aber doch genau beschränkte Technik jener Geschöpfe für ganz maschinenmäßig erklärten.

Wenden wir uns zu den Pflanzen, so wird unsre Behauptung noch auffallender bestätigt. Man gebe sich Rechenschaft von der Empfindung, die uns ergreift, wenn die berührte Mimosa ihre gefiederten Blätter paarweise zusammen faltet, und endlich das Stielchen wie an einem Gewerbe niederklappt. Noch höher steigt jene Empfindung, der ich keinen Namen geben will, bei Betrachtung des Hedysarum gyrans [Süßklee], das seine Blättchen, ohne sichtlich äußere Veranlassung, auf und nieder senkt und mit sich selbst, wie mit unsern Begriffen, zu spielen scheint. Denke man sich einen Pisang, dem diese Gabe zugeteilt wäre, so daß er die ungeheuren Blätterschirme für sich selbst wechselsweise niedersenkte und aufhübe, jedermann, der es zum erstenmal sähe, würde vor Entsetzen zurücktreten. So eingewurzelt ist bei uns der Begriff unsrer eignen Vorzüge, daß wir ein für allemal der Außenwelt keinen Teil daran gönnen mögen, ja daß wir dieselben, wenn es nur anginge, sogar unsresgleichen gerne verkümmerten.

Ein ähnliches Entsetzen überfällt uns dagegen, wenn wir den Menschen unvernünftig gegen allgemein anerkannte sittliche Gesetze, unverständig gegen seinen eignen und fremden Vorteil handeln sehen. Um das Grauen loszuwerden, das wir dabei empfinden, verwandeln wir es sogleich in Tadel, in Abscheu und wir suchen uns von einem solchen Menschen entweder wirklich oder in Gedanken zu befreien. *(Dichtung und Wahrheit)*

Was wär' ein Gott, der nur von außen stieße,
Im Kreis das All am Finger laufen ließe!
Ihm ziemt's, die Welt im Innern zu bewegen,
Natur in Sich, Sich in Natur zu hegen,
So daß, was in Ihm lebt und webt und ist,
Nie Seine Kraft, nie Seinen Geist vermißt.

Im Innern ist ein Universum auch;
Daher der Völker löblicher Gebrauch,
Daß jeglicher das Beste, was er kennt,
Er Gott, ja seinen Gott benennt,
Ihm Himmel und Erden übergibt,
Ihn fürchtet und wo möglich liebt.
(1817)

Aus einem Gespräch mit Eckermann am 13. Februar 1829

„Es ist nicht genug, daß man Talent habe, es gehört mehr dazu, um gescheit zu werden; man muß auch in großen Verhältnissen leben und Gelegenheit haben, den spielenden Figuren der Zeit in die Karten zu sehen und selber zu Gewinn und Verlust mitzuspielen.

Ohne meine Bemühungen in den Naturwissenschaften hätte ich jedoch die Menschen nie kennengelernt, wie sie sind. In allen anderen Dingen kann man dem reinen Anschauen und Denken, den Irrtümern der Sinne wie des Verstandes, den Charakterschwächen und -stärken nicht so nachkommen, es ist alles mehr oder weniger biegsam und schwankend und läßt alles mehr oder weniger mit sich handeln; aber die *Natur* versteht gar keinen Spaß, sie ist immer wahr, immer ernst, immer strenge; sie hat immer recht, und die Fehler und Irrtümer sind immer des Menschen. Den Unzulänglichen verschmäht sie, und nur dem Zulänglichen, Wahren und Reinen ergibt sie sich und offenbart ihm ihre Geheimnisse.

Der Verstand reicht zu ihr nicht hinauf, der Mensch muß fähig sein, sich zur höchsten Vernunft erheben zu können, um an die Gottheit zu rühren, die sich in Urphänomenen, physischen wie sittlichen, offenbaret, hinter denen sie sich hält und die von ihr ausgehen.

Die Gottheit aber ist wirksam im Lebendigen, aber nicht im Toten; sie ist im Werdenden und sich Verwandelnden, aber nicht im Gewordenen und Erstarrten. Deshalb hat auch die Vernunft in ihrer Tendenz zum Göttlichen es nur mit dem Werdenden, Lebendigen zu tun; der Verstand mit dem Gewordenen, Erstarrten, daß er es nutze."

Aus einer Rezension Goethes über Johann Georg Sulzers ‹Die schönen Künste in ihrem Ursprung, ihrer wahren Natur und besten Anwendung›, Frankfurter Gelehrte Anzeigen (1772)

Er will das unbestimmte Prinzipium: Nachahmung der Natur, verdrängen und gibt uns ein gleich unbedeutendes dafür: die Verschönerung der Dinge. Er will, nach hergebrachter Weise, von Natur auf Kunst herüberschließen: „In der ganzen Schöpfung stimmt alles darin überein, daß das Aug' und die andern Sinnen von allen Seiten her durch angenehme Eindrükke gerührt werden." Gehört denn, was unangenehme Eindrükke auf uns macht, nicht so gut in den Plan der Natur als ihr Lieblichstes? Sind die wütenden Stürme, Wasserfluten, Feuerregen, unterirdische Glut, und Tod in allen Elementen nicht ebenso wahre Zeugen ihres ewigen Lebens als die herrlich aufgehende Sonne über volle Weinberge und duftende Orangenhaine? Was würde Herr Sulzer zu der liebreichen Mutter Natur sagen, wenn sie ihm eine Metropolis, die er mit allen schönen Künsten, Handlangerinnen, erbaut und bevölkert hätte, in ihren Bauch hinunterschlänge?

Aus: Zur Morphologie – Schicksal der Druckschrift (1817)

Die Pflanze muß von den einfachsten Blättern ausgehen, die sich stufenweise vermannigfaltigen, einschneiden, vervielfältigen und, indem sie sich vorwärts schieben, immer ausgebildeter, schlanker und leichter werden, bis sie sich in dem größten Reichtum der Blume versammeln, um den Samen entweder auszuschütten, oder gar einen neuen Lebenslauf wieder zu beginnen. Marmorpilaster, auf solche Weise verziert, sieht man in der Villa Medicis, und nun verstehe ich erst recht, wie es dort gemeint ist. Die unendliche Fülle der Blätter wird zuletzt von der Blume noch übertroffen, so daß endlich statt der Samenkörner oft Tiergestalten und Genien hervorspringen, ohne daß man es, nach der vorhergehenden, herrlichen Entwickelungsfolge, nur im mindesten unwahrscheinlich fände, ich freue mich nun auf die angedeutete Weise gar manchen Zierat selbst zu erfinden, da ich bisher unbewußt die Alten nachgeahmt habe.

In diesem Falle war jedoch Gelehrten nicht gut gepredigt, sie ließen die Erklärung zur Not hingehn, meinten aber doch:

wenn man nichts weiter als die Kunst im Auge habe und Zieraten beabsichtige, so müsse man nicht tun, als wenn man für die Wissenschaft arbeite, wo dergleichen Phantasien nicht gelten dürften. Der Künstler versicherte mich später: im Gefolg der Naturgesetze, wie ich sie ausgesprochen, sei ihm geglückt Natürliches und Unmögliches zu verbinden, und etwas erfreulich Wahrscheinliches hervorzubringen. Jenen Herrn dagegen habe er mit seinen Erklärungen nicht wieder aufwarten dürfen.

Von andern Seiten her vernahm ich ähnliche Klänge, nirgends wollte man zugeben, daß Wissenschaft und Poesie vereinbar seien. Man vergaß, daß Wissenschaft sich aus Poesie entwickelt habe [in der Antike], man bedachte nicht, daß, nach einem Umschwung von Zeiten, beide sich wieder freundlich, zu beiderseitigem Vorteil, auf höherer Stelle, gar wohl wieder begegnen könnten.

Freundinnen, welche mich schon früher den einsamen Gebirgen, der Betrachtung starrer Felsen gern entzogen hätten, waren auch mit meiner abstrakten Gärtnerei keineswegs zufrieden. Pflanzen und Blumen sollten sich durch Gestalt, Farbe, Geruch auszeichnen, nun verschwanden sie aber zu einem gespensterhaften Schemen. Da versuchte ich diese wohlwollenden Gemüter zur Teilnahme durch eine Elegie [*Die Metamorphose der Pflanzen*] zu locken, der ein Platz hier gegönnt sein möge, wo sie, im Zusammenhang wissenschaftlicher Darstellung, verständlicher werden dürfte, als eingeschaltet in eine Folge zärtlicher und leidenschaftlicher Poesien.

Dich verwirret, Geliebte, die tausendfältige Mischung
Dieses Blumengewühls über dem Garten umher;
Viele Namen hörest du an und immer verdränget,
Mit barbarischem Klang, einer den andern im Ohr.
Alle Gestalten sind ähnlich, und keine gleichet der andern;
Und so deutet das Chor auf ein geheimes Gesetz,
Auf ein heiliges Rätsel. O, könnt' ich dir, liebliche
Freundin, Überliefern sogleich glücklich das lösende Wort!
Werdend betrachte sie nun, wie nach und nach sich die
Pflanze, Stufenweise geführt, bildet zu Blüten und Frucht.
Aus dem Samen entwickelt sie sich, sobald ihn der Erde
Stille befruchtender Schoß hold in das Leben entläßt
Und dem Reize des Lichts, des heiligen, ewig bewegten,
Gleich den zärtesten Bau keimender Blätter empfiehlt.

Einfach schlief in dem Samen die Kraft; ein beginnendes
Vorbild Lag, verschlossen in sich, unter die Hülle gebeugt,
Blatt und Wurzel und Keim, nur halb geformet und farblos;
Trocken erhält so der Kern ruhiges Leben bewahrt,
Quillet strebend empor, sich milder Feuchte vertrauend,
Und erhebt sich sogleich aus der umgebenden Nacht.
Aber einfach bleibt die Gestalt der ersten Erscheinung;
Und so bezeichnet sich auch unter den Pflanzen das Kind.
Gleich darauf ein folgender Trieb, sich erhebend, erneuet,
Knoten auf Knoten getürmt, immer das erste Gebild.
Zwar nicht immer das gleiche; denn mannigfaltig erzeugt sich,
Ausgebildet, du siehst's, immer das folgende Blatt,
Ausgedehnter, gekerbter, getrennter in Spitzen und Teile,
Die verwachsen vorher ruhten im untern Organ.
Und so erreicht es zuerst die höchst bestimmte Vollendung,
Die bei manchem Geschlecht dich zum Erstaunen bewegt.
Viel gerippt und gezackt, auf mastig strotzender Fläche,
Scheinet die Fülle des Triebs frei und unendlich zu sein.
Doch hier hält die Natur, mit mächtigen Händen, die Bildung
An und lenket sie sanft in das Vollkommnere hin.
Mäßiger leitet sie nun den Saft, verengt die Gefäße,
Und gleich zeigt die Gestalt zärtere Wirkungen an.
Stille zieht sich der Trieb der strebenden Ränder zurücke,
Und die Rippe des Stiels bildet sich völliger aus.
Blattlos aber und schnell erhebt sich der zärtere Stengel,
Und ein Wundergebild zieht den Betrachtenden an.
Rings im Kreise stellet sich nun, gezählet und ohne Zahl, das
kleinere Blatt neben dem ähnlichen hin.
Um die Achse gedrängt entscheidet der bergende Kelch sich,
Der zur höchsten Gestalt farbige Kronen entläßt.
Also prangt die Natur in hoher, voller Erscheinung,
Und sie zeiget, gereiht, Glieder an Glieder gestuft.
Immer staunst du aufs neue, sobald sich am Stengel die Blume
Über dem schlanken Gerüst wechselnder Blätter bewegt.
Aber die Herrlichkeit wird des neuen Schaffens Verkündung.
Ja, das farbige Blatt fühlet die göttliche Hand.
Und zusammen zieht es sich schnell; die zärtesten Formen,
Zwiefach streben sie vor, sich zu vereinen bestimmt.
Traulich stehen sie nun, die holden Paare, beisammen,
Zahlreich ordnen sie sich um den geweihten Altar.
Hymen schwebet herbei und herrliche Düfte, gewaltig,

Strömen süßen Geruch, alles belebend, umher.
Nun vereinzelt schwellen sogleich unzählige Keime,
Hold in den Mutterschoß schwellender Früchte gehüllt.
Und hier schließt die Natur den Ring der ewigen Kräfte;
Doch ein neuer sogleich fasset den vorigen an,
Daß die Kette sich fort durch alle Zeiten verlänge,
Und das Ganze belebt, so wie das Einzelne, sei.
Wende nun, o Geliebte, den Blick zum bunten Gewimmel,
Das verwirrend nicht mehr sich vor dem Geiste bewegt.
Jede Pflanze verkündet dir nun die ew'gen Gesetze,
Jede Blume, sie spricht lauter und lauter mit dir.
Aber entzifferst du hier der Göttin heilige Lettern,
Überall siehst du sie dann, auch in verändertem Zug.
Kriechend zaudre die Raupe, der Schmetterling eile geschäftig,
Bildsam ändre der Mensch selbst die bestimmte Gestalt
O! gedenke denn auch, wie aus dem Keim der Bekanntschaft
Nach und nach in uns holde Gewohnheit entsproß,
Freundschaft sich mit Macht in unserm Innern enthüllte,
Und wie Amor zuletzt Blüten und Früchte gezeugt.
Denke, wie mannigfach bald die, bald jene Gestalten,
Still entfaltend, Natur unsern Gefühlen geliehn!
Freue dich auch des heutigen Tags! Die heilige Liebe
Strebt zu der höchsten Frucht gleicher Gesinnungen auf,
Gleicher Ansicht der Dinge, damit in harmonischem Anschaun
Sich verbinde das Paar, finde die höhere Welt.

Höchst willkommen war dieses Gedicht der eigentlich Geliebten, welche das Recht hatte, die lieblichen Bilder auf sich zu beziehen; und auch ich fühlte mich sehr glücklich, als das lebendige Gleichnis unsere schöne vollkommene Neigung steigerte und vollendete; von der übrigen liebenswürdigen Gesellschaft aber hatte ich viel zu erdulden, sie parodierten meine Verwandlungen durch märchenhafte Gebilde neckischer, nekkender Anspielungen.

Aus: Der Verfasser teilt die Geschichte seiner Botanischen Studien mit

Vorstehender kleinen Schrift hat man die Auszeichnung erwiesen, sich nach ihrer Entstehung zu erkundigen; man hat zu erfahren gewünscht: wie ein Mann von mittlerem Alter, der als Dichter etwas galt und außerdem von mannigfaltigen Neigungen und Pflichten bedingt erschien, sich habe können in das grenzenloseste Naturreich begeben und dasselbe in dem Maße studieren, daß er fähig geworden eine Maxime zu fassen, welche, zur Anwendung auf die mannigfaltigsten Gestalten bequem, die Gesetzlichkeit aussprach, der zu gehorchen Tausende von Einzelnheiten genötigt sind. [...]

Die ersten von mir herausgegebenen poetischen Versuche wurden mit Beifall aufgenommen, welche jedoch eigentlich nur den innern Menschen schildern, und von den Gemütsbewegungen genugsame Kenntnis voraussetzen. Hie und da mag sich ein Anklang finden von einem leidenschaftlichen Ergötzen an ländlichen Natur-Gegenständen, sowie von einem ernsten Drange das ungeheure Geheimnis, das sich in stetigem Erschaffen und Zerstören an den Tag gibt, zu erkennen, ob sich schon dieser Trieb in ein unbestimmtes, unbefriedigtes Hinbrüten zu verlieren scheint.

In das tätige Leben jedoch sowohl als in die Sphäre der Wissenschaft trat ich eigentlich zuerst, als der edle Weimarische Kreis mich günstig aufnahm. [...]

Hiebei möchte man bemerken, daß der Gang meiner botanischen Bildung einigermaßen der Geschichte der Botanik selbst ähnelte; denn ich war vom augenfälligsten Allgemeinsten auf das Nutzbare, Anwendbare, vom Bedarf zur Kenntnis gelangt, und welcher Kenner wird bei obigem sich nicht jener Epoche der Rhizotomen lächelnd erinnern? [...]

Soll ich nun über jene Zustände mit Bewußtsein deutlich werden, so denke man mich als einen gebornen Dichter, der seine Worte, seine Ausdrücke unmittelbar an den jedesmaligen Gegenständen zu bilden trachtet, um ihnen einigermaßen genugzutun. Ein solcher sollte nun eine fertige Terminologie ins Gedächtnis aufnehmen, eine gewisse Anzahl Wörter und Beiwörter bereit haben, damit er, wenn ihm irgendeine Gestalt vorkäme, eine geschickte Auswahl treffend, sie zu charakteristischer Bezeichnung anzuwenden und zu ordnen wisse. Dergleichen Behandlung erschien mir immer als eine Art von Mosaik, wo man einen fertigen Stift neben den andern setzt, um aus tausend Einzelnheiten endlich den Schein eines Bildes hervorzubringen; und so war mir die Forderung in diesem Sinne gewissermaßen widerlich.

Sah ich nun aber auch die Notwendigkeit dieses Verfahrens ein, welches dahin zweckte, sich durch Worte, nach allgemeiner Übereinkunft, über gewisse äußerliche Vorkommenheiten der Pflanzen zu verständigen, und alle schwer zu leistende und oft unsichre Pflanzenabbildungen entbehren zu können; so fand ich doch bei der versuchten genauen Anwendung die Hauptschwierigkeit in der Versatilität [Veränderlichkeit] der Organe. Wenn ich an demselben Pflanzenstengel erst rundliche, dann eingekerbte, zuletzt beinahe gefiederte Blätter entdeckte, die sich alsdann wieder zusammenzogen, vereinfachten, zu Schüppchen wurden und zuletzt gar verschwanden, da verlor ich den Mut irgendwo einen Pfahl einzuschlagen, oder wohl gar eine Grenzlinie zu ziehen. [...]

Ununterbrochen jedoch mußt' ich meinen übrigen Lebensgang verfolgen, dessen Pflichten und Erholungen glücklicherweise meist in der freien Natur angewiesen waren. Hier drang sich nun dem unmittelbaren Anschauen gewaltig auf: wie jede Pflanze ihre Gelegenheit sucht, wie sie eine Lage fordert, wo sie in Fülle und Freiheit erscheinen könne. Bergeshöhe, Talestiefe, Licht, Schatten, Trockenheit, Feuchte, Hitze, Wärme, Kälte, Frost und wie die Bedingungen alle heißen mögen! Geschlechter und Arten verlangen sie, um mit völliger Kraft und Menge hervorzusprießen. Zwar geben sie an gewissen Orten, bei manchen Gelegenheiten, der Natur nach, lassen sich zur Varietät hinreißen, ohne jedoch das erworbene Recht an Gestalt und Eigenschaft völlig aufzugeben. Ahnungen hievon berührten mich in der freien Welt, und neue Klarheit schien mir aufzugehen über Gärten und Bücher.

Wie sie sich nun unter einen Begriff sammeln lassen, so wurde mir nach und nach klar und klärer, daß die Anschauung noch auf eine höhere Weise belebt werden könnte: eine Forderung, die mir damals unter der sinnlichen Form einer übersinnlichen *Urpflanze* vorschwebte. Ich ging allen Gestalten, wie sie mir vorkamen, in ihren Veränderungen nach, und so leuchtete mir am letzten Ziel meiner Reise, in Sizilien, die ursprüngliche Identität aller Pflanzenteile vollkommen ein, und ich suchte diese nunmehr überall zu verfolgen und wieder gewahr zu werden. [...]

Seit länger als einem halben Jahrhundert kennt man mich, im Vaterlande und auch wohl auswärts, als Dichter und läßt mich allenfalls für einen solchen gelten; daß ich aber mit großer Aufmerksamkeit mich um die Natur in ihren allgemeinen physischen und ihren organischen Phänomenen emsig bemüht und ernstlich an gestellte Betrachtungen stetig und leidenschaftlich im stillen verfolgt, dieses ist nicht so allgemein bekannt, noch weniger mit Aufmerksamkeit bedacht worden.

Als daher mein seit vierzig Jahren in deutscher Sprache abgedruckter Versuch: wie man die *Gesetze der Pflanzenbildung* sich geistreich vorzustellen habe, nunmehr besonders in der Schweiz und Frankreich näher bekannt wurde; so konnte man sich nicht genug verwundern, wie ein Poet, der sich bloß mit sittlichen, dem Gefühl und der Einbildungskraft anheimgegebenen Phänomenen gewöhnlich befasse, sich einen Augenblick von seinem Wege abwenden und, in flüchtigem Vorübergehen, eine solche bedeutende Entdeckung habe gewinnen können.

Diesem Vorurteil zu begegnen, ist eigentlich vorstehender Aufsatz verfaßt; er soll anschaulich machen: wie ich Gelegenheit gefunden einen großen Teil meines Lebens mit Neigung und Leidenschaft auf Naturstudien zu verwenden.

Nicht also durch eine außerordentliche Gabe des Geistes, nicht durch eine momentane Inspiration, noch unvermutet und auf einmal, sondern durch ein folgerechtes Bemühen bin ich endlich zu einem so erfreulichen Resultate gelangt.

Gedichte zur Witterungslehre

Stratus

Wenn von dem stillen Wasserspiegelplan
Ein Nebel hebt den flachen Teppich an,
Der Mond, dem Wallen des Erscheins vereint,
Als ein Gespenst Gespenster bildend scheint,
Dann sind wir alle, das gestehn wir nur,
Erquickt', erfreute Kinder, o Natur!

Dann hebt sich's wohl am Berge, sammelnd breit
An Streife Streifen, so umdüstert's weit
Die Mittelhöhe, beidem gleich geneigt,
Ob's fallend wässert oder luftig steigt.

Kumulus

Und wenn darauf zu höhrer Atmosphäre
Der tüchtige Gehalt berufen wäre,
Steht Wolke hoch, zum Herrlichsten geballt,
Verkündet, festgebildet, Machtgewalt,
Und, was ihr fürchtet und auch wohl erlebt,
Wie's oben drohet, so es unten bebt.

Cirrus
Doch immer höher steigt der edle Drang!
Erlösung ist ein himmlisch leichter Zwang.
Ein Aufgehäuftes, flockig löst sich's auf,
Wie Schäflein tripplend, leicht gekämmt zu Hauf.
So fließt zuletzt, was unten leicht entstand,
Dem Vater oben still in Schoß und Hand.

Nimbus
Nun laßt auch niederwärts, durch Erdgewalt
Herabgezogen, was sich hoch geballt,
In Donnerwettern wütend sich ergehn,
Heerscharen gleich entrollen und verwehn!
Der Erde tätig-leidendes Geschick!
Doch mit dem Bilde hebet euren Blick:
Die Rede geht herab, denn sie beschreibt,
Der Geist will aufwärts, wo er ewig bleibt.

Himmelsfärbung im Straßburger Winter, verzeichnet 1770 in den ‹Ephemerides›

In der Hälfte des Januars erschien folgendes Phänomen. An der Gegend des Horizonts wo im Sommer die Sonne unterzugehen pflegt, war es ungewöhnlich helle, und zwar ein blaulig gelber Schein, wie in der reinsten Sommernacht von dem Ort wo die Sonne untergegangen ist heraufscheint, dieses Licht nahm den vierten Theil des sichtbaaren Himmels hinaufzu ein, darüber erschienen Rubinrothe Streifen, die sich, zwar etwas ungleich, nach dem Lichten Gelb zuzogen. Diese Streifen waren sehr abwechselnd und kammen biss in den Zenith. Man sah die Sterne durchfunckeln. Auf beyden Seiten von Abend und Norden war es von dunckeln Wolcken eingefasst, davon auch einige in dem gelben Scheine schwebten. Überhaupt war der Himmel rings umzogen. Die Röthe war so starck dass sie die Häusser und den Schnee färbte und dauerte ohngefähr eine Stunde von sechs bis 7. Abends. Bald überzog sich der Himmel, und es fiel ein starcker Schnee.

Farben des Himmels

Hängen genau mit dem Witterungszustande zusammen.

Nachfolgende Erfahrung muß man sich einprägen weil sie der Grund aller in der Atmosphäre zu beobachtenden Farbenerscheinung bleibt.

Ein trübes Glas vor das Finstere gehalten, von vorne aber erleuchtet erscheint *blaulich,* je weniger trüb desto *blauer* das am wenigsten getrübte *violett;* umgekehrt erscheint dasselbe Glas gegen das Helle gehalten *gelb* nach seiner mehreren Dichtigkeit *röter,* so daß endlich die Sonne selbst *rubinrot* zu schauen ist.

Die Luft als Feuchtigkeitsträger, auch die heiterste, ist immer als trüb anzusehen, weswegen der Himmel der Sonne gegenüber und zur Seite blau erscheinen wird, denn das Finstere des Weltalls wirkt noch durch den Flor hindurch. Eben deshalb erscheinen die Berge in einiger Entfernung dunkler blau als in größerer.

Auf den höchsten Bergen wegen der Reinheit der Atmosphäre erscheint die Luft hochblau, zuletzt ins rötliche spielend, im flachen Lande, bei größerer Verdichtung und Trübung der Luft, wird das Blau immer blässer, verschwindet zuletzt und erscheint ganz weiß.

Die Sonne und der helle Raum um sie her durch eine stark mit Dünsten angefüllte Atmosphäre gesehen, erscheint gelbrot bis zum roten.

Vor Sonnenaufgang, nach Sonnenuntergang, wenn die Sonne durch die starken Dünste des Horizonts durchscheint, so beleuchtet sie die Wolken mit gelbem ja rotem Schein.

Beim Höherauch erscheint die Sonne blutrot wie durch ein stark getrübtes Glas.

Auf beigelegter Zeichnung hat man den Blaumesser mit dem Gelb- und Rotmesser verbunden, jener hat nur die Hälfte seiner Stufen, die nicht einmal alle bei uns vorkommen, dieser ist ganz durchgeführt, obgleich das höchste Rot bei uns wohl selten sein möchte, in Italien kommt es vor zu Zeiten des Scirocco.

Expediert den 2ten Februar 1818.

Goethes alter Kammerdiener Christian Sutor erzählt Eckermann die Geschichte eines Phänomens

„,Einst klingelte er mitten in der Nacht, und als ich zu ihm in die Kammer trete, hat er sein eisernes Rollbette vom untersten Ende der Kammer herauf bis ans Fenster gerollt und liegt und beobachtet den Himmel'. ,Hast du nichts am Himmel gesehen?' fragte er mich, und als ich dies verneinte: ,So laufe einmal nach der Wache und frage den Posten, ob der nichts gesehen.' Ich lief hin, der Posten hatte aber nichts gesehen, welches ich meinem Herrn meldete, der noch ebenso lag und den Himmel unverwandt beobachtete. ,Höre', sagte er dann zu mir, ,wir sind in einem bedeutenden Moment, entweder wir haben in diesem Augenblick ein Erdbeben, oder wir bekommen eins.' Und nun mußte ich mich zu ihm aufs Bette setzen, und er demonstrierte mir, aus welchen Merkmalen er das abnehme."

Ich fragte den guten Alten, was es für Wetter gewesen.

,Es war sehr wolkig', sagte er, ,und dabei regte sich kein Lüftchen, es war sehr still und schwül.'

Ich fragte ihn, ob er denn Goethen jenen Ausspruch sogleich aufs Wort geglaubt habe.

,Ja', sagte er, ,ich glaubte ihm aufs Wort, denn was er vorhersagte, war immer richtig. Am nächsten Tag', fuhr er fort, ,erzählte mein Herr seine Beobachtungen bei Hofe', wobei eine Dame ihrer Nachbarin ins Ohr flisterte: ,Höre! Goethe schwärmt!' Der Herzog aber und die übrigen Männer glaubten an Goethe, und es wies sich auch bald aus, daß er recht gesehen; denn nach einigen Wochen kam die Nachricht, daß in derselbigen Nacht ein Teil von Messina durch ein Erdbeben zerstört worden.'"

Beiträge zur Optik

Eben so wird es uns, wenn wir eine Zeitlang in dem schönen Italien gelebt, ein Märchen, wenn wir uns erinnern, wie harmonisch dort der Himmel sich mit der Erde verbindet und seinen lebhaften Glanz über sie verbreitet. Er zeigt uns meist ein reines tiefes Blau; die auf- und untergehende Sonne gibt uns einen Begriff vom höchsten Rot bis zum lichtesten Gelb; leichte hin und wider ziehende Wolken färben sich mannigfaltig, und die Farben des himmlischen Gewölbes teilen sich auf die angenehmste Art dem Boden mit, auf dem wir stehen. Eine blaue Ferne zeigt uns den lieblichsten Übergang des Himmels zur Erde, und durch einen verbreiteten reinen Duft schwebt ein lebhafter Glanz in tausendfachen Spiegelungen über der Gegend. Ein angenehmes Blau färbt selbst die nächsten Schatten; der Abglanz der Sonne entzückt uns von Blättern und Zweigen, indes der reine Himmel sich im Wasser zu unseren Füßen spiegelt. Alles, was unser Auge übersieht, ist harmonisch gefärbt, so klar, so deutlich, und wir vergessen fast, daß auch Licht und Schatten in diesem Bilde sei. Nur selten werden wir in unsern Gegenden an jene paradiesischen Augenblicke erinnert, und ich lasse einen Vorhang über dieses Gemälde fallen, damit es uns nicht an ruhiger Betrachtung störe, die wir nunmehr anzustellen gedenken. *(Aus der Einleitung)*

Zur Farbenlehre

Gegenwärtig sagen wir nur so viel voraus, daß zur Erzeugung der Farbe Licht und Finsternis, Helles und Dunkles oder, wenn man sich einer allgemeineren Formel bedienen will, Licht und Nichtlicht gefordert werde. Zunächst am Licht entsteht uns eine Farbe, die wir Gelb nennen, eine andere zunächst an der Finsternis, die wir mit dem Worte Blau bezeichnen. Diese beiden, wenn wir sie in ihrem reinsten Zustand dergestalt vermischen, daß sie sich völlig das Gleichgewicht halten, bringen eine dritte hervor, welche wir Grün heißen. Jene beiden ersten Farben können aber auch jede an sich selbst eine neue Erscheinung hervorbringen, indem sie sich verdichten oder verdunkeln. Sie erhalten ein rötliches Ansehen, welches sich bis auf einen so hohen Grad steigern kann, daß man das ursprüngliche Blau und Gelb kaum darin mehr erkennen mag. Doch läßt sich das höchste und reine Rot, vorzüglich in physischen Fällen, dadurch hervorbringen, daß man die beiden Enden des Gelbroten und Blauroten vereinigt. Dieses ist die lebendige Ansicht der Farbenerscheinung und -erzeugung. Man kann aber auch zu dem spezifiziert fertigen Blauen und Gelben ein fertiges Rot annehmen und rückwärts durch Mischung hervorbringen, was wir vorwärts durch Intensieren bewirkt haben. Mit diesen drei oder sechs Farben, welche sich bequem in einen Kreis einschließen lassen, hat die Elementare Farbenlehre allein zu tun. Alle übrigen ins Unendliche gehenden Abänderungen gehören mehr in das Angewandte, gehören zur Technik des Malers, des Färbers, überhaupt ins Leben. *(Aus der Einleitung)*

Gespräch mit Eckermann am 1. Februar 1827

„In der Farbenlehre steht mir nun noch die Entwickelung des Regenbogens bevor, woran ich zunächst gehen werde. Es ist dieses eine äußerst schwierige Aufgabe, die ich jedoch zu lösen hoffe. Es ist mir aus diesem Grunde lieb, jetzt mit Ihnen die *Farbenlehre* wieder durchzugehen, wodurch sich denn, zumal bei Ihrem Interesse für die Sache, alles wieder anfrischet.

Ich habe mich", fuhr Goethe fort, „in den Naturwissenschaften ziemlich nach allen Seiten hin versucht; jedoch gingen meine Richtungen immer nur auf solche Gegenstände, die mich irdisch umgaben und die unmittelbar durch die Sinne wahrgenommen werden konnten; weshalb ich mich denn auch nie mit Astronomie beschäftiget habe, weil hiebei die Sinne nicht mehr ausreichen, sondern weil man hier schon zu Instrumenten, Berechnungen und Mechanik seine Zuflucht nehmen muß, die ein eigenes Leben erfordern und die nicht meine Sache waren.

Wenn ich aber in denen Gegenständen, die in meinem Wege lagen, etwas geleistet, so kam mir dabei zugute, daß mein Leben in eine Zeit fiel, die an großen Entdeckungen in der Natur reicher war als irgendeine andere. Schon als Kind begegnete mir Franklins Lehre von der Elektrizität, welches Gesetz er damals soeben gefunden hatte. Und es folgte durch mein ganzes Leben, bis zu dieser Stunde, eine große Entdeckung der andern; wodurch ich denn nicht allein früh auf die Natur hingeleitet, sondern auch später immerfort in der bedeutendsten Anregung erhalten wurde.

Jetzt werden Vorschritte getan, auch auf den Wegen, die ich einleitete, wie ich sie nicht ahnden konnte, und es ist mir wie einem, der der Morgenröte entgegengeht und über den Glanz der Sonne erstaunt, wenn diese hervorleuchtet."

Ein Gedicht gegen die Newtonsche Optik

Freunde, flieht die dunkle Kammer,
Wo man euch das Licht verzwickt
Und mit kümmerlichstem Jammer
Sich verschrobnen Bildern bückt.

Abergläubische Verehrer
Gabs die Jahre her genug,
In den Köpfen eurer Lehrer
Laßt Gespenst und Wahn und Trug.

Wenn der Blick an heitern Tagen
Sich zur Himmelsbläue lenkt,
Beim Sirok der Sonnenwagen
Purpurrot sich niedersenkt:
Da gebt der Natur die Ehre,
Froh, an Aug und Herz gesund,
Und erkennt der Farbenlehre
Allgemeinen, ewigen Grund.
(Zahme Xenien; 1815–1827)

‹Konfession des Verfassers› aus der ‹Geschichte der Farbenlehre›

Ich war in einsamen Stunden früherer Zeit auf die Natur aufmerksam geworden, wie sie sich als Landschaft zeigt, und hatte, da ich von Kindheit auf in den Werkstätten der Maler aus und ein ging, Versuche gemacht, das, was mir in der Wirklichkeit erschien, so gut es sich schicken wollte, in ein Bild zu verwandlen; ja ich fühlte hiezu, wozu ich eigentlich keine Anlage hatte, einen weit größern Trieb als zu demjenigen, was mir von Natur leicht und bequem war. So gewiß ist es, daß die falschen Tendenzen den Menschen öfters mit größerer Leidenschaft entzünden als die wahrhaften, und daß er demjenigen weit eifriger nachstrebt, was ihm mißlingen muß, als was ihm gelingen könnte.

Je weniger also mir eine natürliche Anlage zur bildenden Kunst geworden war, desto mehr sah ich mich nach Gesetzen und Regeln um; ja ich achtete weit mehr auf das Technische der Malerei als auf das Technische der Dichtkunst: wie man denn durch Verstand und Einsicht dasjenige auszufüllen sucht, was die Natur Lückenhaftes an uns gelassen hat.

Je mehr ich nun durch Anschauung der Kunstwerke, insofern sie mir im nördlichen Deutschland vor die Augen kamen, durch Unterredung mit Kennern und Reisenden, durch Lesen solcher Schriften, welche ein lange pedantisch vergrabenes Altertum einem geistigem Anschaun entgegenzuheben versprachen, an Einsicht gewissermaßen zunahm, desto mehr fühlte ich das Bodenlose meiner Kenntnisse und sah immer mehr ein, daß nur von einer Reise nach Italien etwas Befriedigendes zu hoffen sein möchte.

Als ich endlich nach langem Zaudern über die Alpen gelangt war, so empfand ich gar bald, bei dem Zudrang so vieler unendlichen Gegenstände, daß ich [...] von Grund aus anfangen müsse, alles bisher Gewähnte wegzuwerfen und das Wahre in seinen einfachsten Elementen aufzusuchen [...]

Mich trösteten die mannigfaltigen und unentwickelten Schätze, die ich mir gesammlet; ich erfreute mich an der Art, wie ich sah, daß Poesie und bildende Kunst wechselseitig aufeinander einwirken könnten. Manches war mir im einzelnen deutlich, manches im ganzen Zusammenhange klar. Von einem einzigen Punkte wußte ich mir nicht die mindeste Rechenschaft zu geben: es war das Kolorit. [...]

Mehrere Gemälde waren in meiner Gegenwart erfunden, komponiert, die Teile der Stellung und Form nach sorgfältig durchstudiert worden, und über alles dieses konnten mir die Künstler, konnte ich mir und ihnen Rechenschaft, ja sogar manchmal Rat erteilen. Kam es aber an die Färbung, so schien alles dem Zufall überlassen zu sein, dem Zufall der durch einen gewissen Geschmack, einen Geschmack der durch Gewohnheit, eine Gewohnheit die durch Vorurteil, ein Vorurteil das durch Eigenheiten des Künstlers, des Kenners, des Liebhabers bestimmt wurde. Bei den Lebendigen war kein Trost, ebensowenig bei den Abgeschiedenen, keiner in den Lehrbüchern, keiner in den Kunstwerken. [...]

Je weniger mir nun bei allen Bemühungen etwas erfreulich Belehrendes entgegenschien, desto mehr brachte ich diesen mir so wichtigen Punkt überall wiederholt, lebhaft und dringend zur Sprache, dergestalt, daß ich dadurch selbst Wohlwollenden fast lästig und verdrießlich fiel. Aber ich konnte nur bemerken, daß die lebenden Künstler bloß aus schwankenden Überlieferungen und einem gewissen Impuls handelten, daß Helldunkel, Kolorit, Harmonie der Farben immer in einem wunderlichen Kreise sich durcheinander drehten. Keins entwickelte sich aus dem andern, keins griff notwendig ein in das andere. Was man ausübte, sprach man als technischen Kunstgriff, nicht als Grundsatz aus. Ich hörte zwar von kalten und warmen Farben, von Farben, die einander heben, und was dergleichen mehr war; allein bei jeder Ausführung konnte ich bemerken, daß man in einem sehr engen Kreise wandelte, ohne doch denselben überschauen oder beherrschen zu können. [...]

Indessen versäumte ich [in Italien] nicht, die Herrlichkeit der atmosphärischen Farben zu betrachten, wobei sich die entschiedenste Stufenfolge der Luftperspektive, die Bläue der Ferne sowie naher Schatten, auffallend bemerken ließ. Beim Sciroccohimmel, bei den purpurnen Sonnenuntergängen waren die schönsten meergrünen Schatten zu sehen, denen ich um so mehr Aufmerksamkeit schenkte, als ich schon in der ersten Jugend bei frühem Studieren, wenn der Tag gegen das angezündete Licht heranwuchs, diesem Phänomen meine Bewunderung nicht entziehen konnte. Doch wurden alle diese Beobachtungen nur gelegentlich angestellt, durch so viel andres mannigfaltiges Interesse zerstreut und verdrängt, so daß ich meine Rückreise unternahm und zu Hause, bei manchem Zudrang fremdartiger Dinge, die Kunst und alle Betrachtung derselben fast gänzlich aus dem Auge verlor.

Sobald ich nach langer Unterbrechung endlich Muße fand, den eingeschlagenen Weg weiter zu verfolgen, trat mir in Absicht auf Kolorit dasjenige entgegen, was mir schon in Italien nicht verborgen bleiben konnte. Ich hatte nämlich zuletzt eingesehen, daß man den Farben, als physischen Erscheinungen, erst von der Seite der Natur beikommen müsse, wenn man in Absicht auf Kunst etwas über sie gewinnen wolle. Wie alle Welt war ich überzeugt, daß die sämtlichen Farben im Licht enthalten seien; nie war es mir anders gesagt worden, und niemals hatte ich die geringste Ursache gefunden, daran zu zweifeln [...]

Als ich mich nun von seiten der Physik den Farben zu nähern gedachte, las ich in irgendeinem Kompendium das hergebrachte Kapitel, und weil ich aus der Lehre, wie sie dastand, nichts für meinen Zweck entwickeln konnte; so nahm ich mir vor, die Phänomene wenigstens selbst zu sehen, zu welchen Hofrat *Büttner*, der von Göttingen nach Jena gezogen war, den nötigen Apparat mitgebracht und mir ihn nach seiner freundlich mitteilenden Weise sogleich angeboten hatte. Es fehlte nur also noch an einer dunklen Kammer, die durch einen wohlverschlossenen Fensterladen bewirkt werden sollte; es fehlte nur noch am Foramen exiguum [kleine Öffnung, durch die der Physiker ein Lichtstrahlenbündel in die Dunkelkammer fallen läßt], das ich mit aller Gewissenhaftigkeit, nach dem angegebenen Maß, in ein Blech einzubohren im Begriff stand. Die Hindernisse jedoch, wodurch ich abgehalten ward, die Versuche nach der Vorschrift, nach der bisherigen Methode anzustellen, waren Ursache, daß ich von einer ganz andern Seite zu den Phänomenen gelangte und dieselben durch eine umgekehrte Methode ergriff, die ich noch umständlich zu erzählen gedenke. [...]

Hofrat Büttner, der alles, was er von Büchern und Instrumenten besaß, gern mitteilte, verlangte jedoch, wie es einem vorsichtigen Eigentümer geziemt, daß man die geborgten Sachen nicht allzulange behalten, daß man sie zeitig zurückgeben und lieber einmal wieder aufs neue borgen solle. Er war in solchen Dingen unvergessen und ließ es, wenn eine gewisse Zeit verflossen war, an Erinnerungen nicht fehlen. Mit solchen wollte er mich zwar nicht unmittelbar angehen; allein durch einen Freund erhielt ich Nachricht von Jena: der gute Mann sei ungeduldig, ja empfindlich, daß ihm der mitgeteilte Apparat nicht wieder zugesendet werde. Ich ließ dringend um einige Frist bitten, die ich auch erhielt, aber auch nicht besser anwendete: denn ich war von ganz anderem Interesse festgehalten. Die Farbe, sowie die bildende Kunst überhaupt, hatte wenig teil an meiner Aufmerksamkeit, ob ich gleich ungefähr in dieser Epoche, bei Gelegenheit der Saussurischen Reisen auf den Montblanc und des dabei gebrauchten Kyanometers, die Phänomene der Himmelsbläue, der blauen Schatten und so weiter zusammenschrieb, um mich und andre zu überzeugen, daß das Blaue nur dem Grade nach von dem Schwarzen und dem Finstern verschieden sei.

So verstrich abermals eine geraume Zeit, die leichte Vorrichtung des Fensterladens und der kleinen Öffnung ward vernachlässigt, als ich von meinem jenaischen Freunde einen dringenden Brief erhielt, der mich aufs lebhafteste bat, die Prismen zurückzusenden, und wenn es auch nur wäre, daß der Besitzer sich von ihrem Dasein überzeugte, daß er sie einige Zeit wieder in Verwahrung hätte; ich sollte sie alsdann zu längerm Gebrauch wieder zurück erhalten. Die Absendung aber möchte ich ja mit dem zurückkehrenden Boten bewerkstelligen. Da ich mich mit diesen Untersuchungen sobald nicht abzugeben hoffte, entschloß ich mich, das gerechte Verlangen sogleich zu erfüllen. Schon hatte ich den Kasten hervorgenommen, um ihn dem Boten zu übergeben, als mir einfiel, ich wolle doch noch geschwind durch ein Prisma sehen, was ich seit meiner frühsten Jugend nicht getan hatte. Ich erinnerte mich wohl, daß alles bunt erschien, auf welche Weise jedoch, war mir nicht mehr gegenwärtig. Eben befand ich mich in einem völlig geweißten Zimmer; ich erwartete, als ich das Prisma vor die Augen nahm, eingedenk der *Newtonischen Theorie*, die ganze weiße Wand nach verschiedenen Stufen gefärbt, das von da ins Auge zurückkehrende Licht in soviel farbige Lichter zersplittert zu sehen.

Aber wie verwundert war ich, als die durchs Prisma angeschaute weiße Wand nach wie vor weiß blieb, daß nur da, wo ein Dunkles dran stieß, sich eine mehr oder weniger entschiedene Farbe zeigte, daß zuletzt die Fensterstäbe am allerlebhaftesten farbig erschienen, indessen am lichtgrauen Himmel draußen keine Spur von Färbung zu sehen war. Es bedurfte keiner langen Überlegung, so erkannte ich, daß eine Grenze notwendig sei, um Farben hervorzubringen, und ich sprach wie durch einen Instinkt sogleich vor mich laut aus, daß die Newtonische Lehre falsch sei.

Friedrich Wilhelm Riemer in seinen ‹Mittheilungen über Goethe› über das entschwindende Licht und und die Toten

Am 3. Dezember 1808 äußerte Goethe ferner: „Licht, wie es mit der Finsternis die Farbe wirkt, ist ein schönes Symbol der Seele, welche mit der Materie den Körper bildend belebt. So wie der Purpurglanz der Abendwolke schwindet und das Grau des Stoffes zurückbleibt, so ist das Sterben des Menschen. Es ist ein Entweichen, ein Erblassen des Seelenlichtes, das aus dem Stoffe weicht. Daher sehe ich keinen Toten. Alle meine gestorbenen Freunde sind mir so verblichen und verschwunden, und das Scheinbild von ihnen bleibt mir noch im Auge."

Philipp Otto Runge über die Farben des ersten Bildes, ‹Der Morgen›, aus seinem Zyklus ‹Die Tageszeiten›: Ein Brief an Goethe im April 1808

[...] Da Sie hier also die bloße architektonische Komposition vor sich sehn und die alten Kompositionen auch haben, so werden Sie doch sehen können, ob in der bloßen Figuration der Bilder ein deutlicherer Ausdruck auf eine solche Art hineinkömmt, wenn die Komposition, die dort noch fast auf der

Fläche beruht, auf eine solche Weise rund gemacht wird. Hier ist die ganze Lilie wie das Aufblühen des Tages zu betrachten, und wie diese verfliegt, sowie die Sonne kömmt, so verlischt auch nach oben der Stern um die Figuren. Die weibliche Gestalt tritt hier aus dem goldnen Glanz der Haare heraus und leuchtet mit einen Büschel wie mit einer Flamme vor sich her. Die Kinder auf der Seite streuen die Blumen in leichte, jagende Wolken, und die vorderen bilden aus den Tau der Wiesen die Rosen. Die Erde tut sich in den Blumen auf, und aus denselben sieht das Kind so grade nur in den Aufgang hinein, ohne etwas zu erwarten, selbst als das Bild des Aufgangs.

Der ganze Effekt der Naturerscheinung liegt also in der einfachen, aber gründlichen Gegeneinanderstellung der Luft, der großen Wolke und des Erdbodens.

Die ganze Lilie ist wie leichte, helle Wölkchen zu behandeln, die Haare wie leuchtende Wolken etc.; welche Schwierigkeiten ich schon gelöst zu haben glaube sowie den Effekt der Beleuchtung des Vordergrundes, da alles nur in einen kalten Reflexlicht liegen kann und die ganze warme und helle Beleuchtung nur von hinten hinüberspielt.

Wie nun in diesen ganzen Bilde alle Farbe und Gestalt nach oben in den Raum verfliegt, so faßt sie gleichsam auf der Erde in dem Kinde und den Blumen Wurzel. Und so ist dieses der Keim zu dem zweiten Bilde ['Der Mittag'], welches so ganz die Kreatur entfaltet und in den Wasser sich spiegelt und versenkt, woran sich das dritte ganz und gar offenbart und volles Zusammensinken aller Herrlichkeit des Tages ist, worüber die Nacht ruhig herübertritt und in dem vierten das geistige Feuer der Blumen nun alles durchleuchtet, bis in dieser Anschauung der Morgen von neuem erwacht.

Goethe an den befreundeten Professor für Geschichte und Staatswissenschaft Georg Sartorius in Göttingen im Juli 1810

[...] Zelter [der Musiker aus Berlin] ist gegenwärtig hier und wahrscheinlich komm ich durch seine Gegenwart weiter in meinem alten Wunsch, der *Tonlehre* auch von meiner Seite etwas abzugewinnen, um sie unmittelbar mit dem übrigen Physischen und auch mit der Farbenlehre zusammenzuknüpfen. Wenn ein paar große Formeln glücken, so muß das alles Eins werden, alles aus Einem entspringen und zu Einem zurückkehren.

Ein Brief von Eckermann an Goethe vom 14. September 1830

Ich reiste am 21. September von Genf ab, und nachdem ich mich in Bern ein paar Tage aufgehalten, kam ich am 27. nach Straßburg, wo ich abermals einige Tage verweilte.

Hier, an dem Fenster eines Friseurs vorbeigehend, sah ich eine kleine Büste Napoleons, die, von der Straße zu gegen das Dunkel des Zimmers betrachtet, alle Abstufungen von *Blau* zeigte, vom milchigen Hellblau bis zum tiefen Violett. Ich hatte eine Ahndung, daß vom Innern des Zimmers gegen das Licht angesehen die Büste mir alle Abstufungen des *Gelben* gewähren würde, und so konnte ich einem augenblicklichen lebhaften Trieb nicht widerstehen, zu den mir ganz unbekannten Personen geradezu hineinzutreten.

Mein erster Blick war nach der Büste, wo mir denn die herrlichsten Farben der aktiven Seite, vom blassesten Gelb bis zum dunkelen Rubinrot, zu großer Freude entgegenglänzten. Ich fragte lebhaft, ob man nicht geneigt sein wolle, mir dieses Brustbild des großen Helden zu überlassen. – Der Wirt erwiderte mir, daß er, aus gleicher Anhänglichkeit für den Kaiser, sich vor kurzem die Büste aus Paris mitgebracht habe; da jedoch meine Liebe die seinige noch um ein gutes Teil zu übertreffen scheine, wie er aus meiner enthusiastischen Freude schließe, so gebühre mir auch der Vorzug des Besitzes, und er wolle sie mir gerne überlassen.

In meinen Augen hatte dies gläserne Bild einen unschätzbaren Wert, und ich konnte daher nicht umhin, den guten Eigentümer mit einiger Verwunderung anzusehen, als er es für wenige Franken in meine Hände gab.

Goethe an Carl Friedrich Zelter

3. Februar 1831

Je länger ich lebe, je mehr freue ich mich meiner lichten Ketzerei, da die herrschende Kirche der dunklen Kammer des kleinen Löchleins und in der neuern Zeit der kleinen Löchlein zu hunderten bedarf, um das Offenbarste zu verheimlichen und das Planste zu verwirren.

Eckermann, der als wahrhafter Ali durchdrungen ist von dem hohen Begriff, daß Licht und Dunkel im Trüben die Farben hervorbringen, hat mir eine kleine Büste Napoleons von Opalglas mitgebracht, die allein eine Reise um die Welt wert ist. Sie steht der aufgehenden Sonne entgegen: bei'm ersten Strahl derselben erklingt sie von allen allen, die sämtlichen Edelsteine (überbietenden) Glanz- und Prachtfarben. Fahr' ich fort, sie gegen die Sonne zu richten, so leistet sie solches den ganzen Tag.

Goethe an Eckermann

Oktober 1830

Der lebhafte Eindruck, den Sie beim Anblick des merkwürdigen, Farbe vermittelnden Brustbildes erfuhren, die Begierde, sich solches anzueignen, das artige Abenteuer, welches Sie deshalb bestanden, und der gute Gedanke, mir solches als Reisegabe zu verehren das alles deutet darauf, wie durchdrungen Sie sind von dem herrlichen Urphänomen, welches hier in allen seinen Äußerungen hervortritt. Dieser Begriff, dieses Gefühl wird Sie mit seiner Fruchtbarkeit durch Ihr ganzes Leben begleiten und sich noch auf manche produktive Weise bei Ihnen legitimieren. Der Irrtum gehört den Bibliotheken an, das Wahre dem menschlichen Geiste; Bücher mögen sich durch Bücher vermehren, indessen der Verkehr mit lebendigen Urgesetzen dem Geiste gefällt, der das Einfache zu erfassen weiß, das Verwickelte sich entwirrt und das Dunkle sich aufklärt.

Wenn Ihr Dämon Sie wieder nach Weimar führt, sollen Sie jenes Bild in der heftigen klaren Sonne stehen sehen, wo unter dem ruhigen Blau des durchscheinenden Angesichts die derbe Masse der Brust und der Epauletten von dem mächtigsten Rubinrot in allen Schattierungen auf- und abwärts leuchtet und, wie das Granitbild Memnons in Tönen, so sich hier das trübe Glasbild in Farbenpracht manifestiert. Man sieht hier wirklich den Helden auch für die Farbenlehre sieghaft. Haben Sie den schönsten Dank für diese unerwartete Bekräftigung der mir so werten Lehre.

8. *Die Revolution und der Krieg 1789–1794*

> Eröffne deine Schlünde, wildes Meer!
> Verschlinge Schiff und Mann und Schätze. Weit
> Verbreitet euch, ihr kriegerischen Reihen,
> Und häuft, auf blut'gen Fluren, Tod auf Tod.
> Entzünde Strahl des Himmels dich im Leeren
> Und triff der kühnen Türme sichres Haupt.
> Zertrümmr', entzünde sie und geißle weit,
> Im Stadtgedräng, der Flamme Wut umher.
>
> *Die natürliche Tochter*

Knebels Befürchtung, daß Goethe „sich sobald nicht wieder an deutsche Luft gewöhnen möchte", traf nach dessen Heimkehr aus Italien – fast – das Zentrum seiner Vereinsamung. Doch seine eigene Enttäuschung darüber, daß „die Freunde, statt mich an sich zu ziehen", ihn „zur Verzweiflung brachten", verdeckte die Haltung des von Grund auf veränderten Heimkehrers. Sie ließe sich schon aus der eher verdrießlich aufgenommenen Vollendung des *Tasso* erschließen, den er „jetzt gar nicht mehr wählen würde, hätte ich ihn nicht angefangen". Die Hoferfahrung der ersten Weimarer Jahre lag hinter ihm. Von den Hauptlasten der Staatsgeschäfte hatte er sich entbinden lassen. Die Verbindung mit Charlotte von Stein war zerbrochen; die erotische Befreiung in Rom zeigte sich in der sinnlichen Heiterkeit der *Römischen Elegien*, die zugleich zur Hommage an Christiane Vulpius werden. Herders bissige Reaktion auf die *Elegien*, die Schiller in den ‚Horen' abdruckte (vergnügt über den „körnigten Dichtergeist"), war symptomatisch für die Begriffsstutzigkeit vieler Weimarer – überdies würde gerade Herder (der insinuiert hatte, man müsse die ‚Horen' jetzt mit ‚u' schreiben), wie seinen Briefen zu entnehmen war, aus Italien ganz andere Eindrücke mitbringen als der Freund.

Der hatte die Daheimgebliebenen zwar redlich an seinem Schicksal und vor allem: seinem inneren Wandel teilnehmen lassen, aber es war am Ende nicht zu vermitteln, wie elementar er sich verändert hatte in der mediterranen Welt, wo Kunst,

Natur und Menschen so ineinander aufzugehen schienen, daß er nicht nur von einer *Wiedergeburt* sprechen konnte, sondern auch, in der Retrospektive, ahnen mochte, daß all sein künftiges Denken und Handeln ärmer sein würde ohne diese Metamorphose.

Noch etwas anderes trennte ihn von der Mitwelt. Im Unterschied zu manch anderem – von Klopstock über Fichte bis Wieland – verfolgte er den Verlauf der Französischen Revolution mit Skepsis und Ablehnung. Die in seine Seelengeschichte eingesenkten Urängste vor dem Chaos kleidete er in die Affekte gegen Unordnung und Anarchie. In einem der *Venezianischen Epigramme* heißt es: „Alle Freiheits-Apostel, sie waren mir immer zuwider; | Willkür sucht am Ende nur jeder für sich."

Waren viele seiner Zeitgenossen von dem Bild irritiert, das er sich – und anderen – von der Französischen Revolution machte und war mancher von ihnen entsetzt, ja abgestoßen von jenem, das sich ihnen später gegenüber Napoleon darbot (den er zum dämonischen, also dem Mythos angehörenden Helden stilisierte), so mochten sie überlesen haben, was in seinen Briefen aus Rom zu vernehmen war. Wie es ihm, so hatte es da geheißen, „in der Naturgeschichte erging, geht es auch hier, denn an diesen Ort knüpft sich die ganze Geschichte der Welt an.": Natur und Geschichte in einem Satz, in einem Gedanken. Die Turbulenzen waren eine Reihung von *Naturereignissen,* rätselhaft wie die Natur selbst – ein Chaos. Das Lissaboner Erdbeben hatte in der Erinnerung einen langen Schatten: „Jede Revolution geht auf Naturzustand hinaus."

Sein Ordnungsdenken, das diesen Naturerscheinungen ihre Gesetze abzuhorchen versucht hat, mochte allererst auf die Neigung zurückgehen, dem Chaos mit Vernunft zu begegnen: „Alle Gesetze sind Versuche, sich den Absichten der *moralischen* Weltordnung [...] zu nähern."

Das hat ihn freilich auch politisch verblendet. Die durchweg schwachen dramatischen Versuche – vom *Groß-Cophta* über *Die Aufgeregten* bis um *Bürgergeneral,* selbst *Die natürliche Tochter* –, in der Revolution nur die chaotische Nachspur einer korrumpierten Adelsgesellschaft zu erblicken, nicht das Totalitäre des gesamten Systems, mögen Zeugen dieser Verblendung sein. Eine später von Eckermann aufgezeichnete Äußerung findet dann zu politisch logischen Begründungen, die sich, wenn auch verhüllt, doch auch in der *Natürlichen Tochter* auffinden lassen.

Dem allen gegenüber steht die von Adele Schopenhauer später beobachtete faszinierte Lektüre des Hauptwerkes ihres Bruders Arthur: *Die Welt als Wille und Vorstellung* vermittelte ihm eine Ansicht über die tiefen Zusammenhänge von Kunst und Menschennatur, die der seinen, gedenkt man seines Naturbegriffs, kaum sehr fern sein konnte.

Wie heftig die Wirkung der Revolution auf ihn gewesen ist – und wie tief zeitgenössiche Ereignisse auf die Niederschrift eingewirkt haben – zeigt eine Stelle in *Dichtung und Wahrheit* besonders deutlich. Als er 1813 von seiner Straßburger Studentenzeit und vom Besuch Marie Antoinettes auf ihrer Durchreise nach Paris zur Hochzeit mit Ludwig XVI. erzählt, schlägt ihm unter der Hand der auf den ausgehängten Wandteppichen dargestellte Mythos von der todbringenden Hochzeit Kreusas mit Jason ins grauenhaft Gegenwärtige um: 1793 war Marie Antoinette auf dem Schafott hingerichtet worden.

Es könnte scheinen, als habe die Poesie, in die er während dieser Jahre seine Naturbeobachtungen überführte – vor allem die aus der *Morphologie* (die zugleich zum Symbol des eigenen Wandels wird) –, auch so etwas wie leidmildernden Charakter.

Ins Historische gewendet, mochte dem Poeten allein das erzählerische Moment die Geschichte überhaupt noch faßlich machen. Am Koalitionskrieg 1792 gegen die französischen Revolutionsarmeen ist er in einem Augenblick beteiligt, wo das ganze Unternehmen schon alle Zeichen des Untergangs zeigt. Ungewiß bleibt, ob er ahnte, was einst in den Geschichtsbüchern darüber würde zu lesen sein – aus seinen Äußerungen gegenüber dem jungen Historiker Luden treten am schärfsten die Zweifel an der Wahrhaftigkeit der Quellen hervor. Für ihn zählte nur die individuelle Erfahrung – und überdies die erzählerische Kunst, mit der sie weitergereicht wurde. Vor allem sie zeigt sich in der *Campagne in Frankreich* (1822 veröffentlicht) und in der *Belagerung von Mainz,* ebenso wie später in den *Unterhaltungen deutscher Ausgewanderten,* wo man sich, nicht unähnlich dem *Decamerone* Boccaccios und später Hoffmanns *Serapionsbrüdern,* leid- und schreckensmildernde Anekdoten, Grotesken und Historien erzählt. In den Kriegsberichten aber geht Geschichte vor allem in „der Wahrnehmung der Beteiligten und Betroffenen auf“ (Reinhart Koselleck).

Nicht zu überhören ist gleichwohl die Kühle, mit der brennende Dörfer und düstere Menschennot eher als *Nachtstücke* wahrgenommen werden, die denen des lothringischen Malers George de La Tour gleichen. Und die Beobachtung optischer Phänomene war für Knebel, das müsse er „gestehen, ein zu feiner Ableiter", an den er selbst „bei den rauchenden Flammen einer Stadt und bei so vielem Umsturz von Schicksal und Glück nicht gedenken dürfte."

Nach Napoleons Rußlandfeldzug wird er dem Freund Carl Friedrich Reinhard, einem deutschen Diplomaten in französischen Diensten, schreiben: „Daß Moskau verbrannt ist, tut mir garnichts. Die Weltgeschichte will künftig auch was zu erzählen haben." Allein der Blick auf das einzelne Menschenschicksal macht „den Unsinn des Weltwesens" faßbar, und so fährt der Brief fort: „Wenn wir nun aber auf uns selbst zurückkehren und *Sie* in einem ungeheuren, unübersehbaren Unglück Bruder und Schwester und *ich* Freunde vermisse [...] so fühlen wir denn freilich in welcher Zeit wird leben und wie hoch ernst wir sein müssen, um nach alter Weise heiter sein zu können."

Das war nicht die „olympische" Manier des Überlebenden. Er werde, hatte er am 16. Oktober 1792 an Herder geschrieben, nachhause eilen, „um dort wie von einem bösen Traum zu erwachen, der mich zwischen Koth und Noth, Mangel und Sorge, zwischen Trümmern, Leichen, Äsern und Scheishaufen gefangenhielt."

Nach einem Besuch bei Freunden auf der Rückreise kehrt er am 16. Dezember in sein neues Haus am Frauenplan zurück.

*

Blick auf einen Wandteppich in Straßburg im Jahre 1770, einen Mythos und seine historische Zukunft

Doch es war an dieser Zerstreuung und Zerstückelung meiner Studien nicht genug, sie sollten abermals bedeutend gestört werden: denn eine merkwürdige Staatsbegebenheit setzte alles in Bewegung und verschaffte uns eine ziemliche Reihe Feiertage. Marie Antoinette, Erzherzogin von Österreich, Königin von Frankreich, sollte auf ihrem Wege nach Paris über Straßburg gehen. Die Feierlichkeiten, durch welche das Volk aufmerksam gemacht wird, daß es Große in der Welt gibt, wurden emsig und häufig vorbereitet, und mir besonders war dabei das Gebäude merkwürdig, das zu ihrem Empfang und zur Übergabe in die Hände der Abgesandten ihres Gemahls [Ludwig XVI.] auf einer Rheininsel zwischen den beiden Brücken aufgerichtet stand. Es war nur wenig über den Boden erhoben, hatte in der Mitte einen großen Saal, an beiden Seiten kleinere, dann folgten andere Zimmer, die sich noch etwas hinterwärts erstreckten; genug, es hätte, dauerhafter gebaut, gar wohl für ein Lusthaus hoher Personen gelten können. Was mich aber daran besonders interessierte, und weswegen ich manches Büsel (ein kleines damals kurrentes Silberstück) nicht schonte, um mir von dem Pförtner einen wiederholten Eintritt zu verschaffen, waren die gewirkten Tapeten, mit denen man das Ganze inwendig ausgeschlagen hatte. [...] Höchst erfreulich und erquicklich fand ich diese Nebensäle, desto schrecklicher aber den Hauptsaal. Diesen hatte man mit viel größern, glänzendern, reichern und von gedrängten Zieraten umgebenen Hautelissen behängt, die nach Gemälden neuerer Franzosen gewirkt waren.

Nun hätte ich mich wohl auch mit dieser Manier befreundet, weil meine Empfindung wie mein Urteil nicht leicht etwas völlig ausschloß; aber äußerst empörte mich der Gegenstand. Diese Bilder enthielten die Geschichte von Iason, Medea und Kreusa, und also ein Beispiel der unglücklichsten Heirat. Zur Linken des Throns sah man die mit dem grausamsten Tode ringende Braut, umgeben von jammervollen Teilnehmenden; zur Rechten entsetzte sich der Vater über die ermordeten Kinder zu seinen Füßen; während die Furie auf dem Drachenwagen in die Luft zog. *(Dichtung und Wahrheit)*

Über die terreur in Frankreich im Jahre 1794 in den ‹Tag- und Jahresheften›

Von diesem Jahr durft ich hoffen, es werde mich gegen die vorigen, in welchen ich viel entbehrt und gelitten, durch mancherlei Tätigkeit zerstreuen, durch mancherlei Freundlichkeit erquicken; und ich bedurfte dessen gar sehr. Denn persönlicher Zeuge höchst bedeutender und die Welt bedrohender Umwendungen gewesen zu sein, das größte Unglück, was Bürgern, Bauern und Soldaten begegnen kann, mit Augen gesehen, ja solche Zustände geteilt zu haben, gab die traurigste Stimmung.

Doch wie sollte man sich erholen, da uns die ungeheuern Bewegungen innerhalb Frankreichs jeden Tag beängstigten und bedrohten. Im vorigen Jahre hatten wir den Tod des Königs und der Königin bedauert [Hinrichtung Ludwig XVI. und Marie Antoinettes im Januar 1793 auf dem Schafott], in diesem das gleiche Schicksal der Prinzeß Elisabeth. Robespierres Greueltaten hatten die Welt erschreckt, und der Sinn der Freude war so verloren, daß niemand über dessen Untergang [seine Hinrichtung im August 1794] zu jauchzen sich getraute; am wenigsten, da die äußern Kriegstaten der im Innersten aufgeregten Nation unaufhaltsam vorwärts drängten, rings umher die Welt erschütterten und alles Bestehende mit Umschwung, wo nicht mit Untergange bedrohen. [...]

Aus einem Gespräch mit Eckermann am 4. Januar 1824

„Es ist wahr, ich konnte kein Freund der Französischen Revolution sein, denn ihre Greuel standen mir zu nahe und empörten mich täglich und stündlich, während ihre wohltätigen Folgen damals noch nicht zu ersehen waren. Auch konnte ich nicht gleichgültig dabei sein, daß man in Deutschland künstlicherweise ähnliche Szenen herbeizuführen trachtete, die in Frankreich Folge einer großen Notwendigkeit waren.

Ebensowenig aber war ich ein Freund herrischer Willkür. Auch war ich vollkommen überzeugt, daß irgendeine große Revolution nie Schuld des Volkes ist, sondern der Regierung. Revolutionen sind ganz unmöglich, sobald die Regierungen fortwährend gerecht und fortwährend wach sind, so daß sie ihnen durch zeitgemäße Verbesserungen entgegenkommen und sich nicht so lange sträuben, bis das Notwendige von unten her erzwungen wird.

Weil ich nun aber die Revolutionen haßte, so nannte man mich einen *Freund des Bestehenden.* Das ist aber ein sehr zweideutiger Titel, den ich mir verbitten möchte. Wenn das Bestehende alles vortrefflich, gut und gerecht wäre, so hätte ich gar nichts dawider. Da aber neben vielem Guten zugleich viel Schlechtes, Ungerechtes und Unvollkommenes besteht, so heißt ein Freund des Bestehenden oft nicht viel weniger als ein Freund des Veralteten und Schlechten."

Eugenie, die ‹Natürliche Tochter›, hört von der Dunkelheit des Künftigen

EUGENIE. Eröffne klärer! was befürchtest du?
MÖNCH. Im Dunklen drängt das Künftge sich heran,
Das künftig Nächste selbst erscheinet nicht
Dem offnen Blick der Sinne, des Verstands.
Wenn ich, beim Sonnenschein, durch diese Straßen,
Bewundernd wandle, der Gebäude Pracht,
Die, felsengleich, getürmten Massen schaue,
Der Plätze Kreis, der Kirchen edlen Bau,
Des Hafens masterfüllten Raum betrachte;
Das scheint mir alles für die Ewigkeit
Gegründet und geordnet, diese Menge
Gewerksam Tätiger, die, hin und her,
In diesen Räumen wogt, auch die verspricht
Sich, unvertilgbar, ewig herzustellen.
Allein wenn dieses große Bild, bei Nacht,
In meines Geistes Tiefen, sich erneut,
Da stürmt ein Brausen durch die düstre Luft,
Der feste Boden wankt, die Türme schwanken,
Gefugte Steine lösen sich herab
Und so zerfällt in ungeformten Schutt
Die Prachterscheinung. Wenig Lebendes
Durchklimmt, bekümmert, neuentstandne Hügel
Und jede Trümmer deutet auf ein Grab.
Das Element zu bändigen, vermag
Ein tiefgebeugt, vermindert Volk nicht mehr,
Und, rastlos wiederkehrend, füllt die Flut,
Mit Sand und Schlamm, des Hafens Becken aus.

Im Koalitionskrieg gegen die Französische Republik

An Christian Gottlob Voigt

Verdun, d. 10. Oktbr. 92

Daß unser Kriegsstern rückgängig ist werden Sie wissen. Ihr Fragezeichen vor Chalons war wohl angebracht, ich erhielt Ihren lieben Brief bei Dun [sur Meuse] auf unsrem Rückmarsche.

Es läßt sich viel über das alles sagen, es wird viel gesagt werden, und doch wird ein großer Teil dieser sonderbaren Geschichte ein Geheimnis bleiben. Von den Hindernissen die durch Wittrung und Wege entstanden sind hat niemand einen Begriff als wer mit gelitten hat. Wir haben in diesen 6 Wochen mehr Mühseligkeit, Not, Sorge, Elend, Gefahr ausgestanden und gesehen als in unserm ganzen Leben. Der Herzog ist recht wohl und ich habe mich auch gut gehalten.

Für Ihre Briefe danke ich recht herzlich, sie haben mir in verdrießlichen Stunden eine gute Unterhaltung gegeben, sie haben mich von dem Anteil der hinterlaßnen Freunde überzeugt, sie haben mir die Geschäfte die mich interessirten gegenwärtig gehalten. Besonders hat mich der Ahndungs- und Traumgeist unserer Freundinnen sehr gefreut und ich muß gestehen daß in Momenten wo so viel auf dem Spiele steht mancher selbst unter uns in dem Falle war von der Philosophie zum Glauben überzugehen.

Der gemeine Mann wenigstens konnte das üble Wetter nur einem französischen Daimon zuschreiben.

Noch ein Wort!

Ich habe mit Betrübnis gesehen daß das Geheime Conseil unbewunden diesen Krieg für einen Reichskrieg erklärt hat. Wir werden also auch mit der Herde ins Verderben rennen – Europa braucht einen 30jährigen Krieg um einzusehen was 1792 vernünftig gewesen wäre. [...]

Aus: ‹Campagne in Frankreich›

In Mainz hatte mich Herr von Stein mit dem Jägerischen Atlas versorgt, welcher den gegenwärtigen, hoffentlich auch den nächstkünftigen Kriegsschauplatz in mehreren Blättern darstellte. Ich nahm das eine hervor, das achtundvierzigste, in dessen Bezirk ich bei Longwy hereingetreten war, und da unter des Herzogs Leuten sich gerade ein Boßler befand, so ward es zerschnitten und aufgezogen und dient mir noch zur Wiedererinnerung jener für die Welt und mich so bedeutenden Tage.

Nach solchen Vorbereitungen, zum künftigen Nutzen und augenblicklicher Bequemlichkeit, sah ich mich um auf der Wiese, wo wir lagerten, und von wo sich die Zelte bis auf die Hügel erstreckten. Auf dem großen grünen, ausgebreiteten Teppich zog ein wunderliches Schauspiel meine Aufmerksamkeit an sich: eine Anzahl Soldaten hatten sich in einen Kreis gesetzt und hantierten etwas innerhalb desselben. Bei näherer Untersuchung fand ich sie um einen trichterförmigen Erdfall gelagert, der, von dem reinsten Quellwasser gefüllt, oben etwa dreißig Fuß im Durchmesser haben konnte. Nun waren es unzählige kleine Fischchen, nach denen die Kriegsleute angelten, wozu sie das Gerät neben ihrem übrigen Gepäcke mitgebracht hatten. Das Wasser war das klarste von der Welt und die Jagd lustig genug anzusehen. Ich hatte jedoch nicht lange diesem Spiele zugeschaut, als ich bemerkte, daß die Fischlein, indem sie sich bewegten, verschiedene Farben spielten. Im ersten Augenblick hielt ich diese Erscheinung für Wechselfarben der beweglichen Körperchen, doch bald eröffnete sich mir eine willkommene Aufklärung. Eine Scherbe Steingut war in den Trichter gefallen, welche mir aus der Tiefe herauf die schönsten prismatischen Farben gewährte. Heller als der Grund, dem Auge entgegengehoben, zeigte sie an dem von mir abstehenden Rande die Blau- und Violettfarbe, an dem mir zugekehrten Rande dagegen die rote und gelbe. Als ich mich darauf um die Quelle ringsum bewegte, folgte mir, wie natürlich bei einem solchen subjektiven Versuche, das Phänomen, und die Farben erschienen, bezüglich auf mich, immer dieselbigen.

Leidenschaftlich ohnehin mit diesen Gegenständen beschäftigt, machte mir's die größte Freude, dasjenige hier unter freiem Himmel so frisch und natürlich zu sehen, weshalb sich die Lehrer der Physik schon fast hundert Jahre mit ihren Schülern in eine dunkle Kammer einzusperren pflegten. Ich verschaffte mir noch einige Scherbenstücke, die ich hineinwarf, und konnte gar wohl bemerken, daß die Erscheinung unter der Oberfläche des Wassers sehr bald anfing, beim Hinabsinken immer zunahm, und zuletzt ein kleiner weißer Körper, ganz überfärbt, in Gestalt eines Flämmchens am Boden anlangte. Dabei erinnerte ich mich, daß Agricola schon dieser Erscheinung gedacht und sie unter die feurigen Phänomene zu rechnen sich bewogen gesehn. [...]

Um Mitternacht fing das Bombardement an, sowohl von der Batterie auf unserem rechten Ufer als von einer andern auf dem linken, welche, näher gelegen und mit Brandraketen spielend, die stärkste Wirkung hervorbrachte. Diese geschwänzten Feuermeteore mußte man denn ganz gelassen durch die Luft fahren und bald darauf ein Stadtquartier in Flammen sehen. Unsere Ferngläser, dorthin gerichtet, gestatteten uns auch, dieses Unheil im einzelnen zu betrachten; wir konnten die Menschen erkennen, die sich oben auf den Mauern dem Brande Einhalt zu tun eifrig bemühten, wir konnten die freistehenden, zusammenstürzenden Gesparre bemerken und unterscheiden. Dieses alles geschah in Gesellschaft von Bekannten und Unbekannten, wobei es unsägliche, oft widersprechende Bemerkungen gab und gar verschiedene Gesinnungen geäußert wurden. Ich war in eine Batterie getreten, die eben gewaltsam arbeitete, allein der fürchterlich dröhnende Klang abgefeuerter Haubitzen fiel meinem friedlichen Ohr unerträglich, ich mußte mich bald entfernen. Da traf ich auf den Fürsten Reuß den XI., der mir immer ein freundlicher gnädiger Herr gewesen. Wir gingen hinter Weinbergsmauern hin und her, durch sie geschützt vor den Kugeln, welche herauszusenden die Belagerten nicht faul waren. Nach mancherlei politischen Gesprächen, die uns denn freilich nur in ein Labyrinth von Hoffnungen und Sorgen verwickelten, fragte mich der Fürst: womit ich mich gegenwärtig beschäftige? und war sehr verwundert, als ich, anstatt von Tragödien und Romanen zu vermelden, aufgeregt durch die heutige Refraktionserscheinung, von der Farbenlehre mit großer Lebhaftigkeit zu sprechen begann. Denn es ging mir mit diesen Entwicklungen natürlicher Phänomene wie mit Gedichten, ich machte sie nicht, sondern sie machten mich. Das einmal erregte Interesse behauptete sein Recht, die Produktion ging ihren Gang, ohne sich durch Kanonenkugeln und Feuerballen im mindesten stören zu lassen. Der Fürst verlangte, daß ich ihm faßlich machen sollte, wie ich in dieses Feld geraten. Hier gereichte mir nun der heutige Fall zu besonderem Nutzen und Frommen. Bei einem solchen Manne bedurft' es nicht vieler Worte, um ihn zu überzeugen, daß ein Naturfreund, der sein Leben gewöhnlich im Freien, es sei nun im Garten, auf der Jagd, reisend oder durch Feldzüge, durchführt, Gelegenheit und Muße genug finde, die Natur im großen zu betrachten und sich mit den Phänomenen aller Art bekannt zu machen. Nun bieten aber atmosphärische Luft, Dünste, Regen, Wasser und Erde uns immerfort abwechselnde Farbenerscheinungen, und zwar unter so verschiedenen Bedingungen und Umständen, daß man wünschen müsse, solche bestimmter kennen zu lernen, sie zu sondern, unter gewisse Rubriken zu bringen, ihre nähere und fernere Verwandtschaft auszuforschen. Hiedurch gewinne man nun in jedem Fach neue Ansichten, unterschieden von der Lehre der Schule und von gedruckten Überlieferungen. Unsere Altväter hätten, begabt mit großer Sinnlichkeit, vortrefflich gesehen, jedoch ihre Beobachtungen nicht fort- noch durchgesetzt, am wenigsten sei ihnen gelungen, die Phänomene wohl zu ordnen und unter die rechten Rubriken zu bringen.

Dergleichen ward abgehandelt, als wir den feuchten Rasen hin und her gingen; ich setzte, aufgeregt durch Fragen und Einreden, meine Lehre fort, als die Kälte des einbrechenden Morgens uns an ein Biwak der Östreicher trieb, welches, die ganze Nacht unterhalten, einen ungeheuern wohltätigen Kohlenkreis darbot. Eingenommen von meiner Sache, mit der ich mich erst seit zwei Jahren beschäftigte, und die also noch in einer frischen, unreifen Gärung begriffen war, hätte ich kaum wissen können, ob der Fürst mir auch zugehört, wenn er nicht einsichtige Worte dazwischen gesprochen und zum Schluß meinen Vortrag wieder aufgenommen und beifällige Aufmunterung gegönnt hätte. [...]

Indessen dauerte die Kanonade immer fort: Kellermann hatte einen gefährlichen Posten bei der Mühle von Valmy, dem eigentlich das Feuern galt; dort ging ein Pulverwagen in die Luft, und man freute sich des Unheils, das er unter den Feinden angerichtet haben mochte. Und so blieb alles eigentlich nur Zuschauer und Zuhörer, was im Feuer stand und nicht. Wir hielten auf der Chaussee von Chalons an einem Wegweiser, der nach Paris deutete.

Diese Hauptstadt also hatten wir im Rücken, das französische Heer aber zwischen uns und dem Vaterland. Stärkere Riegel waren vielleicht nie vorgeschoben, demjenigen höchst apprehensiv, der eine genaue Karte des Kriegstheaters nun seit vier Wochen unablässig studierte.

Doch das augenblickliche Bedürfnis behauptet sein Recht selbst gegen das Nächstkünftige. Unsere Husaren hatten mehrere Brotkarren, die von Chalons nach der Armee sollten, glücklich aufgefangen und brachten sie den Hochweg daher. Wie es uns nun fremd vorkommen mußte, zwischen Paris und Sainte-Menehould postiert zu sein, so konnten die zu Chalons des Feindes Armee keineswegs auf dem Wege zu der ihrigen vermuten. Gegen einiges Trinkgeld ließen die Husaren von dem Brot etwas ab; es war das schönste weiße; der Franzos erschrickt vor jeder schwarzen Krume. Ich teilte mehr als einen Laib unter die zunächst Angehörigen, mit der Bedingung, mir für die folgenden Tage einen Anteil daran zu verwahren. Auch noch zu einer andern Vorsicht fand ich Gelegenheit; ein Jäger aus dem Gefolge hatte gleichfalls diesen Husaren eine tüchtige wollene Decke abgehandelt, ich bot ihm die Übereinkunft an, mir sie auf drei Nächte, jede Nacht für acht Groschen, zu überlassen, wogegen er sie am Tage verwahren sollte. Er hielt dieses Bedingnis für sehr vorteilhaft; die Decke hatte ihm einen Gulden gekostet, und nach kurzer Zeit erhielt er sie mit Profit ja wieder. Ich aber konnte auch zufrieden sein; meine köstlichen wollenen Hüllen von Longwy waren mit der Bagage zurückgeblieben, und nun hatte ich doch bei allem Mangel von Dach und Fach außer meinem Mantel noch einen zweiten Schutz gewonnen. [...]

Ich hatte so viel vom Kanonenfieber gehört und wünschte zu wissen, wie es eigentlich damit beschaffen sei. Langeweile und ein Geist, den jede Gefahr zur Kühnheit, ja zur Verwegenheit aufruft, verleitete mich, ganz gelassen nach dem Vorwerk La Lune hinaufzureiten. Dieses war wieder von den Unsrigen besetzt, gewährte jedoch einen gar wilden Anblick. Die zerschossenen Dächer, die herumgestreuten Weizenbündel, die darauf hie und da ausgestreckten tödlich Verwundeten und dazwischen noch manchmal eine Kanonenkugel, die sich herüberverirrend in den Überresten der Ziegeldächer klapperte.

Ganz allein, mir selbst gelassen, ritt ich links auf den Höhenweg und konnte deutlich die glückliche Stellung der Franzosen überschauen; sie standen amphitheatralisch in größter Ruh und Sicherheit, Kellermann jedoch auf dem linken Flügel eher zu erreichen.

Mir begegnete gute Gesellschaft, es waren bekannte Offiziere vom Generalstabe und vom Regimente, höchst verwundert, mich hier zu finden. Sie wollten mich wieder mit sich zurücknehmen, ich sprach ihnen aber von besondern Absichten, und sie überließen mich ohne weiteres meinem bekannten wunderlichen Eigensinn.

Ich war nun vollkommen in die Region gelangt, wo die Kugeln herüber spielten; der Ton ist wundersam genug, als war er zusammengesetzt aus dem Brummen des Kreisels, dem Butteln des Wassers und dem Pfeifen eines Vogels. Sie waren weniger gefährlich wegen des feuchten Erdbodens; wo eine hinschlug, blieb sie stecken, und so ward mein törichter Versuchsritt wenigstens vor der Gefahr des Ricochetierens gesichert.

Unter diesen Umständen konnt' ich jedoch bald bemerken, daß etwas Ungewöhnliches in mir vorgehe; ich achtete genau darauf, und doch würde sich die Empfindung nur gleichnisweise mitteilen lassen. Es schien, als wäre man an einem sehr heißen Orte, und zugleich von derselben Hitze völlig durchdrungen, so daß man sich mit demselben Element, in welchem man sich befindet, vollkommen gleich fühlt. Die Augen verlieren nichts an ihrer Stärke, noch Deutlichkeit; aber es ist doch, als wenn die Welt einen gewissen braunrötlichen Ton hätte, der den Zustand sowie die Gegenstände noch apprehensiver macht. Von Bewegung des Blutes habe ich nichts bemerken können, sondern mir schien vielmehr alles in jener Glut verschlungen zu sein. Hieraus erhellet nun, in welchem Sinne man diesen Zustand ein Fieber nennen könne. Bemerkenswert bleibt es indessen, daß jenes gräßlich Bängliche nur durch die Ohren zu uns gebracht wird; denn der Kanonendonner, das Heulen, Pfeifen, Schmettern der Kugeln durch die Luft ist doch eigentlich Ursache an diesen Empfindungen. [...]

So war der Tag hingegangen; unbeweglich standen die Franzosen, Kellermann hatte auch einen bequemern Platz genommen; unsere Leute zog man aus dem Feuer zurück, und es war eben, als wenn nichts gewesen wäre. Die größte Bestürzung verbreitete sich über die Armee. Noch am Morgen hatte man nicht anders gedacht, als die sämtlichen Franzosen anzuspießen und aufzuspeisen, ja mich selbst hatte das unbedingte Vertrauen auf ein solches Heer, auf den Herzog von Braunschweig zur Teilnahme in dieser gefährlichen Expedition gelockt; nun aber ging jeder vor sich hin, man sah sich nicht an, oder wenn es geschah, so war es um zu fluchen, oder zu verwünschen. Wir hatten, eben als es Nacht werden wollte, zufällig einen Kreis geschlossen, in dessen Mitte nicht einmal wie gewöhnlich ein Feuer konnte angezündet werden, die meisten schwiegen, einige sprachen, und es fehlte doch eigentlich einem jeden Besinnung und Urteil. Endlich rief man mich auf, was ich dazu denke, denn ich hatte die Schar gewöhnlich mit kurzen Sprüchen erheitert und erquickt; diesmal sagte ich: „Von hier und heute geht eine neue Epoche der Weltgeschichte aus, und ihr könnt sagen, ihr seid dabei gewesen."

In diesen Augenblicken, wo niemand nichts zu essen hatte, reklamierte ich einen Bissen Brot von dem heute früh erworbenen, auch war von dem gestern reichlich verspendeten Weine noch der Inhalt eines Branntweinfläschchens übrig geblieben, und ich mußte daher auf die gestern am Feuer so kühn gespielte Rolle des willkommenen Wundertäters völlig Verzicht tun.

Die Kanonade hatte kaum aufgehört, als Regen und Sturm schon wieder eindrangen – und einen Zustand unter freiem Himmel, auf zähem Lehmboden höchst unerfreulich machten. Und doch kam, nach so langem Wachen, Gemüts- und Leibesbewegung, der Schlaf sich anmeldend, als die Nacht hereindüsterte. Wir hatten uns hinter einer Erhöhung, die den schneidenden Wind abhielt, notdürftig gelagert, als es jemanden einfiel, man solle sich für diese Nacht in die Erde graben und mit dem Mantel zudecken. Hiezu machte man gleich Anstalt, und es wurden mehrere Gräber ausgehauen, wozu die reitende Artillerie Gerätschaften hergab. Der Herzog von Weimar selbst verschmähte nicht eine solche voreilige Bestattung.

Am 22. September

hörte man, die Generale Manstein und Heymann seien nach Dampierre, in das Hauptquartier von Kellermann, wo sich auch Dumouriez einfinden sollte. Es war von Auswechseln der Gefangnen, von Versorgung der Kranken und Blessierten zum Schein die Rede; im ganzen hoffte man aber mitten im Unglück eine Umkehr der Dinge zu bewirken. Seit dem zehnten August war der König von Frankreich gefangen, grenzenlose Mordtaten waren im September geschehen [Mit der Ermordung der eingekerkerten Royalisten hatte Danton die jakobinische Schreckensherrschaft begonnen]. Man wußte, daß Dumouriez für den König und die Konstitution gesinnt gewesen, er mußte also, seines eignen Heils, seiner Sicherheit willen, die gegenwärtigen Zustände bekämpfen, und eine große Begebenheit wäre es geworden, wenn er sich mit den Alliierten alliiert und so auf Paris losgegangen wäre. [...]

An den Stellen, wo die Kanonade hingewirkt, erblickte man großen Jammer: die Menschen lagen unbegraben, und die schwer verwundeten Tiere konnten nicht ersterben. Ich sah ein Pferd, das sich in seinen eigenen, aus dem verwundeten Leibe herausgefallenen Eingeweiden mit den Vorderfüßen verfangen hatte und so unselig dahin hinkte.

Im Nachhausereiten traf ich den Prinzen Louis Ferdinand, im freien Felde, auf einem hölzernen Stuhle sitzen, den man aus einem untern Dorfe heraufgeschafft; zugleich schleppten einige seiner Leute einen schweren, verschlossenen Küchschrank herbei; sie versicherten, es klappere darin, sie hofften einen guten Fang getan zu haben. Man erbrach ihn begierig, fand aber nur ein stark beleibtes Kochbuch, und nun, indessen der gespaltene Schrank im Feuer aufloderte, las man die köstlichsten Küchenrezepte vor, und so ward abermals Hunger und Begierde durch eine aufgeregte Einbildungskraft bis zur Verzweiflung gesteigert.

Den 27. September

[...] Da sich mehrere Personen zusammen gefunden hatten, so trat ein weimarischer Husar zu mir, seines Handwerks ein Fleischer, und vertraute; daß er in einem benachbarten Haus ein gemästetes Schwein entdeckt habe, er feilsche darum, könne es aber von dem Besitzer nicht erhalten, wir möchten mit Ernst dazu tun: denn es würde in den nächsten Tagen an allem fehlen. Es war wunderbar genug, daß wir, die soeben der Plünderung Einhalt getan, zu einem ähnlichen Unternehmen aufgefordert werden sollten. Indessen, da der Hunger kein Gesetz anerkennt, gingen wir mit dem Husar in das bezeichnete Haus, fanden gleichfalls ein großes Kaminfeuer, begrüßten die Leute und setzten uns zu ihnen. Es hatte sich noch ein anderer weimarischer Husar namens Liseur zu uns gefunden, dessen Gewandtheit wir die Sache vertrauten. Er begann in geläufigem Französisch von den Tugenden regulierter Truppen zu sprechen und rühmte die Personen, welche nur für bares Geld die notwendigsten Viktualien anzuschaffen verlangten; dahingegen schalt er die Nachzügler, Packknechte und Marketender, die mit Ungestüm und Gewalt auch die letzte Klaue sich zuzueignen gewohnt seien. Er wolle daher einem jeden den wohlmeinenden Rat geben, auf den Verkauf zu sinnen, weil Geld noch immer leichter zu verbergen sei als Tiere, die man wohl auswittere. Seine Argumente jedoch schienen keinen großen Eindruck zu machen, als seine Unterhandlung seltsam genug unterbrochen wurde.

An der fest verschlossenen Haustüre entstand auf einmal ein heftiges Pochen, man achtete nicht darauf, weil man keine Lust hatte, noch mehr Gäste einzulassen; es pochte fort, die kläglichste Stimme rief dazwischen, eine Weiberstimme, die auf gut Deutsch flehentlich um Eröffnung der Türe bat. Endlich erweicht, schloß man auf, es drang eine alte Marketenderin herein, etwas in ein Tuch gewickelt auf dem Arme tragend; hinter ihr eine junge Person, nicht häßlich, aber blaß und entkräftet, sie hielt sich kaum auf den Füßen. Mit wenigen aber rüstigen Worten erklärte die Alte den Zustand, indem sie ein nacktes Kind vorwies, von dem jene Frau auf der Flucht entbunden worden. Dadurch versäumt, waren sie, mißhandelt von Bauern, in dieser Nacht endlich an unsere Pforte gekommen. Die Mutter hatte, weil ihr die Milch verschwunden, dem Kinde, seitdem es Atem holte, noch keine Nahrung reichen können. Jetzt forderte die Alte mit Ungestüm Mehl, Milch, Tiegel, auch Leinwand, das Kind hineinzuwickeln. Da sie kein Französisch konnte, mußten wir in ihrem Namen fordern, aber ihr herrisches Wesen, ihre Heftigkeit gab unseren Reden genug pantomimisches Gewicht und Nachdruck: man konnte das Verlangte nicht geschwind genug herbeischaffen, und das Herbeigeschaffte war ihr nicht gut genug. Dagegen war es sehenswert, wie behend sie verfuhr. Uns hatte sie bald vom Feuer verdrängt, der beste Sitz war sogleich für die Wöchnerin eingenommen, sie aber machte sich auf ihrem Schemel so breit, als wenn sie im Hause allein wäre. In einem Nu war das Kind gereinigt und gewickelt, der Brei gekocht; sie fütterte das kleine Geschöpf, dann die Mutter, an sich selbst dachte sie kaum. Nun verlangte sie frische Kleider für die Wöchnerin, indes die alten trockneten. Wir betrachteten sie mit Verwunderung; sie verstand sich aufs Requirieren. Der Regen ließ nach, wir suchten unser voriges Quartier, und kurz darauf brachten die Husaren das Schwein. Wir zahlten ein Billiges; nun sollte es geschlachtet werden, es geschah, und als im Nebenzimmer am Tragebalken ein Kloben eingeschraubt zu sehen war, hing das Schwein sogleich dort, um kunstmäßig zerstückt und bereitet zu werden.

Daß unsere Hausleute bei dieser Gelegenheit sich nicht verdrießlich, vielmehr behülflich und zutätig erwiesen, schien uns einigermaßen wunderbar, da sie wohl Ursache gehabt hätten, unser Betragen roh und rücksichtslos zu finden. In demselbigen Zimmer, wo wir die Operation vornahmen, lagen die Kinder in reinlichen Betten, und aufgeweckt durch unser Getöse, schauten sie artig furchtsam unter den Decken hervor. Nahe an einem großen zweischläfrigen Ehebett, mit grünem Rasch sorgfältig umschlossen, hing das Schwein, so daß die Vorhänge einen malerischen Hintergrund zu dem erleuchteten Körper machten. Es war ein Nachtstück ohnegleichen.

Von Catharina Elisabeth Goethe

Frankfurt, den 4ten December 1792

Lieber Sohn!

Auf Order Ihro Durchlaucht des Herrn Herzogs von Weimar soll ich dir schreiben, daß du mögstes hieher kommen. Hier sieht es bunt aus, seit vorgestern haben die Hessen unsere Stadt ocubirt. Gott gebe daß sie sich drinnen erhalten, sonst mögte es Curios mit uns aussehen [am 2. 12. hatten die Hessen die seit Oktober von Custines Truppen besetzte Stadt zurückerobert]. Diesen Brief schreibe ich auf Befehl – doch thut mirs leid, dich aus deiner ruhigen Lage heraus zu ziehen, in eine Gegend, wo mann in beständiger Angst lebt und athmet. Biß vorgestern hatte ich noch immer guten Muth – aber nun bin ich sehr schwermüthig – so was läßt sich nicht Schreiben. Ich bin eine schlechte geografin – will dir also nur melden – daß der gantze Landstrich von Speyer, Worms und Maintz unsicher – und du auf dieser Rutte nicht her kommen kanst. Ich weiß nicht ob ich wünschen soll, dich bald zu sehen oder ob das Gegentheil zuträglicher wäre – Gott mag es lencken, ich weiß nichts. Lebe wohl! und schreibe wenigstens daß mann erfährt an was mann ist. Ich bin wenigstens vor jetzt, die verstimmte und sehr unruhige

Frau Aja

Besuch in Frankfurt

Bei meiner letzten Durchreise durch Frankfurt hatte ich meinen Oheim im Besitz des Hauses, Hofes und Gartens gefunden, der als wackrer Sohn, dem Vater gleich, die höheren Stufen freistädtischer Verfassung erstieg. Hier im traulichen Familienkreis, in dem unveränderten altbekannten Lokal, riefen sich jene Knabenerinnerungen lebhaft hervor und traten mir nun neukräftig vor die Augen. Sodann gesellten sich zu ihnen andere jugendliche Vorstellungen, die ich nicht verschweigen darf. Welcher reichstädtische Bürger wird leugnen, daß er, früher oder später, den Ratsherrn, Schöff und Burgemeister im Auge gehabt und, seinem Talent gemäß, nach diesen, vielleicht auch nach minderen Stellen emsig und vorsichtig gestrebt: denn der süße Gedanke, an irgend einem Regimente teilzunehmen, erwacht gar bald in der Brust eines jeden Republikaners, lebhafter [...] schon in der Seele des Knaben. Diesen

freundlichen Kinderträumen konnt' ich mich jedoch nicht lange hingeben, nur allzuschnell aufgeschreckt, besah ich mir die ahnungsvolle Lokalität, die mich umfaßte, die traurigen Umgebungen, die mich beengten, und zugleich die Aussicht nach der Vaterstadt getrübt, ja verfinstert. Mainz in französischen Händen, Frankfurt bedroht, wo nicht schon eingenommen, der Weg dorthin versperrt und innerhalb jener Mauern, Straßen, Plätze, Wohnungen Jugendfreunde, Blutverwandte vielleicht schon von demselben Unglück ergriffen, daran ich Longwy und Verdun so grausam hatte leiden sehen; wer hätte gewagt, sich in solchen Zustand zu stürzen.
(Campagne in Frankreich)

Die Belagerung von Mainz im Frühsommer 1793

[...] Die Sonne ging auf mit trübem Schein, und die Opfer der Nacht lagen nebeneinander. Unsere riesenhaften, wohlgekleideten Kürassiere machten einen wunderlichen Kontrast mit den zwergenhaften, schneiderischen, zerlumpten Ohnehosen [Sansculottes der französischen Revolutionsarmee]; der Tod hatte sie ohne Unterschied hingemäht. Unser guter Rittmeister La Vire war unter den ersten geblieben, Rittmeister von Voß, Adjutant des Grafen Kalckreuth, durch die Brust geschossen, man erwartete seinen Tod. [...]

Den 28. Juni nachts. Fortgesetztes Bombardement gegen den Dom; Turm und Dach brennen ab und viele Häuser umher. Nach Mitternacht die Jesuitenkirche.

Wir sahen auf der Schanze vor Marienborn diesem schrecklichen Schauspiele zu; es war die sternenhellste Nacht, die Bomben schienen mit den Himmelslichtern zu wetteifern, und es waren wirklich Augenblicke, wo man beide nicht unterscheiden konnte. Neu war uns das Steigen und Fallen der Feuerkugeln; denn wenn sie erst mit einem flachen Zirkelbogen das Firmament zu erreichen drohten, so kuckten sie in einer gewissen Höhe parabolisch zusammen, und die aufsteigende Lohe verkündigte bald, daß sie ihr Ziel zu erreichen gewußt.

Herr [Charles] Gore und Rat Krause [der Maler Georg Melchior Kraus] behandelten den Vorfall künstlerisch und machten so viele Brandstudien, daß ihnen später gelang, ein durchscheinendes Nachtstück zu verfertigen, welches noch vorhanden ist und, wohl erleuchtet, mehr als irgend eine Wortbeschreibung die Vorstellung einer unselig glühenden

Hauptstadt des Vaterlandes zu überliefern imstande sein möchte.

Und wie deutete nicht ein solcher Anblick auf die traurigste Lage, indem wir, uns zu retten, uns einigermaßen wieder herzustellen, zu solchen Mitteln greifen mußten! [...]

Den 22. Juli. Als man vernahm, der Stillstand sei wirklich geschlossen, eilte man nach dem Hauptquartier, um die Ankunft des französischen Kommandanten d'Oyré zu erwarten. Er kam; ein großer wohlgebauter, schlanker Mann von mittlern Jahren, sehr natürlich in seiner Haltung und Betragen. Indessen die Unterhandlung im Innern vorging, waren wir alle aufmerksam und hoffnungsvoll; da es aber ausgesprochen ward, daß man einig geworden und die Stadt den folgenden Tag übergeben werden sollte, da entstand in mehreren das wunderbare Gefühl einer schnellen Entledigung von bisherigen Lasten, von Druck und Bangigkeit, daß einige Freunde sich nicht erwehren konnten, aufzusitzen und gegen Mainz zu reiten.

Den 24. Juli. Der Morgen ging ziemlich ruhig hin, der Ausmarsch verzögerte sich, es sollten Geldangelegenheiten sein, die man so bald nicht abtun könne. Endlich zu Mittag, als alles bei Tisch und Topf beschäftigt und eine große Stille im Lager sowie auf der Chaussee war, fuhren mehrere dreispännige Wagen, in einiger Ferne voneinander, sehr schnell vorbei, ohne daß man sich's versah und darüber nachsann; doch bald verbreitete sich das Gerücht: auf diese kühne und kluge Weise hätten mehrere Klubisten [Mainzer Jakobinerklub] sich gerettet. Leidenschaftliche Personen behaupteten, man müsse nachsetzen, andere ließen es beim Verdruß bewenden, wieder andere wollten sich verwundern: daß auf dem ganzen Wege keine Spur von Wache, noch Pikett, noch Aufsicht erscheine; woraus erhelle, sagten sie, daß man von oben herein durch die Finger zu sehen und alles, was sich ereignen könnte, dem Zufall zu überlassen geneigt sei.

Diese Betrachtungen jedoch wurden durch den wirklichen Auszug unterbrochen und umgestimmt. Auch hier kamen mir und Freunden die Fenster des Chausseehauses zustatten. Den Zug sahen wir in aller seiner Feierlichkeit herankommen. Angeführt durch preußische Reiterei, folgte zuerst die französische Garnison. Seltsamer war nichts, als wie sich dieser Zug ankündigte; eine Kolonne Marseiller, klein, schwarz, buntscheckig, lumpig gekleidet, trappelten heran, als habe der König Edwin seinen Berg aufgetan und das muntere Zwergenheer ausgesendet. Hierauf folgten regelmäßigere Truppen, ernst und verdrießlich, nicht aber etwa niedergeschlagen oder beschämt. Als die merkwürdigste Erscheinung dagegen mußte jedermann auffallen, wenn die Jäger zu Pferd heraufritten; sie waren ganz still bis gegen uns herangezogen, als ihre Musik den Marseiller Marsch anstimmte. Dieses revolutionäre Te Deum hat ohnehin etwas Trauriges, Ahndungsvolles, wenn es auch noch so mutig vorgetragen wird; diesmal aber nahmen sie das Tempo ganz langsam, dem schleichenden Schritt gemäß, den sie ritten. Es war ergreifend und furchtbar und ein ernster Anblick, als die Reitenden, lange hagere Männer, von gewissen Jahren, die Miene gleichfalls jenen Tönen gemäß, heranrückten; einzeln hätte man sie dem Don Quichote vergleichen können, in Masse erschienen sie höchst ehrwürdig.

Von Christiane Vulpius

Weimar, den 7. Juni 1793

Lieber, ich habe das schöne Tuch und alles erhalten und mich herzlich gefreut, aber der Gruß von der lieben Mutter ging mir über alles, ich habe vor Freuden darüber geweint. Ich habe was ohne Dein Wissen gethan, ich habe an die liebe Mutter geschrieben und mich bei ihr bedankt, mein Herz ließ mir es nicht anders zu, ich mußte schreiben, Du wirst doch nicht böse darüber? Der Brief wird nun freilich nicht recht sein, aber bitte die liebe Mutter, daß sie nicht böse auf mich wird, und sage ihr, daß ich es nicht besser kann. Ach, Lieber, wenn Du nur hier wärst und sähest, wie ich mich über das alles freue, aber am meisten freu ich mich, daß die liebe Mutter nicht böse auf mich ist, das macht mich sehr glücklich, denn das hat mich noch mannichmal betrübt. Im Stillen habe ich darüber nachgedacht. Itzo fehlt mir nichts als Du, mein Lieber, daß mich mit Dir freuen könnte und ich Dich an mein Herz drücken könnte und Dir sagen könnte, wie ich Dich immer herzlicher liebe und Du mein einziger Gedanke bist, denn jede Freude ist nur halb, wenn Du nicht dabei bist. Komm nur recht bald wieder. Im Hause geht alles gut, der Tapezier fängt an, mein Kämmerchen ist fertig und künftige Woche werde ich in Ordnung kommen; ich komme nicht viel weg, es gibt immer im Hause herum zu gräbeln, ich sehne mich auch nicht aus dem Hause. Die Schätzchen besuchen mich immer, die Wernern und die Burkhardtin, auch ein paar Kose-Weiber haben mich besucht, vermuthlich aus Neugier wegen der Krabskrälligkeit [Schwangerschaft], die itzo ziemlich augenscheinlich wird. Ich und der Kleine [August], mir sind gesund, nur weiter fehlt mir nichts, als daß ich mit dem einen Fuß nicht recht fort kann und er ist sehr schmerzlich und dicke, ich habe mit [dem] Doctor gesprochen, der hat mir aber versichert, es thue nichts, es vergehe auch wieder. Ich fahre mannichmal eine Stunde spazieren, das hat er mir erlaubt. Am Sonntag habe ich das neue Negligé angehabt und bin in [der] Kirche gewesen, weil Herder predigte. Nach Mittage sind wir auf den Vauxhall, da wurde das schöne Kleid bewundert und gelobt. Aber die Werner, die immer lustig ist, machte lauter dummes Zeug und auf einmal sagte sie: morgen würde Huschke [der Arzt] sehr viel zu thun haben, „denn morgen muß alles nach Vomitiven schicken, denn ich sehe es manchen Leuten an." Bald hätte ich Dir vergessen zu schreiben, daß der Kleine sich sehr freut über sein a b c Buch und will das a b c lernen, er sagt: „Daß ich auch was kann, wenn der liebe Vater wiederkömmt." Aber Du sollst ihm ja einen Säbel und eine Flinte mitbringen. Leb wohl und gehe nicht in Gefahr und denke an uns und behalte mich lieb, ich liebe Dich über alles. Leb wohl, Du Liebster V.

Deutsche Emigranten streiten sich über die alten und die neuen Verhältnisse

In jenen unglücklichen Tagen, welche für Deutschland, für Europa, ja für die übrige Welt die traurigsten Folgen hatten, als das Heer der Franken durch eine übelverwahrte Lücke in unser Vaterland einbrach, verließ eine edle Familie ihre Besitzungen in jenen Gegenden und entfloh über den Rhein, um den Bedrängnissen zu entgehen, womit alle ausgezeichneten Personen bedrohet waren, denen man zum Verbrechen machte, daß sie sich ihrer Väter mit Freuden und Ehren erinnerten und mancher Vorteile genossen, die ein wohldenkender Vater seinen Kindern und Nachkommen so gern zu verschaffen wünschte. [...]

Indessen man nun mancherlei Bekanntschaften machte, die zu solchen Betrachtungen Gelegenheit gaben, war der Winter vorbeigegangen. Das Glück hatte sich wieder zu den deutschen Waffen gesellt, die Franzosen waren wieder über den Rhein hinübergedrängt, Frankfurt befreit und Mainz eingeschlossen. [...]

In der Hoffnung auf den weitern Fortgang der siegreichen Waffen und begierig, wieder einen Teil ihres Eigentums zu ergreifen, eilte die Familie auf ein Gut, das an dem rechten Ufer des Rheins in der schönsten Lage ihr zugehörte. Wie erquickt fanden sie sich, als sie den schönen Strom wieder vor ihren Fenstern vorbeifließen sahen, wie freudig nahmen sie wieder von jedem Teile des Hauses Besitz, wie freundlich begrüßten sie die bekannten Mobilien, die alten Bilder und jeglichen Hausrat, wie wert war ihnen auch das Geringste, das sie schon verlorengegeben hatten, wie stiegen ihre Hoffnungen, dereinst auch jenseits des Rheines alles noch in dem alten Zustande zu finden! [...]

Leider ward der schöne Genuß dieser reizenden Gegend oft durch den Donner der Kanonen gestört, den man, je nachdem der Wind sich drehte, aus der Ferne deutlicher oder undeutlicher vernahm. Ebensowenig konnte bei den vielen zuströmenden Neuigkeiten des Tages der politische Diskurs vermieden werden, der gewöhnlich die augenblickliche Zufriedenheit der Gesellschaft störte, indem die verschiedenen Denkungsarten und Meinungen von beiden Seiten sehr lebhaft geäußert wurden. Und wie unmäßige Menschen sich deshalb doch nicht des Weins und schwer zu verdauender Speisen enthalten, ob sie gleich aus der Erfahrung wissen, daß ihnen darauf ein unmittelbares Übelsein bevorsteht, so konnten auch die meisten Glieder der Gesellschaft sich in diesem Falle nicht bändigen; vielmehr gaben sie dem unwiderstehlichen Reiz nach, andern wehe zu tun und sich selbst dadurch am Ende eine unangenehme Stunde zu bereiten. [...]

Man kann leicht denken, daß der Geheimerat diejenige Partei anführte, welche dem alten System zugetan war, und daß Karl für die entgegengesetzte sprach, welche von bevorstehenden Neuerungen Heilung und Belebung des alten, kranken Zustandes hoffte.

Im Anfange wurden diese Gespräche noch mit ziemlicher Mäßigung geführt, besonders da die Baronesse durch anmutige Zwischenreden beide Teile im Gleichgewicht zu halten wußte; als aber die wichtige Epoche herannahete, daß die Blockade von Mainz in eine Belagerung übergehen sollte, und man nunmehr für diese schöne Stadt und ihre zurückgelassenen Bewohner lebhafter zu fürchten anfing, äußerte jedermann seine Meinungen mit ungebundener Leidenschaft.

Besonders waren die daselbst zurückgebliebenen Klubbisten [Anhänger der Französischen Revolution, die in Mainz eine Republik begründen wollten] ein Gegenstand des allgemeinen Gesprächs, und jeder erwartete ihre Bestrafung oder Befreiung, je nachdem er ihre Handlungen entweder schalt oder billigte.

Unter die ersten gehörte der Geheimerat, dessen Argumente Karln am verdrießlichsten fielen, wenn er den Verstand dieser Leute angriff und sie einer völligen Unkenntnis der Welt und ihrer selbst beschuldigte.

„Wie verblendet müssen sie sein," rief er aus, als an einem Nachmittage das Gespräch sehr lebhaft zu werden anfing, „wenn sie wähnen, daß eine ungeheure Nation, die mit sich selbst in der größten Verwirrung kämpft und auch in ruhigen Augenblicken nichts als sich selbst zu schätzen weiß, auf sie mit einiger Teilnehmung herunterblicken werde! Man wird sie als Werkzeuge betrachten, sie eine Zeitlang gebrauchen und endlich wegwerfen oder wenigstens vernachlässigen. Wie sehr irren sie sich, wenn sie glauben, daß sie jemals in die Zahl der Franzosen aufgenommen werden könnten!

Jedem, der mächtig und groß ist, erscheint nichts lächerlicher als ein Kleiner und Schwacher, der in der Dunkelheit des Wahns, in der Unkenntnis seiner selbst, seiner Kräfte und seines Verhältnisses sich jenem gleichzustellen dünkt. Und glaubt ihr denn, daß die große Nation nach dem Glücke, das sie bisher begünstigt, weniger stolz und übermütig sein werde als irgendein anderer königlicher Sieger?"

Der Geheimerat scherzte darauf mit einiger Bitterkeit über junge Leute, die einen Gegenstand zu idealisieren geneigt seien; Karl schonte dagegen diejenigen nicht, welche nur nach alten Formen denken könnten und, was dahinein nicht passe, notwendig verwerfen müßten.

Durch mehreres Hin- und Widerreden ward das Gespräch immer heftiger, und es kam von beiden Seiten alles zur Sprache, was im Laufe dieser Jahre so manche gute Gesellschaft entzweit hatte. Vergebens suchte die Baronesse, wo nicht einen Frieden, doch wenigstens einen Stillstand zuwege zu bringen; selbst der Geheimerätin, die als ein liebenswürdiges Weib einige Herrschaft über Karls Gemüt sich erworben hatte, gelang es nicht, auf ihn zu wirken, um so weniger, als ihr Gemahl fortfuhr, treffende Pfeile auf Jugend und Unerfahrenheit loszudrücken und über die besondere Neigung der Kinder, mit dem Feuer zu spielen, das sie doch nicht regieren könnten, zu spotten.

Karl, der sich im Zorn nicht mehr kannte, hielt mit dem Geständnis nicht zurück, daß er den französischen Waffen alles Glück wünsche und daß er jeden Deutschen auffordere, der alten Sklaverei ein Ende zu machen, daß er von der französischen Nation überzeugt sei, sie werde die edlen Deutschen, die sich für sie erklärt, zu schätzen wissen, als die Ihrigen ansehn und behandeln und nicht etwa aufopfern oder ihrem Schicksale überlassen, sondern sie mit Ehren, Gütern und Zutrauen überhäufen.

Der Geheimerat behauptete dagegen, es sei lächerlich zu denken, daß die Franzosen nur irgendeinen Augenblick, bei einer Kapitulation oder sonst, für sie sorgen würden; vielmehr würden diese Leute gewiß in die Hände der Alliierten fallen, und er hoffe sie alle gehangen zu sehen.

Diese Drohung hielt Karl nicht aus und rief vielmehr, er hoffe, daß die Guillotine auch in Deutschland eine gesegnete Ernte finden und kein schuldiges Haupt verfehlen werde. Dazu fügte er einige sehr starke Vorwürfe, welche den Geheimerat persönlich trafen und in jedem Sinne beleidigend waren.

„So muß ich denn wohl", sagte der Geheimerat, „mich aus der Gesellschaft entfernen, in der nichts, was sonst achtungswert schien, mehr geehrt wird. Es tut mir leid, daß ich zum zweitenmal, und zwar durch einen Landsmann, vertrieben werde; aber ich sehe wohl, daß von diesem weniger Schonung als von den Neufranken zu erwarten ist, und ich finde wieder die alte Erfahrung bestätigt, daß es besser sei, den Türken als den Renegaten in die Hände zu fallen."

Mit diesen Worten stand er auf und ging aus dem Zimmer, seine Gemahlin folgte ihm, die Gesellschaft schwieg.
(Aus: Unterhaltungen deutscher Ausgewanderten)

Gespräch Goethes mit dem Historiker Heinrich Luden im Jahre 1806 über die Fragwürdigkeit historischer Quellen

„Und wenn Sie nun auch alle Quellen zu klären und zu durchforschen verstehen: was würden Sie finden? Nichts anderes, als eine große Wahrheit, die längst entdeckt ist, und deren Bestätigung man nicht weit zu suchen braucht; die Wahrheit nämlich, daß es zu allen Zeiten und in allen Ländern miserabel gewesen ist. Die Menschen haben sich stets geängstigt und geplagt; sie haben sich untereinander gequält und gemartert; sie haben sich und anderen das bißchen Leben sauer gemacht, und die Schönheit der Welt und die Süßigkeit des Daseins, welche die schöne Welt ihnen darbietet, weder zu achten noch zu genießen vermocht. Nur wenigen ist es bequem und erfreulich geworden. Die meisten haben wohl, wenn sie das Leben eine Zeitlang mitgemacht hatten, lieber hinausscheiden, als von neuem beginnen mögen. Was ihnen noch etwa einige Anhänglichkeit an das Leben gab oder gibt, das war und ist die Furcht vor dem Sterben. So ist es; so ist gewesen, so wird es wohl auch bleiben. Das ist nun einmal das Los der Menschen. Was brauchen wir weiter Zeugnis." Ich sah Goethe an; er machte ein sehr ernstes Gesicht. Dennoch antwortete ich halb lachend: „Ich kann unmöglich glauben, daß dies Ew. Exzellenz eigene Meinung sei. Mir kommt vor, Mephistopheles habe abermals gesprochen. (Goethe lächelte) Wenn auch viele Menschen in alten und neuen Zeiten so gelebt haben mögen, so ist deswegen ein solches Leben noch nicht das Los der Menschen, und das Los der Menschen ist auch nicht das Schicksal der Menschheit."

„Die Menschheit? Das ist ein Abtractum. Es hat von jeher nur Menschen gegeben und wird nur Menschen geben."

Goethe an Knebel

Der junge Schopenhauer hat sich mir als einen merkwürdigen und interessanten jungen Mann dargestellt; Du wirst weniger Berührungspunkte mit ihm finden als ich, mußt ihn aber doch kennen lernen. Er ist mit einem gewissen scharfsinnigen Eigensinn beschäftigt ein Paroli und Sixleva in das Kartenspiel unserer neuen Philosophie zu bringen. Man muß abwarten, ob ihn die Herren vom Metier in ihrer Gilde passieren lassen; ich finde ihn geistreich und das übrige lasse ich dahingestellt.

W. d. 24. Nov. 1813 G.

Adele Schopenhauer an ihren Bruder Arthur

Februar 1819

Nun laß uns von Deinem Werke [Die Welt als Wille und Vorstellung] reden .. Goethe empfing es mit großer Freude, zerschnitt gleich das ganze dicke Buch in zwei Teile und fing augenblicklich an, darin zu lesen. Nach einer Stunde sandte er mir beiliegenden Zettel [mit der Notiz: «pag. 320.321.440.441. Goethe.»] und ließ sagen: Er danke Dir sehr und glaube, daß das ganze Buch gut sei. Weil er immer das Glück habe, in Büchern die bedeutendsten Stellen aufzuschlagen, so habe er denn die bezeichneten Seiten gelesen und große Freude daran gehabt. Darum sende er die Nummern, daß Du nachsehen könnest, was er meine. Bald gedenkt er Dir selber weitläufiger seine Herzensmeinung zu schreiben; bis dahin solle ich Dir dies melden. Wenige Tage darauf sagte mir Ottilie [Goethes Schwiegertochter], der Vater sitze über dem Buche und lese es mit einem Eifer, wie sie noch nie an ihm gesehen. Er äußerte gegen sie: auf ein ganzes Jahr habe er nun eine Freude; denn nun lese er es von Anfang zu Ende und denke wohl, so viel Zeit dazu zu bedürfen.

An Johann Friedrich Rochlitz

Weimar, 22. April 1822

Sie erhalten nächstens einen treuen Abriß meiner wunderlichen Militärlaufbahn; auch durch diese Erbkrankheit der Welt mußt' ich einmal durch, damals ging ich der Weltgeschichte entgegen, nachher hat sie uns am eigenen Herde aufgesucht.

An den deutschen Diplomaten in französischen Diensten Karl Friedrich Graf von Reinhard

Weimar, 10. Juni 1822

Sie werden bedenklich lächeln beim Datum – 1792, wo Sie noch ahndungsvollere Tage zubrachten als wir, die wir allenfalls über unsere Unbilden scherzen durften. Es ward mir manchmal wirklich schwindlich, indem ich das einzelne jener Tage und Stunden in der Einbildungskraft wieder hervorrief und dabei die Gespenster, die sich dreißig Jahre her dazwischen bewegt, nicht wegbannen konnte; sie liefen ein- und das anderemal wie ein böser Einschlag über jenen garstigen Zettel.

9. Die späten Freunde und das Ende des Alten Reiches 1794–1813

Gescheute Leute sind immer
das beste Konversationslexikon.
Maximen und Reflexionen

„Wie Goethe glaubte", so teilte Johann Daniel Falk im März 1793 seinem Bruder David mit, „sei der Kampf, den Schwärmerei, Vernunft und Einbildungskraft, die in der Seele dieses Dichters [Schiller] gekämpft, mit unverkennbaren Zügen seinem Gesicht eingegraben, und daraus entstehe in demselben die sonderbare Mischung von Schwermut, Freundlichkeit, Ernst und Zerstreuung. Kurz, auf ihn passe ganz, was er einst in seinen Werken zur Charakterisierung eines Dritten sagt: ‚In seiner Phantasiewelt verschlossen, war er ein Fremdling in der wirklichen. Sein Körper mitten aus der Zerrüttung hervor verrät einen hohen männlichen Geist, gleich den Ruinen eines ehrwürdigen alten Tempelgebäudes [...]". Und vier Jahre zuvor, im Februar 1789, hatte Schiller seinerseits an Caroline von Beulwitz geschrieben: „Goethe ist noch gegen keinen Menschen, soviel ich weiß, sehe und gehört habe, zur Ergießung gekommen – er hat sich durch seinen Geist und tausend Verbindlichkeiten Freunde, Verehrer und Vergötterung erworben, aber sich selbst hat er immer behalten, sich selbst hat er nie gegeben."

Zwei Urteile, außerordentlich beide, bei denen man sich fragt, wie es dennoch möglich war, daß jene, die sie geäußert haben, zehn entscheidende Jahre ihres Lebens so miteinander umgingen, daß – fast – von einer Freundschaft hat die Rede sein können. Der eine (Goethe) in den Augen des anderen vom Glück hoch begünstigt „hinschlendernd", wohingegen er mit unerhörter Härte gegen sich selbst einem schon zur Neige sich wendenden Leben sein Werk „abgekämpft" hat.

Schiller hat in einem tiefen Ambivalenzkonflikt zwischen „Hass und Liebe" um diese Freundschaft gekämpft, hat sie mit herausragenden Analysen gefördert (die an Bedeutung, trotz der Zuneigung, die sie diktierte, nicht eingebüßt haben), und der andere wußte wahrscheinlich erst nach dem plötzlichen Tod des schwer Kranken, was er verloren hatte: „die Hälfte" seines „Daseins", hat er Zelter gegenüber erklärt. Seine späteren Äußerungen, zu denen auch die Edition der gewaltigen Korrespondenz gehört (weit über tausend Briefzeugnisse), haben zwar von einer Freundschaft gesprochen, aber doch eher die intellektuelle Zwiesprache gemeint: „Freundschaft kann sich bloß praktisch erzeugen, praktisch Dauer gewinnen. Neigung, ja sogar Liebe hilft alles nichts zur Freundschaft. Die wahre, die tätige, die produktive besteht darin, daß wir gleichen Schritt im Leben halten, daß Er meine Zwecke billigt, ich die seinigen [...] wie auch sonst die Differenz unserer Denk- und Lebensweise sein möge." Mit diesen Worten hat er den Vorabdruck der Korrespondenz eingeleitet. Daß sie selbst ursprünglich als Teil der autobiographischen Schriften geplant war, zeigt, wie historisch ihr Herausgeber auch diese Epoche seines Lebens sah – Zeugnis zweier „Geistesantipoden", die im Grunde „mehr als ein Erddiameter voneinander" schied.

Die Begegnung war für ihn gleichwohl in jeder Hinsicht ein *glückliches Ereignis.* Mit der französischen *terreur* war nicht nur ihm die Welt aus den Fugen – das Chaos erschien auch in der neueren Literatur als Abbild der Zeit, und vielleicht hat er erst spät gesehen, daß vor allem die Romantiker, die dieses Porträt nachzogen, unter ähnlichen inneren Schrecken lebten wie er selbst. Auch seine Urteile über jene, die außerhalb der Zeit zu stehen schienen, Hölderlin und später Kleist, könnten das belegen, aber auch das andere: wie unüberhörbar sie beide ihn an eigene Gefährdungen erinnern mochten.

Was die Gemeinschaft mit Schiller einleitete, war eine am antiken Modell orientierte *klassische Periode*, eine Periode des Objektiven, die, gegenüber dem Subjektivismus in der Kunst, oft herrische Züge annahm: ein „nie zu schlichtender Wettkampf zwischen Objekt und Subjekt". Das blieb ihre Antwort auf das Chaos und das Grauen der Welt. Spiegelte Schillers strenge – von Kant okkupierte – Idealität hierbei auch den inneren Kampf gegen die eigene Frühzeit, die den anderen zurückstieß, so war, was der Ältere beitrug zur Entfaltung ihrer Gespräche über Gattungsformen und eine Literatur des Künftigen, schon gezeichnet vom ironischen Charme, der sich im

Alter zu spielerischer Artistik ausbilden würde: „So wird es mir angenehm sein, wenn Sie mich mit mir selbst bekannt machen." Denn, wie er später einem Gesprächspartner erklärte, „nichts ist mir hohler und fataler wie ästhetische Theorien [...] Ein Lied, eine Erzählung, irgendetwas Produziertes – das bosselt um mich herum; auch Urteile sind etwas Geschaffenes, Tätiges."

Was Schiller im Lauf der Jahre an Objektivität – gegenüber der *Räuber*-Wut *in tyrannos* gegen die württembergische Repressionsanstalt – gewinnt, wird dem anderen an Einsicht in den Gebrauch poetischer Mittel zuwachsen: So ist kaum je ein Werk von einem Freunde mit so kritischer Liebe begleitet worden wie *Wilhelm Meisters Lehrjahre.*

Nicht ohne Grund wird gerade diese Debatte konstitutiv für ihre zeitgenössische Erfahrung: sie klärt auf über Formen öffentlicher Repräsentation und macht mithin schon Zukunft für den späteren gesellschaftlichen Diskurs. Denn nicht allein der Schnittpunkt zwischen Adel und Bürgertum – zwischen Hof und Bühne – wird zur Figur des Romans. Es ist vor allem sein Verweis auf die Konvergenz der Scheinhaftigkeit einer von beiden repräsentierten Existenzform. Erst auf dem Felde der *Tätigkeit* werden sie zu Repräsentanten sozialer Entwürfe – für den Bürger als *Entsagung* für die Gesellschaft (wie es dann in den *Wanderjahren* drei Jahrzehnte später heißen wird), für den Adel im aufgeklärten Begriff der Pflicht anstelle bloßer Usurpation feudaler Rechtstitel.

Ungebrochen erhält sich daneben Goethes Verständnis der geschichtlichen Revolution als naturgesetzlich. Das wandert noch ein in seinen *Versuch einer Witterungslehre,* in der er vom „Bändigen und Entlassen der Elemente" spricht und zeigt sich überdies noch verborgen im Begriff des Schönen „als einer Manifestation geheimer Naturgesetze, die uns ohne dessen Erscheinung ewig wären verborgen geblieben."

Die Korrespondenz mit Wilhelm von Humboldt, mit dem er als einem Mitherausgeber der ‚Horen' bekannt wird, ist in engem Zusammenhang zu der mit Schiller überhaupt erst faßlich. Auch hier spiegelt sich noch einmal jene im 18. Jahrhundert ausgebildete Form der Briefkultur in ihrer sprachlichen Eleganz und analytischen Genauigkeit. Humboldt bringt, über fast alle Briefpartner hinaus, „Welt" nach Weimar, verfügt, mehr noch als andere, über die Kunst des Lesens und wird, fünf Tage vor dem Tod des Freundes, Empfänger seines letzten vermächtnishaften Briefes sein.

Drei Jahre nach Schillers Tod und um die Zeit der Begegnung mit Napoleon erscheint, 1808, ein Roman, dessen Innenbild düstere persönliche Erfahrungen symbolisch unter den Begriff des *Dämonischen* faßt, erzählerisch verhüllt in die Deutung chemischer Verbindungen, die mit Wahlverwandtschaft sich erklären lassen. Hatte Walter Benjamin in seinem Essay *Goethes Wahlverwandtschaften* die mythische Gewalt wahrgenommen, die das Werk durchzieht, so erweist sich auf diesem Untergrund die zivilisierende Humanität als Schein: „In alledem ist die Natur es selbst, die unter Menschenhänden sich übermenschlich regt" (Benjamin).

Es gibt Zeugnisse, die erweisen können, daß Goethe Napoleon, in seinem Verständnis des *Dämonischen*, geradezu als mythische Figur gesehen hat. Das Ende des Alten Reiches, in dem der Kaiser (am 6. August 1806) die Krone niederlegt, führt in den von Preußen erklärten Krieg mit Napoleon, dessen für Weimar schlimmste Nacht Goethe erlebt. Christianes Tapferkeit in den Momenten der Bedrohung wird zum – äußerlichen – Anlaß für die Eheschließung in der Weimarer Stadtkirche.

Begleitet werden diese Geschehnisse – und fortan bis ans Lebensende – von einer Korrespondenz, die ihm, als er sie (ebenfalls) für eine Edition sammelt, als ein „wunderliches Dokument" erscheint, „das an wahrem Gehalt und barockem Wesen wohl kaum seinesgleichen finden möchte". Sein Briefwechsel mit dem Berliner Musiker Carl Friedrich Zelter hat mit den anderen in der Tat keinen Vergleich zu scheuen. Keinem Freund seiner letzten Lebensjahre war er so vertraut wie diesem Mann – eine Freundschaft, deren Wärme, Zartheit und humane Derbheit noch die furchtbarsten Verluste lindert, von denen in diesen aberfältigen Briefen auch die Rede ist. Denn vom *barocken Wesen* dieser Korrespondenz zu sprechen mochte auch auf der Einsicht gründen, daß die Hypertrophie der Barockkunst eine quälende Leidensmacht unter sich verbarg. Der Tod des Freundes, 1832, wird Zelter in der Wurzel treffen. Er hat ihn nur um zwei Monate, nach Zeugnissen aus der Familie, schon vollkommen absorbiert, überlebt.

Im Mai 1811 erscheint auf die Vermittlung des Grafen Reinhard ein junger Kaufmannssohn und Kunstsammler im Haus am Frauenplan und legt Risse für den Weiterbau des Kölner Doms vor. Sulpiz Boisserée, ein wunderbarer Beobachter und Zuhörer, dessen feinfühlige skeptische Ironie den Alten alsbald bezaubert und, wie sich zeigen wird, zur Wiederentdeckung des scheinbar Abgelegten und Vergessenen aus Straßburger Tagen führt (*Von deutscher Baukunst*, 1772), macht ihn mit Beschreibungen seiner Gemäldesammlung der niederländischen und altdeutschen Schule bekannt, gewinnt sein Vertrauen und wird auf seiner letzten Reise in die Rhein- und Maingegenden 1814/15 sein Begleiter. Stunde um Stunde wird der Alte – der überdies am *West-östlichen Divan* arbeitet – in Heidelberg vor den von den Brüdern Boisserée gesammelten Werken verweilen – und dieses Neue-Alte wird ihn am Ende auch mit den „Mittelältlern“, den Romantikern versöhnen. Und Boisserées Tagebuchblätter dieser Jahre werden zu Zeugen einer fast abgründigen Vertrautheit. Der Siebenundsiebzigjährige schreibt an den jungen Freund: „Wie merkwürdig und selten ist es, daß zwei Personen, von so verschiedenen Lebenspunkten ausgehend, doch immer wieder [...] sich im Innersten aller Hauptpunkte übereinstimmend finden, wenn die Peripherie der Zustände und Gesinnungen ihnen auch zunächst auf gesonderte Wege hindeutet.“

*

Schiller an den Kammerbeamten
Cornelius Johann Rudolf Ridel in Weimar

7. Juli 1788

Goethe ist jetzt bei Ihnen. Ich bin ungeduldig, ihn zu sehen. Wenige Sterbliche haben mich so interessiert. Wenn Sie mir wieder schreiben, liebster Freund, so bitte ich Sie, mir von Goethe viel zu schreiben. Sprechen Sie ihn, so sagen Sie ihm alles Schöne von meinetwegen, was sich sagen läßt. Die Iphigenia hat mir wieder einen recht schönen Tag gemacht; obschon ich das Vergnügen, das sie mir gibt, mit der niederschlagenden Empfindung büßen muß, nie etwas Ähnliches hervorbringen zu können.

Schiller an seinen Freund Christian Gottfried Körner in Dresden

12. September 1788

Endlich kann ich Dir von Goethe erzählen, worauf Du, wie ich weiß, sehr begierig wartetest. Ich habe vergangenen Sonntag beinahe ganz in seiner Gesellschaft zugebracht, wo er uns mit der Herder, Frau v. Stein und der Frau v. Schardt, der, die Du im Bad gesehen hast, besuchte. Sein erster Anblick stimmte die hohe Meinung ziemlich tief herunter, die man mir von dieser anziehenden und schönen Figur beigebracht hatte. Er ist von mittlerer Größe, trägt sich steif und geht auch so; sein Gesicht ist verschlossen, aber sein Auge sehr ausdrucksvoll, lebhaft, und man hängt mit Vergnügen an seinem Blicke. Bei vielem Ernst hat seine Miene doch viel Wohlwollendes und Gutes. Er ist brünett und schien mir älter auszusehen, als er meiner Berechnung nach wirklich sein kann. Seine Stimme ist überaus angenehm, seine Erzählung fließend, geistvoll und belebt; man hört ihn mit überaus viel Vergnügen; und wenn er bei gutem Humor ist, welches diesmal so ziemlich der Fall war, spricht er gern und mit Interesse.

Goethe an das Geheime Consilium in Weimar

Gehorsamstes Promemoria.

Herr Friedrich Schiller, welchem Serenissimus vor einigen Jahren den Titel als Rat erteilt, der sich seit einiger Zeit teils hier teils in der Nachbarschaft aufgehalten, hat sich durch seine Schriften einen Namen erworben, besonders neuerdings durch seine Geschichte des Abfalls der Niederlande von der Spanischen Regierung Hoffnung gegeben, daß er das historische Fach mit Glück bearbeiten werde. Da er ganz und gar ohne Amt und Bestimmung ist; so geriet man auf den Gedanken: ob man selbigen nicht in Jena fixieren könne, um durch ihn der Akademie neue Vorteile zu verschaffen.

Weimar, den 9. Dezember 1788 J. W. v. Goethe.

Schiller an Körner

2. Februar 1789

Öfters um Goethe zu sein, würde mich unglücklich machen: er hat auch gegen seine nächsten Freunde kein Moment der Ergießung, er ist an nichts zu fassen; ich glaube in der Tat, er ist ein Egoist in ungewöhnlichem Grade. Er besitzt das Talent, die Menschen zu fesseln, und durch kleine sowohl als große Attentionen sich verbindlich zu machen; aber sich selbst weiß er immer frei zu behalten. Er macht seine Existenz wohltätig kund, aber nur wie ein Gott, ohne sich selbst zu geben – dies scheint mir eine konsequente und planmäßige Handlungsart, die ganz auf den höchsten Genuß der Eigenliebe kalkuliert ist. Ein solches Wesen sollten die Menschen nicht um sich herum aufkommen lassen. Mir ist er dadurch verhaßt, ob ich gleich seinen Geist von ganzem Herzen liebe und groß von ihm denke. Ich betrachte ihn wie eine stolze Prüde, der man ein Kind machen muß, um sie vor der Welt zu demütigen.

Goethe über das ‹Glückliche Ereignis› einer bedeutenden Begegnung mit Schiller

Wir gelangten zu seinem Hause [in Jena], das Gespräch lockte mich hinein; da trug ich die Metamorphose der Pflanzen lebhaft vor, und ließ, mit manchen charakteristischen Federstrichen, eine symbolische Pflanze vor seinen Augen entstehen. Er vernahm und schaute das alles mit großer Teilnahme, mit entschiedener Fassungskraft; als ich aber geendet, schüttelte er den Kopf und sagte: „Das ist keine Erfahrung, das ist eine Idee." Ich stutzte, verdrießlich einigermaßen: denn der Punkt, der uns trennte, war dadurch aufs strengste bezeichnet. Die Behauptung aus Anmut und Würde fiel mir wieder ein, der alte Groll wollte sich regen, ich nahm mich aber zusammen und versetzte: „Das kann mir sehr lieb sein, daß ich Ideen habe ohne es zu wissen, und sie sogar mit Augen sehe."

Schiller, der viel mehr Lebensklugheit und Lebensart hatte als ich, und mich auch wegen der ‚Horen', die er herauszugeben im Begriff stand, mehr anzuziehen als abzustoßen gedachte, erwiderte darauf als ein gebildeter Kantianer; und als aus meinem hartnäckigen Realismus mancher Anlaß zu lebhaftem Widerspruch entstand, so ward viel gekämpft und dann Stillstand gemacht; keiner von beiden konnte sich für den Sieger halten, beide hielten sich für unüberwindlich. Sätze wie folgender machten mich ganz unglücklich: „Wie kann jemals Erfahrung gegeben werden, die einer Idee angemessen sein sollte? denn darin besteht eben das Eigentümliche der letzteren, daß ihr niemals eine Erfahrung kongruieren könne." Wenn er das für eine Idee hielt, was ich als Erfahrung aussprach, so mußte doch zwischen beiden irgend etwas Vermittelndes, Bezügliches obwalten! Der erste Schritt war jedoch getan, Schillers Anziehungskraft war groß, er hielt alle fest, die sich ihm näherten; ich nahm teil an seinen Absichten und versprach zu den ‚Horen' manches, was bei mir verborgen lag, herzugeben; seine Gattin, die ich, von ihrer Kindheit auf, zu lieben und zu schätzen gewohnt war, trug das Ihrige bei zu dauerndem Verständnis, alle beiderseitigen Freunde waren froh, und so besiegelten wir, durch den größten, vielleicht nie ganz zu schlichtenden Wettkampf zwischen Objekt und Subjekt, einen Bund, der ununterbrochen gedauert, und für uns und andere manches Gute gewirkt hat.

Schiller an Goethe

Jena, den 23. August 1794

Man brachte mir gestern die angenehme Nachricht, daß Sie von Ihrer Reise wieder zurückgekommen seien. Wir haben also wieder Hoffnung, Sie vielleicht bald einmal bei uns zu sehen, welches ich an meinem Teil herzlich wünsche. Die neulichen Unterhaltungen mit Ihnen haben meine ganze Ideen-Masse in Bewegung gebracht, denn sie betrafen einen Gegenstand, der mich seit etlichen Jahren lebhaft beschäftigt. Über so manches, worüber ich mit mir selbst nicht recht einig werden konnte, hat die Anschauung Ihres Geistes (denn so muß ich den Totaleindruck Ihrer Ideen auf mich nennen) ein unerwartetes Licht in mir angesteckt. Mir fehlte das Objekt, der Körper, zu mehreren spekulativischen Ideen, und Sie brachten mich auf die Spur davon. Ihr beobachtender Blick, der so still und rein auf den Dingen ruht, setzt Sie nie in Gefahr, auf den Abweg zu geraten, in den sowohl die Spekulation als die willkürliche und bloß sich selbst gehorchende Einbildungskraft sich so leicht verirrt. In Ihrer richtigen Intuition liegt alles und weit vollständiger, was die Analysis mühsam sucht, und nur weil es als ein Ganzes in Ihnen liegt, ist Ihnen Ihr eigener Reichtum verborgen; denn leider wissen wir nur das, was wir scheiden. Geister Ihrer Art wissen daher selten, wie weit sie gedrungen sind, und wie wenig Ursache sie haben, von der Philosophie zu borgen, die nur von ihnen lernen kann. Diese kann bloß zergliedern, was ihr gegeben wird, aber das Geben selbst ist nicht die Sache des Analytikers, sondern des Genies, welches unter dem dunkeln, aber sichern Einfluß reiner Vernunft nach objektiven Gesetzen verbindet.

Lange schon habe ich, obgleich aus ziemlicher Ferne, dem Gang Ihres Geistes zugesehen und den Weg, den Sie sich vorgezeichnet haben, mit immer erneuerter Bewunderung bemerkt. Sie suchen das Notwendige der Natur, aber Sie suchen es auf dem schweresten Wege, vor welchem jede schwächere Kraft sich wohl hüten wird. Sie nehmen die ganze Natur zusammen, um über das Einzelne Licht zu bekommen; in der Allheit ihrer Erscheinungsarten suchen Sie den Erklärungsgrund für das Individuum auf. Von der einfachen Organisation steigen Sie, Schritt vor Schritt, zu den mehr verwickelten hinauf, um endlich die verwickeltste von allen, den Menschen, genetisch aus den Materialien des ganzen Naturgebäudes zu erbauen. Dadurch, daß Sie ihn der Natur gleichsam nacherschaffen, suchen Sie in seine verborgene Technik einzudringen. Eine große und wahrhaft heldenmäßige Idee, die zur Genüge zeigt, wie sehr Ihr Geist das reiche Ganze seiner Vorstellungen in einer schönen Einheit zusammenhält. Sie können niemals gehofft haben, daß Ihr Leben zu einem solchen Ziele zureichen werde, aber einen solchen Weg auch nur einzuschlagen, ist mehr wert, als jeden andern zu endigen – und Sie haben gewählt, wie Achill in der Ilias zwischen Phthia und der Unsterblichkeit [*Ilias 9,V.410–414*]. Wären Sie als ein Grieche, ja nur als ein Italiener geboren worden, und hätte schon von der Wiege an eine auserlesene Natur und eine idealisierende Kunst Sie umgeben, so wäre Ihr Weg unendlich verkürzt, vielleicht ganz überflüssig gemacht worden. Schon in die erste Anschauung der Dinge hätten Sie dann die Form des Notwendigen aufgenommen, und mit Ihren ersten Erfahrungen hätte sich der große Stil in Ihnen entwickelt. Nun, da Sie ein Deutscher geboren sind, da Ihr griechischer Geist in diese nordische Schöpfung geworfen wurde, so blieb Ihnen keine andere Wahl, als entweder selbst zum nordischen Künstler zu werden, oder Ihrer Imagination das, was ihr die Wirklichkeit vorenthielt, durch Nachhilfe der Denkkraft zu ersetzen und so gleichsam von innen heraus und auf einem rationalen Wege ein Griechenland zu gebären. In derjenigen Lebens-Epoche, wo die Seele sich aus der äußern Welt ihre innere bildet, von mangelhaften

Gestalten umringt, hatten Sie schon eine wilde und nordische Natur in sich aufgenommen, als Ihr siegendes, seinem Material überlegenes Genie diesen Mangel von innen entdeckte, und von außen her durch die Bekanntschaft mit der griechischen Natur davon vergewissert wurde. Jetzt mußten Sie die alte, Ihrer Einbildungskraft schon aufgedrungene schlechtere Natur nach dem besseren Muster, das Ihr bildender Geist sich erschuf, korrigieren, und das kann nun freilich nicht anders als nach leitenden Begriffen vonstatten gehen. Aber diese logische Richtung, welche der Geist bei der Reflexion zu nehmen genötiget ist, verträgt sich nicht wohl mit der ästhetischen, durch welche allein er bildet. Sie hatten also eine Arbeit mehr, denn so wie Sie von der Anschauung zur Abstraktion übergingen, so mußten Sie nun rückwärts Begriffe wieder in Intuitionen umsetzen und Gedanken in Gefühle verwandeln, weil nur durch diese das Genie hervorbringen kann.

So ungefähr beurteile ich den Gang Ihres Geistes, und ob ich recht habe, werden Sie selbst am besten wissen. Was Sie aber schwerlich wissen können (weil das Genie sich immer selbst das größte Geheimnis ist), ist die schöne Übereinstimmung Ihres philosophischen Instinktes mit den reinsten Resultaten der spekulierenden Vernunft.

Es wäre nun doch gut, wenn man das neue Journal [Die Horen] bald in Gang bringen könnte, und da es Ihnen vielleicht gefällt, gleich das erste Stück desselben zu eröffnen, so nehme ich mir die Freiheit, bei Ihnen anzufragen, ob Sie Ihren Roman [*Wilhelm Meisters Lehrjahre*] nicht nach und nach darin erscheinen lassen wollen? Ob und wie bald Sie ihn aber auch für unser Journal bestimmen, so würden Sie mir durch Mitteilung desselben eine sehr große Gunst erzeigen. Meine Freunde sowie meine Frau empfehlen sich Ihrem gütigen Andenken, und ich verharre hochachtungsvoll

Ihr gehorsamster Diener

F. Schiller

Goethe an Schiller

Zu meinem Geburtstage, der mir diese Woche erscheint, hätte mir kein angenehmer Geschenk werden können als Ihr Brief, in welchem Sie, mit freundschaftlicher Hand, die Summe meiner Existenz ziehen und mich, durch Ihre Teilnahme, zu einem emsigern und lebhafteren Gebrauch meiner Kräfte aufmuntern.

Reiner Genuß und wahrer Nutzen kann nur wechselseitig sein und ich freue mich Ihnen gelegentlich zu entwickeln: was mir Ihre Unterhaltung gewährt hat, wie ich von jenen Tagen an auch eine Epoche rechne und wie zufrieden ich bin, ohne sonderliche Aufmunterung, auf meinem Wege fortgegangen zu sein, da es nun scheint als wenn wir, nach einem so unvermuteten Begegnen, miteinander fortwandern müßten. Ich habe den redlichen und so seltenen Ernst der in allem erscheint was Sie geschrieben und getan haben immer zu schätzen gewußt und ich darf nunmehr Anspruch machen durch Sie selbst mit dem Gange Ihres Geistes, besonders in den letzten Jahren, bekannt zu werden. Haben wir uns wechselseitig die Punkte klar gemacht wohin wir gegenwärtig gelangt sind; so werden wir desto ununterbrochner gemeinschaftlich arbeiten können.

Alles was an und in mir ist werde ich mit Freuden mitteilen. Denn da ich sehr lebhaft fühle daß mein Unternehmen das Maß der menschlichen Kräfte und ihrer irdischen Dauer weit übersteigt, so möchte ich manches bei Ihnen deponieren und dadurch nicht allein erhalten, sondern auch beleben.

Wie groß der Vorteil Ihrer Teilnehmung für mich sein wird werden Sie bald selbst sehen, wenn Sie, bei näherer Bekanntschaft, eine Art Dunkelheit und Zaudern bei mir entdecken werden, über die ich nicht Herr werden kann, wenn ich mich ihrer gleich sehr deutlich bewußt bin. Doch dergleichen Phänomene finden sich mehr in unsrer Natur, von der wir uns denn doch gerne regieren lassen, wenn sie nur nicht gar zu tyrannisch ist.

Leben Sie recht wohl und gedenken mein in Ihrem Kreise.

Ettersburg d. 27. Aug. 1794 Goethe

Von Schiller

Jena, den 31. August 1794

[...] Unsre späte, aber mir manche schöne Hoffnung erwekkende Bekanntschaft ist mir abermals ein Beweis, wie viel besser man oft tut, den Zufall machen zu lassen, als ihm durch zu viele Geschäftigkeit vorzugreifen. Wie lebhaft auch immer mein Verlangen war, in ein näheres Verhältnis zu Ihnen zu treten, als zwischen dem Geist des Schriftstellers und seinem aufmerksamsten Leser möglich ist, so begreife ich doch nunmehr vollkommen, daß die so sehr verschiedenen Bahnen, auf denen Sie und ich wandelten, uns nicht wohl früher, als gerade jetzt, mit Nutzen zusammenführen konnten. Nun kann ich aber hoffen, daß wir, soviel von dem Wege noch übrig sein mag, in Gemeinschaft durchwandeln werden, und mit um so größerm Gewinn, da die letzten Gefährten auf einer langen Reise sich immer am meisten zu sagen haben.

Erwarten Sie bei mir keinen großen materialen Reichtum von Ideen; dies ist es, was ich bei Ihnen finden werde. Mein Bedürfnis und Streben ist, aus wenigem viel zu machen, und wenn Sie meine Armut an allem, was man erworbene Erkenntnis nennt, einmal näher kennen sollten, so finden Sie vielleicht, daß es mir in manchen Stücken damit mag gelungen sein. Weil mein Gedankenkreis kleiner ist, so durchlaufe ich ihn eben darum schneller und öfter, und kann eben darum meine kleine Barschaft nutzen, und eine Mannigfaltigkeit, die dem Inhalte fehlt, durch die Form erzeugen. Sie bestreben sich, Ihre große Ideenwelt zu simplifizieren, ich suche Varietät für meine kleine Besitzungen. Sie haben ein Königreich zu regieren, ich nur eine etwas zahlreiche Familie von Begriffen, die ich herzlich gern zu einer kleinen Welt erweitern möchte.

Ihr Geist wirkt in einem außerordentlichen Grade intuitiv, und alle Ihre denkenden Kräfte scheinen auf die Imagination, als ihre gemeinschaftliche Repräsentantin, gleichsam kompromittiert zu haben. Im Grund ist dies das Höchste, was der Mensch aus sich machen kann, sobald es ihm gelingt, seine Anschauung zu generalisieren und seine Empfindung gesetzgebend zu machen. Darnach streben Sie, und in wie hohem Grade haben Sie es schon erreicht. Mein Verstand wirkt eigentlich mehr symbolisierend, und so schwebe ich, als eine Zwitter-Art, zwischen dem Begriff und der Anschauung, zwischen der Regel und der Empfindung, zwischen dem technischen Kopf und dem Genie. Dies ist es, was mir, besonders in frühern Jahren, sowohl auf dem Felde der Spekulation als der Dichtkunst ein ziemlich linkisches Ansehen gegeben; denn gewöhnlich übereilte mich der Poet, wo ich philosophieren sollte, und der philosophische Geist, wo ich dichten wollte. Noch jetzt begegnet es mir häufig genug, daß die Einbildungskraft meine Abstraktionen, und der kalte Verstand meine Dichtung stört. Kann ich dieser beiden Kräfte insoweit Meister werden, daß ich einer jeden durch meine Freiheit ihre Grenzen bestimmen kann, so erwartet mich noch ein schönes Los; leider aber, nachdem ich meine moralischen Kräfte recht zu kennen und zu gebrauchen angefangen, droht eine Krankheit, meine physischen zu untergraben. Eine große und allgemeine Geistesrevolution werde ich schwerlich Zeit haben in mir zu vollenden, aber ich werde tun, was ich kann, und wenn endlich das Gebäude zusammenfällt, so habe ich doch vielleicht das Erhaltungswerte aus dem Brande geflüchtet.

Goethe an Schiller

[...] Nächste Woche geht der Hof nach Eisenach, und ich werde vierzehn Tage so allein und unabhängig sein, als ich so bald nicht wieder vor mir sehe. Wollten Sie mich nicht in dieser Zeit besuchen? bei mir wohnen und bleiben? Sie würden jede Art von Arbeit ruhig vornehmen können. Wir besprächen uns in bequemen Stunden, sähen Freunde die uns am ähnlichsten gesinnt wären und würden nicht ohne Nutzen scheiden. Sie sollten ganz nach ihrer Art und Weise leben und sich wie zu Hause möglichst einrichten. Dadurch würde ich in den Stand gesetzt Ihnen von meinen Sammlungen das Wichtigste zu zeigen, und mehrere Fäden würden sich zwischen uns anknüpfen. Vom vierzehnten an würden Sie mich zu Ihrer Aufnahme bereit und ledig finden.

Bis dahin verspare ich so manches das ich zu sagen habe und wünsche indessen recht wohl zu leben.

Leben Sie recht wohl und grüßen die Ihrigen.

W[eimar], d 4. Sept. 1794. Goethe

Schiller an Körner

12. September 1794

Ich werde künftige Woche auf vierzehn Tage nach Weimar abreisen und bei Goethe wohnen. Er hat mir so sehr zugeredet, daß ich mich nicht wohl weigern konnte, da ich alle mögliche Freiheit und Bequemlichkeit bei ihm finden soll. Unsre nähere Berührung wird für uns beide entscheidende Folgen haben, und ich freue mich innig darauf. Der Hof ist nach Eisenach abgereist, und Goethe hat sich losgemacht, so daß wir nun ganz unseren Ideen leben können.

Goethe an Schiller

Sie haben mir durch das gute Zeugnis das Sie dem ersten Buche meines Romans [*Wilhelm Meisters Lehrjahre*] geben sehr wohlgetan. Nach den sonderbaren Schicksalen welche diese Produktion von innen und außen gehabt hat wäre es kein Wunder wenn ich ganz und gar konfus darüber würde. Ich habe mich zuletzt bloß an meine Idee gehalten und will mich freuen wenn sie mich aus diesem Labyrinthe herausleitet.

Behalten Sie das erste Buch solange Sie wollen, indes kommt das zweite und das dritte lesen Sie im Manuskripte, so finden Sie mehr Standpunkte zum Urteil. Ich wünsche daß Ihr Genuß sich mit den folgenden Büchern nicht mindere sondern mehre. Da ich nebst der Ihrigen auch Herrn v. Humboldts Stimme habe, werde ich desto fleißiger und unverdroßner fortarbeiten.

Leben Sie recht wohl. Ich hoffe daß es mir so wohl werden soll, das neue Jahr mit Ihnen anzufangen.

W[eimar] d. 10. Dez. 1794. G.

Schiller an Goethe

Jena, den 7. Jenner 1795

Ich kann Ihnen nicht ausdrücken, wie peinlich mir das Gefühl oft ist, von einem Produkt dieser Art in das philosophische Wesen hineinzusehen. Dort ist alles so heiter, so lebendig, so harmonisch aufgelöst und so menschlich wahr, hier alles so strenge, so rigid und abstrakt und so höchst unnatürlich, weil alle Natur nur Synthesis und alle Philosophie Antithesis ist. Zwar darf ich mir das Zeugnis geben, in meinen Spekulationen der Natur so treu geblieben zu sein, als sich mit dem Begriff der Analysis verträgt; ja vielleicht bin ich ihr treuer geblieben als unsre Kantianer für erlaubt und für möglich hielten. Aber dennoch fühle ich nicht weniger lebhaft den unendlichen Abstand zwischen dem Leben und dem Räsonnement – und kann mich nicht enthalten, in einem solchen melancholischen Augenblick für einen Mangel in meiner Natur auszulegen, was ich in einer heitern Stunde bloß für eine natürliche Eigenschaft der Sache ansehen muß. So viel ist indes gewiß, der Dichter ist der einzige wahre Mensch, und der beste Philosoph ist nur eine Karikatur gegen ihn.

Von Catharina Elisabeth Goethe

Frankfurt, den 24ten September 1795

Lieber Sohn!

Hier kommt der Judenkram wünsche damit viel Vergnügen Auch gratulire zum künftigen neuen Weltbürger – nur ärgert mich daß ich mein Enkelein nicht darf ins Anzeigblättgen setzen lassen [das Kind starb vierzehn Tage nach der Geburt] – und ein öffendlich Freudenfest anstellen – doch da unter diesem Mond nichts Vollkommenes anzutrefen ist, so tröste ich mich damit, daß mein Häschelhans vergnügt und glücklicher als in einer fatalen Ehe ist – Küße mir deinen Bettschatz und den kleinen Augst – und sage letzterem – daß das Christkindlein Ihm schöne Sachen von der Großmutter bringen soll.

Goethe an die Frau des Verlegers Unger

Weimar, 13ten Juni 1796

Sie haben mir, werteste Frau, durch Ihren Brief und die überschickten Lieder sehr viel Freude gemacht. Die trefflichen Kompositionen des Herrn Zelter haben mich in einer Gesellschaft angetroffen, die mich zuerst mit seinen Arbeiten bekannt machte. Seine Melodie des Liedes: Ich denke dein hatte einen unglaublichen Reiz für mich, und ich konnte nicht unterlassen selbst das Lied dazu zu dichten, das in dem Schillerschen Musenalmanach steht.

Goethe an Schiller

Weimar, den 9. Juli 1796

Indem ich Ihnen, auf einem besondern Blatt, die einzelnen Stellen verzeichne, die ich [im Roman], nach Ihren Bemerkungen, zu ändern und zu supplieren gedenke, so habe ich Ihnen für Ihren heutigen Brief den höchsten Dank zu sagen, indem Sie mich, durch die in demselben enthaltnen Erinnerungen, nötigen auf die eigentliche Vollendung des Ganzen aufmerksam zu sein. Ich bitte Sie nicht abzulassen, um, ich möchte wohl sagen, mich aus meinen eignen Grenzen hinauszutreiben. Der Fehler, den Sie mit Recht bemerken, kommt aus meiner innersten Natur, aus einem gewissen realistischen Tic, durch den ich meine Existenz, meine Handlungen, meine Schriften den Menschen aus den Augen zu rücken behaglich finde. So werde ich immer gerne inkognito reisen, das geringere Kleid vor dem bessern wählen, und, in der Unterredung mit Fremden oder Halbbekannten, den unbedeutendern Gegenstand oder doch den weniger bedeutenden Ausdruck vorziehen, mich leichtsinniger betragen als ich bin und mich so, ich möchte sagen, zwischen mich selber und zwischen meine eigne Erscheinung stellen. Sie wissen recht gut teils wie es ist, teils wie es zusammenhängt.

Von Schiller

Jena, den 2. Juli 1796.

Ich habe nun alle 8 Bücher des Romans aufs neue, obgleich nur sehr flüchtig, durchlaufen, und schon allein die Masse ist so stark, daß ich in 2 Tagen kaum damit fertig worden bin. Billig sollte ich also heute noch nichts schreiben, denn die erstaunliche und unerhörte Mannigfaltigkeit, die darin, im eigentlichsten Sinne, versteckt ist, überwältigt mich. Ich gestehe, daß ich bis jetzt zwar die Stetigkeit, aber noch nicht die Einheit recht gefaßt habe, obwohl ich keinen Augenblick zweifle, daß ich auch über diese noch völlige Klarheit erhalten werde, wenn bei Produkten dieser Art die Stetigkeit nicht schon mehr als die halbe Einheit ist.

Da Sie, unter diesen Umständen, nicht wohl etwas ganz Genugtuendes von mir erwarten können und doch etwas zu hören wünschen, so nehmen Sie mit einzelnen Bemerkungen vorlieb, die auch nicht ganz ohne Wert sind, da sie ein unmittelbares Gefühl aussprechen werden. Dafür verspreche ich Ihnen, daß diesen ganzen Monat über die Unterhaltung über den Roman nie versiegen soll. Eine würdige und wahrhaft ästhetische Schätzung des ganzen Kunstwerks ist eine große Unternehmung. Ich werde ihr die nächsten 4 Monate ganz widmen und mit Freuden. Ohnehin gehört es zu dem schönsten Glück meines Daseins, daß ich die Vollendung dieses Produkts erlebte, daß sie noch in die Periode meiner strebenden Kräfte fällt, daß ich aus dieser reinen Quelle noch schöpfen kann; und das schöne Verhältnis, das unter uns ist, macht es mir zu einer gewissen Religion, Ihre Sache hierin zu der meinigen zu machen, alles, was in mir Realität ist, zu dem reinsten Spiegel des Geistes auszubilden, der in dieser Hülle lebt, und so, in einem höheren Sinne des Worts, den Namen Ihres Freundes zu verdienen. Wie lebhaft habe ich bei dieser Gelegenheit erfahren, daß das Vortreffliche eine Macht ist, daß es auf selbstsüchtige Gemüter auch nur als eine Macht wirken kann, daß es dem Vortrefflichen gegenüber keine Freiheit gibt als die Liebe.

Der Bürger und der Fürst in ‹Wilhelm Meisters Lehrjahre›

Auch wurde die Gesellschaft [der Schauspieler] manchmal samt und sonders nach Tafel vor die hohen Herrschaften gefordert. Sie schätzten sich es zur größten Ehre und bemerkten es nicht, daß man zu ebenderselben Zeit durch Jäger und Bediente eine Anzahl Hunde hereinbringen und Pferde im Schloßhofe vorführen ließ.

Man hatte Wilhelmen gesagt, daß er ja gelegentlich des Prinzen Liebling, Racine, loben und dadurch auch von sich eine gute Meinung erwecken solle. Er fand dazu an einem solchen Nachmittage Gelegenheit, da er auch mit vorgefordert worden war, und der Prinz ihn fragte, ob er auch fleißig die großen französischen Theaterschriftsteller lese, darauf ihm denn Wilhelm mit einem sehr lebhaften Ja antwortete. Er bemerkte nicht, daß der Fürst, ohne seine Antwort abzuwarten, schon im Begriff war, sich weg und zu jemand andern zu wenden, er faßte ihn vielmehr sogleich und trat ihm beinah in den Weg, indem er fortfuhr: er schätze das französische Theater sehr hoch und lese die Werke der großen Meister mit Entzücken; besonders habe er zu wahrer Freude gehört, daß der Fürst den großen Talenten eines Racine völlige Gerechtigkeit widerfahren lasse.

„Ich kann es mir vorstellen", fuhr er fort, „wie vornehme und erhabene Personen einen Dichter schätzen müssen, der die Zustände ihrer höheren Verhältnisse so vortrefflich und richtig schildert. Corneille hat, wenn ich so sagen darf, große Menschen dargestellt, und Racine vornehme Personen. Ich kann mir, wenn ich seine Stücke lese, immer den Dichter denken, der an einem glänzenden Hofe lebt, einen großen König vor Augen hat, mit den Besten umgeht und in die Geheimnisse der Menschheit dringt, wie sie sich hinter kostbar gewirkten Tapeten verbergen. Wenn ich seinen Britannicus, seine Berenice studiere, so kommt es mir wirklich vor, ich sei am Hofe, sei in das Große und Kleine dieser Wohnungen der irdischen Götter geweiht, und ich sehe durch die Augen eines feinfühlenden Franzosen Könige, die eine ganze Nation anbetet, Hofleute, die von viel Tausenden beneidet werden, in ihrer natürlichen Gestalt mit ihren Fehlern und Schmerzen. Die Anekdote, daß Racine sich zu Tode gegrämt habe, weil Ludwig der Vierzehnte ihn nicht mehr angesehen, ihn seine Unzufriedenheit fühlen lassen, ist mir ein Schlüssel zu allen seinen Werken, und es ist unmöglich, daß ein Dichter von so großen Talenten, dessen Leben und Tod an den Augen eines Königs hängt, nicht auch Stücke schreiben solle, die des Beifalls eines Königs und eines Fürsten wert seien."

Aus einem Gespräch mit Eckermann am 18. Januar 1825

Auch vom Wilhelm Meister war wiederholt die Rede. „Schiller", sagte er, „tadelte die Einflechtung des Tragischen, als welches nicht in den Roman gehöre. Er hatte jedoch unrecht, wie wir alle wissen. In seinen Briefen an mich sind über den Wilhelm Meister die bedeutendsten Ansichten und Äußerungen. Es gehört dieses Werk übrigens zu den inkalkulabelsten Produktionen, wozu mir fast selbst der Schlüssel fehlt. Man sucht einen Mittelpunkt, und das ist schwer und nicht einmal gut. Ich sollte meinen, ein reiches, mannigfaltiges Leben, das unsern Augen vorübergeht, wäre auch an sich etwas ohne ausgesprochene Tendenz, die doch bloß für den Begriff ist."

Goethe an seinen Freund aus Rom,
den schweizerischen Maler Johann Heinrich Meyer

Weimar, den 1. August 1796

Ihren dritten Brief von Florenz erhalte ich heute den ersten August, Ihr zweiter war schon vor einiger Zeit angekommen. In den seltsamen Zuständen, in denen wir, nicht leben, sondern schweben, kann mir nichts Tröstlicheres sein als Sie in Florenz zu wissen und ich freue mich in jedem Ihrer Briefe die Bestätigung des herrlichen Kunstgenusses zu vernehmen, dessen Sie sich an diesem Orte erfreuen. Meine einzige Hoffnung Sie noch in Italien zu sehen ruht auf Ihrem Aufenthalt in dieser Stadt [Goethe reiste nicht mehr nach Italien]. Jetzt, da die Zeit herannahet, in der ich abreisen sollte, fühle ich erst recht lebhaft wie nötig mir die Kultur war, die mir eine so große und schöne Reise gegeben hätte, alles was ich mir statt derselben vornehmen kann ist ein kümmerliches Wesen und bringt mich nicht vom Flecke und doch muß ich an etwas denken, das mich zu Hause beschäftigt und mich nicht ganz verfallen läßt.

Goethe an Schiller

Weimar, den 6. August 1796

[...] Ich habe in diesen Tagen das schönste Phänomen, das ich in der organischen Natur kenne, welches viel gesagt ist, entdeckt und schicke Ihnen geschwind die Beschreibung davon [Beobachtung des Wachstums der Schmetterlingsflügel]. Ich weiß nicht ob es bekannt ist; ist es aber, so verdienen die Naturforscher Tadel, daß sie so ein wichtig Phänomen nicht auf allen Straßen predigen, anstatt die Wißbegierigen mit so vielen matten Details zu quälen. Sagen Sie niemand nichts davon. Ich habe zwar die Beobachtung nur an Einer Art machen können, wahrscheinlich aber ist es bei allen so, welches sich noch diesen Herbst entscheiden muß. Da die Veränderung so schnell vorgeht, und man nur wegen der Kleine des Raums die Bewegung nicht sehen kann so ist es wie ein Märchen, wenn man den Geschöpfen zusieht, denn es will was heißen in 12 Minuten um 1/2 Zoll in der Länge und proportionierlich in der Breite zu wachsen und also gleichsam im Quadrate zuzunehmen! und die 4 Flügel auf einmal! Ich will sehen ob es nicht möglich ist Ihnen dieses Phänomen unter die Augen zu bringen. Leben Sie recht wohl! unter uns gesagt, ich hoffe ihnen Friede und Ruhe für Thüringen und Obersachsen mitbringen zu können.

Goethe an Georg Christoph Lichtenberg

Weimar, den 26. Dezember 1796

Mit lebhaftem Anteil habe ich auch Ihre letzte Erklärung der Hogarthischen Kupfer gelesen. Es erregt jene Behandlung immer eigne Sensation in mir. Ihre Auslegungen und Anspielungen, Ihr Scherz und Ernst gehen auf so einem schmalen Pfad, daß es einem bange werden könnte wenn man nicht bald gewahr würde, daß alles sich untereinander in einem glücklichen Gleichgewicht hält und daß ehe man sichs versieht mit Leichtigkeit ein Weg zurückgelegt ist, wo man keinen Steig vermutete. Nehmen Sie meinen Dank für diese und jede Äußerung Ihres Geistes die bis zu mir reicht.

Von manchem möchte ich Sie unterhalten und Sie über manches fragen; aber das Unreife ist für das Gespräch und nicht für den Briefwechsel, die Rede löst so leicht jeden Irrtum auf, der durch die Schrift gleichsam erst recht konsolidiert wird. Der

Krieg und die allgemeine Unsicherheit hält mich zu Hause und nimmt mir die Lust nahe und ferne Freunde einmal wieder zu besuchen. Möge Ihnen Ihr körperlicher Zustand doch recht viele gute Augenblicke gönnen.

An Schiller

22. Juni 1797

Da es höchst nötig ist daß ich mir, in meinem jetzigen unruhigen Zustande, etwas zu tun gebe, so habe ich mich entschlossen an meinen Faust zu gehen und ihn, wo nicht zu vollenden, doch wenigstens um ein gutes Teil weiter zu bringen, indem ich das was gedruckt ist, wieder auflöse und mit dem was schon fertig oder erfunden ist, in große Massen disponiere, und so die Ausführung des Plans, der eigentlich nur eine Idee ist, näher vorbereite. Nun habe ich eben diese Idee und deren Darstellung wieder vorgenommen und bin mit mir selbst ziemlich einig. Nun wünschte ich aber daß Sie die Güte hätten die Sache einmal, in schlafloser Nacht, durchzudenken, mir die Forderungen, die Sie an das Ganze machen würden, vorzulegen und so mir meine eignen Träume, als ein wahrer Prophet, zu erzählen und zu deuten.

Wilhelm von Humboldt an seine Frau

Weimar, 7. April 1797

Goethe ist unendlich gut und freundschaftlich, und es lebt sich sehr schön so nah und allein mit ihm. Zwar allein seh ich ihn gewöhnlich nur die Abende, aber die sind auch überaus hübsch. Er ist so vertraulich, spricht so leicht über die Dinge, die ihm die liebsten sind, wird so schön davon erwärmt und erscheint ganz, zugleich in der eignen Zuversicht und Bescheidenheit, die ihm so ausschließend eigen sind. Auf die Freude und den Nutzen, den ihm das Zusammenleben mit Schiller gibt, kommt er sehr oft zurück. Nie vorher, sagt er, hätte er irgend jemand gehabt, mit dem er sich über ästhetische Grundsätze hätte vereinigen können; die einzigen wären noch Merck in Darmstadt und Moritz gewesen.

Goethe an Schiller

Frankfurt, den 23. August 1797

[...] Gestern ist auch Hölderlin [in der Handschrift: Hölterlein] bei mir gewesen, er sieht etwas gedrückt und kränklich aus, aber er ist wirklich liebenswürdig und mit Bescheidenheit, ja mit Ängstlichkeit offen. Er ging auf verschiedene Materien, auf eine Weise ein, die Ihre Schule verriet, manche Hauptideen hatte er sich recht gut zu eigen gemacht, so daß er manches auch wieder leicht aufnehmen konnte. Ich habe ihm besonders geraten kleine Gedichte zu machen und sich zu jedem einen menschlich interessanten Gegenstand zu wählen. Er schien noch einige Neigung zu den mittlern Zeiten zu haben in der ich ihn nicht bestärken konnte [...]

Der achtjährige August Goethe an seinen Vater, der in die Schweiz gereist war

Weimar, 2. Oktober 1797

Lieber Vater!

Ich spiele jetzt in meinen freien Stunden mit Kastanien, die ich mit dem kleinen Kästner bei Ober-Weimar aufsuche. Wir tragen sie in großer Menge nach Hause, durchbohren sie, reihen sie an einen Bindfaden und behängen unsern ganzen Körper mit Kastanienketten. – Am ersten October feierte Hertels Wilhelm seinen Geburtstag, er bat mich auch dazu und tractirte mich mit Milch, Zucker und Kuchen. Auf den Abend spielten wir ein Schattenspiel, das uns viel Vergnügen machte; da kamen ein Hanswurst mit seiner Columbine, ein Nachtwächter, ein Teufel, der Doctor Faust, ein Höllendrache, Bäume, Häuser, Blitze, ein Zauberer, eine Einsiedlergrotte und zuletzt eine lebendige Katze vor, welche das Licht auslöschte. Ehe uns aber die Katze diesen Streich machte, nahm der Teufel den Hanswurst, die Columbine und den Doctor Faust mit sich fort in die Luft. Leben Sie wohl und behalten Sie mich lieb.

August Göthe.

Goethe an Schiller

8. Dezember 1798

Wie sehr wünschte ich grade über die vorliegende Frage [den Astrologen Seni in Wallenstein] mit Ihnen einen Abend zu konversieren, denn sie ist doch um vieles wichtiger als jene Quästion: in welcher Ordnung die Rüstung erscheinen soll? Ich fasse mich nur kurz zusammen und gehe über alles hinaus, worüber wir einig sind.

Ich halte nach vielfältiger Überlegung das astrologische Motiv für besser als das neue.

Der astrologische Aberglaube ruht auf dem dunkeln Gefühl eines ungeheuren Weltganzen. Die Erfahrung spricht, daß die nächsten Gestirne einen entschiedenen Einfluß auf Witterung, Vegetation usw. haben, man darf nur stufenweise immer aufwärts steigen und es läßt sich nicht sagen wo diese Wirkung aufhört. Findet doch der Astronom überall Störungen eines Gestirns durchs andere. Ist doch der Philosoph geneigt, ja genötigt eine Wirkung auf das Entfernteste anzunehmen. So darf der Mensch im Vorgefühl seiner selbst nur immer etwas weiter schreiten und diese Einrichtung aufs Sittliche, auf Glück und Unglück ausdehnen. Diesen und ähnlichen Wahn möchte ich nicht einmal Aberglauben nennen, er liegt unserer Natur so nahe, ist so leidlich und läßlich als irgend ein Glaube.

Goethe an Carl Friedrich Zelter

26. August 1799

Mit aufrichtigem Dank erwidere ich Ihren freundlichen Brief, durch den Sie mir in Worten sagen mochten wovon mich Ihre Kompositionen schon längst überzeugt hatten: daß Sie an meinen Arbeiten lebhaften Anteil nehmen und sich manches mit wahrer Neigung zugeeignet haben. Es ist das Schöne einer tätigen Teilnahme daß sie wieder hervorbringend ist; denn wenn meine Lieder Sie zu Melodien veranlaßten, so kann ich wohl sagen daß Ihre Melodien mich zu manchem Liede aufgeweckt haben und ich würde gewiß wenn wir näher zusammen lebten öfter als jetzt mich zur lyrischen Stimmung erhoben fühlen. Sie werden mir durch Mitteilung jeder Art ein wahres Vergnügen verschaffen.

Schiller an Charlotte Gräfin von Schimmelmann in Kopenhagen

23. November 1800

Was ich Gutes haben mag, ist durch einige wenige vortreffliche Menschen in mir gepflanzt worden, ein günstiges Schicksal führte mir dieselben in den entscheidenden Perioden meines Lebens entgegen, meine Bekanntschaften sind auch die Geschichte meines Lebens.

Dieses und einige Äußerungen in Ihrem Briefe führen mich natürlich auf meine Bekanntschaft mit Goethen, die ich auch jetzt, nach einem Zeitraum von sechs Jahren, für das wohltätigste Ereignis meines ganzen Lebens halte. Ich brauche Ihnen über den Geist dieses Mannes nichts zu sagen. Sie erkennen seine Verdienste als Dichter, wenn auch nicht in dem Grade an, als ich sie fühle. Nach meiner innigsten Überzeugung kommt kein anderer Dichter ihm an Tiefe der Empfindung und an Zartheit derselben, an Natur und Wahrheit und zugleich an hohem Kunstverdienste auch nur von weitem bei. Die Natur hat ihn reicher ausgestattet als irgendeinen, der nach Shakespeare aufgestanden ist. Und außer diesem, was er von der Natur erhalten, hat er sich durch rastloses Nachforschen und Studium mehr gegeben als irgend ein anderer. Er hat es sich zwanzig Jahre mit der redlichsten Anstrengung sauer werden lassen, die Natur in allen ihren drei Reichen zu studieren, und ist in die Tiefen dieser Wissenschaften gedrungen. Über die Physik des Menschen hat er die wichtigsten Resultate gesammelt und ist auf seinem ruhigen einsamen Weg den Entdekkungen voraus geeilt, womit jetzt in diesen Wissenschaften so viel Parade gemacht wird. In der Optik werden seine Entdekkungen erst in künftiger Zeit ganz gewürdiget werden, denn das Falsche der Newtonischen Farbenlehre hat er bis zur Evidenz demonstriert, und wenn er alt genug wird, um sein Werk darüber zu vollenden, so wird diese Streitfrage unwiderleglich entschieden sein.

Catharina Elisabeth Goethe an ihren Enkel August

Frankfurt, 18. Jenner 1802

[...] Auch ein Wort mit dir Lieber Augst! Vor deinen schönen Neujahrwunsch, und eben so anschauliche Beschreibung – des

Christkindleins Maskerade und deines Naturaliens Cabinet – du bist ja recht reich an prächtigen sachen und Seltenheiten! Dancke Gott! der dir so einen Rechtschaffenen Vater gegeben hat – der dich zu allem schönen und gutem erzieht – O! wie viele Kinder sind minder glücklich! In wie manchem liegt der Keim zum schönen und guten wird aber leider unterdrückt – Bitte Gott täglich daß Er dir deinen Lieben Vater und Mutter erhält, und sey ferner folgsam – so wirst du bey Gott Gnade haben, und die Menschen werden dich Lieben – Laße wie bißher zuweilen diejenige was von dir hören, die ewig ist

deine
dich Liebende Großmutter
Goethe.

Schiller an Wilhelm von Humboldt

Weimar, 17. Februar 1803

Es ist zu beklagen, daß Goethe sein Hinschlendern so überhandnehmen läßt und, weil er abwechselnd alles treibt, sich auf nichts energisch konzentriert. Er ist jetzt ordentlich zu einem Mönch geworden und lebt in einer bloßen Beschaulichkeit, die zwar keine abgezogene ist, aber doch nicht nach außen produktiv wirkt. Seit einem Vierteljahr hat er, ohne krank zu sein, das Haus, ja nicht einmal die Stube verlassen [...] Wenn Goethe noch einen Glauben an die Möglichkeit von etwas Gutem und eine Konsequenz in seinem Tun hätte, so könnte hier in Weimar noch manches realisiert werden in der Kunst überhaupt und besonders im Dramatischen. Es entstünde doch etwas, und die unselige Stockung würde sich geben. Allein kann ich nichts machen, oft treibt es mich, mich in der Welt nach einem andern Wohnort und Wirkungskreis umzusehen; wenn es nur irgendwo leidlich wäre, ich ginge fort.

Wilhelm von Humboldt an Schiller

Rom, 30. April 1803

Was Sie mir von Goethe schreiben, tut mir unendlich leid. Aber nach dem, was ich schon neulich in Weimar an ihm bemerkte, kommt es mir weniger unerwartet. Seine Art zu sein hat mich schon damals unendlich geschmerzt. Es ist eine Verstimmung, aus der sein Wesen, das schlechterdings mehr durch die Natur als den Vorsatz bestimmt wird, nur zufällig durch äußere Umstände oder irgendeine innere, in ihm aufsteigende Geistestätigkeit gerettet werden kann. Wenn Sie sehen, daß er wieder so einsiedlerisch wird, als Sie es mir schreiben, und daß Ihr Zusammensein doch verloren ist, so tun Sie alles, um ihn zu einer Reise, sei es hieher oder nach Paris, zu bestimmen. Zwar halte ich selbst den Erfolg für zweifelhaft. Allein es ist dann auch wenig zu verderben, und ich glaube doch immer, ein Aufenthalt hier täte ihm wohl. Es gibt in Weimar Lokalumstände, die Ihnen einfallen, ohne daß ich sie nenne, die übel auf ihn einwirken. Ich rechne hier am meisten auf die Entfernung von diesen und die Einsamkeit; viel auf das Land, die noch übrigen Kunstwerke und das günstige Vorurteil, das er einmal für Rom hat; endlich auf uns.

Goethe an Carl Friedrich Zelter

Weimar, 26. März 1804

So mancher Reisende zeugt von Ihren Werken und Taten, insofern sie erscheinen und nach außen wirken; Ihr erquickender Brief läßt mich ins Innre sehen, wo keine Stahlfeder treibt, sondern ein lebendiger Geist anregt. Wie schätz ich Sie glücklich daß Sie in diesem selbstgeschaffnen Elemente bildend fortwirken und daß Sie hoffen können auch etwas für die Dauer geleistet zu haben. Dabei muß man denn auch, deucht mich, der großen Masse zu Ehren reden, auf die man oft schilt, die aber denn doch die bildsamen Organe hergibt und auch Mittel verleiht das Geleistete fortzupflanzen. Wir andern, in unseren engen Kreisen, tun, wie Zauberer, augenblickliche Wunder und sehen sogleich jedes aus der Luft gegriffne Phantom wieder in Luft zerfließen.

Haben Sie Abschrift oder Konzept Ihres eingereichten Aufsatzes, so teilen Sie mir ihn mit, daß ich mich daran labe. Was Sie davon melden ist ganz nach meinem Herzen.

Freilich haben die Menschen überhaupt gewöhnlich nur den Begriff vom Neben- und Miteinander, nicht das Gefühl vom In- und Durcheinander, denn man begreift nur was man selbst machen kann, und man faßt nur was man selbst hervorbringen kann. Weil in der Erfahrung alles zerstückelt erscheint; so glaubt man das Höchste auch aus Stücken zusammensetzen zu können.

Von dem herrlichen Genuß den Sie so manchem gewähren bin ich leider getrennt; was ich mir davon im Geiste zueigne, ist mir schon ein großes Gut. Sagen Sie mir manchmal ein frohes, lebendiges Wort!

Goethe an seine Mutter

Nehmen Sie, liebe Mutter, tausend Dank für alles das Gute das Sie unserm August erzeigt haben! Ich wünsche daß die Erinnerung seiner Gegenwart Ihnen nur einen Teil der Freude geben möge die uns jetzt seine Erzählung verschafft. Wir werden dadurch ganz lebhaft zu Ihnen und meinen alten Freunden versetzt. Danken Sie herzlich allen die ihn so gütig aufnahmen. Dieser erste Versuch in die Welt hinein zu sehen ist ihm so gut gelungen daß ich für seine Zukunft eine gute Hoffnung habe. Seine Jugend war glücklich und ich wünsche daß er auch heiter und froh in sein ernsteres Alter hinüber gehe. Seine Schilderung Ihres fortdaurenden Wohlbefindens macht uns das größte Vergnügen, er muß sie oft wiederholen. Auch ich befinde mich, bei mehrerer Bewegung, in diesen bessern Tagen recht wohl. Wir grüßen alle zum schönsten, besten und dankbarsten.

W[eimar,] d. 6. Mai 1805. G.

Wilhelm von Humboldt an Goethe

Rom, 5. Juni 1805

Ich freute mich kaum Ihres Briefes, mein innig geliebter Freund, als ich durch Fernow die schreckliche Nachricht von Schillers Tode empfing. Nichts hat mich je gleich stark erschüttert. Es ist das erste Mal, daß ich einen erprüften Freund, mit dem sich durch Jahre des Zusammenseins Gedanken und Empfindungen innig vermischt hatten, verliere, und ich fühle jetzt die Trennung, die Entfernung, in der wir in den letzten Jahren lebten, noch schrecklicher. Seinen letzten Brief schrieb er mir im September 1803 über meines Wilhelms Tod. Er war über meinen Schmerz sehr bewegt, aber was er darin wünscht und hofft, ist in Erfüllung gegangen. Er ist hingeschieden, ohne selbst einen von denen, die ihm zunächst lieb waren, verloren zu haben. Seine schwächliche Konstitution, sagt er, lasse es ihn hoffen. Wäre er selbst nur uns nicht so früh entrissen worden! Jetzt denke ich oft, er hätte die letzten Jahre seines Lebens hier zubringen sollen. Rom würde einen großen Eindruck auf ihn gemacht haben, er hätte das mit sich hinübergenommen. Er hätte sich auch vielleicht länger erhalten, der strenge Winter scheint ihm doch verderblich gewesen zu sein, vielleicht auch die ewige Anstrengung, die nachgelassen oder doch milder gewirkt hätte, wenn er seinen äußern Sinn durch große Umgebungen getragen, seine Einbildungskraft durch eine ihrer würdigere Natur um sich her unterstützt gefühlt hätte. Wie einsam Sie sich fühlen müssen, kann ich mir denken; und doch beneide ich Sie unendlich. Sie können doch sich noch den Ton der Worte seiner letzten Tage zurückrufen, mir ist er wie ein Schatten entflohen, und ich muß alles, was ihn mir lebhaft zurückruft, aus einer dunkeln Ferne mühsam herbeiholen.

Tagebuch

14. Oktober [1806]. Weimar. Früh Kanonade bei Jena, darauf Schlacht bei Kötschau. Deroute der Preußen. Abends um 5 flogen die Kanonenkugeln durch die Dächer. Um 1/2 6 Einzug der Chasseurs. 7 Uhr Brand, Plünderung, schreckliche Nacht. Erhaltung unseres Hauses durch Standhaftigkeit und Glück. Lieutenant Noisin.

An den mit Christiane von Goethe befreundeten Bremer Arzt Nicolaus Meyer

Weimar den 20. Oktober 1806

Wir leben! Unser Haus blieb von Plünderung und Brand, wie durch ein Wunder verschont. Die regierende Herzogin hat mit uns die schrecklichen Stunden verlebt. Ihr verdanken wir einige Hoffnung des Heils für künftig, sowie für jetzt die Erhaltung des Schlosses. Der Kaiser ist angekommen am 15. Oktober 1806.
G.

Merkwürdig ist es, daß diese Tage des Unheils von dem schönsten Sonnenschein begleitet und beleuchtet waren.

Um diese traurigen Tage durch eine Festlichkeit zu erheitern habe ich und meine kleine Hausfreundin gestern als am 20. Sonntag nach Trinitatis den Entschluß gefaßt in den Stand der heiligen Ehe ganz förmlich einzutreten; mit welcher Notifikation ich Sie ersuche, uns von Butter und sonstigen transportablen Viktualien manches zukommen zu lassen. Auf Ihren lieben Brief folgt nächstens in ruhigeren Stunden eine umständlichere Antwort.

An Zelter

Karlsbad, 27. Juni 1807

Sie haben, lieber teurer Freund, lange nichts von mir gehört. Jetzt will ich im kurzen zusammenfassen, wie es mir bisher gegangen. Ich kam nach Karlsbad in dem übelsten Befinden, das sich durch einen zwar gewöhnlichen, aber für meine Zustände nicht passenden, schlendrianischen Gebrauch des Wassers anfänglich so vermehrte, daß ich in einen höchst peinlichen Zustand geriet. Durch eine Abänderung der Kur und den Gebrauch einiger Mittel, nach Verordnung des Dr. Kapp von Leipzig, wendete sichs auf einmal ins Bessere; wobei es denn auch schon sechs Wochen anhaltend verharrt, welches ich sehr gern meinen Freunden zu wissen tue. Acht Wochen bin ich nun schon hier und habe mich in verschiedenen Epochen auf verschiedene Weise beschäftigt: erst kleine Geschichten und Märchen [später in *Wilhelm Meisters Wanderjahre* eingegangen], die ich lang im Kopf herumgetragen, diktiert; sodann eine Weile Landschaften gezeichnet und illuminiert; jetzt bin ich beschäftigt, meine geologischen Ansichten der hiesigen Gegend zusammenzustellen und eine Sammlung von Gebirgsarten, welche hier ausgegeben wird, kürzlich zu kommentieren.

Interessante Menschen von sehr verschiedener Art habe ich kennen lernen, unter welchen der französische Resident [Carl Friedrich Graf] Reinhard, der zuletzt in Jassy gestanden und dessen Schicksale Ihnen gewiß im ganzen bekannt sind, wohl den ersten Platz einnimmt. Übrigens lebe ich denn doch sehr einsam: denn in der Welt kommen einem nichts als Jeremiaden entgegen, die, ob sie gleich von großen Übeln veranlaßt werden, doch, wie man sie in der Gesellschaft hört, nur als hohle Phrasen erscheinen. Wenn jemand sich über das beklagt, was er und seine Umgebung gelitten, was er verloren hat und zu verlieren fürchtet, das hör' ich mit Teilnahme und spreche gern darüber und tröste gern. Wenn aber die Menschen über ein Ganzes jammern, das verloren sein soll, das denn doch in Deutschland kein Mensch sein Lebtag gesehen, noch viel weniger sich darum bekümmert hat; so muß ich meine Ungeduld verbergen, um nicht unhöflich zu werden, oder als Egoist zu erscheinen. Wie gesagt, wenn jemand seine verlorenen Pfründen, seine gestörte Karriere schmerzlich empfindet, so wäre es unmenschlich, nicht mitzufühlen; wenn er aber glaubt, daß der Welt auch nur im mindesten etwas dadurch verloren geht, so kann ich unmöglich einstimmen.

An Zelter

Karlsbad den 30. August 1807

Recht von Herzen sei es Ihnen gedankt, teuerster Freund, daß Sie mich so tief in Ihr Wesen, in Ihren Zustand hineinsehen lassen. Es ist wirklich etwas Prometheisches in Ihrer Art zu sein, das ich nur anstaunen und verehren kann. Indessen Sie das kaum zu Ertragende gefaßt und gelassen tragen und sich Plane zu künftiger erfreulicher und schaffender Tätigkeit bilden, habe ich mich wie ein schon über den Kozyt [Fluß in der Unterwelt] Abgeschiedener verhalten und an dem letheischen Flusse wenigstens genippt. Übrigens, insofern ich mich noch als Erdbewohner fühle, habe ich auch nach meiner Art das Meinige getan, manche Erfahrung in mich aufgenommen, manches gelesen, gelernt, notiert, ausgearbeitet und wie es eben gehen wollte. Meine Gesundheit ist leidlich und bei einem sehr strengen diätetischen Verhalten kann ich meine Zeit sehr wohl nutzen und angenehme Tage zubringen. Auf eine Nachhause-Reise über Dresden, wozu mich der Herzog, der in Töplitz ist, einlud, habe ich aber leider renunzieren müssen. Ich darf mir nichts zumuten. In der Hälfte Septembers bin ich zu Hause. Können Sie uns durch Ihre Gegenwart beglücken, so wüßte ich nichts Erwünschteres. Leben Sie recht wohl und schreiben mir bald. G.

An Heinrich von Kleist

Ew. Hochwohlgebornen

bin ich sehr dankbar für das übersendete Stück des Phöbus. Die prosaischen Aufsätze, wovon mir einige bekannt waren, haben mir viel Vergnügen gemacht. Mit der Penthesilea kann ich mich noch nicht befreunden. Sie ist aus einem so wunderbaren Geschlecht und bewegt sich in einer so fremden Region daß ich mir Zeit nehmen muß mich in beide zu finden. Auch erlauben Sie mir zu sagen (denn wenn man nicht aufrichtig sein sollte, so wäre es besser, man schwiege gar), daß es mich immer betrübt und bekümmert, wenn ich junge Männer von Geist und Talent sehe, die auf ein Theater warten, welches da kommen soll. Ein Jude der auf den Messias, ein Christ der aufs neue Jerusalem, und ein Portugiese der auf den Don Sebastian wartet, machen mir kein größeres Mißbehagen. Vor jedem Brettergerüste möchte ich dem wahrhaft theatralischen Genie sagen: hic Rhodus, hic salta. Auf jedem Jahrmarkt getraue ich mir, auf Bohlen über Fässer geschichtet, mit Calderons Stükken, mutatis mutandis, der gebildeten und ungebildeten Masse das höchste Vergnügen zu machen. Verzeihen Sie mir mein Geradezu: es zeugt von meinem aufrichtigen Wohlwollen. Dergleichen Dinge lassen sich freilich mit freundlichern Tornüren und gefälliger sagen. Ich bin jetzt schon zufrieden, wenn ich nur etwas vom Herzen habe. Nächstens mehr.

Weimar den 1. Februar 1808. G.

Goethes Aufzeichnung über seine Unterredung mit Napoleon am 2. Oktober 1808

Den 2ten

Marschall Lannes und Minister Maret mochten günstig von mir gesprochen haben.

Ersterer kannte mich seit 1806.

Ein dicker Kammerherr, Pole, kündigte mir an zu verweilen.

Die Menge entfernte sich.

Präsentation an Savary und Talleyrand.

Ich werde hereingerufen.

In demselben Augenblicke meldet sich Daru, welcher sogleich eingelassen wird.

Ich zaudere deshalb. Werde nochmals gerufen. Trete ein, Der Kaiser sitzt an einem großen runden Tische frühstückend; zu seiner Rechten steht etwas entfernt vom Tische Talleyrand, zu seiner Linken ziemlich nah Daru, mit dem er sich über die Kontributionsangelegenheiten unterhält.

Der Kaiser winkt mir heranzukommen.

Ich bleibe in schicklicher Entfernung vor ihm stehen.

Nachdem er mich aufmerksam angeblickt, sagte er: „Vous êtes un homme." Ich verbeuge mich.

Er fragt: „Wie alt seid Ihr?" „Sechzig Jahr."

„Ihr habt Euch gut erhalten – Ihr habt Trauerspiele geschrieben." Ich antwortete das Notwendigste.

Hier nahm Daru das Wort, der, um den Deutschen, denen er so wehe tun mußte, einigermaßen zu schmeicheln, von deutscher Literatur Notiz genommen, wie er denn überhaupt in der lateinischen wohlbewandert und selbst Herausgeber des Horaz war.

Er sprach von mir, wie etwa meine Gönner in Berlin mochten gesprochen haben, wenigstens erkannt ich daran ihre Denkweise und ihre Gesinnung.

Er fügte sodann hinzu, daß ich auch aus dem Französischen übersetzt habe und zwar Voltaires „Mahomet".

Der Kaiser versetzte: „Es ist kein gutes Stück", und legte sehr umständlich auseinander wie unschicklich es sei, daß der Weltüberwinder von sich selbst eine so ungünstige Schilderung mache.

Er wandte sodann das Gespräch auf den „Werther", den er durch und durch mochte studiert haben. Nach verschiedenen ganz richtigen Beobachtungen bezeichnete er eine gewisse Stelle und sagte: „Warum habt Ihr das getan? es ist nicht naturgemäß"; welches er weitläufig und vollkommen richtig auseinander setzte.

Ich hörte ihm mit heiterem Gesichte zu und antwortete mit einem vergnügten Lächeln, daß ich zwar nicht wisse, ob mir jemand denselben Vorwurf gemacht habe; aber ich finde ihn ganz richtig und gestehe, daß an dieser Stelle etwas Unwahres nachzuweisen sei. Allein, setzte ich hinzu, es wäre dem Dichter vielleicht zu verzeihen, wenn er sich eines nicht leicht zu entdeckenden Kunstgriffs bediene, um gewisse Wirkungen hervorzubringen, die er auf einem einfachen natürlichen Wege nicht hätte erreichen können.

Der Kaiser schien damit zufrieden, kehrte zum Drama zurück und machte sehr bedeutende Bemerkungen, wie einer der die tragische Bühne mit der größten Aufmerksamkeit gleich einem Kriminalrichter betrachtet, und dabei das Abweichen des französischen Theaters von Natur und Wahrheit sehr tief empfunden hatte.

So kam er auch auf die Schicksalsstücke, die er mißbilligte. Sie hätten einer dunklen Zeit angehört: „Was", sagte er, „will man jetzt mit dem Schicksal, die Politik ist das Schicksal."

Er wandte sich sodann wieder zu Daru und sprach mit ihm über die großen Kontributionsangelegenbeiten; ich trat etwas zurück und kam gerade an den Erker zu stehen, in welchem ich vor mehr als dreißig Jahren zwischen mancher frohen auch manche trübe Stunde verlebt, und hatte Zeit zu bemerken, daß rechts von mir, nach der Eingangstüre zu, Berthier, Savary und sonst noch jemand stand. Talleyrand hatte sich entfernt.

Marschall Soult ward gemeldet.

Diese große Gestalt, mit stark behaartem Haupte, trat herein, der Kaiser fragte scherzend über einige unangenehme Ereignisse in Polen, und ich hatte Zeit mich im Zimmer umzusehen und der Vergangenheit zu gedenken.

Auch hier waren es noch die alten Tapeten.

Aber die Porträte an den Wänden waren verschwunden.

Hier hatte das Bild der Herzogin Amalia gehangen, im Redoutenanzug eine schwarze Halbmaske in der Hand, die übrigen Bildnisse von Statthaltern und Familiengliedern fehlten alle.

Der Kaiser stand auf, ging auf mich los und schnitt mich durch eine Art Manoeuvre von den übrigen Gliedern der Reihe ab, in der ich stand.

Indem er jenen den Rücken zukehrte und mit gemäßigter Stimme zu mir sprach, fragte er: ob ich verheiratet sei, Kinder habe? und was sonst Persönliches zu interessieren pflegt. Eben so auch über meine Verhältnisse zu dem fürstlichen Hause, nach Herzogin Amalia, dem Fürsten, der Fürstin und sonst; ich antwortete ihm auf eine natürliche Weise. Er schien zufrieden und übersetzte sichs in seine Sprache, nur auf eine etwas entschiedenere Art, als ich mich hatte ausdrucken können.

Dabei muß ich überhaupt bemerken, daß ich im ganzen Gespräch die Mannigfaltigkeit seiner Beifallsäußerungen zu bewundern hatte; denn selten hörte er unbeweglich zu, entweder er nickte nachdenklich mit dem Kopfe oder sagte „Oui!“ oder gar „C'est bien“, oder dergleichen; auch darf ich nicht vergessen zu bemerken, daß, wenn er ausgesprochen hatte, er gewöhnlich hinzufügte:

„Qu'en dit Mr. Göt.“

Und so nahm ich Gelegenheit, bei dem Kammerherrn durch eine Gebärde anzufragen ob ich mich beurlauben könne? die er erwiderte, und ich dann ohne weiteres meinen Abschied nahm.

Goethe über Napoleon nach einer Aufzeichnung Riemers

„Außerdordentliche Menschen wie Napoleon treten aus der Moralität heraus. Sie wirken zuletzt wie physische Ursachen, wie Feuer und Wasser.“

Charles Maurice de Talleyrand berichtet in seinen ‹Mémoires› (erschienen 1891/92) von einem kleinen Disput Goethes mit Napoleon in Erfurt im Oktober 1808

[N.:] „Haben Sie den russischen Zaren [Alexander] schon gesehen? – Nein, Sire, noch nicht, aber ich hoffe doch ihm vorgestellt zu werden. – Er spricht Ihre Sprache gut; falls Sie etwas über Ihre Zusammenkünfte in Erfurt schreiben, könnten Sie es ihm widmen. – Sire, das ist nicht meine Gewohnheit; als ich zu schreiben begann, habe ich es mir zum Grundsatz gemacht, keine Widmungen zu verfassen, damit ich nie etwas zu bereuen hätte. – Die großen Schriftsteller im Jahrhundert Ludwig XIV. waren nicht so. – Wohl wahr, Sire, aber Ihre Majestät können mir nicht versichern, daß sie es nie bereut haben."

An Carl Friedrich Graf von Reinhard

Weimar, 31. Dezember 1809

Die Wahlverwandtschaften schickte ich eigentlich als ein Zirkular an meine Freunde, damit sie meiner wieder einmal an manchen Orten und Enden gedächten. Wenn die Menge dieses Werkchen nebenher auch liest, so kann es mir ganz recht sein. Ich weiß zu wem ich eigentlich gesprochen habe, und wo ich nicht mißverstanden werde. Mit dieser Überzeugung war auch Ihnen das Büchlein adressiert, und Sie sind sehr liebenswürdig, mich ausdrücklich zu versichern, daß ich mich nicht geirrt habe.

Das Publikum, besonders das deutsche, ist eine närrische Karikatur des demos [Volkes], es bildet sich wirklich ein, eine Art von Instanz, von Senat auszumachen, und im Leben und Lesen dieses oder jenes wegvotieren zu können was ihm nicht gefällt. Dagegen ist kein Mittel als ein stilles Ausharren. Wie ich mich denn auf die Wirkung freue, welche dieser Roman in ein paar Jahren auf manchen beim Wiederlesen machen wird. Wenn ungeachtet alles Tadelns und Geschreis das was das Büchlein enthält, als ein unveränderliches Faktum vor der Einbildungskraft steht, wenn man sieht, daß man mit allem Willen und Widerwillen daran doch nichts ändert; so läßt man sich in der Fabel zuletzt auch so ein apprehensives Wunderkind gefallen, wie man sich in der Geschichte nach einigen Jahren die Hinrichtung eines alten Königs und die Krönung eines neuen Kaisers gefallen läßt. Das Gedichtete behauptet sein Recht, wie das Geschehene.

Eine Gesprächsaufzeichnung Riemers vom 24. Juli 1809

„Die sittlichen Symbole in den Naturwissenschaften (zum Beispiel das der „Wahlverwandtschaft"), vom großen Bergman erfunden und gebraucht sind geistreicher und lassen sich eher mit Poesie, ja mit Societät verbinden, als alle übrigen, die ja auch, selbst die mathematischen, nur anthropomorphisch sind, nur daß jene dem Gemüt, diese dem Verstande angehören."

Varnhagen von Ense in seinem Tagebuch vom 28. Juni 1843

General von Rühle erzählte mir, Goethe selbst habe ihm einmal gesagt, er habe die erste Anregung zu den Wahlverwandtschaften durch Schelling erhalten, wie Kapp in seinem Buche richtig bemerkt [...] Goethe sagte einmal zu Rühle: „Ich heidnisch? Nun, ich habe doch Gretchen hinrichten und Ottilien verhungern lassen, ist denn das den Leuten nicht christlich genug? Was wollen sie noch Christlicheres?" – Das erinnert an die empörte Antwort, die er Knebeln wegen der sittlichen Bedenken desselben gegen die Wahlverwandtschaften gab: „Ich hab's auch nicht für Euch, ich hab's für die jungen Mädchen geschrieben!"

Goethe an Zelter

Weimar, 13./25. Januar 1830

Zum Scherz und Überfluß laß mich in Gefolg des Vorigen [ein Aufsatz Goethes über Nachlese zu Aristoteles Poetik] erwähnen: daß ich in meinen Wahlverwandtschaften die innige, wahre Katharsis so rein und vollkommen als möglich abzuschließen bemüht war; deshalb bild' ich mir aber nicht ein, irgend ein hübscher Mann könne dadurch von dem Gelüst, nach eines Andern Weib zu blicken, gereinigt werden. Das sechste Gebot, welches schon in der Wüste dem Elohim-Jehova so nötig schien, daß er es, mit eigenen Fingern, in Granittafeln einschnitt, wird in unsern löschpapiernen Katechismen immerfort aufrecht zu halten nötig sein.

Zelter an Goethe

27. Okt. 1809

Es gibt gewisse Symphonien von Haydn, die durch ihren losen liberalen Gang mein Blut in behagliche Bewegung bringen und den freien Teilen meines Körpers die Neigung und Richtung geben, wohltätig nach außen zu wirken. Meine Finger werden dann weicher und länger, meine Augen möchten etwas ersehen, das noch kein Blick berührt hat, die Lippen öffnen sich, mein Inneres will hinaus in's Freie.

So geht mir's, wenn ich Ihre Romane lese, und so ist's mir geworden, wie ich heute Ihre Wahlverwandtschaften las. Das mutwillige geheimnisvolle Spiel mit den Dingen der Welt und den Figuren, die darinnen angestellt und geleitet werden, kann Ihnen niemals mißlingen, mag auch zwischen durchlaufen, was Platz hat, oder sich Platz macht.

Dazu eignet sich endlich noch eine Schreibart, welche wie das klare Element beschaffen ist, dessen flinke Bewohner durcheinander schwimmen, blinkelnd oder-dunkelnd auf und abfahren, ohne sich zu verirren oder zu verlieren.

Man könnte zum Poeten werden über eine solche Prosa, und ich möchte des Teufels werden, daß ich keine solche Zeile schreiben kann.

Der Titel Ihres Romans macht eine ganz besondere Sensation auch unter Ihren Freunden. Manche können gar nicht darüber wegkommen, daß ihnen alles Urteil wie abgeschnitten ist; sie möchten doch gern ihre Meinung sagen und können eigentlich zu keiner gelangen [...]

Eduard und Ottilie und der Tod des Kindes in den ‹Wahlverwandtschaften›

Eduard, dem es bisher gelungen war, unbemerkt so weit vorzudringen, der seinen Park leer, die Gegend einsam fand, wagte sich immer weiter. Endlich bricht er durch das Gebüsch bei den Eichen, er sieht Ottilien, sie ihn; er fliegt auf sie zu und liegt zu ihren Füßen. Nach einer langen, stummen Pause, in der sich beide zu fassen suchen, erklärt er ihr mit wenig Worten, warum und wie er hieher gekommen. Er habe den Major an Charlotten abgesendet, ihr gemeinsames Schicksal werde vielleicht in diesem Augenblick entschieden. Nie habe er an ihrer Liebe gezweifelt, sie gewiß auch nie an der seinigen. Er bitte sie um ihre Einwilligung. Sie zauderte, er beschwur sie; er wollte seine alten Rechte geltend machen und sie in seine Arme schließen; sie deutete auf das Kind hin.

Eduard erblickt es und staunt. „Großer Gott!" ruft er aus, „wenn ich Ursache hätte, an meiner Frau, an meinem Freunde zu zweifeln, so würde diese Gestalt fürchterlich gegen sie zeugen. Ist dies nicht die Bildung des Majors? Solch ein Gleichen habe ich nie gesehen."

„Nicht doch!" versetzte Ottilie, „alle Welt sagt, es gleiche mir." – „Wär es möglich?" versetzte Eduard, und in dem Augenblick schlug das Kind die Augen auf, zwei große, schwarze, durchdringende Augen, tief und freundlich. Der Knabe sah die Welt schon so verständig an; er schien die beiden zu kennen, die vor ihm standen. Eduard warf sich bei dem Kinde nieder, er kniete zweimal vor Ottilien. „Du bists!" rief er aus, „deine Augen sinds. Ach! aber laß mich nur in die deinigen schaun. Laß mich einen Schleier werfen über jene unselige Stunde, die diesem Wesen das Dasein gab. Soll ich deine reine Seele mit dem unglücklichen Gedanken erschrecken, daß Mann und Frau entfremdet sich einander ans Herz drücken und einen gesetzlichen Bund durch lebhafte Wünsche entheiligen können? Oder ja, da wir einmal so weit sind, da mein Verhältnis zu Charlotten getrennt werden muß, da du die Meinige sein wirst, warum soll ich es nicht sagen? Warum soll ich das harte Wort nicht aussprechen: dies Kind ist aus einem doppelten Ehbruch erzeugt! es trennt mich von meiner Gattin und meine Gattin von mir, wie es uns hätte verbinden sollen. Mag es denn gegen mich zeugen, mögen diese herrlichen Augen den deinigen sagen, daß ich in den Armen einer andern dir gehörte; mögest du fühlen, Ottilie, recht fühlen, daß ich jenen Fehler, jenes Verbrechen nur in deinen Armen abbüßen kann!

Horch!" rief er aus, indem er aufsprang und einen Schuß zu hören glaubte, als das Zeichen, das der Major geben sollte. Es war ein Jäger, der im benachbarten Gebirg geschossen hatte. Es erfolgte nichts weiter; Eduard war ungeduldig.

Nun erst sah Ottilie, daß die Sonne sich hinter die Berge gesenkt hatte. Noch zuletzt blinkte sie von den Fenstern des obern Gebäudes zurück. „Entferne dich, Eduard!" rief Ottilie. „So lange haben wir entbehrt, so lange geduldet. Bedenke, was wir beide Charlotten schuldig sind. Sie muß unser Schicksal entscheiden, laß uns ihr nicht vorgreifen. Ich bin die Deine, wenn sie es vergönnt; wo nicht, so muß ich dir entsagen. Da du die Entscheidung so nah glaubst, so laß uns erwarten. Geh in das Dorf zurück, wo der Major dich vermutet. Wie manches kann vorkommen, das eine Erklärung fordert. Ist es wahrscheinlich, daß ein roher Kanonenschlag dir den Erfolg seiner

Unterhandlungen verkünde? Vielleicht sucht er dich auf in diesem Augenblick. Er hat Charlotten nicht getroffen, das weiß ich; er kann ihr entgegengegangen sein, denn man wußte, wo sie hin war. Wie vielerlei Fälle sind möglich! Laß mich! Jetzt muß sie kommen. Sie erwartet mich mit dem Kinde dort oben." Ottilie sprach in Hast. Sie rief sich alle Möglichkeiten zusammen. Sie war glücklich in Eduards Nähe und fühlte, daß sie ihn jetzt entfernen müsse. „Ich bitte, ich beschwöre dich, Geliebter!" rief sie aus, „kehre zurück und erwarte den Major!" – „Ich gehorche deinen Befehlen", rief Eduard, indem er sie erst leidenschaftlich anblickte und sie dann fest in seine Arme schloß. Sie umschlang ihn mit den ihrigen und drückte ihn auf das zärtlichste an ihre Brust. Die Hoffnung fuhr wie ein Stern, der vom Himmel fällt, über ihre Häupter weg. Sie wähnten, sie glaubten einander anzugehören; sie wechselten zum erstenmal entschiedene, freie Küsse und trennten sich gewaltsam und schmerzlich.

Die Sonne war untergegangen, und es dämmerte schon und duftete feucht um den See. Ottilie stand verwirrt und bewegt; sie sah nach dem Berghause hinüber und glaubte Charlottens weißes Kleid auf dem Altan zu sehen. Der Umweg war groß am See hin; sie kannte Charlottens ungeduldiges Harren nach dem Kinde. Die Platanen sieht sie gegen sich über, nur ein Wasserraum trennt sie von dem Pfade, der sogleich zu dem Gebäude hinaufführt. Mit Gedanken ist sie schon drüben wie mit den Augen. Die Bedenklichkeit, mit dem Kinde sich aufs Wasser zu wagen, verschwindet in diesem Drange. Sie eilt nach dem Kahn, sie fühlt nicht, daß ihr Herz pocht, daß ihre Füße schwanken, daß ihr die Sinne zu vergehen drohn.

Sie springt in den Kahn, ergreift das Ruder und stößt ab. Sie muß Gewalt brauchen, sie wiederholt den Stoß, der Kahn schwankt und gleitet eine Strecke seewärts. Auf dem linken Arme das Kind, in der linken Hand das Buch, in der rechten das Ruder, schwankt auch sie und fällt in den Kahn. Das Ruder entfährt ihr nach der einen Seite und, wie sie sich erhalten will, Kind und Buch nach der andern, alles ins Wasser. Sie ergreift noch des Kindes Gewand; aber ihre unbequeme Lage hindert sie selbst am Aufstehen. Die freie rechte Hand ist nicht hinreichend sich umzuwenden, sich aufzurichten; endlich gelingts, sie zieht das Kind aus dem Wasser, aber seine Augen sind geschlossen, es hat aufgehört zu atmen.

In dem Augenblicke kehrt ihre ganze Besonnenheit zurück, aber um desto größer ist ihr Schmerz. Der Kahn treibt fast in der Mitte des Sees, das Ruder schwimmt fern, sie erblickt niemanden am Ufer, und auch was hätte es ihr geholfen, jemanden zu sehen! Von allem abgesondert, schwebt sie auf dem treulosen, unzugänglichen Elemente.

Sie sucht Hülfe bei sich selbst. So oft hatte sie von Rettung der Ertrunkenen gehört. Noch am Abend ihres Geburtstags hatte sie es erlebt. Sie entkleidet das Kind und trocknets mit ihrem Musselingewand. Sie reißt ihren Busen auf und zeigt ihn zum erstenmal dem freien Himmel; zum erstenmal drückt sie ein Lebendiges an ihre reine nackte Brust, ach! und kein Lebendiges. Die kalten Glieder des unglücklichen Geschöpfs verkälten ihren Busen bis ins innerste Herz. Unendliche Tränen entquellen ihren Augen und erteilen der Oberfläche des Erstarrten einen Schein von Wärme und Leben. Sie läßt nicht nach, sie überhüllt es mit ihrem Schal, und durch Streicheln, Andrücken, Anhauchen, Küssen, Tränen glaubt sie jene Hülfsmittel zu ersetzen, die ihr in dieser Abgeschnittenheit versagt sind.

Alles vergebens! Ohne Bewegung liegt das Kind in ihren Armen, ohne Bewegung steht der Kahn auf der Wasserfläche; aber auch hier läßt ihr schönes Gemüt sie nicht hülflos. Sie wendet sich nach oben. Knieend sinkt sie in dem Kahne nieder und hebt das erstarrte Kind mit beiden Armen über ihre unschuldige Brust, die an Weiße und leider auch an Kälte dem Marmor gleicht. Mit feuchtem Blick sieht sie empor und ruft Hülfe von daher, wo ein zartes Herz die größte Fülle zu finden hofft, wenn es überall mangelt.

Auch wendet sie sich nicht vergebens zu den Sternen, die schon einzeln hervorzublinken anfangen. Ein sanfter Wind erhebt sich und treibt den Kahn nach den Platanen.

Sulpiz Boisserée erzählt seinem Bruder Melchior von einem Gespräch mit Goethe am 11. Mai 1811 über die Radierungen Philipp Otto Runges zu seinen ‹Tageszeiten›

Von Weimar und vom alten Herrn hätte ich noch recht viel zu schreiben, wollte ich Euch alles erzählen. Das tut sich aber besser mündlich, dafür müssen wir auch was aufsparen, und dann will ich Euch den alten Herrn dabei nachmachen. Es ist ein gar wunderlicher Heiliger. Es geht mit ihm wie mit allen eigentümlichen Menschen, soviel man auch von ihnen weiß und hört, sieht man doch immer noch viel Neues, wenn man mit ihnen selbst zusammenkömmt, und deshalb allein ist mir diese Bekanntschaft über alle Maßen schätzbar. Sie gibt mir einen Beitrag zur Kenntnis der menschlichen Natur und des Lebens überhaupt, den ein Dutzend Bücher und Geschichten großer Männer nicht so verschaffen können und seine *eigene Lebensbeschreibung* nie liefern kann. Er ist gerade jetzt mit dieser Arbeit beschäftigt und hat schon einige Stücke [...] bei Hof vorgelesen. Es muß auf jeden Fall ein höchst künstliches und merkwürdiges Buch werden; er hat da von einer Menge Menschen und Dingen zu reden, wovon er durchaus nicht alles mit klaren, baren Worten sagen darf. Das wird dann allerlei wunderbare Tänze zwischen dem verständigen Hofmann und dem tollen deutschen Burschen hervorbringen, der besonders bei solchen Erinnerungen alter Zeiten immer noch wieder aufwacht.

[...] In dem Musiksaal hingen Runges Arabesken, oder symbolischallegorische Darstellungen von Morgen, Mittag, Abend und Nacht. Goethe merkte, daß ich sie aufmerksam betrachtete, griff mich in den Arm und sagte: Was, kennen Sie das noch nicht? Da sehen Sie einmal, was das für Zeug ist, zum Rasendwerden, schön und toll zugleich. Ich antwortete: ja ganz wie die Beethovensche Musik, die der [Pianist im Musikzimmer] da spielt, wie unsere ganze Zeit. Freilich, sagte er, das will alles umfassen und verliert sich darüber immer ins Elementarische, doch noch mit unendlichen Schönheiten im Einzelnen; da sehen Sie nur, was für Teufelszeug, und hier wieder, was da der Kerl für Anmut und Herrlichkeit hervorgebracht, aber der arme Teufel hat's auch nicht ausgehalten, er ist schon hin [Runge war 1810 gestorben], es ist nicht anders möglich, was so auf der Kippe steht, muß sterben oder verrückt werden, da ist keine Gnade.

Um die Zeit der Gespräche mit Boisserée, der ihm die Risse für den Weiterbau des Kölner Doms gezeigt hatte, schreibt Goethe in ‹Dichtung und Wahrheit›

[...] Wenn ich die Zeit berechne, die ich allein dem Straßburger Münster gewidmet, die Aufmerksamkeit, mit der ich späterhin den Dom zu Köln und den zu Freiburg betrachtet und den

Wert dieser Gebäude immer mehr empfunden; so könnte ich mich tadeln, daß ich sie nachher ganz aus dem Auge verloren, ja, durch eine entwickeltere Kunst angezogen, völlig im Hintergrunde gelassen. Sehe ich nun aber in der neuesten Zeit die Aufmerksamkeit wieder auf jene Gegenstände hingelenkt, Neigung, ja Leidenschaft gegen sie hervortreten und blühen, sehe ich tüchtige junge Leute, von ihr ergriffen, Kräfte, Zeit, Sorgfalt, Vermögen diesen Denkmalen einer vergangenen Welt rücksichtslos widmen; so werde ich mit Vergnügen erinnert, daß das, was ich sonst wollte und wünschte, einen Wert hatte [...] Vorzüglich belobe ich hier den wackern Sulpiz Boisserée, der unermüdet beschäftigt ist, in einem prächtigen Kupferwerke, den Kölnischen Dom aufzustellen als Musterbild jener ungeheuren Konzeptionen, deren Sinn babylonisch in den Himmel strebte, und die zu den irdischen Mitteln dergestalt außer Verhältnis waren, daß sie notwendig in der Ausführung stokken mußten.

Sulpiz Boisserée an Goethe

Köln am 29. Juli 1811

Ich muß es Ihnen noch einmal sagen, und mag es nicht genug sagen: seit dem kurzen Umgange mit Ihnen in Weimar ist mir zumut, wie einem der einen langerträumten Schatz gefunden und gleich wieder verloren, ich kann nicht anders das schöne Verhältnis nennen, was sich mir zu Ihnen eröffnet hat.

Von dem Augenblick wo ich Sie verlassen, wälzen sich nun erst immer mehr Gedanken in meiner Brust, was ich alles mit Ihnen zu sprechen und zu verhandlen hätte. – Da mögen Sie denken, wie sehr es mich verdroß, Sie nicht mehr in Karlsbad zu finden. Ihr Brief um so freundschaftlicher er war um so fühlbarer machte er mir den Verlust, und nur die Versicherung Ihrer Frau konnte mich trösten, daß sie von einer Herbst-Reise nach Köln gesprochen.

Wenn irgend die Rede Zauber gewürkt, so möchte der gütige Himmel mich jetzt erhören und mir die Gabe verleihen, Sie zu bereden und gegen alle Einwendungen zu berücken; – aber ich muß einzig meine Hoffnung darauf setzen, daß die Sache an und für sich eben alles würkt, und Verhältnisse und Umstände sich günstig fügend, keine erheblichen Einwendungen zulassen.

Wollen Sie ernstlich einmal den Rhein besuchen, so können Sie keine glücklichere Zeit wählen, als in diesem Herbst, der früher schöner und reicher sein wird, als in vielen Jahren nicht wieder zu erwarten steht.

Goethe an Reinhard

Karlsbad, den 8. Juni 1811

Ihr lieber Brief, mein verehrter Freund, ward mir nach Karlsbad gebracht. Den an Herrn Boisserée habe ich sogleich wieder zurück an Bertuch geschickt, welcher ihn wohl zu besorgen nicht ermangeln wird.

Mit Herrn Sulpiz selbst habe ich mich sehr wohl vertragen. Mit tüchtigen Menschen fährt man immer besser gegenwärtig als abwesend: denn sie kehren entfernt meistenteils die Seite hervor die uns entgegensteht; in der Nähe jedoch findet sich bald, inwiefern man sich vereinigen kann. Ich habe ihn in allen Dingen, die ihn interessieren, sehr gut begründet gefunden, und ich glaube ihn, was die Geschichte der Architektur und Malerei betrifft, auf dem rechten Wege; und so wie man niemanden der für seine Stadt oder sein Vaterland wirken will, einen ausschließenden Patriotismus für diese verargen darf, so wenig konnte es mir zuwider sein, einen jungen tätigen Mann vor allen andern Dingen sich mit der vaterländischen Kunst beschäftigen zu sehen. Ich gestehe gern, daß in seinem Umgang sich eine für mich schon verblichne Seite der Vergangenheit wieder aufgefrischt, daß ich manches durch ihn erfahren, und daß ich seine Behandlungsart gar wohl zu billigen Ursach habe. Überhaupt hat er auch bei uns, sowohl bei Hofe als in der Stadt, durch seine Zeichnungen und durch seine Persönlichkeit sehr guten Eindruck gemacht. Daß er mir als ein natürlicher, gebildeter und einsichtiger Mensch sehr wohl getan, brauch' ich kaum zu sagen; aber das will ich noch hinzufügen, daß er als Katholik mir sehr wohl gefallen hat; ja ich hätte gewünscht noch genauer einzusehen, wie gewisse Dinge bei ihm zusammenhangen. Haben Sie also Dank, daß Sie mir einen so hübschen Mann zugewiesen. Ich kann vermuten, daß er ihnen auch seinerseits von dem Aufenthalte in Weimar sprechen wird, und Sie werden alsdann gar leicht übersehen, inwiefern die beiden Hälften aneinander passen.

Über Autobiographie

Das Individuum geht verloren; das Andenken desselben verschwindet, und doch ist ihm und andern daran gelegen, daß es erhalten werde.

Jeder ist selbst nur ein Individuum und kann sich auch eigentlich nur fürs Individuelle interessieren. Das Allgemeine findet sich von selbst, dringt sich auf, erhält sich, vermehrt sich. Wir benutzen's, aber wir lieben es nicht.

Wir lieben nur das Individuelle; daher die große Freude an Vorträgen, Bekenntnissen, Memoiren, Briefen und Anekdoten abgeschiedener, selbst unbedeutender Menschen.

Die Frage: ob einer seine eigene Biographie schreiben dürfe, ist höchst ungeschickt. Ich halte den, der es tut, für den höflichsten aller Menschen.

Wenn sich einer nur mitteilt, so ist es ganz einerlei, aus was für Motiven er es tut.

Es ist gar nicht nötig, daß einer untadelhaft sei, oder das Vortrefflichste und Tadelloseste tue; sondern nur, daß etwas geschehe, was dem andern nutzen, oder ihn freuen kann.

Man hat es Lavatern nicht gut aufgenommen, daß er sich so oft malen, zeichnen und in Kupfer stechen ließ und sein Bild überall herumstreute. Aber freut man sich nicht jetzt, da die Form dieses außerordentlichen Wesens zerstört ist [Lavater war 1801 gestorben], bei so mannigfaltigen, zu verschiedener Zeit gearbeiteten Nachbildungen, im Durchschnitt gewiß zu wissen, wie er ausgesehen hat?

Dem seltsamen Aretin [der Renaissancedichter Pietro Aretino] hat man es als ein Halbverbrechen angerechnet, daß er auf sich selbst Medaillen schlagen ließ, und sie an Freunde und Gönner verehrte; und mich macht es glücklich, ein paar davon in meiner Sammlung zu besitzen, und ein Bild vor mir zu haben, das er selbst anerkannt.

Wir sind überhaupt von einer Seite viel zu leichtsinnig, das individuelle Andenken in seinen wahrhaften Besonderheiten als ein Ganzes zu erhalten, und von der andern Seite viel zu begierig, das Einzelne, besonders das Heruntersetzende zu erfahren.

Von Zelter

Berlin, Sonnabend, den 14. November 1812.

So wie manche sonst wohlgesinnte Menschen mir übel tun, wenn sie es auch nicht wollen, so mögen Sie, mein teurer Freund, es anstellen, wie Sie wollen, es muß mir Gutes herauskommen. Soeben kommt Ihr zweiter Teil [von *Dichtung und Wahrheit*] an, den ich freilich schon gelesen habe; ich blättre hier und dort und finde hier und dort, was mich an Sie, an mich erinnert, und Ihr kleines Briefchen ist ein rechtes Labsal in so trüben Tagen.

Mein ältester Sohn, den Sie kennen sollten, da Sie ihm in Weimar Gutes erzeigt haben, hat sich diese Nacht erschossen. Warum weiß ich noch nicht eigentlich, denn seine Schulden sind zu decken und sein Rechnungswesen in Ordnung. Er hatte eben angefangen, mir hülfreich zu werden, wie er denn, im Verhältnis zu den Seinigen, konnte ein geschickter Mensch genannt werden. Und nun verläßt er mich, eben da ich ihn recht heranzuziehen wünschte.

Sonntag, den 15. Zwei Briefe hat er am Tage vor seinem Tode geschrieben: einen an seinen Bruder, in dessen Gegenwart er sich den Tod gegeben hat. Darin empfiehlt er dem Bruder seine natürliche Tochter, ein Kind von drittehalb Jahren, und eine geliebte Witwe, der er die Ehe versprochen und die schon 2 Männer tot hat. An diese Witwe ist der 2. Brief gerichtet. Er stellt darinnen einen Ring zurück, beklagt, daß er ihren liebevollen Ermahnungen keine Folge geleistet, und sagt Lebewohl. Auf seinem Schreibpulte lag der „Don Carlos" aufgeschlagen. Auf dem Blatte stand: „So ist denn keine Rettung? auch durch ein Verbrechen nicht? – Keine!"

Einigemal ist mir das unangenehme Gefühl gekommen: ob ich durch strengen Ernst etwas bei ihm versehn. Seine vielen leidenschaftlichen, sinnlichen Verhältnisse waren nicht zu billigen. Obwohl er ganz von und mit mir lebte, war er vollkommen frei, hatte sein gutes Einkommen und eigene Ökonomie. In dem Briefe an seinen Bruder sagt er: er habe öfter versucht, an mich zu schreiben, aber umsonst.

Sein väterliches Vermögen, das in meinen Händen war (denn er ist mein Stiefsohn), habe ich ihm in der drückendsten Zeit, da er majorenn geworden, ausgezahlt; in seiner Kasse hat sich nichts gefunden.

Auf seinem Bette sitzend, neben seinem schlafenden Bruder hat er sich getötet. In diesem Akte sitzt er noch jetzt, da ich den Leichnam vor der Obduktion nicht anrühren darf, aber so schön und edel, wie [sich] ein erfahrner Schauspieler zufriedenen Kennern zeigen möchte. Die Witwe sagt mir: sie habe ihn einst freigeben wollen, da sie eben Gelegenheit habe, sich anständig zu verheuraten; darauf habe er das Pistol an seine Brust gedrückt und gesagt: dann solle dies seine Geliebte werden.

Er hat sich in den Mund geschossen und wenig Blut verloren, wo die Kugel durchgegangen ist. Der Mund ist rein und nur vom Pulverdampfe beschlagen. Sein Gesicht ist freundlich. Das andere Pistol ist auch geladen und die Pfanne mit Pulver versehn. Die Briefe sind einen Tag vorher, aber unleserlich geschrieben und mit großen Tränentropfen benetzt. Auch eine Art von Testament hat er über seinen Verlaß gemacht. Gegen seine Bekannte ist er seit Wochen still und in sich gewesen, ich habe ihn in acht Tagen nicht gesehn. Meine Bücher, die er geführt hat, sind in der größten Ordnung. [...] nein, es ist hart, grausam: Hätte er gewußt wie ich ihn liebe, er könnte nicht selig sein!

Sagen Sie mir ein heilendes Wort. [...]

Ich habe mir das Kind bringen lassen; es ist von stillem und gedrängtem Wesen und hat Augen die den Ihrigen ähnlich sind. Ihr Bild, welches in meiner Stube hängt sieht sie unablässig an, ich werde es wohl zu mir nehmen, damit ich wieder zu verlieren habe. [...]

An Zelter

3. Dezember 1812

Dein Brief, mein geliebter Freund, der mir das große Unheil meldet, welches Deinem Hause widerfahren, hat mich sehr gedrückt, ja gebeugt, denn er traf mich in sehr ernsten Betrachtungen über das Leben und ich habe mich nur an Dir selbst wieder aufgerichtet. Du hast Dich auf dem schwarzen Probiersteine des Todes als ein echtes, geläutertes Gold aufgestrichen. Wie herrlich ist ein Charakter, wenn er so von Geist und Seele durchdrungen ist, und wie schön muß ein Talent sein, das auf einem solchen Grunde ruht!

Über die Tat oder Untat selbst weiß ich nichts zu sagen. Wenn das taedium vitae den Menschen ergreift, so ist er nur zu bedauern, nicht zu schelten. Daß alle Symptome dieser wunderlichen, so natürlichen als unnatürlichen Krankheit auch einmal mein Innerstes durchrast haben, daran läßt Werther wohl niemand zweifeln. Ich weiß recht gut, was es mich für Entschlüsse und Anstrengungen kostete, damals den Wellen des Todes zu entkommen, so wie ich mich aus manchem späterm Schiffbruch auch mühsam rettete und mühselig erholte. Und so sind nun alle die Schiffer- und Fischergeschichten. Man gewinnt nach dem nächtlichen Sturm das Ufer wieder, der Durchnetzte trocknet sich, und den andern Morgen, wenn die herrliche Sonne auf den glänzenden Wogen abermals hervortritt, hat das Meer schon wieder Appetit zu Feigen.

Wenn man sieht, wie die Welt überhaupt und besonders die junge, nicht allein ihren Lüsten und Leidenschaften hingegeben ist, sondern wie zugleich das Höhere und Bessere an ihnen durch die ernsten Torheiten der Zeit verschoben und verfratzt wird, so daß ihnen alles, was zur Seligkeit führen sollte, zur Verdammnis wird, unsäglichen äußern Drang nicht gerechnet, so wundert man sich nicht über Untaten, durch welche der Mensch gegen sich selbst und andere wütet. Ich getraute mir, einen neuen Werther zu schreiben, über den dem Volke die Haare noch mehr zu Berge stehn sollten als über den ersten. Laß mich noch eine Bemerkung hinzufügen. Die meisten jungen Leute, die ein Verdienst in sich fühlen, fordern mehr von sich als billig. Dazu werden sie aber durch die gigantische Umgebung gedrängt und genötigt. Ich kenne deren ein halb Dutzend, die gewiß auch zugrunde gehn und denen nicht zu helfen wäre, selbst wenn man sie über ihren wahren Vorteil aufklären könnte. Niemand bedenkt leicht, daß uns Vernunft und ein tapferes Wollen gegeben sind, damit wir uns nicht allein vom Bösen, sondern auch vom Übermaß des Guten zurückhalten.

Laß uns nun übergehn zu den andern Wohltaten Deiner Briefe, und ich danke Dir zuvörderst für die Betrachtungen über meine biographischen Blätter. Ich hatte darüber schon manches Gute und Freundliche im allgemeinen erfahren, Du bist der erste und einzige, der in die Sache selbst eingeht [Zelter hatte über Goethes Vater geschrieben]...

Und nun das herzlichste Lebewohl! Wie sehr wünschte ich mich statt dieses Blatts in Deine Nähe! G.

Von Sulpiz Boisserée

Heidelberg, 20. Dezember 1812

Sie haben, vielverehrter, großer Freund, in Ihrer Biographie der altdeutschen Baukunst und meiner Bemühungen dafür auf eine Weise gedacht, die mir mit tiefer Rührung alle Erinnerungen jener glücklichen Tage hervorrief, in welchen ich ein so gut Teil Ihres Herzens gewonnen; – Ihre feste ernste Liebe leuchtet mir freundlich und ermunternd im dunkelen wogenden Sturm der Zeit wie ein unverlöschbares Licht aus ferner höherer Heimat; solche Teilnahme bei dem Bewußtsein einer großen, schönen Sache gibt Zuversicht und Hoffnung, trotz der größten Schwierigkeiten doch das Ziel zu erreichen, dem ich mein Leben gewidmet habe und an mir selber auf eine andere Art das gute Wort zu erfahren, welches Sie von sich mit einem wahrhaft heiligen Gefühl für die Gemeinschaft alles besseren menschlichen Tuens und Würkens aussprechen.

Eben dieser empfängliche, bewegliche Sinn für die ganze Sie umgebende Welt macht Ihr Leben in Hinsicht der Bildung der Sitten und Denkart seiner Zeit recht eigentlich zum wahrsagenden Spiegel derselben – wir sehen es wie einen klaren tiefen Strom, allerwärts wo er vorbeizieht ein Bild aufnehmen von der Landschaft von den Menschen, ihrem Treiben und seinem Verkehr mit ihnen, während er uns in einsamen stillen Tälern, von dunkelen Felsen eingeschlossen, oder vom gestirnten Himmel umwölbt, seine eigene[n] Geheimnisse kundgibt.

Goethe an Reinhard

Unser guter Wieland hat uns in diesen Tagen verlassen, nachdem er nur kurze Zeit sich mehr matt und schwach als krank befunden. Am dritten September ward sein achtzigster Geburtstag noch feierlich begangen. Geistesruhe und Tätigkeit hielten sich bei ihm so schön das Gleichgewicht, und so hat er, mit der größten Gelassenheit und ohne das mindeste leidenschaftliche Streben, unendlich viel auf geistige Bildung der Nation gewirkt. Ich habe mir in diesen Tagen sein Wesen und Tun rekapituliert; es ist höchst merkwürdig und in Deutschland einzig in seiner Art. Die Franzosen haben eher ähnliche Männer aufzuweisen.

Und nun sein Sie mir herzlich gegrüßt unter den Lebendigen.

Weimar den 25. Januar 1813. Goethe.

An Caroline de la Motte-Fouqué

Weimar, Anfang Dezember 1813

Als ein gutes Wahrzeichen muß ich es ansehen daß Ihr freundlicher Brief zu eben der Zeit unterwegs war, als Ihr Herr Gemahl den wir lieber noch zurückgehalten hätten zurück zu den Seinigen eilte. Ich hoffe er ist glücklich angekommen und genießt nun der Früchte seines Anstrengens und Aufopferns in einem getrosten Bewußtsein und froher Mitteilung.

Die Heilung so vieler dem Vaterland geschlagner Wunden kann nicht sicherer vonstatten gehen und aus so manchem Verderben ein frisches Leben nicht schneller hervordringen als wenn die Deutschen sich nicht nur im stillen und einzelnen anerkennen und schätzen, sondern wenn sie es sich auch liebevoll und vertraulich bekennen und aussprechen; denn fürwahr der Unglaube und der Unwille der Volksglieder untereinander, die Mißhelligkeiten, welche aufzuregen und zu schärfen gar viele sich zum Geschäft machen, weil es ein leichtes ist, wogegen sich aber wenige fanden, welche Mäßigkeit und Billigkeit zu bewirken suchten, weil es schwer ist; der aus gleichgültigen Dingen hervortretende Konflikt zwischen Personen und Untersuchungen, welche gar wohl untereinander bestehen können, und was sonst noch alles die traurige Litanei unserer deutschen Literatur enthalten mochte, dieses zusammen hat mehr geschadet als der fremde Einfluß, denn es hat den wechselseitigen Glauben zerstört und so viele vertrauliche Bande gelöst.

Kann die gegenwärtige große Epoche die deutschen Geister zu wechselseitiger Anerkennung stimmen so bedarf die Nation kaum etwas weiter um sowohl sich aus der Gegenwart herauszureißen als der Zukunft getrost entgegenzugehen.

10. Orientalische Reise in die Rhein- und Maingegenden 1814–1815

Nun tön' es fort zu dir, auch aus der Ferne
Das Wort erreicht, und schwände Ton und Schall.
Ist's nicht der Mantel noch gesäter Sterne?
Ist's nicht der Liebe hochverklärtes All?

West-östlicher Divan

Es war ihm, im Blick auf die Rückkehr in seine Kindheit und Jugend, in den Herbstmonaten der Jahre 1814 und 1815, als sei er aufgebrochen, „das heilige Feuer [...] und wäre es auch nur unter der Asche" (an Knebel, 24. 11. 1814) wiederzugewinnen.

Er reist nach Heidelberg, die Boisseréesche Gemäldesammlung zu betrachten und sieht das in Straßburg mehr als vier Jahrzehnte zuvor mit dem Münster wahrgenommene Mittelalter neu. Die Heimkehrreise führt auf einem mäanderförmigen Weg durch die fernöstliche Literatur, den Orient, den das Kind – als das Ursprungsland der Menschheit – schon mit der frühen Bibellektüre aufgenommen hatte. Sie vollzieht sich in einem historischen Augenblick, da die mitteleuropäische Welt sich bedrohlich verändert hat: „Nord und West und Süd zersplittern, | Throne bersten, Reiche zittern, | Flüchte du, im reinen Osten | Patriarchenluft zu kosten, | Unter Lieben, Trinken, Singen | Soll dich Chisers Quell verjüngen", wie es in der *Hegire* des *West-östlichen Divan* einmal heißen wird. In dieser fremden Sprachlandschaft wird er die vollkommene Identität von *Geist, Wort und Schrift* entdecken und im zauberhaften Hin- und Widerspiel seiner poetischen Chiffren wird auch das ganz andere, ihre unerhörte Kühnheit, hervortreten. So ist gerade in einem der immer wieder zitierten Gedichte, *Selige Sehnsucht,* ein Ton kaum je erkannter apokalyptischer Bedrohung vernehmbar.

Er sieht die Vaterstadt Frankfurt wieder, gedenkt, im Gespräch mit dem jungen Freund Sulpiz Boisserée, 1815, auch seiner Liebe zu Lili – und ist auf dem Weg zu einer neuen Liebe, Marianne von Willemer, der sich am Ende das zauberhafteste Buch [*Das Buch Suleika*] dieses lyrischen Wunderwerkes verdankt, das 1819 erscheint.

Die Reise mochte die Niederschrift der ersten fünfzehn Bücher von *Dichtung und Wahrheit* (zwischen 1811 und 1813) abrunden und in erinnerter Gegenwärtigkeit mit der Autobiographie die Absicht hervorheben, sich in sich „selbst historisch zu bespiegeln." Ihr letztes überraschendes, fast symbolhaftes *Wiederfinden* des Gestrigen im Heutigen – Lili und Marianne – ist ahnend vorausgenommen in dem kleinen Gedicht *Phänomen*, das im Juni 1814 auf dem Weg an den Rhein und den Main entsteht. Ebenso symbolhaft könnte ein anderes Gedicht erscheinen, das auf der Reise zwischen Eisenach und Fulda geschrieben wird: *Im Gegenwärtigen Vergangenes.*

Einstweilen reist er nach kurzem Aufenthalt in Frankfurt nach Wiesbaden weiter, trifft dort Zelter, und gemeinsam nehmen sie am *Sankt-Rochus-Fest in Bingen* teil, das später, launig, nach der *Campagne in Frankreich* und der *Belagerung von Mainz* in *Dichtung und Wahrheit* aufgezeichnet wird. Dann reist er nach Heidelberg, sich über viele Tage in die Bildersammlung der Brüder Boisserée zu versenken, der altniederländischen und altdeutschen Malerei zum ersten Mal zu begegnen.

Der befreundete Frankfurter Bankier Jacob von Willemer, Ende September 1814 mit der jungen Tänzerin Marianne Jung getraut, lädt ihn ein, und sie sehen die Freudenfeuer am 18. Oktober zum Jahrestag der Schlacht bei Leipzig – dieser Tag wird für Marianne und ihn zu so etwas wie einem Initiationsfest.

Die großen Dichtungen aus dem *Buch Suleika* des *West-östlichen Divan* werden nach ihrer zweiten Begegnung im Herbst 1815 entstehen. Willemer hat ihn auf sein Landhaus, die Gerbermühle bei Frankfurt, eingeladen; dort feiert man auch seinen sechsundsechzigsten Geburtstag. Auf diese von Marianne nie vergessenen Tage gründen die Liebesgedichte, einzigartig in ihrer zarten und sinnlichen Heiterkeit. Auch „Chiffrengedichte" wechseln zwischen Goethe und Marianne hin und her.

Tief verstört von der Überwältigung dieser Liebe bricht er überstürzt im September 1815 in Begleitung Boisserées nach Heidelberg auf. Aber am 23. September treffen Willemer und seine Frau ebenfalls dort ein. Im Heidelberger Schloßpark sehen sie sich zum letzten Mal. Erst nach ihrem Tod, 1860, gelangt an die Öffentlichkeit, daß Marianne Autorin einiger Gedichte ist, die er, ohne ihren Namen zu erwähnen, ins *Buch Suleika* aufgenommen hatte; es sind vor allem die an den Ost- und an den Westwind.

Boisserée, der ihn auf dieser zweiten und letzten Reise in Frankfurt und bis an den Neckar nach seiner Flucht begleitet hat, wird Tagebuchaufzeichnungen hinterlassen, in denen Äußerungen Goethes zu finden sind, die auch von der Erschütterung dieses Abschieds sprechen. Die Worte, die er über Hafis geäußert hat, könnten über dem *Divan* selbst stehen: „Dein Lied ist drehend wie das Sterngewölbe."

Danach beginnt ein bis ans Lebensende dauernder Briefwechsel, der aber zeigt, daß er jeder weiteren Begegnung ausgewichen ist, seine Zuneigung freundlich-konziliante Züge annimmt. So wird Mariannes Wunsch, ihn noch einmal auf der Gerbermühle wiederzusehen, immer hoffnungsloser. War er auch 1816, wenige Wochen nach Christianes Tod, noch einmal nach Süden aufgebrochen, so hat er die Reise, nach einem Unfall mit dem Wagen, sofort aufgegeben. Zelter gegenüber wird er in ganz anderem Zusammenhang einmal vermuten, daß da, wie oft, „die Dämonen ihre Pfoten im Spiele hatten".

1827 erklärt er Eckermann gegenüber, „daß diese Lieder des ‚Divan' garkein Verhältnis mehr zu mir haben. Sowohl was darin orientalisch als was darin leidenschaftlich ist, hat aufgehört in mir fortzuleben; es ist wie eine abgestreifte Schlangenhaut am Wege liegen geblieben." Das war, vier Jahre zuvor, 1823, mit umgekehrtem Vorzeichen auf ihn zurückgeschlagen. In der verlorenen Liebe zu Ulrike von Levetzow sah er, wie seine *Elegie* von Marienbad zeigen wird, seine schöpferische Existenz unmittelbar bedroht. Ihm, der in diesen Jahren längst vielem entrückt war, der von *klösterlicher Einsamkeit* sprach, in der den erstarrten Erinnerungen unaufhaltsame Tätigkeit entgegengesetzt wurde, – stand gleichwohl vor Augen, daß das Erste und Letzte Werk, der *Faust,* noch zu vollenden war.

Ein sehr später Nachhall dieser Liebe erreicht Marianne 1828. Nach dem Tod des Großherzogs Carl August hatte er sich „bei dem schmerzlichsten Zustande des Innern" in die Bergstube und auf die Terrassen des kleinen Renaissanceschlößchens zurückgezogen, das, „auf der Höhe des Saaletals", zu den Dornburger Schlössern gehört, die ihm schon seit Jahrzehnten häufig Refugium gewesen waren.

Dort entstehen im August 1828 zwei Gedichte, poetischer Widerschein der großen Gestirne, die in diesem Zusammenhang, als Zeichen der Liebe und des Lebendigen, zu Emblemen des Vergangenen im Gegenwärtigen werden. Das eine von ihnen, *Dem aufgehenden Vollmonde*, sendet er, ein Liebesgedicht wie alle seine Mond-Poeme, an Marianne.

Im stoischen Begreifen des endgültigen Abschieds schickt er, versiegelt, Monate vor seinem Tod ihre Briefe an sie zurück mit den Worten: „Dergleichen Blätter geben uns das frohe Gefühl, daß wir gelebt haben; dies sind die schönsten Dokumente, auf denen man ruhen darf."

*

Phänomen

Wenn zu der Regenwand
Phöbus sich gattet
Gleich steht ein Bogenrand
Farbig beschattet.

Im Nebel gleichen Kreis
Seh ich gezogen,
Zwar ist der Bogen weiß,
Doch Himmelsbogen.

So sollst du, muntrer Greis,
Dich nicht betrüben:
Sind gleich die Haare weiß
Doch wirst du lieben.

Aus den ‹Noten und Abhandlungen zum West-östlichen Divan›

Ältere Perser

Auf das Anschauen der Natur gründete sich der alten Parsen Gottesverehrung. Sie wendeten sich, den Schöpfer anbetend, gegen die aufgehende Sonne, als der auffallend herrlichsten Erscheinung. Dort glaubten sie den Thron Gottes, von Engeln umfunkelt, zu erblicken. Die Glorie dieses herzerhebenden Dienstes konnte sich jeder, auch der Geringste, täglich vergegenwärtigen. Aus der Hütte trat der Arme, der Krieger aus dem Zelt hervor, und die religioseste aller Funktionen war vollbracht. Dem neugebornen Kinde erteilte man die Feuertaufe in solchen Strahlen, und den ganzen Tag über, das ganze Leben hindurch sah der Parse sich von dem Urgestirne bei allen seinen Handlungen begleitet. Mond und Sterne erhellten die Nacht, ebenfalls unerreichbar, dem Grenzenlosen angehörig. Dagegen stellt sich das Feuer ihnen zur Seite; erleuchtend, erwärmend, nach seinem Vermögen. In Gegenwart dieses Stellvertreters Gebete zu verrichten, sich vor dem unendlich Empfundenen zu beugen, wird angenehme, fromme Pflicht. Reinlicher ist nichts als ein heiterer Sonnenaufgang, und so reinlich mußte man auch die Feuer entzünden und bewahren, wenn sie heilig, sonnenähnlich sein und bleiben sollten.

Hafis

Stirbt 1389

[...] Das, was nun bei Christen aus natürlicher Anlage und gutem Willen entsprang, war bei den Mohametanern Pflicht: denn indem es einem solchen Glaubensgenossen zum größten Verdienst gereichte, Abschriften des Korans selbst zu vervielfältigen oder vervielfältigen zu lassen, so war es kein geringeres, denselben auswendig zu lernen, um bei jedem Anlaß die gehörigen Stellen anführen, Erbauung befördern, Streitigkeit schlichten zu können. Man benannte solche Personen mit dem Ehrentitel Hafis, und dieser ist unserm Dichter als bezeichnender Hauptname geblieben.

Nun ward gar bald nach seinem Ursprunge der Koran ein Gegenstand der unendlichsten Auslegungen, gab Gelegenheit zu den spitzfindigsten Subtilitäten, und indem er die Sinnesweise eines jeden aufregte, entstanden grenzenlos abweichende Meinungen, verrückte Kombinationen, ja die unvernünftigsten Beziehungen aller Art wurden versucht, so daß der eigentlich geistreiche, verständige Mann eifrig bemüht sein mußte, um nur wieder auf den Grund des reinen, guten Textes zurückzugelangen. Daher finden wir denn auch in der Geschichte des Islam Auslegung, Anwendung und Gebrauch oft bewundernswürdig.

Zu einer solchen Gewandtheit war das schönste dichterische Talent erzogen und herangebildet; ihm gehörte der ganze Koran, und was für Religionsgebäude man darauf gegründet, war ihm kein Rätsel. Er sagte selbst:

„Durch den Koran hab' ich alles,
Was mir je gelang, gemacht."

Als Derwisch, Sofi, Scheich lehrte er in seinem Geburtsorte Schiras, auf welchen er sich beschränkte, wohl gelitten und geschätzt von der Familie Mosaffer und ihren Beziehungen. Er beschäftigte sich mit theologischen und grammatikalischen Arbeiten und versammelte eine große Anzahl Schüler um sich her.

Mit solchen ernsten Studien, mit einem wirklichen Lehramte stehen seine Gedichte völlig im Widerspruch, der sich wohl dadurch heben läßt, wenn man sagt: daß der Dichter nicht geradezu alles denken und leben müsse, was er ausspricht, am wenigsten derjenige, der in späterer Zeit in verwickelte Zustände gerät, wo er sich immer der rhetorischen Verstellung nähern und dasjenige vortragen wird, was seine Zeitgenossen gerne hören. Dies scheint uns bei Hafis durchaus der Fall. Denn wenn ein Märchenerzähler auch nicht an die Zaubereien glaubt, die er vorspiegelt, sondern sie nur aufs beste zu beleben und auszustatten gedenkt, damit seine Zuhörer sich daran ergetzen, ebensowenig braucht gerade der lyrische Dichter dasjenige alles selbst auszuüben, womit er hohe und geringe Leser ergetzt und beschmeichelt. Auch scheint unser Dichter keinen so großen Wert auf seine so leicht hinfließenden Lieder gelegt zu haben, denn seine Schüler sammelten sie erst nach seinem Tode. [...]

Goethe an seine Frau

Sonntag d. 9ten [Oktober 1814]. Früh sechs Uhr von Heidelberg beim schönsten Sommer-Morgen abgefahren. Bei Weinheim war die Gegend köstlich. In Heppenheim frühstückten wir. In Darmstadt kamen wir gerade zur Table d'Hôte. Nachher spazierte ich mit Schlosser durch die ebne staubige Stadt. Mancherlei kam zur Sprache. Abends ward der Wasserträger gegeben. Das Orchester ist ganz fürtrefflich, die Sänger gut, das Haus geräumig, die Zuschauer still und aufmerksam. Applaudiert wird wenig.

Und nähere ich mich denn immer wieder meinem Ziel bald bei euch zu sein. Heute Montag d. 10ten besehe ich hier die Museen, gehe an Hof und gedenke morgen in Frankfurt zu sein, wo ich Nachrichten von euch zu finden hoffe, die ich so lange entbehre. Somit lebet wohl. Das Wetter ist sehr schön aber kalt; doch ist auf der Reise das Trockne am wünschenswertesten. Lebet wohl! G.

Sulpiz Boisserée an einen Freund

Darmstadt, 24. Oktober 1814

Nun laß mich Dir von Goethe erzählen. Daß er volle vierzehn Tage bei uns gewohnt hat, wirst Du wissen. Daß wir aber durch diesen längern Umgang, der in jeder Hinsicht sehr lehrreich und erfreulich für uns war, sein ganzes Vertrauen erworben und ein sehr enges Verhältnis mit ihm geknüpft haben, weißt Du noch nicht. Es ist die Rede davon, über unsere Sammlung, über unser Bemühen um das altdeutsche Bauwesen und über die Art und Weise, wie wir dazu gekommen, eine eigene kleine Schrift [die Zeitschrift *Kunst und Altertum am Rhein und Main*] zu schreiben [...]

Um recht zu begreifen, welchen gewaltigen Eindruck unsere Bilder auf den alten, rüstigen Freund gemacht haben, mußt Du wissen, daß er nie einen Johann von Eyck [Roger van der Weyden] und überhaupt außer Cranach und wenige Dürer keine altdeutschen Bilder gesehen hatte [...] Jeden Tag – nur einige, wo wir uns mit dem Bauwesen beschäftigten, ausgenommen – war er morgens um acht Uhr im Bildersaal und wich nicht von der Stelle, bis zur Mittagszeit, da wurde dann alles besprochen und mußten wir ihm alles Geschichtliche und unsere Ansichten und Bemerkungen sagen, wogegen wir die seinigen hörten. Er war mit unsrer ruhigen, philosophisch-kritischen Betrachtung der Kunstgeschichte sehr zufrieden, und ich kann sagen, daß ich über den Gang der Kunstgeschichte recht viel von ihm gelernt habe. So wie wir jetzt miteinander stehen, denke ich noch manches von dem alten Meister zu lernen, besonders im Schreiben.

Johann Jacob von Willemer an Goethe

Frankfurt, den 12. Dezember 1814

Als Sie von uns schieden, teurer, höchst verehrter Freund, äußerten Sie den Wunsch, ein Dutzend Flaschen 1811er mit sich zu nehmen. Ich mußte verstummen, dann was ich in der Art bescheiden vorgesetzt, war geliehenes Gut. Selbst lüstern nach dem Göttertrank, habe ich mich seitdem nicht fruchtlos bemüht, einer kleinen Portion echter Sorte habhaft zu werden, und bitte Sie, davon etwas anzunehmen. Das Kistel geht franco durch Fuhrmann in wenig Tagen von hier ab. Der eigentliche Geber hierbei ist der Empfänger. Nehmen Sie, trefflicher Herr, aus Freundeshand mit großer Güte die kleine Gabe.

Meine Frau, die sich, so wie ich, Ihrer Gemahlin und dem klugen August empfiehlt, will, seitdem sie von Ihnen die Kleine genannt worden, durchaus nicht mehr wachsen, es wäre dann in Ihrem Herzen. Ich kann ihr nicht unrecht geben; dann wenn auch in der Philosophie vieles lang wie breit und breit wie lang ist, so ist es doch nicht einerlei, Ihrer Güte gewürdigt worden zu sein, Sie zu kennen oder nicht zu kennen.

Leben Sie wohl und lassen Ihrer Liebe mich und die Kleine stets empfohlen sein.

Willemer

An Knebel

11. Januar 1815

Länger will ich nicht anstehen, Dir, mein lieber Freund, auch wieder einmal ein Wort zu sagen. Eigentlich ist nach unserer letzten Zusammenkunft der Abstand gar zu groß, daß man sich nun wieder auf einmal gar nicht kommuniziert; allein es hält in die Ferne immer schwer, besonders in meinem Falle, da ich mit so vielerlei beschäftigt bin, wovon ich erst in einiger Zeit Rechenschaft geben kann.

So habe ich mich die Zeit her meist im Orient aufgehalten, wo denn freilich eine reiche Ernte zu finden ist. Man unterrichtet sich im Allgemeinen und Zerstückelten wohl von so einer großen Existenz; geht man aber einmal ernstlich hinein, so ist es vollkommen als wenn man ins Meer geriete.

Indessen ist es doch auch angenehm, in einem so breiten Elemente zu schwimmen und seine Kräfte darin zu üben. Ich tue dies nach meiner Weise, indem ich immer etwas nachbilde und mir so Sinn und Form jener Dichtarten aneigne.

Es ist wunderlich zu sehen, wie die verschiedenen Nationen: Franzosen, Engländer, Deutsche, wie die verschiedenen Stände: Theologen, Ärzte, Moralisten, Geschichtschreiber und Dichter den ungeheuren Stoff, jeder nach seiner Art, behandelt, und so muß man es denn auch machen, wenn man ihm etwas abgewinnen will, und sollte man dabei auch die Rolle des Kindes spielen, das mit einer Muschel den Ozean in sein Grübchen schöpfen will.

Aus Boisserées Tagebuch nach dem Zusammensein mit Goethe in Frankfurt, vor allem auf der Gerbermühle in Oberrad, dem Besitz Jacob von Willemers

3. August 1815

Neue Arbeit der Divan. Aneignung des Orientalismus; Napoleon, unsere Zeit bieten reichen Stoff dazu. Timur, Dschingis-Khan Naturkräften ähnlich in einem Menschen erscheinend. Freiheit der Form, abgerissen, einzeln und doch bringt er von den Alten mehr Bildung und Bildlichkeit mit. Das ist gerade das einzige, was den Orientalen abgeht, die Bilder. – Insoweit sei er so eitel und übertrieben zu sagen, daß er darüber stehe, und das Alte und Neue verbinde.

Er liest mir eine sinnreiche Introduktion – eine Exposition des ganzen Orientalismus und seines eigenen Verhaltens dazu. Dies letzte zuerst anfangend von dem Gegensatz der Zeit und Trost suchend im Orient. Talismane, Amulette, Abraxas, Siegel-Ring der Araber. Hafis, der Korankundige wurde zum Eigen-Namen des Dichters.

4. August 1815

[Es] wurde Nach-Tisch verhandelt die Fortsetzung des Divan, das Rösen-Öl – behandelt die Weiber mit Nachsicht, – Spiel in den Locken [...] – Freude der Freigebigkeit. – Versprechungen des Liebhabers: Alle Pracht des Orients [hat] doch am Ende nichts Höheres wie die liebenden Herzen. – Stolz der Armut des Liebenden, und viele andere, prächtige, herrliche und anmutige Dinge. – Ich sage ihm, daß es mich an Faust erinnert, wegen der Großartigkeit und Kühnheit, und doch wieder der Natürlichkeit und Einfachheit in der Sache und in der Form und Sprache, was ihm dann ganz recht und lieb.

5. August 1815

Auf dem Rückweg [Gespräch über] orientalische Poesie. Hafis ein anderer Voltaire. Er sagt – ich kehr mich an Euren Himmel nicht, kann ich mir ein paar Huris hineinstellen – orientalische Musik, keine Liebes-Musik, wie keine Bilder und bloße Schrift zur Verzierung, so auch die Musik [und] die Baukunst bloß zum Bedürfnis, elend Ding ohne eigentlichen Kunstwert.

Goethes Geburtstag auf der Gerbermühle
28. August 1815 nach Boisserées Tagebuch

Morgens Vers an den Goethe fertig. Über Hals und Kopf hinausgeeilt zur Gerbermühle. Die Familie von Willemer ist da [...] das Gartenhaus mit Schilf ausgeziert, wie Palmbäume zwischen die Fenster gebunden, oben an der Decke überhängend. An der hinteren Wand, wo der Alte saß, ein großer Spitzschild mit Laubkränzen, darinnen ein runder Kranz von Blumen, den Farben-Kreis vorstellend. [...]

Die Frauen hatten einen Turban von feinsten indischen Musselin, mit einer Lorbeerkrone umkränzt, auf zwei Körbe voll der schönsten Früchte, Ananas, Melone, Pfirsisch, Feigen und Trauben – dann einer voll der schönsten Blumen gelegt, dazu hatte die [Rosine] Städel [Marianne von Willemers Schwägerin] die Aussicht aus Goethes Fenster auf die Stadt Frankfurt artig gezeichnet, und die Willemer ein schönes Kränzchen von feinen Feldblumen aufgeklebt, zu beidem waren passende Verse aus dem Hafis geschrieben.

15. September 1815

Heiterer Abend. Goethe hatte der Willemer ein Blatt des Gingko biloba als Sinnbild der Freundschaft geschickt aus der Stadt. Man weiß nicht, ob es eins, das sich in zwei teilt, oder zwei, die sich in eins verbinden. So war der Inhalt des Verses.

Wir saßen in der schönen warmen Abendluft auf dem Balkon.

16. September 1815

[...] Abends singt die Marianne von Willemer mit ganz besonderem Affekt und Rührung: „Der Gott und die Bajadere", dann „Kennst du das Land u.s.w.", auch ausdrucksvoller, als ich es noch gehört [...] Die kleine Frau bemerkt und Goethe bestätigt, daß die Zeit während der Musik unendlich langsam gehe – die größten Kompositionen drängten sich in einem kurzen Zeitraum zusammen – und scheine einem, bei dem größten Interesse, eine lange Zeit verflossen [...]

Selige Sehnsucht

Sagt es niemand, nur den Weisen,
Weil die Menge gleich verhöhnet,
Das Lebend'ge will ich preisen,
Das nach Flammentod sich sehnet.

In der Liebesnächte Kühlung,
Die dich zeugte, wo du zeugtest,
Überfällt dich fremde Fühlung,
Wenn die stille Kerze leuchtet.
Nicht mehr bleibest du umfangen
In der Finsternis Beschattung,
Und dich reißet neu Verlangen
Auf zu höherer Begattung.

Keine Ferne macht dich schwierig,
Kommst geflogen und gebannt,
Und zuletzt, des Lichts begierig,
Bist du, Schmetterling, verbrannt.

Und so lang du das nicht hast,
Dieses: Stirb und werde!
Bist du nur ein trüber Gast
Auf der dunklen Erde.
(West-östlicher Divan, ‹Buch des Sängers›)

Aus Boisserées Tagebuch

17. September 1815

Endlich las Goethe noch Gedichte [...] und die kleine Frau schmückte sich mit ihrem Turban und orientalischen farbigen Shawl, den Goethe ihr geschenkt. Es wurde viel gelesen, auch viel Liebesgedichte an Suleika, Jussuph usw. [...] Willemer schlief ein, wird darum gefoppt. Wir blieben deshalb desto länger zusammen, bis ein Uhr. Mondschein-Nacht. Der Alte will mich in seinem Zimmer noch bei sich behalten – wir schwatzen, ihm fällt ein, mir den Versuch mit farbigen Schatten zu zeigen, wir treten mit einem Wachslicht auf den Balkon und werden am Fenster von der kleinen Frau belauscht.

Heinrich Düntzer über Goethe und Marianne von Willemer

Frau von Willemer berichtete über Goethes Verhalten auf der Gerbermühle [1815] Herrn Direktor Classen: „Den Morgen brachte er allein zu; den Mittag erschien er, auch wenn kein Besuch da war, im Frack; nachmittags liebte er gemeinsame Spaziergänge, besonders in den Wald, wo er voll Lust und Leben und sehr mitteilend war. Er führte immer ein großes Taschenmesser bei sich, womit er Zweige abschnitt, oder aus dem Boden ausstach, was ihm auffiel. Auf Anziehendes im Tier- und Pflanzenreiche machte er gern aufmerksam, besonders auch auf Licht- und Farbenerscheinungen, den Lichtschein um Bäume, die blauen Schatten, die Farben beim Sonnenuntergang; Abends war er am liebenswürdigsten, besonders wenn er in seinem weißflanellenen Rock erschien und vorlas, meist aus seinem immer mehr heranwachsenden Divan. Von seinen ältern Sachen trug er weniger gern etwas vor. ‚Was wollt Ihr mit dem alten Zeug!' rief er. Sehr schön las er, wie er auch schön sprach. Aus seinem Munde glaubte man manches erst recht zu verstehen; leicht ward er selbst beim Lesen zu Tränen gerührt. Vor Tische ließ er sich gern Lieder von mir singen. Im Essen und Trinken war er sehr einfach, hatte aber besondere Neigungen und Gewohnheiten. Salat und Artischocken liebte er vorzüglich; letztere wurden ihm später häufig von uns gesandt. Er führte einen starken Wein mit sich, von dem er um 10 Uhr zum zweiten Frühstücke aus einem mitgebrachten silbernen Becher trank."

Ein an Rosine Städel, geb. Willemer adressierter, aber an Marianne gerichteter Brief Goethes

Heidelberg, 27. September 1815

In Hoffnung daß Sie den teuren Freunden alles getreulich ausrichten werden, wovon ich nicht den tausendsten Teil auszusprechen imstande bin, schreib ich, liebe Rosette, diesen Brief. Da ich denn gleich, wie bisher, mich in die Poesie flüchten und ausrufen muß:

> Wo war das Pergament? der Griffel wo?
> Die alles faßten; doch so war's – ja so!

Nachdem uns denn die Freunde verlassen hatten, fingen die bisher nur drohenden Übel an förmlich auszubrechen, es entstand ein Brustweh, das sich fast in Herzweh verwandelt hätte, natürliche Folge der Heidelberger Zugluft und veränderlichen Schloßtemperatur, worüber mir unberufen und ungefragt Herr Dr. Nägeli die genauste Auskunft gab, so daß ich, mit einiger Resignation die gegenwärtigen, mit einiger Vorsicht die künftigen Gebrechen in lauter Heil und Glück umwandlen könnte. Inwiefern es gelingt kann ich vielleicht zukünftig vertrauen.

Aus dem Niedergeschriebnen aber ist ersichtlich daß ich mit grundgelehrten Leuten umgehe, welche sich zwar an dem was uns mit äußeren Sinnen zu fassen erlaubt ist gerne ergötzen, zugleich aber behaupten daß hinter jenen Annehmlichkeiten sich noch ein tieferer Sinn verstecke; woraus ich, vielleicht zu voreilig schließe, daß man am besten täte etwas ganz Unverständliches zu schreiben, damit erst Freunde und Liebende einen wahren Sinn hineinzulegen völlige Freiheit hätten.

Da jedoch jenes bekannte wunderliche Blatt [des Gingko biloba], durch seine prosaische Auslegung einigen Anteil gewonnen; so stehe hier die rhythmische Übersetzung:

Dieses Baums Blatt, der, von Osten,
Meinem Garten anvertraut,
Gibt geheimen Sinn zu kosten,
Wie's den Wissenden erbaut.
Ist es Ein lebendig Wesen?
Das sich in sich selbst getrennt;
Sind es Zwei? Die sich erlesen,
Daß man sie als Eines kennt.
Solche Frage zu erwidern
Fand ich wohl den rechten Sinn;
Fühlst du nicht an meinen Liedern,
Daß ich Eins und Doppelt bin?

Kaum als ich dieses geschrieben erfreute mich eine lange Unterredung mit [dem Mythenforscher] Hofr. Creuzer, deren Resultat war: es sei am besten getan etwas Faßliches und Begreifliches, Gefälliges und Angenehmes, ja Verständiges und Liebenswürdiges vorauszusetzen, weil man viel sicherer sei alsdann den rechten Sinn herauszufinden, oder hineinzulegen.

Hiermit nun, liebe Rosette, (Sie erlauben mir doch diesen zierlichen Namen, daß ich zugleich meine Neigung und mein

Vertrauen ausdrücke) überliefre ich Ihnen, mit den sämtlichen Geheimnissen der neuern Philologie, auch meine eignen, zu beliebigem Privatgebrauch. Lassen Sie mich bald etwas vernehmen was den Rezepten des Herrn Dr. Nägeli zu Hülfe kommen könnte. Immer in Ihrer Nähe.

Angeeignet G.

Aus dem ‹Buch Suleika›

Suleika
Sag', du hast wohl viel gedichtet,
Hin und her dein Lied gerichtet,
Schöne Schrift von deiner Hand,
Prachtgebunden, goldgerändet,
Bis auf Punkt und Strich vollendet,
Zierlich lockend, manchen Band?
Stets, wo du sie hingewendet,
War's gewiß ein Liebespfand?

Hatem
Ja, von mächtig holden Blicken,
Wie von lächelndem Entzücken
Und von Zähnen blendend klar,
Wimpernpfeilen, Lockenschlangen,
Hals und Busen reizumhangen
Tausendfältige Gefahr!
Denke nun, wie von so langem
Prophezeit Suleika war.

Hatem
Locken, haltet mich gefangen
In dem Kreise des Gesichts!
Euch geliebten braunen Schlangen
Zu erwidern hab' ich nichts.

Nur dies Herz, es ist von Dauer,
Schwillt in jugendlichstem Flor;
Unter Schnee und Nebelschauer
Rast ein Ätna dir hervor.

Du beschämst wie Morgenröte
Jener Gipfel ernste Wand,

Und noch einmal fühlet Hatem.
Frühlingshauch und Sommerbrand.

Schenke her! Noch eine Flasche!
Diesen Becher bring' ich ihr!
Findet sie ein Häufchen Asche,
Sagt sie: „Der verbrannte mir."

Suleika

Nimmer will ich dich verlieren!
Liebe gibt der Liebe Kraft.
Magst du meine Jugend zieren
Mit gewalt'ger Leidenschaft.

Ach! wie schmeichelt's meinem Triebe,
Wenn man meinen Dichter preist:
Denn das Leben ist die Liebe,
Und des Lebens Leben Geist.

Ich möchte dieses Buch wohl gern zusammenschürzen,
Daß es den andern wäre gleich geschnürt.
Allein wie willst du Wort und Blatt verkürzen,
Wenn Liebeswahnsinn dich ins Weite führt?

An vollen Büschelzweigen,
Geliebte, sieh nur hin !
Laß dir die Früchte zeigen,
Umschalet stachlig grün.

Sie hängen längst geballet,
Still, unbekannt mit sich,
Ein Ast, der schaukelnd wallet,
Wiegt sie geduldiglich.

Doch immer reift von innen
Und schwillt der braune Kern,
Er möchte Luft gewinnen
Und säh' die Sonne gern.

Die Schale platzt, und nieder
Macht er sich freudig los;
So fallen meine Lieder
Gehäuft in deinen Schoß.

Suleika
An des lust'gen Brunnens Rand,
Der in Wasserfäden spielt,
Wußt' ich nicht, was fest mich hielt;
Doch da war von deiner Hand
Meine Chiffer leis gezogen,
Nieder blickt' ich, dir gewogen.

Boisserées Tagebuch

3. Oktober 1815

[...] morgens um 6 Uhr nach Karlsruhe, hell kaltes Wetter [...] Wir sprachen nun von den verlebten Tagen, wie sich alles gedrängt usw – von den Willemers. [...] Frankfurter Verhältnisse. Alte Erinnerungen, wie oft er [Goethe] den Pfad durch die Gerbermühle gegangen nach Offenbach zur Schönemann. Liebesgeschichte. – Seine Lieder an Lili. Braut und Bräutigam. [...] Wie sie allmählich (getrennt) worden durch einen Dritten, ohne selbst zu wissen [...] Unglücklich wie die Kinder, die ein Leid haben und es sich wechselseitig klagen – und nicht wissen warum [...]

7. Oktober

[...] Abends in Neckar-Elz. Kaltes Zimmer. Er ist munter, vergißt die Kälte, indem er mir von seinen orientalischen Liebesgedichten vorliest. Wir däumeln im Divan [des Hafis]. Ich immer unglücklich – oder doch schlecht und verworren, Goethe meist verliebt. Wir schliefen in einer Stube.

Goethe an Johann Jacob Willemer

Daß ich, teurer, verehrter Freund, immer um Sie und Ihre glücklichen Umgebungen beschäftigt bin, ja Ihre selbstgepflanzten Haine, das flüchtig gebaute und doch dauerhafte Haus, lebhafter als in der Gegenwart sehe und mir alles Gute, Liebe, Vergnügliche, Nachsichtige wiederholt wiederhole, werden Sie an sich fühlen, da ich gewiß aus jenen Schatten nicht vertrieben werden kann, und Ihnen oft begegne. Hundert Einbildungen hab ich gehabt: wann? wie? und wo? ich Sie zum erstenmal wiedersehen würde; da ich noch bis gestern Beruf hatte, mit meinem Fürsten, am Rhein und Main, schöne Tage zu verleben; ja vielleicht jene glänzende Jahresfeier auf dem

Mühlberg zu begehen. Nun kommts aber! und ich eile über Würzburg nach Hause, ganz allein dadurch beruhigt, daß ich, ohne Willkür und Widerstreben, den vorgezeichneten Weg wandle und um desto reiner meine Sehnsucht nach denen richten kann die ich verlasse.

Doch das ist schon zu viel für meine Lage, in der sich ein Zwiespalt nicht verleugnet, den ich auch nicht aufrege, sondern lieber schließe.

Herzlichen Dank für alles Gute und Liebe. Doch dieser Dank wäre nicht der rechte wenn er nicht eine Schmerzensform annähme. Das werden Sie, Herzenskündiger, zu vermitteln wissen. Wie denn billig diese Worte an die zwei gerichtet sind, die man beneidenswert glücklich verbunden sieht.

Heidelberg den 6. Oktober 1815 G.

Goethe an Rosine Städel

Meiningen, den 10. Oktober 1815

Schon bin ich auf die Höhe gelangt wo die Wasser nicht mehr nach dem Main fließen, ich muß also meine Gedanken der Post anvertrauen und so sollen die Freundinnen hören: daß ich im Geiste immer so hartnäckig bei Ihnen geblieben, als mich ungern persönlich entfernt habe.

Am 7ten reisten wir von Heidelberg ab. Boisserée, der sich überzeugt hatte daß mir einige Pflege nötig sei, begleitete mich. Wir übernachteten in Neckar-Els, in einer Eisgrube.

Am 9ten, früh, gings an ein Scheiden, wo ich denn ganz eigentlich die Trennung fühlte, denn bisher war es noch immer eine Fortsetzung des glücklichsten Zustands. Auch, wie es zu geschehen pflegt, waren die letzten Stunden die interessantesten. Eine gewisse Scheu verliert sich wenn man das Unvermeidliche vor sich sieht und man sucht im offensten Vertrauen einen Ersatz für den drohenden Verlust. Nicht ohne Rührung war der Abschied und, wie man eine Hand umwendet, wäre Sulpiz mit nach Weimar gegangen. Nun war ich denn allein, auf den weiten fruchtbaren Räumen zwischen Main und Main. Zu Werneck nahm ich nochmals von den geliebten Wassern Abschied, nachdem vorher die Weltgeschichte mich ereilt hatte. Auf den weiten Stoppelflächen hetzten donische Kosaken verschüchterte Hasen. Eine meilenlange Kolonne des russischen Trains retardierte meinen Eilweg und doch traf ich, gegen acht, bei hellem Mondschein, auf ein schlimmeres Hindernis, indem der Wagen sich umlegte. Da ich aber in den besten Gedanken war ließ ich mich nicht stören, sondern ging zu Fuße nach der Stadt, einen Weg ohngefähr so lang als von der [Gerber]Mühle nach der Sandgasse, oder umgekehrt und glaubte so von einer Freundin zu der andern zu gehen. Möchten sie mich Beide nicht aus ihrer Mitte lassen!

Die Gedichte an den Ost- und an den Westwind sind von Goethe, ohne Angabe der Autorin, Marianne von Willemer, in den ‹West-östlichen Divan› aufgenommen worden

Suleika
Was bedeutet die Bewegung?
Bringt der Ost mir frohe Kunde?
Seiner Schwingen frische Regung
Kühlt des Herzens tiefe Wunde.

Kosend spielt er mit dem Staube,
Jagt ihn auf in leichten Wölkchen,
Treibt zur sichern Rebenlaube
Der Insekten frohes Völkchen.

Lindert sanft der Sonne Glühen,
Kühlt auch mir die heißen Wangen,
Küßt die Reben noch im Fliehen,
Die auf Feld und Hügel prangen.

Und mir bringt sein leises Flüstern
Von dem Freunde tausend Grüße;
Eh' noch diese Hügel düstern,
Grüßen mich wohl tausend Küsse.

Und so kannst du weiter ziehen!
Diene Freunden und Betrübten.
Dort, wo hohe Mauern glühen,
Find' ich bald den Vielgeliebten.

Ach, die wahre Herzenskunde,
Liebeshauch, erfrischtes Leben
Wird mir nur aus seinem Munde,
Kann mir nur sein Atem geben.

Suleika
Ach, um deine feuchten Schwingen,
West, wie sehr ich dich beneide:
Denn du kannst ihm Kunde bringen,
Was ich in der Trennung leide.

Die Bewegung deiner Flügel
Weckt im Busen stilles Sehnen;
Blumen, Augen, Wald und Hügel
Stehn bei deinem Hauch in Tränen.

Doch dein mildes sanftes Wehen
Kühlt die wunden Augenlider;
Ach, für Leid müßt' ich vergehen,
Hofft' ich nicht zu sehn ihn wieder.

Eile denn zu meinem Lieben,
Spreche sanft zu seinem Herzen;
Doch vermeid' ihn zu betrüben
Und verbirg ihm meine Schmerzen.

Sag' ihm, aber sag's bescheiden:
Seine Liebe sei mein Leben,
Freudiges Gefühl von beiden
Wird mir seine Nähe geben.

Wiederfinden
Ist es möglich! Stern der Sterne,
Drück' ich wieder dich ans Herz!
Ach, was ist die Nacht der Ferne
Für ein Abgrund, für ein Schmerz!
Ja, du bist es! meiner Freuden
Süßer, lieber Widerpart;
Eingedenk vergangner Leiden,
Schaudr' ich vor der Gegenwart.
[...]

Goethe an Willemer

Weimar den 6. Oktober 1816

Entbehrung ist ein leidiges Wesen, an sich selbst nichts und das Wenige aufzehrend was der Tag noch allenfalls enthalten könnte. So verlebe ich nun schon bald ein Vierteljahr, mir fremd und ohne mir selbst zu sein. Wenn ich also auf der [Gerber]Mühle nicht erscheine und weder den Mühlherrn noch die Müllerin noch Knappen und Sippschaft begrüße; so deutet das auf nichts weiter als daß ich immer da bin und aus der Ferne die traurige Entbehrung nicht auch noch mit Worten besiegeln mag.

Da laß ich nun das hübsche Bildchen des Mains zwischen den Aschen hundertmal wiederholen und meine immer ich könnte dadurch auf den Altan gelangen; wie denn diese Tage eins dergleichen an die Herzogin von Cumberland abgehet, um ihr zu sagen, wie hübsch es da den andern Morgen war, wo sie sich zu Nachtzeit mit Laterne[n] hin verirrte.

Von Jacob und Marianne von Willemer an Goethe

Gerbermühle, den 23. Juli 1817

Ein Brief von Goethe – ein Brief von Goethe! ruft Mariane auf der untersten Stufe, und damit die Treppe hinauf. Nun sind der Stufen eine große Anzahl, es ist darum begreiflich, daß Ungeduld und Sehnsucht sich nicht auf das einließen, was recht seie – der Brief war an mich –, sondern unterstützt vom weiblichen Obergefühl, mit jedem Aufstieg in lebhaftere Wallungen versetzt, schon auf dem halben Weg das Siegel gelöst und fortan langsamern Schritts bis zur obersten Stufe den Inhalt des Briefs längst erspäht hatten. – Er ist an alle – das wollte in dem Augenblick sagen: an Freund und Freundin, dann Rosette ist zu Ems, Meline zu Pyrmont und Max hoch schwanger, der Sohn zu Berlin. Aber wir beide tragen allein die Freude, die allen bestimmt war, daß einmal wieder der Freund unserer gedenkt, und sich nach den Seinen, die so innig ihm anhängen, lieben und ehren, zurücksehnt. Auch nach vollzogner Kur zu Karlsbad grünen noch die Bäume am Main und Rhein und strecken sich die Arme dem so lang vermißten Freund entgegen. – Wahrlich, Herr, unter Menschen, die Sie mehr als wir lieben, leben Sie nirgends. Auf der Mühle sind 2 neue Öfen gesetzt und, damit von Süden die Sonne eindringen könne, 150 Bäume abgehauen; wenn Goethe kommt – In der Stadt hat Madamm die vordern Zimmer verlassen, und eine schöne Wohnung ist nicht vermietet worden – wenn Goethe kommt! damit die ewigen Gefühle nicht zu verstummen brauchen, und die Liebe alles zu geben habe, was sie vermag.

Von Jacob von Willemer an Goethe

Ihrem Scharfblick, teurer Freund, wird es nicht entgehen, daß unsere gute Mariane kränkelt, daß sie leidet, und es nicht mehr ist wie es war! Die frischen Blüten unbefangener Jugend sind entflohen und haben ein verwundetes Herz zurückgelassen! Das alles kann sich wieder geben, und wird sich geben (dann ich besitze Mignons volles Vertrauen), wenn nur fortgehendes Wechseln, zwischen Freud und Leid, die Reizbarkeit der Nerven nicht auf einen Grad gesteigert hätte, der furchtbar ist. – Warum mußten wir so lang getrennt sein, es wär außerdem so weit nicht gekommen. Doch ich weiß nicht, ob den Meister das alles noch interessiert. Die Götter in ihrem Grimm werden am End der Sterblichen, mit ihrem Leid und ihrer Freud, überdrüssig. Zwischen uns soll es verhoffentlich nicht dahin kommen und so send ich Ihnen Mar. Brief wie er ist, ich füge hinzu, daß dieser Winter sich besser anläßt wie der vorige war.

Und somit Gott befohlen, ich ehre Sie, lieben Sie mich

Frankfurt, den 20. Februar 1818 Willemer

Marianne von Willemer an Goethe

Baden, den 19. Juli 1819

Daß ich so lange gezögert, für Ihre herzlichen Worte zu danken, ist kaum zu entschuldigen, denn ich fürchte, meine Schuld zu vergrößern, wenn ich mich auf ein Gefühl berufe, was mich im Augenblicke unfähig machte, so viele Güte zu erwidern; einmal aufgeschoben, findet man den rechten Zeitpunkt nicht, und man erscheint als undankbar, wenn man sich auch hierüber keine Vorwürfe zu machen hat.

Ich war überrascht, gerührt, ich weinte bei den Erinnerungen einer glücklichen Vergangenheit; es kam mir fast alles wie ein Traum vor, den ich mir in der Gegenwart wiederholte, um ihn nicht zu vergessen. Daß Willemer Sie gesehen [Willemer war am 25. März auf der Durchreise nach Berlin in Weimar], gesprochen hatte, vermehrte das Unbegreifliche meines Zustandes, ja selbst was er mir von Ihnen schrieb und Ihr eigener Brief vollendete meine Verwirrung; ich konnte, oder ich wußte nicht zu antworten; können Sie mir verzeihen, was sich nicht entschuldigen läßt? – Lassen Sie mir immer die angenehme Täuschung, daß Sie mir nicht aus Großmut nur verzeihen. – Die herrliche Gegend, die ich seit kurzem bewohne, die überaus reine Luft, das heilsame Bad, alles vereinigt sich, meiner Gesundheit, die in den letzten Jahren merklich gelitten, wieder aufzuhelfen. Sollte denn die Nähe Straßburgs, jene bedeutende Aufforderung, den Rhein und Main zu besuchen, verbunden mit obigen, Ihnen gewiß bekannten vortrefflichen Eigenschaften Badens nicht den Vorzug vor Karlsbad verdienen, da man sogar jetzt aus dem hiesigen Wasser durch eine einfache chemische Vorrichtung das allervortrefflichste Karlsbader Wasser bereitet; wie glücklich würde ich sein, Sie hier zu wissen, selbst wenn ich nicht mehr anwesend sein sollte, es bliebe immer die schöne Hoffnung, Sie bei uns auf der Mühle zu sehen.

Von ganzem Herzen grüßt Sie Mariane

Goethe an Marianne von Willemer

Nein, allerliebste Marianne, ein Wort von mir sollst Du in Baden nicht vermissen, da Du Deine lieben Lippen wieder walten lässest und ein unerfreuliches Stillschweigen brechen magst. Soll ich wiederholen daß ich Dich von der Gegenwart des Freundes [Willemer] unzertrennlich hielt und daß bei seinem treuen Anblick alles in mir rege ward was er uns so gern und edel gönnt. Ob Du gleich schwiegst hatte ich allerlei zurechtgelegt, der Rückkehrende vermied [uns] und es blieb liegen.

Nun da Du sagst, und so lieblich, daß Du mein gedenkst und gern gedenken magst; so höre doppelt und dreifach die Versicherung daß ich jedes Deiner Gefühle herzlich und unablässig erwidre. Möge Dich dies zur guten Stunde treffen, und Dich zu einem recht langen Kommentar über diesen kurzen Text veranlassen. Wäre ich Hudhud [der mit Federn gekrönte Vogel Wiedehopf, den Salomon zu seinem Liebesbotschafter an die Königin von Saba machte] ich liefe Dir nicht über den Weg, sondern schnurstracks auf Dich zu. Nicht als Boten, um mein selbst willen müßtest Du mich freundlich aufnehmen. Zum Schluß den frommen liebevollen Wunsch

Eja! wären wir da!

W. d. 26. Jul. 1819.

Goethe an Marianne von Willemer

Mit dem freundlichsten Willkomm die heitere Anfrage: wo die lieben Reisenden am 25. August sich befunden? und ob sie vielleicht, den klaren Vollmond beachtend, des Entfernten gedacht haben?

Beikommendes gibt, von seiner Seite, das unwidersprechlichste Zeugnis. Vernehm ich hierauf das Nähere, vielleicht auch erhalt ich einen Auszug aus dem umständlicheren Tagebuch, so erwidre noch manches, besonders vielfachen Dank für die so reichlich gespendeten Stachelfrüchte.

Begleitet von allen dornfreien Gefühlen die besten Wünsche treu angehörig

Weimar d. 23 Oktbr 1828. Goethe

Dem aufgehenden Vollmonde

Dornburg, 25. August 1828

Willst du mich sogleich verlassen?
Warst im Augenblick so nah!
Dich umfinstern Wolkenmassen,
Und nun bist du gar nicht da.

Doch du fühlst, wie ich betrübt bin,
Blickt dein Rand herauf als Stern!
Zeugest mir, daß ich geliebt bin,
Sei das Liebchen noch so fern.

So hinan denn! hell und heller,
Reiner Bahn, in voller Pracht!
Schlägt mein Herz auch schmerzlich schneller,
Überselig ist die Nacht.

Marianne und Jacob von Willemer an Goethe

Frankfurt, 2. November 1828

Der Inhalt Ihres liebevollen Briefes gereichte mir zu großer Erquickung, und wenn dies auch jedesmal der Fall ist, so verfehlte er seine heilbringende Kraft um so weniger, als ich gerade zu Bette lag, wie mir diese Herzstärkung gereicht wurde; eine Halsentzündung, die ich mir durch arge Erkältung zugezogen hatte, von heftigen Kopfschmerzen begleitet, ist nun glücklich überstanden, und obschon mein Kopf noch an Schwäche leidet, fühle ich mich im Herzen stark genug, für den neuen Beweis von Liebe und Anhänglichkeit auf das innigste zu danken. Aber Sie sind gewiß überzeugt, daß Sie Ihre Neigung an keine Undankbare verschwenden: auf der ganzen Reise waren Sie unser steter Begleiter; in der schauerlichen

Einöde des Münstertales, auf der Höhe des Stilvio, in der furchtbaren Nähe der Ortlesgletscher, durch das reizende Veltlin, auf dem schönen Comer See und vor allem in dem wunderbar und herrlich gelegenen Chiavenna sprachen wir immer von Ihnen, mein Freund, und der Wunsch, daß Sie dies alles mit uns sehen könnten, wurde lebhaft und oft von uns beiden ausgesprochen.

Was nun jenen 25. August anlangt, so kann ich ausführliches und übereinstimmendes Zeugnis von ihm geben. Morgens früh von Schaffhausen abgereist, kamen wir zeitig durch das überaus schöne Höllental nach Freiburg, wo wir sogleich den Münster sahen und bis zur vollkommnen Dämmerung in der Kirche blieben. In dem Gasthof, wo wir abgestiegen waren, hatte unser Zimmer einen Balkon auf eine breite freundliche Straße, die ungemein belebt war; halb Freiburg ging spazieren, und als nun der Mond, den ich leider nicht aufgehen sah, über die Giebel der Häuser trat, war es so reizend und glänzend in dem behaglichen Städtchen, daß wir uns noch unter die Wandelnden mischten und den Weg nach dem Münster einschlugen, den wir im Silberlicht des Mondes unbeschreiblich schön sahen. Nach Hause gegangen, blieb ich noch lange Zeit auf dem Balkon und ließ jenes unvergleichliche Mondlied [„Füllest wieder Busch und Tal still mit Nebelglanz ...“] dem Gefühl und den Worten nach in meiner Seele anklingen; ich erinnerte mich jener Zeit, wo ich es Ihnen so oft gesungen, und fühlte jeden Nachklang froher und trüber Zeit. Hätte ich ahnen können, wie in diesem Augenblicke wirklich des Freundes Auge mild über meinem Geschick weilte, ich würde gerne mit ihm gerufen haben: „Überselig ist die Nacht!“

11. Das Spätwerk, der Abschied in Böhmen und der Dornburger Herbst 1816–1828

> Dämmrung senkte sich von oben,
> Schon ist alle Nähe fern;
> Doch zuerst emporgehoben
> Holden Lichts der Abendstern!
> Alles schwankt ins Ungewisse,
> Nebel schleichen in die Höh';
> Schwarzvertiefte Finsternisse
> Widerspiegelnd ruht der See.
> *Chinesische Tag- und Jahreszeiten*

Am 6. Juni 1816 stirbt Christiane von Goethe nach einem grausamen Todeskampf: „Der Schmerz", hat Riemer in seinen *Mittheilungen über Goethe* gesagt, „den er um ihren Verlust empfand, [...] war in seine Existenz eingreifender und bis an sein Ende dauernder." Er habe das kaum aussprechen können, „aus Scheu, den Schmerz mit Worten zu berühren [...] Und wissen wir denn, ob er sich dennoch seine Stimmung versteckterweise ausgesprochen? Vier Zeilen [...] deuten den Verlust und seine Trauer auf eine Weise an, die alle langen Epicedien [Trauergedichte] übertrifft: ‚Du versuchst, o Sonne, vergebens | Durch die düstern Wolken zu scheinen ! | Der ganze Gewinn meines Lebens | Ist, ihren Verlust zu beweinen.'"

Kaum darf man den Aufbruch zu seiner dritten Reise an Rhein und Main am 20. Juli im unmittelbaren Zusammenhang mit diesem Verlust sehen. Aber als der Wagen kurz vor Erfurt umstürzt und er die Reise sofort – und endgültig – aufgibt, um nach Tennstedt zu fahren, erschien es ihm doch als Omen, zumal das, was er suchte, im Grunde schon erloschen war.

Zwischen Juli und November schließt er, als einen Teil von *Dichtung und Wahrheit,* den Bericht über das *Sankt-Rochus-Fest zu Bingen* ab, jenen kleinen Text, der lebensgeschichtlich vor der ersten Begegnung mit Marianne von Willemer steht. Und nicht von ungefähr verbindet sich mit dem Fortgang der Arbeit am *West-östlichen Divan* im September und Oktober die Niederschrift der Fahrten nach Neapel und Sizilien für die *Italienische Reise.*

Erst im Dezember setzt er die Arbeit am vierten – und letzten – Teil von *Dichtung und Wahrheit* fort. Fast ein Vierteljahrhundert hat er an dieses Werk gewendet – von 1809 bis 1831.

Ihren Wahrheitsgehalt gewinnt die Autobiographie gleichsam an der Mitschrift der Jahrzehnte, die ihr Entstehen begleiten: „Meine Heiterkeit bewahre ich mir hauptsächlich für die biographischen Stunden, damit sich in die Reflexionen, die doch einmal angestellt werden sollen, nichts Trübes und Unreines mische", hatte er am 12. Dezember 1812 an Zelter geschrieben.

Dieses *Trübe* spielt nicht ganz grundlos auf die *Farbenlehre* an. Sie liegt in dem Moment abgeschlossen vor, als er sich zur Niederschrift von *Dichtung und Wahrheit* vorbereitet. Und der Gedanke des „eigentlich Grundwahren", der die Autobiographie bestimmen soll – wie es in einem Brief an Ludwig I. von Bayern heißen wird –, gilt allererst für die *Farbenlehre.* Dort war beansprucht, „daß zur Erzeugung der Farbe Licht und Finsternis, Helles und Dunkles oder, wenn man sich einer allgemeineren Formel bedienen will, Licht und Nichtlicht gefordert werde." Im Blick auf den Titel des autobiographischen Werkes war das eine schöne Metapher, denn dort war ja „das Grundwahre" aufgehoben im Zusammentreten von „Rückerinnerung" und „Einbildungskraft" – „bringt ja selbst die gemeinste Chronik etwas von dem Geist der Zeit mit, in der sie geschrieben wurde." *Dichtung und Wahrheit* unterliegt der Zeit, der Geschichte, den Metamorphosen des Autors.

Und das Werk ist Mittel auch eines „ätherischen Lethestroms" (wie er das einmal in einem Brief an Zelter umschreibt), der gegenwärtiges Leiden mit sich hinabnehmen mochte. Nicht nur eine innere Abwendung vom Chaos der Kriege, sondern auch, wie alles Schreiben, so etwas wie ein Hinausschieben des Todes, wird der Blick aufs Vergangene doch auch zu einem aufs Vergängliche.

Doch findet sich in der Erzählung von den Sesenheimer Tagen, die auch von der Schuld gegenüber der Geliebten und der Flucht aus dieser Liebe spricht, eine martialische Metapher: „Eine solche jugendliche, aufs Geratewohl gehegte Neigung ist der nächtlich geworfenen Bombe zu vergleichen, die in einer sanften, glänzenden Linie aufsteigt, [...] alsdann aber [...] zuletzt da, wo sie ihren Lauf geendet, Verderben hinbringt." Dieses Bild findet seinen historischen Kontext im Augenblick der Niederschrift, 1812, als die Nachrichten von der Flucht der Reste der Napoleonischen Armee über die Schneefelder Rußlands nach Deutschland gelangen. Und als er im April 1813 ins Tagebuch notiert: „Conception des Dämonischen und Egmonts", hat er Napoleon vor Augen.

Die *wechselseitige Spiegelung* zeigt sich noch auf andere, verborgene Weise. Parallel zur *Campagne in Frankreich* arbeitet er an *Wilhelm Meisters Wanderjahre* (erschienen 1829). Man könnte dieses rätselhafte, *inkommensurable* Werk den Spiegel des Zerfalls der tradierten Romanform nennen. Nichts scheint mehr zum anderen zu gehören, die unterschiedlichsten Gattungen – von der Romanerzählung, der Novelle, dem Aphorismus – verschränken sich, der Erzähler selbst scheint in einem Maskenspiel zu entschwinden. Die im Untertitel annoncierte *Entsagung* spielt auf die Zerstörung des individuellen Glücksverlangens an. Es zerschellt an der waltenden Strenge in der Pädagogischen Provinz, die ein neues Gesellschaftsmodell fordert. In all dem tauchen wie zarte Erinnerungen an die Kindheit im freien Spiel des Erfindens Märchen auf, die das eigene Ich phantastisch wiederherzustellen scheinen. Spricht nicht aber in den Zerfall der tradierten Romanform auch die Erfahrung aus dem katastrophalen, in Chaos und Zusammenbruch endenden Frankreichfeldzug hinein? Wird dieses Buch von *Wilhelm Meisters Wanderjahren* in seiner anarchischen Struktur nicht auch zum Widerschein einer „neuen Epoche in der Weltgeschichte"?

Eine Textstelle, wo der Wanderer Wilhelm sich von der gespiegelten zur realen Natur umwendet, hat den Ausdruck eines verzweifelten Abschiedsblicks und könnte als ein Schlüssel für das rätselhafte Werk gelesen werden: es ist der Schock über die rationalistische „Naturerkenntnis", deren Zukunft er trauernd im öffentlichen Schweigen über seine *Farbenlehre* erkannt haben muß.

In Makarie finden sich wohl viele Figuren zusammen. Ihre rätselhafte Spiralwanderung um die Sonne konfiguriert einer Beobachtung aus dem Pflanzenreich, die Goethe gerade um die Zeit der Endredaktion der *Wanderjahre* beschäftigt hat. Da umspielen und wiederholen sich, wie so oft, Bilder, die sich nur dem Blick erschließen, der sich auf Poesie und Naturbeobachtung zugleich richtet.

1821 reist er zum ersten Mal in das eben gegründete Marienbad, und kommt sich dort – von den Auswanderern nach Übersee war in den *Meister*-Romanen die Rede – vor, „als wäre ich in den nordamerikanischen Einsamkeiten, wo man Wälder aushaut, um in drei Jahren eine Stadt zu bauen". Und 1823 begegnet er dort Freunden aus den früheren Tagen in Böhmen wieder. Es ist vor allem Amalie von Levetzow mit ihren Töchtern. Seine Liebe zu Ulrike, bald ein *offenbares Geheimnis*, läßt sich in der Retrospektive als das Nocheinmal des Glücks fassen, das vielleicht weniger diese Achtzehnjährige als die in ihr lebendig gewordene Liebesfähigkeit des Vierundsiebzigjährigen meint.

Der Abschied von ihr im August 1823 wird zum Abschied von dieser Landschaft, von der Liebe und, wie die *Elegie* zeigen wird, die er fast ganz auf der Heimreise schreibt, zum Abschied von der schöpferischen Macht, ja zum Welt- und Lebensabschied überhaupt. Nur wenigen – Humboldt, Zelter und Eckermann – wird er die Handschrift dieses großen Gedichtes zeigen.

Im November erleidet er einen schweren Herzanfall. Humboldts ergriffene Verwunderung darüber, „daß solche Blüten [wie die *Elegie*] auch noch dem scheidenden Dasein entsprössen", sein Eindruck, daß nie „Schöneres, Tieferes, ja Glühenderes in der Empfindung vorgekommen", spricht von den Ängsten der Freunde, die das Ende befürchten. Zelter, der bei ihm erschienen ist, wird aber bald darauf in sein Tagebuch schreiben, „daß ich den Freund (schon zweimal) in ähnlichen, dem Tode nahen Zustande angetroffen, und unter meinen Augen gleichsam wieder aufleben sehen."

Und als Frédéric Soret den Genesenen Ende Dezember mit den Worten begrüßt: „Voilà la renaissance du soleil!", weiß er sicher, daß er mit diesen Worten implizit jenes *Urwort* zitiert, das sich *orphisch* in dem Gedicht ΔΑΙΜΩΝ findet: „Wie an dem Tag; der dich der Welt verliehen, | Die Sonne stand zum Gruße der Planeten."

Im Gedanken an das von nun an täglich drohende Ende denkt er an „die neue Ausgabe meiner Werke", für deren Organisation er Hilfe braucht. So kommt 1823, nicht ganz zufällig, Johann Peter Eckermann, Hausierersohn aus Winsen an der Luhe, der sich mit eiserner Energie eine bewundernswerte Bildung erarbeitet und seine *Beyträge zur Poesie mit besonderer Hinweisung auf Goethe* nach Weimar gesandt hat. Er wird sich vom Sommer 1823 an, zusammen mit den Altphilologen Göttling und Riemer, dieser Arbeit annehmen und wohl, wie sie alle, die zunehmende Vereinsamung des alten Mannes spüren. So müssen ihm die Feiern zum fünfzigjährigen Regierungsjubiläum Carl Augusts und bald darauf derer zum fünfzigsten Jahrestag seiner Ankunft in Weimar, 1825, geisterhaft und schon entrückt erschienen sein. Zum Emblem der alt gewordenen Freundschaft mit dem Landesfürsten und zum Zeugnis erloschener Zeiten wird eine Gedenkmünze, die ihm Carl August zum 7. November überreichen läßt.

1827 geht der Alte noch einmal für ein paar Wochen in sein Gartenhaus am Stern, und dort entstehen die kleinen Gedichte der *Chinesisch-deutschen Jahres- und Tageszeiten,* die in Naturmotiven, abermals „im östlichen Bereiche", ihn in der Maske eines Mandarins in Betrachtung von „Lunas Zauberschein" und „bewegter Schatten Spiele" zeigen, „hingesunken alten Träumen."

Als Ende Juni 1828 Großherzog Carl August auf einer Reise nach Torgau stirbt, entflieht er dem „Unerträglichen, das man so lange fürchtet" nach Dornburg, bewohnt dort in dem kleinen Renaissanceschloß am Südhang oberhalb des Saaletals die Bergstube, empfängt zwar immer wieder Besucher, beugt sich aber vor allem über kleine botanische Monographien, durchwandelt Weinberge und Gärten, beschäftigt sich mit Wolken- und Witterungslehre, und schreibt kurz vor der Rückkehr nach Weimar im September seine letzten beiden Gedichte – gerichtet an die Gestirne, die er lebenslang als die Symbole der Liebe und der Geistes-Macht geliebt hat: den Mond und die Sonne.

*

Goethe an Bettina Brentano

25. Oktober 1810

[...] Ich will Dir nämlich bekennen, daß ich im Begriff bin, meine Bekenntnisse zu schreiben, daraus mag nun ein Roman oder eine Geschichte werden, das läßt sich nicht voraussehn, aber in jedem Fall bedarf ich Deiner Beihülfe. Meine gute Mutter ist abgeschieden und so manch andre, die mir das Vergangene wieder hervorrufen könnten, das ich meistens vergessen habe. Nun hast Du eine schöne Zeit mit der teuren Mutter gelebt, hast ihre Märchen und Anekdoten wiederholt vernommen und hegst und trägst alles im frischen belebenden Gedächtnis. Setze Dich also nur gleich hin und schreibe nieder, was sich auf mich und die Meinigen bezieht, und Du wirst mich dadurch sehr erfreuen und verbinden.

Goethes Tagebuch:
Auf der Reise von Weimar nach Karlsbad 18. Mai 1810, mit Gedanken über ‹Dichtung und Wahrheit›

Früh von Hof weggefahren, gutes Wetter, guter Weg. Unterhaltung [mit Riemer] über Biographica und Aesthetica. – Heroische, Reise-, Liebesmotive, charakteristische, einen gewissen Zustand bezeichnende. Ironische Ansicht des Lebens im höhern Sinne, wodurch die Biographie sich über das Leben erhebt. Superstitiose [abergläubische] Ansicht; wodurch sie sich wieder gegen das Leben zurückzieht. Auf eine Weise wird dem Verstand und der Vernunft, auf diese der Sinnlichkeit und der Phantasie geschmeichelt; und es muß zuletzt, wohl behandelt, eine befriedigende Totalität hervortreten. – Metamorphose. – Der Grund von allem ist physiologisch. – Es gibt ein physiologisch Pathologisches, z. E. in allen Übergängen der organischen Natur, die aus einer Stufe der Metamorphose in die andre tritt. Diese wohl zu unterscheiden vom eigentlichen morbosen [kränklichen] Zustande. – Wirkung des Äußeren bringt Retardationen hervor, welche oft pathologisch im ersten Sinne sind. Sie können aber auch einen morbosen Zustand hervorbringen und durch eine umgekehrte Reihe von Metamorphosen das Wesen umbringen. – Jeder, der eine Konfession schreibt, ist in einem gefährlichen Falle, lamentabel zu werden, weil man nur das Morbose, das Sündige bekennt und niemals seine Tugenden beichten soll. – Konstellation und Horoskop bei meiner Geburt. Von deutscher Literatur nicht die Rede. Große Ausländer, Voltaire, Montesquieu. Vorbereitung zum künftigen Schicksal der Welt alles außer Deutschland: Paoli, Franklin. – Tendenz der Deutschen zu einer Art von Humanitätskultur. Heruntersteigen der Vornehmen, um sich wert zu machen. – Fürsten begünstigen die Literatur: Emmerich Joseph von Mainz, Graf Bückeburg, Anna Amalia.

Goethe an Zelter

Karlsbad, 2. September 1812

Von mir selbst und meinem Tun habe ich weiter nichts zu sagen, da Sie zu Michaelis wieder ein biographisches Bändchen aufsuchen wird. Betrachten Sie es freundlich. Es ist freilich nur der tausendste Teil von dem, was in jener Epoche auf mich losgehämmert und in mir gewaltig widerstanden und entgegengewirkt hat; da aber eigentlich eine solche Schrift nicht zu ernsthaft werden soll, so ist es besser, daß man ihr eine gewisse spezifische Leichtigkeit gibt, damit sie nicht – wie so viel anderes Bessere – für den Augenblick untergehe.

An Gräfin Josephine O'Donell

Weimar, 22. Januar 1813

Zunächst aber sollen Sie, verehrteste Freundin, höchlichst gepriesen sein, daß Sie mir über meine biographische Maskerade ein freundliches Wort haben sagen wollen. Sie bemerken sehr richtig, daß ich eigentlich nur mein späteres Leben hinter das frühere verstecken kann. – Ein aufmunternder Beifall ist mir sehr viel wert, weil das Unternehmen viele Schwierigkeiten hat, die mit dem Fortschritt immer wachsen und in jedem Band auf eine eigne Weise überwunden sein wollen.

An den Historiker Carl Ludwig von Woltmann

Weimar, 5. Februar 1813

Nehmen Sie nun aber den besten und aufrichtigsten Dank für das, was Sie über meine biographische Arbeit haben äußern wollen. Der gründliche und freidenkende Historiker ist freilich am ersten im Fall, solche problematische Produktionen zu beurteilen und zu würdigen; er stößt sich nicht daran, daß man ihm Dichtung und Wahrheit anbietet, da er weiß, wie viele Dichtung er von bedeutenden historischen Monumenten abziehn muß, um die Wahrheit übrig zu behalten.

An König Ludwig I. von Bayern

Weimar, 11. Januar 1830

Was den freilich einigermaßen paradoxen Titel der Vertraulichkeiten aus meinem Leben „Wahrheit und Dichtung" betrifft, so ward derselbige durch die Erfahrung veranlaßt, daß das Publikum immer an der Wahrhaftigkeit solcher biographischer Versuche einigen Zweifel hege. Diesem zu begegnen, bekannte ich mich zu einer Art von Fiktion, gewissermaßen ohne Not, durch einen gewissen Widerspruchsgeist getrieben, denn es war mein ernstestes Bestreben, das eigentliche Grundwahre, das, insofern ich es einsah, in meinem Leben obgewaltet hatte, möglichst darzustellen und auszudrücken Wenn aber ein solches in späteren Jahren nicht möglich ist, ohne die Rückerinnerung und also die Einbildungskraft wirken zu lassen, und man also immer in den Fall kommt, gewissermaßen das dichterische Vermögen auszuüben, so ist es klar, daß man mehr die Resultate und, wie wir uns das Vergangene jetzt denken, als die Einzelnheiten, wie sie sich damals ereigneten, aufstellen und hervorheben werde. Bringt ja selbst die gemeinste Chronik notwendig etwas von dem Geiste der Zeit mit, in der sie geschrieben wurde.

Goethes Tagebuch: Christianes Tod

6. Juni [1816] Weimar. Gut geschlafen und viel besser. Nahes Ende meiner Frau. Letzter fürchterlicher Kampf ihrer Natur. Sie verschied gegen Mittag. Leere und Totenstille in und außer mir. Ankunft und festlicher Einzug der Prinzessin Ida und Bernhards. Hofr. Meyer. Riemer. Abends brillante Illumination der Stadt. Meine Frau um 12 Uhr nachts ins Leichenhaus. Ich den ganzen Tag im Bett.

7. Juni. Weimar. Nicht besonders geschlafen. Zahlreiche Kondolenzen. Außer Bett. Hofr. Meyer. Mittags mit August. Frau Prof. Riemer. Farbenversuche. Gegen Abend Prof. Riemer, die Versuche fortgesetzt. Hofr. Meyer auf kurze Zeit. Riemer blieb.

8. Juni. Meine Frau früh um 4 Uhr begraben. Verschiedene Briefe. Fragment aus dem Ramajan an Major von Knebel. Akten geheftet. Rehbein, Huschke und Kämpfer. Im Garten. Das nächst zu Beobachtende durchgedacht. Farbenversuche vorbereitet. Mittags mit August. Kupfer zu Peron. Um 3 Uhr Kollekte meiner Frau von Voigt gehalten.

Gefunden
(an Christiane, 1813)

Ich ging im Walde
So für mich hin,
Und nichts zu suchen,
Das war mein Sinn.

Im Schatten sah ich
Ein Blümchen stehn,
Wie Sterne leuchtend,
Wie Äuglein schön.

Ich wollt' es brechen,
Da sagt' es fein:
Soll ich zum Welken
Gebrochen sein?

Ich grub's mit allen
Den Würzlein aus,
Zum Garten trug ich's
Am hübschen Haus.

Und pflanzt' es wieder
Am stillen Ort;
Nun zweigt es immer
Und blüht so fort.

Von Zelter, bei der Lektüre der ‹Italienischen Reise›

Berlin, Sonnabend, 23. September 1817

Deine Briefe aus Neapel sind mit Sommerluft geschrieben statt der schwarzen Dinte. Man weiß nicht, was mehr ergötzt: die Sachen oder das Machen; man ist in Arkadien. Und wenn dies Gefühl durch etwas gestört wird, so ist es der Neid über die glücklichen Landsleute, die eines Gottes Hand zu Deiner Umgebung geführt hat.

Das Auge, womit die Dinge gesehn sind, die Geduld, mit der sie auf dies Auge warten, der behagliche Verkehr mit dem Leser, alles promoviert eine Kette von Betrachtungen, die sich, situiert und profiliert, ins Unendliche fortpflanzen.

Sonntag, den 14. September. Eben bin ich aus Sizilien wieder in Neapel angelangt, nicht ohne etwas von der Seekrankheit abgekriegt zu haben. Was mich nicht wenig ergötzt hat, ist gewesen Deine Predigt vom stillen, stürmischen Meere, da ich auch einmal in dem Falle gewesen bin. Warum mußte mir dieselbe Sache nicht auf dem Mittelländischen Meere vorkommen? Wasser ist doch Wasser. Das Natürliche dabei ist das Kurioseste, daß man selber hingehn muß, um seekrank zu werden, und selber essen, um sich den Magen zu verderben.

Was Du an Herder über Homer schreibst, ist mir, da ich ihn zum ersten Male gelesen, schon so vorgekommen, und diese Vorstellung hat sich durch alle Wiederholungen bestätigt. Auch habe ich selbst in kleinen und größern Produktionen nicht auf Wirkung, sondern auf Gehalt gedacht. Was Du darüber sagst, bleibt ewig wahr und – ewig neu, weil jeder daran zu glauben glaubt.

Das Geheimnis der Urpflanze bewundere ich liebend und staunend. Es ist nichts natürlicher als die Natur, die immer da liegt, wo wir hinwegsehn. Man sucht das Pferd, worauf man reitet.

Staatsrat Schultz hat mir Dein Buch geliehen, denn es ist noch nicht zu haben, auch kommt es nicht aus unsern Händen. Müßte man nicht denken, daß kein wahres Wort untergeht, so möchte man es vor der Welt verschließen, wenn ein Mann wie Herder selber nicht gehörig achtet, was gefunden, und nur Ergrübeltes für etwas hält.

Meine Augen sind besser. Wüßte ich nur zu machen, was ich nicht kann! was ich kann, weiß jeder besser.

Dein Z.

Goethe an Boisserée

4. Dezember 1817

Ihr allerliebster Brief trifft mich in Jena, an einem ganz einsamen Abende, in demselben Zimmer wo ich vor Jahren Ihre Domzeichnungen entfaltete, und wo von so lange her Ihre oft erneute Erinnerung schwebt; auch Ihr vorletzter Brief hat mich hier erfreut und beschäftigt, nun aber will ich mich vor allen Dingen der spätfrühen Veilchen erfreuen, die ich immer im Auge behalten werde.

Soll ich es Ihnen sagen? – ja! – und Sie werden es sich zurechtlegen: – alles geht jetzt bei mir so schnell und spurlos vorüber, daß ich schon nicht mehr weiß, daß jenes Büchelchen gedruckt sei. Ihre freundlichen Worte rufen mir so viele frische Geister hervor, und ich gewahre gern, daß ich Ihnen solche erst zugezaubert.

Lassen wir alles andere; aber mich freut gar sehr, daß Sie den Stoff der [auf Sizilien geplanten] Nausikaa gleich als tragisch erkannt; Ihnen traut' ich's zu und es betrübt mich aufs neue, daß ich die Arbeit damals nicht verfolgt. Ich brauche Ihnen nicht zu sagen, welche rührende, herzergreifende Motive in dem Stoff liegen, die, wenn ich sie, wie ich in Iphigenie, besonders aber in Tasso tat, bis in die feinsten Gefäße verfolgt hätte, gewiß wirksam geblieben wären.

An Zelter

Jena, 16. Februar 1818

Du hast, mein Wertester, aus dem Abgrunde Deines Tonvermögens schöne und gute Worte spendiert, daß ich sogleich die Pflicht fühle Dir etwas Freundliches zu erwidern.

Du kennst Jena zu wenig als daß es Dir etwas heißen sollte wenn ich sage: daß ich auf dem rechten Saalufer, unmittelbar an der Camsdorfer Brücke, über dem durch die Bogen gewaltsam strömenden, eisbelasteten Wasser, eine Zinne (vulgo Erker) in Besitz genommen habe, die schon seit so vielen Jahren mich, meine Freunde und Nachkommenschaft gereizt hat daselbst zu wohnen, ohne daß nur jemand sich die Mühe gegeben hätte die Treppe hinaufzusteigen. Hier verweile ich nun die schönsten Stunden des Tags, den Fluß, die Brücke, Kies, Anger und Gärten und sodann das liebe närrische Nest, dahinter Hügel und Berge und die famosesten Schluchten und Schlachthöhen vor mir. Sehe bei heiterm Himmel die Sonne täglich etwas später und weiter nordwärts untergehen, wornach meine Rückkehr zur Stadt reguliert wird.

In dieser, nahezu absoluten, Einsamkeit ist das dritte Heft von Kunst und Altertum dem Druck zugefertigt. Das zweite zur Morphologie bewegt sich auch. Die Darstellung der entoptischen Farben, im Zusammenhang mit meiner Farbenlehre, denke ich vor Ostern auch noch zu gewältigen. Sage das Freund [dem Staatsrat] Schultz(en), wenn Du ihn irgendwo habhaft wirst.

Dabei darf ich nicht vergessen daß wir die entschiedensten Anstalten haben Witterung zu beobachten, wobei ich an meiner Seite die Wolkenformen und Himmelsfarben mit Wort und Bild einzuweben suche.

An Zelter

Besonders will ich Dir noch vermelden wie sehr es mich gefreut hat daß wir durch die großen Urworte so leicht und leidlich über den Augenblick hinauskommen. Das Absolute, die moralische Weltordnung, Systole und Diastole! es braucht nicht viel mehr sich zu verständigen. Das nächste Mal das wir zusammenkommen muß ich Dir noch einen Begriff vom Dämonischen geben: dann bedarf's nichts weiter. Eine Reihe orphischer Urworte, die Du nächstens in Stanzen aufgeklärt erhalten wirst, sind nur Zugaben und Umschreibungen. Somit aber lebe wohl. Geschrieben auf der Zinne 28", 1,5", bei heiterstem Sonnenschein und lieblich-klar wolkenlos-beduftteter Atmosphäre. Nun so lebe zum schönsten wohl.

Jena den 31. März 1818.

Aus dem kleinen Zyklus ‹Urworte. Orphisch›,
der im Herbst 1817 entstanden ist

ΕΡΟΣ Liebe
Die bleibt nicht aus! – Er stürzt vom Himmel nieder,
Wohin er sich aus alter Öde schwang,
Er schwebt heran auf luftigem Gefieder
Um Stirn und Brust den Frühlingstag entlang,
Scheint jetzt zu fliehn, vom Fliehen kehrt er wieder,
Da wird ein Wohl im Weh, so süß und bang.
Gar manches Herz verschwebt im Allgemeinen,
Doch widmet sich das edelste dem Einen.

Caroline von Humboldt an ihren Mann

Ems, 7. August 1819

[...] es freut mich, daß Du Goethen noch so ein paar ruhige Stunden gesehen und genossen hast. Ich kann mir den alten Herrn in seiner Burg recht lebhaft denken.

Manchmal kann es mich so recht schmerzen, daß bei solch einer reichen Natur das Glück einer uneigennützig ganz sich hingebenden Liebe ihm doch wohl in dem Lauf langer Jahre nicht geworden ist. Mir ist es immer, als wenn Schiller das ausschließlicher zuteil geworden, sich darum auch etwas Heiligeres, die Zukunft still Verehrenderes in ihm entwickelt hätte. Aber eine ungeheuer kräftige Gestalt steht er unter dem Menschengeschlecht da, gleichsam sich anreihend an die erhabenen Göttergestalten griechischer Mythe. An seinem Physischen möchte ich, könnte ich, seine Entfernung von allen christlichen Ideen entwickeln, vielleicht auch an diesem Mangel und Nichtempfangen aufopfernder Liebe. Das alles hängt tief in ihm zusammen.

Wilhelm von Humboldt an seine Frau

Berlin, 16. August 1819

Über Goethe schreibst Du sehr schön und richtig. Liebe hat ihm immer gefehlt; er hat sie schwerlich empfunden, und die rechte ist ihm nicht geworden. Allein der wahre Grund dazu ist doch wohl das früh in ihm waltende schaffende Genie und die Phantasie gewesen. Wo sich die Natur einen solchen eigenen und inneren Weg bahnt, da wird es wohl unmöglich, sich einem anderen Wesen in der Wirklichkeit uneigennützig hinzugeben, und ohne das ist keine Liebe denkbar. Man muß sich immer erst verlieren, um sich schöner und reicher wieder zu empfangen. Aber eine Leere läßt es dann freilich im Leben zurück, und ich glaube nicht, daß außer den Stunden und Zeiten des glücklichen Hervorbringens Goethe eigentlich glücklich oder reich in sich beschäftigt ist.

Gespräch mit Kanzler Friedrich von Müller am 8. Juni 1821

Wir sprangen über auf die Wanderjahre. „Ich begreife wohl“, sagte er, „daß den Lesern vieles rätselhaft blieb. Alles ist ja nur symbolisch zu nehmen, und überall steckt noch etwas anderes dahinter. Jede Lösung eines Problems ist ein neues Problem.“

An den Professor für Dichtkunst am Gymnasium in Pilsen Josef Stanislaus Zauper

7. September 1821.

Daß Sie Ihre Ungeduld beim Wiederlesen der Wanderjahre gezügelt haben, freut mich sehr. Zusammenhang, Ziel und Zweck liegt innerhalb des Büchleins selbst; ist es nicht aus Einem Stück, so ist es doch aus Einem Sinn; und dies war eben die

Aufgabe, mehrere fremdartige äußere Ereignisse dem Gefühle als übereinstimmend entgegenzubringen.

Wilhelm Meisters Rückwendung in die Wirklichkeit der Natur und in das Weltall

An die Haupt- und Wirtschaftsgebäude fügten sich Lust-, Obst- und Grasgärten, aus denen man sich unversehens in ein Hölzchen verlor, das ein breiter, fahrbarer Weg auf und ab, hin und wider durchschlängelte. Hier in der Mitte war, auf der bedeutendsten Höhe, ein Saal erbaut, mit anstoßenden Gemächern. Wer zur Haupttüre hereintrat, sah im großen Spiegel die günstigste Aussicht, welche die Gegend nur gewähren mochte, und kehrte sich geschwind wieder um, an der Wirklichkeit von dem unerwarteten Bilde Erholung zu nehmen: denn das Herankommen war künstlich genug eingerichtet und alles klüglich verdeckt, was Überraschung bewirken sollte. Niemand trat herein, ohne daß er von dem Spiegel zur Natur und von der Natur zum Spiegel sich nicht gern hin und wider gewendet hätte. […]

Die heiterste Nacht, von allen Sternen leuchtend und funkelnd, umgab den Schauenden, welcher zum erstenmale das hohe Himmelsgewölbe in seiner ganzen Herrlichkeit zu erblicken glaubte. Denn im gemeinen Leben, abgerechnet die ungünstige Witterung, die uns so oft den Glanzraum des Äthers verbirgt, hindern uns zu Hause bald Dächer und Giebel, auswärts bald Wälder und Felsen, am meisten aber überall die inneren Beunruhigungen des Gemüts, die, uns alle Umwelt mehr als Nebel und Mißwetter zu verdüstern, sich hin und her bewegen.

Ergriffen und erstaunt hielt er sich beide Augen zu. Das Ungeheure hört auf, erhaben zu sein, es überreicht unsre Fassungskraft, es droht, uns zu vernichten. „Was bin ich denn gegen das All?" sprach er zu seinem Geiste; „wie kann ich ihm gegenüber, wie kann ich in seiner Mitte stehen?" Nach einem kurzen Überdenken jedoch fuhr er fort: „Das Resultat unsres heutigen Abends löst ja auch das Rätsel des gegenwärtigen Augenblicks. Wie kann sich der Mensch gegen das Unendliche stellen, als wenn er alle geistigen Kräfte, die nach vielen Seiten hingezogen werden, in seinem Innersten, Tiefsten versammelt, wenn er sich fragt: ‚Darfst du dich in der Mitte dieser ewig lebendigen Ordnung auch nur denken, sobald sich nicht gleichfalls in dir ein beharrlich Bewegtes, um einen reinen Mittelpunkt kreisend, hervortut? Und selbst wenn es dir schwer würde, diesen Mittelpunkt in deinem Busen aufzufinden, so würdest du ihn daran erkennen, daß eine wohlwollende, wohltätige Wirkung von ihm ausgeht und von ihm Zeugnis gibt.'

Wer soll, wer kann aber auf sein vergangenes Leben zurückblicken, ohne gewissermaßen irre zu werden, da er meistens finden wird, daß sein Wollen richtig, sein Tun falsch, sein Begehren tadelhaft und sein Erlangen dennoch erwünscht gewesen? [...]

Bei diesen Worten oder Gedanken wendete er sich, umherzusehen, da fiel ihm Jupiter in die Augen, das Glücksgestirn, so herrlich leuchtend als je; er nahm das Omen als günstig auf und verharrte freudig in diesem Anschauen eine Zeitlang. *(Wilhelm Meisters Wanderjahre)*

Makarie ist ein Teil des Sonnensystems und wandelt um das Gestirn in einer Spirale

Makarie befindet sich zu unserm Sonnensystem in einem Verhältnis, welches man auszusprechen kaum wagen darf. Im Geiste, der Seele, der Einbildungskraft hegt sie, schaut sie es nicht nur, sondern sie macht gleichsam einen Teil desselben; sie sieht sich in jenen himmlischen Kreisen mit fortgezogen, aber auf eine ganz eigene Art; sie wandelt seit ihrer Kindheit um die Sonne, und zwar, wie nun entdeckt ist, in einer Spirale, sich immer mehr vom Mittelpunkt entfernend und nach den äußeren Regionen hinkreisend.

Wenn man annehmen darf, daß die Wesen, insofern sie körperlich sind, nach dem Zentrum, insofern sie geistig sind, nach der Peripherie streben, so gehört unsere Freundin zu den geistigsten; sie scheint nur geboren, um sich von dem Irdischen zu entbinden, um die nächsten und fernsten Räume des Daseins zu durchdringen. Diese Eigenschaft, so herrlich sie ist, ward ihr doch seit den frühsten Jahren als eine schwere Aufgabe verliehen. Sie erinnert sich von klein auf ihr inneres Selbst als von leuchtendem Wesen durchdrungen, von einem Licht erhellt, welchem sogar das hellste Sonnenlicht nichts anhaben konnte. Oft sah sie zwei Sonnen, eine innere nämlich und eine außen am Himmel, zwei Monde, wovon der äußere in seiner

Größe bei allen Phasen sich gleich blieb, der innere sich immer mehr und mehr verminderte. (*Wilhelm Meisters Wanderjahre*)

Gedanken über die Spiraltendenz der Vegetation

[...] Wir mußten annehmen: es walte in der Vegetation eine allgemeine Spiraltendenz, wodurch, in Verbindung mit dem vertikalen Streben, aller Bau, jede Bildung der Pflanzen nach dem Gesetz der Metamorphose vollbracht wird.

Die zwei Haupttendenzen also oder, wenn man will, die beiden lebendigen Systeme, wodurch das Pflanzenleben sich wachsend vollendet, sind das Vertikalsystem und das Spiralsystem; keins kann von dem andern abgesondert gedacht werden, weil eins durch das andere nur lebendig wirkt. Aber nötig ist es zur bestimmteren Einsicht, besonders aber zu einem deutlichern Vortrag, sie in der Betrachtung zu trennen, und zu untersuchen, wo eins oder das andere walte, da es denn bald, ohne seinen Gegensatz zu überwältigen, von ihm überwältigt wird, oder sich ins gleiche stellt, wodurch uns die Eigenschaften dieses unzertrennlichen Paares desto anschaulicher werden müssen [...]

Man trete zur Sommerzeit vor eine im Gartenboden eingesteckte Stange, an welche ein Winde von unten an sich fortschlängelnd in die Höhe steigt, sich festanschließend ihren lebendigen Wachstum verfolgt. Man denke sich nun Konvolvel [Winde] und Stange, beide gleich lebendig, aus einer Wurzel aufsteigend, sich wechselsweise hervorbringend und so unaufhaltsam fortschreitend. Wer sich diesen Anblick in ein inneres Anschauen verwandeln kann, der wird sich den Begriff sehr erleichtert haben. Die rankende Pflanze sucht das außer sich, was sie sich selbst geben sollte und nicht vermag. (*Auszug; etwa 1831*)

Die letzte Reise nach Böhmen

Kriminalrat Joseph Sebastian Grüner aus Eger in einer Niederschrift vom 23. August 1823

Nach eingenommenem Gabelfrühstück und mitgenommenem Proviant fuhren wir früh neun Uhr nach Boden um den Rehberg zu untersuchen. Goethe blieb auf der Höhe sitzen, und schlürfte aus einer vergoldeten Pilgrimschale von Silber den hineingegossenen Rheinwein. Ich ging um den Rehberg herum, und weil ich auf der West-, der Ost- und der Nordseite Tonschiefer fand, so berichtete ich, daß der Berg aus Tonschiefer bestehe.

Haben Sie ihn auch auf der Südseite untersucht? fragte Goethe, und als ich mit nein antwortete, sagte er: Ihr jungen Leute laßt euch durch Leidenschaft öfters zu Fehlschlüssen verleiten. Kann denn gegen Süden und im Innern nicht etwas anderes als Tonschiefer sein? Es kann nicht der Schluß gezogen werden, daß, weil am Fuße des Berges südlich dieses und nördlich jenes Gestein vorkömmt, die ganze Unterlage des Berges daraus besteht, denn es mag etwas dazwischen liegen. Jedenfalls ist nicht richtig, daß, weil mich das Mädchen den ersten und dritten Tag geküßt hat, sie den zweiten Tag nicht auch einen anderen geküßt haben kann. Die Leidenschaft verleitet gewöhnlich den Menschen zu solchen Schlüssen.

Goethe an Ulrike von Levetzow

Ihr holder Brief, meine Teure, hat mir das größte Vergnügen gewährt, und zwar doppelt wegen eines besonderen Umstands. Denn wenn auch der liebende Papa seiner treuen schönen Tochter immer gedenkt, so war doch seit einiger Zeit Ihre willkommne Gestalt lebendiger und klarer vor dem innern Sinne als je. Nun aber entwickelt sich's! Es sind gerade die Tage und Stunden, da Sie mein auch in einem höheren Grade gedachten und Neigung fühlten es auch aus der Ferne auszusprechen.

Dreifachen Dank also, meine Liebe, zugleich die besten Wünsche und Grüße der guten Mutter, deren ich, als eines glänzenden Sterns meines früheren Horizonts, gar gern gedenke. Der treffliche Arzt der sie völlig herstellt soll auch mir ein verehrter Aeskulap sein.

Und so bleiben Sie überzeugt daß meine schönste Hoffnung fürs ganze Jahr sei in den heitern Familienkreis wieder hinein zu treten und alle Glieder so wohlwollendfreundlich gesinnt zu finden als da ich Abschied nahm, und ein würdiger, neuerworbener Freund [der Naturforscher Caspar Graf Sternberg] das unwillkommne Scheidegefühl, durch teilnehmendes Geleit, einigermaßen zu beschwichtigen suchte.

Vergessen darf ich hierbei nicht der süßen Nachkost, die mir in der Entfernung durch ihn zuteil ward, die ich aber mit niemanden teilte.

Und also meine Liebste nehm ich Ihre töchterlichen Gesinnungen auch für die nächste Zeit in Anspruch. Möge mir an Ihrer Seite jenes Gebirgstal mit seinen Quellen so heilbringend werden und bleiben als ich wünsche Sie froh und glücklich wiederzufinden.

Weimar, 9. Januar 1823 treu anhänglich J. W. v. Goethe

Goethe an seinen Verleger Cotta

Weimar, den 11. Juni 1823

Ew. Hochwohlgeboren

erwünschte, aber freilich zu kurze Anwesenheit ward leider durch manche zwar freundschaftliche, doch immer störende Dazwischenkunft unterbrochen, so daß gar manches unberedet blieb, was besser mündlich abgetan würde. Wir wollen es also, insofern es möglich ist, schriftlich nachzuholen suchen.

Hiebei muß ich gestehen, daß ich mich umsehe nach jungen Männern, denen man Redaktion von Papieren übertragen könnte, welche selbst zu leisten man wohl die Hoffnung aufgeben muß.

Bis jetzt tat ich das möglichste um auszusondern und sodann wieder zu versammeln, was zusammen gehört (wie ich denn in den letzten Wochen die sämtlichen Schillerschen Briefe von 1795 bis 1805, von der ersten Einladung zu den Horen an bis wenige Tage vor seinem Abscheiden, als den größter Schatz, den ich vielleicht besitze, zusammengebracht und geordnet habe). Allein die Zeit reicht nicht zu, und man muß nach und nach fremden Beistand einzuleiten suchen.

Nun beobachte ich längst einen jungen Eckermann von Hannover, der mir viel Zutrauen einflößt; ich sende ein Manuskript mit der fahrenden Post, welches er von Ihrer Handlung verlegt wünscht [*J. P. Eckermann, Beyträge zur Poesie mit besonderer Hinweisung auf Goethe*]; Sie werden beurteilen, ob es zu Ihren Zwecken tauglich sei.

Die Klarheit und Freiheit der Handschrift besticht schon, und der Inhalt muß mir angenehm sein, weil der junge Mann sich, wie Schubarth und Zauper, an mir herangebildet hat. Er ist gegenwärtig hier, und ich denke ihn mit gewissen Vorarbeiten zu beschäftigen. Die Antwort an ihn bitte nur hierher, als bei mir abzugeben adressiert, da er sie denn erhalten wird, wenn ich auch nach Marienbad sein sollte, welches etwa in vierzehn Tagen geschehen wird. Auch dort fahre ich fort, den großen Zweck zu verfolgen.

Goethe an seine Schwiegertochter Ottilie

Marienbad, den 19. August 1823

So geh ich nun von Marienbad weg, das ich eigentlich ganz leer lasse; nur diese zierliche Tonallmächtige [die polnische Pianistin Maria Szymanowska] und den Grafen St. Leu [Louis Bonaparte, Graf von St. Leu] noch hier wissend. Alles andere, was mich leben machte, ist geschieden, die Hoffnung eines nahen Wiedersehens zweifelhaft. Mittwoch den 20. geh ich von hier ab, Rat Grüner kommt mich wegzunehmen und zu dem toten und doch als pis aller [Zuflucht] so interessanten Gestein zurückzuführen.

Auch in diesem alten irdischen, so wie im neusten Himmlischen, hab ich köstliche Erfahrungen gemacht; schöne Zusammenstellungen sind mir geworden, woran mir ganz alleine leid tut, daß ich Dir davon nichts mitteilen kann. Hast Du aber Geduld, so wird bei stiller Winternacht eine gewisse Vertraulichkeit nicht ausbleiben, die doch immer den Vorteil hat, daß der Vertrauende in einen Bezug zu der Vertrauten kommt, der ich weiß nicht was für Eigenheiten mit sich bringt. Möge das alles werden, wie ich's denke und wünsche.

Von Eger hört ihr das Mehrere; August mag alles so einrichten, daß ich den 13. in Jena sein kann, und so wird sein Ausflug, bei wahrscheinlich günstigem Spätjahr, erheiternd werden.

Hierbei noch einige Gedichte.

Im schönsten Sinne
Dein liebender Vater

Caroline von Humboldt an ihren Mann

Marienbad, den 31. August 1823

Von Goethe höre ich gestern, daß er es in Eger nicht hat aushalten können, sondern nach Karlsbad gegangen ist, wo das Fräulein mit ihrer Mutter ist, welches er anbetet. Sie heißt Levetzow. Es ist dies eine kuriose Geschichte, die der ganzen Familie und ihres Zusammenhangs. Genug, die Großeltern des Fräuleins, Herr und Frau von Brösigke, aus Preußen gebürtig, haben hier das größte Haus gebaut, wohnen im Sommer immer hier, und Frau von Brösigke hat Bekanntinnen, die in ihrem Hause wohnen, erzählt, Goethe habe ihrer Enkelin seine Hand angetragen und ihr gesagt, sie würde auch in seiner Familie von seinem Sohn und Schwiegertochter sehr geehrt und auf Händen getragen werden. Vom Großherzog aber würde sie als seine Witwe 2000 Taler Pension jährlich haben. Das Fräulein aber, sagt die Großmama, könne sich nicht zu einer im Alter so sehr ungleichen Heirat verstehen.

Goethe an Ulrike von Levetzow

AUS DER FERNE
Am heißen Quell verbringst Du Deine Tage
Das regt mich auf zu innerm Zwist;
Denn wie ich Dich so ganz im Herzen trage
Begreif ich nicht, wie Du woanders bist.
10. Sept. 1823 G.

Näher betrachtet hätt ich denn doch besser getan noch ein Blatt anzufangen, denn gar mancherlei macht sich zum Abschluß nötig; oder vielmehr es ergibt sich daß man gar nicht abschließen kann. 10. S[ept]. 1823.

August von Goethe an seine Frau

Jena, 14. September 1823

Gestern abend habe ich mit dem Vater bis gegen 9 Uhr zugebracht; wir tranken zusammen, und nichts störte unser Zusammensein. Der bewußte Name [Ulrike von Levetzow], das Wort Familie ist noch nicht genannt worden, und ich fange an zu hoffen, daß alles gut gehen und sich die ganze Geschichte wie ein Traumbild auflösen werde.

Aus der ‹Elegie› von Marienbad

Und wenn der Mensch in seiner Qual verstummt,
Gab mir ein Gott zu sagen, was ich leide.

Was soll ich nun vom Wiedersehen hoffen,
Von dieses Tages noch geschloßner Blüte?
Das Paradies, die Hölle steht dir offen;
Wie wankelsinnig regt sich's im Gemüte!
Kein Zweifeln mehr! Sie tritt ans Himmelstor,
Zu ihren Armen hebt sie dich empor.

So warst du denn im Paradies empfangen,
Als wärst du wert des ewig schönen Lebens;
Dir blieb kein Wunsch, kein Hoffen, kein Verlangen,
Hier war das Ziel des innigsten Bestrebens,
Und in dem Anschaun dieses einzig Schönen
Versiegte gleich der Quell sehnsüchtiger Tränen.

Wie regte nicht der Tag die raschen Flügel,
Schien die Minuten vor sich her zu treiben!
Der Abendkuß, ein treu verbindlich Siegel:
So wird es auch der nächsten Sonne bleiben.
Die Stunden glichen sich in zartem Wandern
Wie Schwestern zwar, doch keine ganz den andern.

Der Kuß, der letzte, grausam süß, zerschneidend
Ein herrliches Geflecht verschlungner Minnen.
Nun eilt, nun stockt der Fuß, die Schwelle meidend,
Als trieb' ein Cherub flammend ihn von hinnen;
Das Auge starrt auf düstrem Pfad verdrossen,
Es blickt zurück, die Pforte steht verschlossen.

Und nun verschlossen in sich selbst, als hätte
Dies Herz sich nie geöffnet, selige Stunden
Mit jedem Stern des Himmels um die Wette
An ihrer Seite leuchtend nicht empfunden;
Und Mißmut, Reue, Vorwurf, Sorgenschwere
Belasten's nun in schwüler Atmosphäre.
[...]

Nun bin ich fern! Der jetzigen Minute,
Was ziemt denn der? Ich wüßt' es nicht zu sagen;
Sie bietet mir zum Schönen manches Gute,
Das lastet nur, ich muß mich ihm entschlagen;
Mich treibt umher ein unbezwinglich Sehnen,
Da bleibt kein Rat als grenzenlose Tränen.
[...]

Verlaßt mich hier, getreue Weggenossen!
Laßt mich allein am Fels, in Moor und Moos;
Nur immer zu! euch ist die Welt erschlossen,
Die Erde weit, der Himmel hehr und groß;
Betrachtet, forscht, die Einzelheiten sammelt,
Naturgeheimnis werde nachgestammelt.

Mir ist das All, ich bin mir selbst verloren,
Der ich noch erst den Göttern Liebling war;
Sie prüften mich, verliehen mir Pandoren,
So reich an Gütern, reicher an Gefahr;
Sie drängten mich zum gabeseligen Munde,
Sie trennen mich, und richten mich zu Grunde.

Eckermann über ein Gespräch mit Goethe am 27. Oktober 1823

Ich muß hier in bezug auf den Inhalt dieses Gedichts einiges nachholen. Gleich nach Goethes diesmaliger Zurückkunft aus genanntem Badeort verbreitete sich hier die Sage, er habe dort die Bekanntschaft einer an Körper und Geist gleich liebenswürdigen jungen Dame gemacht und zu ihr eine leidenschaftliche Neigung gefaßt. Wenn er in der Brunnenallee ihre Stimme gehört, habe er immer rasch seinen Hut genommen und sei zu ihr hinuntergeeilt. Er habe keine Stunde versäumt, bei ihr zu sein, er habe glückliche Tage gelebt; sodann die Trennung sei ihm sehr schwer geworden, und er habe in solchem leidenschaftlichen Zustande ein überaus schönes Gedicht gemacht, das er jedoch wie eine Art Heiligtum ansehe und geheimhalte.

Eckermann über ein Gespräch am 16. November 1823

Eingedenk des Versprechens, mir seine Elegie von Marienbad zu einer passenden Stunde abermals zu zeigen, stand Goethe auf, stellte ein Licht auf seinen Schreibtisch und gab mir das Gedicht. Ich war glücklich, es abermals vor Augen zu haben. Goethe setzte sich wieder in Ruhe und überließ mich einer ungestörten Betrachtung.

Nachdem ich eine Weile gelesen, wollte ich ihm etwas darüber sagen, es kam mir aber vor, als ob er schlief. Ich benutzte daher den günstigen Augenblick und las es aber- und abermals und hatte dabei einen seltenen Genuß. Die jugendlichste Glut der Liebe, gemildert durch die sittliche Höhe des Geistes, das erschien mir im allgemeinen als des Gedichtes durchgreifender Charakter. Übrigens kam es mir vor, als seien die ausgesprochenen Gefühle stärker, als wir sie in anderen Gedichten Goethes anzutreffen gewohnt sind, und ich schloß daraus auf einen Einfluß von Byron, welches Goethe auch nicht ablehnte.

„Sie sehen das Produkt eines höchst leidenschaftlichen Zustandes“, fügte er hinzu, „als ich darin befangen war, hätte ich ihn um alles in der Welt nicht entbehren mögen, und jetzt möchte ich um keinen Preis wieder hineingeraten.

Ich schrieb das Gedicht, unmittelbar als ich von Marienbad abreiste und ich mich noch im vollen frischen Gefühle des Erlebten befand. Morgens acht Uhr auf der ersten Station schrieb ich die erste Strophe, und so dichtete ich im Wagen fort und schrieb von Station zu Station das im Gedächtnis Gefaßte nieder, so daß es abends fertig auf dem Papiere stand.“

Wilhelm von Humboldt an seine Frau

Weimar, 19. November 1823

Ich habe Dir erzählt, daß er mich neulich hatte den Paria [drei Gedichte] lesen lassen. Gestern gab er mir ein Buch des Divans, zu dem er mehreres neu hinzugedichtet hatte. Es war sehr Hübsches darunter, doch nichts, was einen bei Goethes früheren Sachen verwundern konnte. Heute gab er mir ein eigen gebundenes Gedicht, eine Elegie. Ich sah schon, daß sie sehr zierlich und sorgfältig äußerlich in Band und Papier behandelt war. Sie war ganz von seiner Hand geschrieben. Er sagte mir, es sei die einzige Abschrift, die davon existiere; er habe sie noch niemandem, ohne Ausnahme, gezeigt und werde sie noch lange nicht, vielleicht nie drucken lassen. Er habe sich aber auf meine Ankunft gefreut, weil er vorher wisse, ich werde mit ihm fühlen. Er sagte das alles in einem bewegteren und sich mehr erschließenden Ton, als ihm sonst eigen war. So fing ich an zu lesen, und ich kann mit Wahrheit sagen, daß ich nicht bloß von dieser Dichtung entzückt, sondern so erstaunt war, daß ich es kaum beschreiben kann. Es erreicht nicht bloß dies Gedicht das Schönste, was er je gemacht hat, sondern übertrifft es vielleicht, weil es die Frische der Phantasie, wie er sie nur je hatte, mit der künstlerischen Vollendung verbindet, die doch nur langer Erfahrung eigen ist. Nach zweimaligem Lesen fragte ich ihn, wann er es gemacht habe. Und als er mir sagte: „Vor nicht gar langer Zeit“, war es mir klar, daß es die Frucht seines Marienbader Umganges war. Die Elegie behandelt nichts als die alltäglichen und tausendmal besungenen Gefühle der Nähe der Geliebten und des Schmerzes des Scheidens, aber in einer so auf Goethe passenden Eigentümlichkeit, in einer so hohen, so zarten, so wahrhaft ätherischen und wieder so leidenschaftlich rührenden Weise, daß man schwer dafür Worte findet [...]

Es ist mir sehr klar geworden, daß Goethe noch sehr mit den Marienbader Bildern beschäftigt ist, allein mehr, wie ich ihn kenne, mit der Stimmung, die dadurch in ihm aufgegangen ist, und mit der Poesie, mit der er sie umsponnen hat, als mit dem Gegenstand selbst. Was man also vom Heiraten und selbst von Verliebtheit sagt, ist teils ganz falsch, teils auf die rechte Weise zu verstehen. Nur glaube ich doch, daß die Einförmigkeit, vielleicht sogar die geringe Erfreulichkeit des Familienkreises ihm, nach der lebendigeren Regung in Böhmen, nicht wohltut und daß ihm dies Gefühl mehr lastet, weil seine Krankheit ihm den gewohnten Trost beständiger Beschäftigung raubt. [...]

Wilhelm von Humboldt an seine Frau

Schulpforta, 25. November 1823

In Weimar habe ich bei meiner Rückkunft aus Rudolstadt nur Karolinen [von Wolzogen] und Goethe gesehen. Mit Goethe war es ungefähr, wie ich ihn verlassen hatte. Er muß immer die Nächte auf dem Stuhl bleiben, ist daher matt, hat keinen Appetit und hustet noch viel. Einige Besserung aber fand ich darin, daß er wenigstens auf dem Stuhl die Nächte geschlafen und nur abends und morgens gehustet hatte, daß er auf die Blutegel Erleichterung im Unterleib verspürte, daß er wenigstens die „Tausendundeine Nacht" las und weniger Bier trank, wie mir auch sein Bedienter mit Freuden erzählte, der dies Unwesen auch mit Bedauern sah. Auf diese Weise ließe sich wohl Besserung hoffen.

Ich kann nicht leugnen, daß ich mit wahrer Wehmut von ihm geschieden bin. Ich habe seine noch immer sehr schöne Stirn, die so das Bild seines freien, weiten, unbegrenzten Geistes entfaltet, mehrere Male, da er eben saß und ich ihn nicht aufstehen lassen wollte, geküßt, und ich zweifle, daß ich ihn je wiedersehe. Es geht unendlich viel mit ihm dahin, meinem Glauben nach mehr, als je wieder in deutscher Sprache aufstehen wird.

Mir hat er in diesen Tagen, wie zerstreut und durch seine Krankheit gestört unser Umgang war, viel Freundschaft und wahres altes Vertrauen bezeigt. Und wohltätig ist gewiß mein Wiedersehen, mein Eingehen in die Sachen, die er mir wies, meine große Freude an der, die ihm die liebste ist, auch gewesen. Ich möchte es für vieles nicht hingeben, die Reise gemacht zu haben.

Goethe an Zelter

9. Januar 1824

Um mich über die Zustände von 1802 aufzuklären durchsuchte ich meine Briefhefte jener Tage, und da fand ich von Dir gar schöne, gute, freundlich-gründliche Worte, die sich denn immer noch bis auf die letzte Zeit bewähren. Und so mochte denn auch die Prüfung der bedenklichen Wochen, die wir zusammen zugebracht [im November 1823], dem vieljährigen Gewebe noch einige tüchtige Spannen zufügen! Freud und Leid haben wir in diesen zwanzig Jahren einzeln und zusammen genugsam erlebt und erfahren und so war mir denn auch Deine liebe Gegenwart in meinem peinlichen Zustand abermals höchst erquickend; ich fühlte es und weiß es, und es freut mich daß die andern es auch anerkennen, die niemals recht begreifen was ein Mensch dem andern sein kann und ist.

Daß Du mir die Mitteilung [die mehrfache Lesung] des Gedichtes [Elegie] durch innige Teilnahme so treulich wiedergabst war eigentlich nur eine Wiederholung dessen was Du durch Deine Kompositionen mir so lange her verleihest; aber es war doch eigen daß Du lesen und wieder lesen mochtest, mir durch Dein gefühlvolles sanftes Organ mehrmals vernehmen ließest was mir in einem Grade lieb ist den ich mir selbst nicht gestehen mag, und was mir denn doch jetzt noch mehr angehört da ich fühle daß Du Dir's eigen gemacht hast. Ich darf es nicht aus Händen geben, aber lebten wir zusammen so müßtest Du mir's so lange vorlesen und vorsingen bis Du's auswendig könntest.

Goethe an Zelter

Weimar, 6. Juni 1825

[...] Ich kann nicht schließen ohne jener überfüllten Musik [Spontinis Zauberoper Alcidor] nochmals zu gedenken; alles aber, mein Teuerster, ist jetzt ultra, alles transzendiert unaufhaltsam, im Denken wie im Tun. Niemand kennt sich mehr, niemand begreift das Element worin er schwebt und wirkt, niemand den Stoff den er bearbeitet. Von reiner Einfalt kann die Rede nicht sein; einfältiges Zeug gibt es genug.

Junge Leute werden viel zu früh aufgeregt und dann im Zeitstrudel fortgerissen; Reichtum und Schnelligkeit ist was die Welt bewundert und wornach jeder strebt; Eisenbahnen, Schnellposten, Dampfschiffe und alle mögliche Fazilitäten der Kommunikation sind es worauf die gebildete Welt ausgeht, sich zu überbieten, zu überbilden und dadurch in der Mittelmäßigkeit zu verharren. Und das ist ja auch das Resultat der Allgemeinheit, daß eine mittlere Kultur gemein werde, dahin streben die Bibelgesellschaften, die Lancasterische Lehrmethode, und was nicht alles.

Eigentlich ist es das Jahrhundert für die fähigen Köpfe, für leichtfassende praktische Menschen, die, mit einer gewissen Gewandtheit ausgestattet, ihre Superiorität über die Menge fühlen, wenn sie gleich selbst nicht zum Höchsten begabt sind. Laß uns soviel als möglich an der Gesinnung halten in der wir herankamen, wir werden, mit vielleicht noch wenigen, die Letzten sein einer Epoche die sobald nicht wiederkehrt.

Und so allem Guten und Echten empfohlen!
treu beharrlich
Goethe

An Zelter

21. Januar 1826

Von einigen Werken bildender Kunst, die mir zunächst ins Haus gekommen sind und auf deren Wert ich mich im Augenblick stütze, fühl ich mich gedrungen folgendes zu vermelden. In Rom wohnte ich im Corso, dem Grafen Rondanini gegenüber; dieser besaß, nebst andern herrlichen Kunstwerken, das Angesicht, die Maske einer Meduse, überlebensgroß, aus weißem Marmor, von merkwürdiger Vortrefflichkeit. Wir Künstler und Kunstgenossen besuchten sie oft, ja ich hatte sogar einen guten Abguß derselben auf meinem Saale stehen. Diesen Anblick, der keineswegs versteinerte sondern den Kunstsinn höchlich und herrlich belebte, entbehrte ich nun seit vierzig Jahren, wie so manches andere Große und Schöne. Endlich vernehme daß sie mir so viel näher, daß sie nach München gerückt sei, und wage den kühnen Wunsch einen Abguß davon zu besitzen. Dieser ist nicht zu gewähren, aber ein trefflich erhaltener Abguß, auf Ihro des Kronprinzen Hoheit Befehl von Rom verschrieben, wird mir nun durch die Gunst Ihro Majestät des Königs.

Da es verpönt ist hierüber Worte zu machen sage nur soviel: daß ich durch diese sehnlich gehoffte Gegenwart über die Maßen glücklich hin und nur wünschte daß uns beiden verliehen wäre sie zusammen [zu] betrachten.

Doch erneut sie mir von einer Seite ein schmerzlich Gefühl, denn ich muß mir dabei wiederholen: jener Zeit, da ich den Wert solcher Schätze nicht genugsam einsah, standen sie mir vor Augen; jetzt, da ich sie auf einen gewissen Grad zu würdigen verstehe, bin ich getrennt von ihnen durch weite Klüfte.

Vom Großherzog Carl August

Sehr wertgeschätzter Herr Geheimer Rat und Staatsminister!

Gewiß betrachte Ich mit allem Rechte den Tag, wo Sie, Meiner Einladung folgend in Weimar eintrafen, als den Tag des wirklichen Eintritts in Meinen Dienst, da Sie von jenem Zeitpunkte an nicht aufgehört haben, Mir die erfreulichsten Beweise der treuesten Anhänglichkeit und Freundschaft durch Widmung Ihrer seltenen Talente zu geben. Die fünfzigste Wiederkehr dieses Tages erkenne ich sonach mit dem lebhaftesten Vergnügen als das Dienstjubelfest Meines ersten Staatsdieners, des Jugendfreundes, der mit unveränderter Treue, Neigung und Beständigkeit Mich bisher in allen Wechselfällen des Lebens begleitet hat, dessen umsichtigem Rat, dessen lebendiger Teilnahme und Stets wohlgefälligen Dienstleistungen Ich den glücklichen Erfolg der wichtigsten Unternehmungen verdanke und den für immer gewonnen zu haben, Ich als eine der höchsten Zierden Meiner Regierung achte. Des heutigen Jubelfestes frohe Veranlassung gerne benutzend, um Ihnen diese Gesinnung auszudrücken, bitte ich der Unveränderlichkeit derselben sich überzeugt zu halten.

Weimar, den 7. November 1825 Carl August.

Bericht des Kanzlers Friedrich von Müller

Das Zusammentreffen des Großherzogs an seinem Jubiläumstage mit Goethe war der Moment, der den Gefeierten sichtbar am meisten erschütterte. Mit beiden Händen hatte der Großherzog Goethes Hände ergriffen, der vor Rührung nicht zu Worte kommen konnte und endlich nur sagte: „Bis zum letzten Hauch beisammen!" Der Großherzog zeigte bald wieder Fassung, und ich hörte: „O achtzehn Jahr und [die frühen Jahre in] Ilmenau!"

An Zelter

Weimar, den 24. Januar 1828

[...] Ich habe mich die Zeit ganz leidlich gehalten und meine Stunden zu allerlei guten und bedeutenden Zwecken verwenden können. Drei bis vier Szenen des zweiten Teils von Faust sind nach Augsburg abgegangen; möchtet ihr, wenn sie gedruckt erscheinen, in den Strömungen des Lebens diesen Darstellungen einige Augenblicke widmen können! [...]

unwandelbar G.

Carl August von Sachsen-Weimar starb Ende Juni 1828 in Graditz bei Torgau, Goethe zog sich für einige Monate nach Dornburg zurück

An Zelter

Dornburg, den 10. Juli 1828

Bei dem schmerzlichsten Zustand des Innern mußte ich wenigstens meine äußern Sinne schonen und ich begab mich nach Dornburg, um jenen düstern Funktionen zu entgehen, wodurch man, wie billig und schicklich, der Menge symbolisch darstellt was sie im Augenblick verloren hat und wie sie diesmal gewiß auch in jedem Sinne mitempfindet.

Ich weiß nicht ob Dornburg Dir bekannt ist; es ist ein Städtchen auf der Höhe im Saaltale unter Jena, vor welchem eine Reihe von Schlössern und Schlößchen gerade am Absturz des Kalkflözgebirges zu den verschiedensten Zeiten erbaut ist; anmutige Gärten ziehen sich an Lusthäusern her; ich bewohne das alte neuaufgeputzte Schlößchen am südlichsten Ende. Die Aussicht ist herrlich und fröhlich, die Blumen blühen in den wohlunterhaltenen Gärten, die Traubengeländer sind reichlich behangen, und unter meinem Fenster seh ich einen wohlgediehenen Weinberg, den der Verblichene auf dem ödesten Abhang noch vor drei Jahren anlegen ließ und an dessen Ergrünung er sich die letzten Pfingsttage noch zu erfreuen die Lust hatte. Von den andern Seiten sind die Rosenlauben bis zum Feenhaften geschmückt und die Malven und was nicht alles blühend und bunt, und mir erscheint das alles in erhöhteren Farben wie der Regenbogen auf schwarzgrauem Grunde.

Seit funfzig Jahren hab ich an dieser Stätte mich mehrmals mit ihm des Lebens gefreut und ich könnte diesmal an keinem Orte verweilen, wo seine Tätigkeit auffallender anmutig vor die Sinne tritt. Das Ältere erhalten und aufgeschmückt, das Neuerworbene (eben das Schlößchen, das ich bewohne, ehemals ein Privat-Eigentum) mäßig und schicklich eingerichtet, durch anmutige Berggänge und Terrassen mit den frühern Schloßgärten verbunden, für eine zahlreiche Hofhaltung, wenn sie keine übertriebene Forderungen macht, geräumig und genügend, und was der Gärtner ohne Pedanterie und Ängstlichkeit zu leisten verpflichtet ist, alles vollkommen, Anlage wie Flor. [...]

Karl August Christian Sckell, der Schloßkastellan in seinem Bericht ‹Goethe in Dornburg›

Da brachte uns der Sommer des Jahres 1828 die Trauerkunde des Todes unseres innigst geliebten Fürsten [...] Die Nachricht berührte Goethe ganz besonders schmerzlich. Im Anfang des Julius erhielt ich eine Verordnung des großherzoglichen Hofmarschallamts zu Weimar, welche mir aufgab, die damals sogenannte Bergstube in dem sonst Stohmannschen Schlößchen einrichten zu lassen, da der Großherzog Carl Friedrich gestattet hatte, daß Goethe einige Zeit hier wohne. Goethe suchte Linderung für seinen Schmerz in der freien Natur [...] Abends zwischen 7 und 8 kam Goethe an. Ich empfing und geleitete ihn auf sein Zimmer. Als ich mit ihm zu sprechen begann, konnte ich mich der Tränen nicht enthalten. „Ja, Sie weinen“, sprach er zu mir. „Ich weiß, warum Sie weinen; Sie haben auch viel an unserem guten Großherzog Carl August verloren; aber geben Sie sich zufrieden, denn auch unser jetziger Großherzog Carl Friedrich ist ein liebenswürdiger, guter Fürst, und wird Sie auch gewiß nicht verlassen.“ Bei diesen Worten konnte aber auch Goethe die Tränen nicht zurückhalten. Er teilte mir dann mit, daß in Weimar seines Bleibens nicht mehr gewesen sei, und daß es ihm auch in Jena, wohin er gegangen, nicht behagt habe. Da er nun früher von dem verstorbenen Großherzoge Carl August wiederholt aufgefordert worden sei und ihn auch jetzt die verwitwete Großherzogin Louise veranlaßt habe, seinen zeitweiligen Aufenthalt in Dornburg zu nehmen, so habe er von dem erneuerten Anerbieten Gebrauch gemacht.

Dornburg, September 1828

Früh, wenn Tal, Gebirg und Garten
Nebelschleiern sich enthüllen,
Und dem sehnlichsten Erwarten
Blumenkelche bunt sich füllen,

Wenn der Äther, Wolken tragend,
Mit dem klaren Tage streitet,
Und ein Ostwind, sie verjagend,
Blaue Sonnenbahn bereitet,

Dankst du dann, am Blick dich weidend,
Reiner Brust der Großen, Holden,
Wird die Sonne, rötlich scheidend,
Rings den Horizont vergolden.

12. Kosmos und Weltspiel
1828–1832

Und nun dring ich aller Orten
Leichter durch die ewigen Kreise,
Die durchdrungen sind vom Worte
Gottes rein-lebendiger Weise.
Ungehemmt mit heißem Triebe
Läßt sich da kein Ende finden,
Bis im Anschaun ewiger Liebe
Wir verschweben, wir verschwinden.
Höheres und Höchstes (Westöstlicher Divan)

Im Januar 1828 schreibt er an den Freund Carl Friedrich Reinhard, daß er in seinen „Klostergarten schauend, [...] wichtige Ereignisse nur als phantasmagorische Wolken über mir vorbeiziehen sehe", eine Existenz, die nur noch über das allein Bedeutende, das „noch zu Leistende" gebeugt ist. Schon im April 1818 (der Alte hatte, wie zuvor schon häufig, sich nach Dornburg zurückgezogen), schickt er Besucher mit den Sätzen nachhause: „Laßt mich, Kinder, einsam zu meinen Steinen dort unten eilen, denn nach solchem Gespräch ziemt es dem alten Merlin, sich mit den Urelementen wieder zu befreunden."

Das Verschwinden aus der Welt – für die Anderen – wird nur für ihn selbst von den Zeichen des Endes und von Ahnungen begleitet, die allein ihm verständlich sind.

Von seinem 1803 entstandenen Gedicht *Weltseele* wird der Vierundfünfzigjährige Zelter erklären, „ein reicher jugendlicher [!] Mut" habe an der Entstehung dieses Poems mitgewirkt, der „sich noch mit dem Universum identifizierte". Das war mitnichten eine ‚falsche' Erinnerung. Die Dichtung zeichnet Denkfiguren des im Jahre 1600 auf dem Scheiterhaufen hingerichteten Giordano Bruno mit, dessen Schriften ihn schon in den Straßburger Tagen gefesselt hatten, wie eine Notiz in den *Ephemerides* bezeugt. Denkt man sich den 1781 geäußerten Plan vom *Roman über das Weltall* dazu und die Schlußszene des zweiten *Faust*, so scheint sich hier ein Zirkel zu schließen. Er hat Giordano Bruno, auf dessen kopernikanische Position die Kirche mit inquisitorischer Wut reagierte, im ersten Teil des *Faust* ein kleines Denkmal gesetzt: „Die wenigen, die was davon erkannt [...] hat man von je gekreuzigt und verbrannt.“ *(V.588–93)*

Als man ihm im November 1830 die Nachricht vom Tod seines Sohnes in Rom überbringt, erklärt er – kryptisch –: „Ich wußte, daß ich von einem Sterbenden Abschied genommen habe.“ Was in diesem Satz nachhallt, bleibt verborgen, mag es der Ambivalenzkonflikt mit seinem Vater gewesen sein, der erst mit der eigenen Italien-Erfahrung endete, mag es die Spiegelung seiner Ablösung vom Elternhaus gewesen sein: das träfe nur die Oberfläche, nicht die Abgründe dieses dunklen Konflikts. August von Goethe konnte die Ich-Findung des Vaters nicht gelingen, auf fast selbstmörderische Art blieb er in Liebe und Abweisung an ihn gefesselt: es gab vor ihm „keine Geheimnisse“, wie er selbst einmal, fast verzweifelt, bekannt hatte. Aber in einem hinterlassenen Gedicht fand man auch die Zeilen: „Ich will nicht mehr am Gängelbande | Wie sonst geleitet seyn | Und lieber an des Abgrunds Rande | Von jeder Fessel mich befrein.“ Der Sohn Charlotte Kestners, hannöverscher Resident in Rom, faßt in einem Bericht über den Tod Augusts alles zusammen, was einer Suicid-These laut widerspricht; aber es gibt auch ein Lebensenden, das den Tod über den Weg einer Krankheit herbeibefiehlt. Der Alte mochte das wissen. Er selbst hatte es 1808 in den *Wahlverwandtschaften* mit dem Tod Ottilies vorausgeschrieben im Gedanken an den *feinsten Selbstmord*, von dem in Herders *Titon und Aurora* die Rede gewesen war.

In den vierzehn Monaten, die dem über Achtzigjährigen noch bleiben, vollendet er *Dichtung und Wahrheit* und schließt das Werk ab, das ihn fast sechzig Jahre lang – sehr zielsicher – begleitet hat. Wer ihn da „trieb“ (Schiller) oder wünschte, daß der *Faust* „endlich zur Ruhe gebracht“ sei (Zelter), begriff das Eine nicht: das end- und lebensgültige Beisichselbstsein, das *Eigene* war erst möglich, als der Tod sich nicht mehr bannen ließ wie der von Jüterbog im Birnenbaum, der sich selbst verschlang. Wohl nur aufmerksamen Zeitgenossen ist nicht entgangen, daß im zweiten Teil des *Faust* die Unsterblichkeit beschworen wurde. Und nur Weniges vom Ganzen wird vor seinem Tode bekannt; allein Eckermann und der Schwiegertochter Ottilie trägt er, im Januar 1832, das Ganze vor, ehe er es, endgültig eingesiegelt, seinen ratlosen „lieben Deutschen“

hinterläßt, die es, so vernagelt wie er sie stets eingeschätzt hat, alsbald zu ihrem *Grundbuch* erklärten.

Ein Buch mit sieben Siegeln – in *tausend Formen* sich brechend, in *wiederholten Spiegelungen* irisierend – ist es im Grunde geblieben, bis heute. Was darin in die Apokalypse gehört, wußte er selbst, Äußerungen in scheinbar anderem Zusammenhang verweisen darauf. Wenn er dort von einer *neuen Schöpfung* gesprochen hat, so mochte er den „im Innern längst entworfenen" Schluß seines Werkes auch vor Augen haben. Albrecht Schöne hat diesen Schluß eindrucksvoll und einleuchtend mit der großartigen These des Kirchenvaters (und Ketzers) Origenes von der *Apokatastasis panton* gedeutet: sie spricht von der versöhnenden „Wiederbringung aller Wesen" – all dessen „was einmal von Gott ausgegangen, aber von ihm abgefallen und verloren gegangen ist – die Teufel nicht ausgenommen" (Schöne). Es mag sein, daß da auch noch eine sehr ferngerückte Leseerfahrung mitsprach, nämlich die einer Szene aus Klopstocks *Messias.* „Denn endlich", so hatte es darüber in *Dichtung und Wahrheit* geheißen, „nach trüben und schrecklichen Stunden, wird der ewige Richter sein Antlitz entwölken, seinen Sohn und Mitgott wieder anerkennen, und dieser wird ihm dagegen die abgewendeten Menschen, ja sogar seinen abgefallenen Geist wieder zuführen." Verbindlich aber bleibt am Ende nur eines: nach eigenem Bekunden, Eckermann gegenüber (am 6. Juni 1831), hat er die christliche Konnotation dieses Endes „nur benutzt", um dem wahrhaft *Unbeschreiblichen*, das da vor Augen tritt, wenigstens im Wort „eine beschränkende Form und Festigkeit" zu geben.

Knüpft alles an die tiefen Einsichten über die Natur, ihre geheimen Ordnungen, ans Elementare an, was ihm seit den frühen Tagen faßlich geworden war, spiegelt und bricht sich das Eine im Andern, auch die Menschenwelt und ihre Geschichte in Erinnerung, Zitat, Allusion, in mythischen Bildern, in vielfältigen Verhüllungen und Maskenspielen, so wird auch all das, was er forschend der Nachwelt hinterließ, dieser Dichtung eingeschrieben, von der *Farbenlehre* bis zur Wolken- und *Witterungskunde*, von den Metamorphosen bis in die früherinnerte Pansophie und Alchemie – durchzogen von „vielen Ungewißheitssignalen und Zweifelszeichen", auch in „vereinzelten eschatologischen Konnotationen", die „die *Faust*-Dichtung geradezu als Endzeitspiel erscheinen lassen können" (Albrecht

Schöne). War in der Prolog-Szene des ersten Teiles die Figur des Hiob erschienen, so entschwindet am Ende des Weltspiels *Faustens Unsterbliches* auf seiner Fahrt in erdenferne *Äonen. Hier ist es getan:* War es hier endlich vollendet, der Kreis geschlagen, vielleicht vom *Roman über das Weltall* ausgehend, sich schließend in den kosmischen Räumen?

Es sei „jetzt im Grunde ganz einerlei, ob und was ich noch etwa tue" nachdem Das vollendet sei, hatte er erklärt. Doch hat er, wie um das FINIS aufzuheben (das einzige, das er je unter ein Werk gesetzt hat), noch Zeichen auf die Decke geschrieben, in die er eingehüllt war auf dem Sessel neben seinem Bett, kurz vor der Mittagsstunde am 22. März 1832.

*

Weltseele

Verteilet euch nach allen Regionen
Von diesem heil'gen Schmaus!
Begeistert reißt euch durch die nächsten Zonen
Ins All und füllt es aus!

Schon schwebet ihr in ungemeßnen Fernen
Den sel'gen Göttertraum,
Und leuchtet neu, gesellig, unter Sternen
Im lichtbesäten Raum.

Dann treibt ihr euch, gewaltige Kometen,
Ins Weit' und Weitr' hinan.
Das Labyrinth der Sonnen und Planeten
Durchschneidet eure Bahn.

Ihr greifet rasch nach ungeformten Erden
Und wirket schöpf'risch jung,
Daß sie belebt und stets belebter werden
Im abgemeßnen Schwung.

Und kreisend führt ihr in bewegten Lüften
Den wandelbaren Flor,
Und schreibt dem Stein in allen seinen Grüften
Die festen Formen vor.

Nun alles sich mit göttlichem Erkühnen
Zu übertreffen strebt;

Das Wasser will, das unfruchtbare, grünen,
Und jedes Stäubchen lebt.

Und so verdrängt mit liebevollem Streiten
Der feuchten Qualme Nacht;
Nun glühen schon des Paradieses Weiten
In überbunter Pracht.

Wie regt sich bald, ein holdes Licht zu schauen,
Gestaltenreiche Schar,
Und ihr erstaunt auf den beglückten Auen
Nun als das erste Paar.

Und bald verlischt ein unbegrenztes Streben
Im sel'gen Wechselblick.
Und so empfangt mit Dank das schönste Leben
Vom All ins All zurück.
(1803)

An Wilhelm von Humboldt

Weimar, 22. Oktober 1826

Brief und Sendung, verehrtester Freund gaben mir ein höchst erwünschtes Zeichen fortdauernden Andenkens und freundlicher Teilnahme. Möchte ich nur auch von Ihrem Wohlbefinden gleichermaßen versichert sein; ich für meine Person habe mich nicht zu beklagen: ein Schiff, das nicht mehr die hohe See hält, ist zu einem Küstenfahrer vielleicht immer noch nütze.

Ich habe den ganzen Sommer zu Hause zugebracht und ungestört an der Ausgabe meiner Werke fortgearbeitet. Erinnern Sie sich wohl noch, mein Teuerster, einer dramatischen Helena, die im zweiten Teil von Faust erscheinen sollte? Aus Schillers Briefen vom Anfang des Jahrhunderts sehe ich, daß ich ihm den Anfang vorzeigte, auch, daß er mich zur Fortsetzung treulich ermahnte. Es ist eine meiner ältesten Konzeptionen, sie ruht auf der Puppenspiel-Überlieferung, daß Faust den Mephistopheles genötigt, ihm die Helena zum Beilager heranzuschaffen. Ich habe von Zeit zu Zeit daran fortgearbeitet, aber abgeschlossen konnte das Stück nicht werden als in der Fülle der Zeiten, da es denn jetzt seine volle 3000 Jahre spielt, von Trojas Untergang bis zur Einnahme von Missolunghi. Dies kann man also auch für eine Zeiteinheit rechnen, im höheren

Sinne; die Einheit des Orts und der Handlung sind aber auch im gewöhnlichen Sinn aufs genauste beobachtet. Es tritt auf unter dem Titel:

Helena
klassisch-romantische
Phantasmagorie
Zwischenspiel zu Faust

Das heißt denn freilich wenig gesagt, und doch genug, hoff ich, um Ihre Aufmerksamkeit auf die erste Lieferung lebhafter zu richten, die ich von meinen Arbeiten zu Ostern darzubieten gedenke.

Wilhelm von Humboldt an seine Frau

Weimar, 26. Dezember 1826

Mit Goethe habe ich nun seine „Helena" ganz durchgelesen. Er selbst hat sie mir von einem Ende zum anderen vorgelesen. Leider aber hat seine Stimme doch durch das Alter sehr verloren, so daß es ihr manchmal selbst an Deutlichkeit fehlt.

Die „Helena" macht eine Episode im „Faust". Sie ist aber so abgeschlossen für sich, daß sie jetzt allein gedruckt werden wird. Sie beruht auf der Legende, daß Faust die Helena verlangte, der Teufel sie ihm herbeischaffte und beide einen Sohn miteinander zeugten. Das ganze Stück, das Goethe selbst eine Phantasmagorie betitelt, spielt also mit Gespenstern, geistigen und traumhaften Gebilden, und so, als eine Traumgestalt, muß man es betrachten, um es richtig zu beurteilen. In den ersten Szenen sieht man ihm das aber nicht an. Vielmehr ist es da wie ein wirkliches Drama mit leibhaften Figuren, ungefähr wie die Gespenstergeschichten, die man hat, wo Leute glauben, mit Menschen zu sprechen, und dann Gespenster sehen. Das Hauptmoyen im ganzen Stück ist wieder Mephistopheles, der aber in der Gestalt eines weiblichen fabelhaften antiken Ungeheuers, der Phorkyas, die als von Menelaos zurückgelassene Schafferin auftritt, spielt. Nur nach dem Stück legt er die Maske ab und erscheint, aber ohne mehr zu sprechen, als Mephistopheles.

Eckermann über ein Gespräch am 21. März 1830

„Der Begriff von klassischer und romantischer Poesie, der jetzt über die ganze Welt geht und so viel Streit und Spaltungen verursacht", fuhr Goethe fort, „ist ursprünglich von mir und Schiller ausgegangen. Ich hatte in der Poesie die Maxime des objektiven Verfahrens und wollte nur dieses gelten lassen. Schiller aber, der ganz subjektiv wirkte, hielt seine Art für die rechte, und um sich gegen mich zu wehren, schrieb er den Aufsatz über naive und sentimentale [sentimentalische] Dichtung. Er bewies mir, daß ich selber wider Willen romantisch sei und meine Iphigenie, durch das Vorwalten der Empfindung keineswegs so klassisch und im antiken Sinne sei, als man vielleicht glauben möchte. Die Schlegel ergriffen die Idee und trieben sie weiter, so daß sie sich denn jetzt über die ganze Welt ausgedehnt hat und nun jedermann von Klassizismus und Romantizismus redet, woran vor funfzig Jahren niemand dachte.

Eckermann an seine Braut Johanne Bertram

Weimar, 2. März 1827

Du hast recht, meine Arbeit sind die bewußten Konversationen [*Gespräche mit Goethe in den letzten Jahren seines Lebens*], worin ich fortgehe und die immer bedeutender werden. Es soll dieses Werk einst in der deutschen Literatur keine geringe Stelle einnehmen; auch hoffe ich dadurch den Grund. meines bürgerlichen Glückes zu legen. An Vollendung und Abschluß ist aber vorderhand nicht zu denken, weil der Stoff täglich wächst und auch der Zeitpunkt ihrer Publikation noch nicht gekommen ist [...] Der berühmteste Buchhändler in London, nämlich Mr. Murray, möchte gerne eine englische Übersetzung meiner Konversationen in Verlag nehmen [...] Auch nach Paris hin werde ich sodann eine Abschrift des Manuskripts verkaufen, in Deutschland aber die Ausgabe auf Subskription machen lassen.

Goethe an Zelter

24. Mai 1827

Kund und zu wissen sei hiermit dem teuersten Freunde, daß ich Sonnabend den 12. Mai ganz unschuldigerweise in meinen untern Garten fuhr, ohne auch nur irgendeinen Gedanken als daselbst eine freundliche Stunde zu verweilen. Nun gefiel es mir aber daselbst so wohl, die Frühlingsumgebung war so unvergleichlich, daß ich blieb ohne bleiben zu wollen und heute am Himmelfahrtsfeste mich noch hier befinde, diese Tage her immer tätig und ich hoffe andern wie mir erfreulich. Der zweite Teil der *Wanderjahre* ist abgeschlossen; nur weniger Binsen bedarf es um den Straußkranz völlig zusammenzuheften, und das täte am Ende auch jeder gute Geist, das Einzelne auf- und anfassend, und vielleicht besser.

Nun aber soll das Bekenntnis im stillen zu Dir gelangen, daß ich, durch guter Geister fördernde Teilnahme, mich wieder an *Faust* begeben habe, und zwar gerade dahin, wo er, aus der antiken Wolke sich niederlassend, wieder seinem bösen Genius begegnet. Sage das niemanden; dies aber vertrau ich Dir, daß ich von diesem Punkt an weiter fortzuschreiten und die Lücke auszufüllen gedenke zwischen dem völligen Schluß, der schon längst fertig ist. Dies alles sei Dir aufbewahrt und vor allem in Manuskript aus Deinem Munde meinem Ohr gegönnt.

Eckermann an seine Braut Johanne Bertram

20. März 1830

Es ist in diesen Tagen so gut wie entschieden, daß ich mit Herrn [August] von Goethe in einigen Wochen nach Italien gehe [...]

Meine Gedichte in bezug auf den König von Bayern sind seit acht Tagen fertig. Goethe hat mich sehr gelobt. Er sagte, ich hätte die Kühnheit von Lord Byron und das Ruhige von ihm, welches freilich zwei große Eigenschaften sind. Er läßt sie jetzt abschreiben und wird sie in diesen Tagen fortschicken. Der König geht auch nach Italien, und wir sehen ihn vielleicht auf der Insel Capri, wo wir denn wahrscheinlich freundlich aufgenommen werden. [...]

Goethe hat das nötige Geld für uns bewilligt. Auch werden wir überall in den großen Städten von Gesandten, Künstlern und Gelehrten gut aufgenommen werden, und man wird Goethes Sohn die Ehre und Liebe erweisen, die man gerne dem Vater antun möchte. Ich werde viel sehen, viel beobachten, viel lernen und sicherlich bedeutender zurückkommen, als ich hingehe. Auch werde ich dadurch in den Augen der Welt gewinnen.

Notiz von Johann Peter Eckermann

Mittwoch, den 21. April 1830

Ich nahm heute Abschied von Goethe, indem die Abreise nach Italien mit seinem Sohn, dem Kammerherrn, auf morgen früh bestimmt war. Wir sprachen manches auf die Reise Bezügliche durch, besonders empfahl er mir, gut zu beobachten und ihm dann und wann zu schreiben.

Ich fühlte eine gewisse Rührung, Goethe zu verlassen; doch tröstete mich der Anblick seiner festen Gesundheit und die Zuversicht, ihn glücklich wiederzusehen.

Als ich ging, schenkte er mir ein Stammbuch, worin er sich mit folgenden Worten eingeschrieben:

Es geht vorüber, eh ich's gewahr werde,
Und verwandelt sich, eh ich's merke.
Hiob
Den Reisenden
Weimar,
den 21. April 1830

An Zelter

am 19. März 1827

[...] Mir erscheint der zunächst mich berührende Personenkreis wie ein Konvolut sibyllinischer Blätter, deren eins nach dem andern, von Lebensflammen aufgezehrt, in der Luft zerstiebt und dabei den überbleibenden von Augenblick zu Augenblick höhern Wert verleiht. Wirken wir fort bis wir, vor- oder nacheinander, vom Weltgeist berufen in den Äther zurückkehren! Möge dann der ewig Lebendige uns neue Tätigkeiten, denen analog in welchen wir uns schon erprobt, nicht versagen! Fügt er sodann Erinnerung und Nachgefühl des Rechten Guten was wir hier schon gewollt und geleistet, väterlich hinzu, so würden wir gewiß nur desto rascher in die Kämme des Weltgetriebes eingreifen.

Die entelechische [sich im Stoff realisierende] Monade muß sich nur in rastloser Tätigkeit erhalten; wird ihr diese zur andern Natur, so kann es ihr in Ewigkeit nicht an Beschäftigung fehlen. Verzeih diese abstrusen Ausdrücke! man hat sich aber von jeher in solche Regionen verloren, in solchen Sprecharten sich mitzuteilen versucht, da wo die Vernunft nicht hinreichte und wo man doch die Unvernunft nicht wollte walten lassen.

An Zelter

Weimar, 2. Januar 1829

[...] Überhaupt muß ich nun versuchen, Tag für Tag, Stunde für Stunde zu sehn, was noch zu leisten ist, um das Gegründete rein aufzurichten und praktisch zu befestigen. Es gibt sehr vorzügliche junge Leute, aber die Hansnarren wollen alle von vornen anfangen und unabhängig, selbständig, original, eigenmächtig, uneingreifend, gerade vor sich hin, und wie man die Torheiten alle nennen möchte, wirken und dem Unerreichbaren genugtun. Ich sehe diesem Gange seit 1789 zu und weiß, was hätte geschehen können, wenn irgendeiner rein eingegriffen und nicht jeder ein Peculium für sich vorbehalten hätte. Mir ziemt jetzt 1829 über das Vorliegende klar zu werden, es vielleicht auszusprechen; und wenn mir das auch gelingt, wird's doch nichts helfen, denn das Wahre ist einfach und gibt wenig zu tun, das Falsche gibt Gelegenheit, Zeit und Kräfte zu zersplittern. [...]

unwandelbar
Goethe

Goethe an seinen Sohn August

Weimar, 29. Juni 1830

[...] Nach Deinem Brieflein gingst Du von Venedig über Florenz und Genua nach Mailand zurück; nach meiner Einsicht kannst Du nun entweder schneller oder durch einen andern Weg nach Rom gelangen. Aus der Ferne ist gar nicht zu raten. Die Hauptsache bleibt, daß Du von fremden Gegenständen und von fremden Menschen berührt werdest. Überlege daher mit Dir selbst und den werten Freunden Mylius das Vorteilhafteste. Begib Dich zu denen Orten, die Du noch nicht gesehen hast, an denen die Du sahst halte Nachlese, wozu jeder Ort die größten Reichtümer beut.

Ob Du nunmehr bei Deiner südlichen Tour über Lodi, Piacenza, Parma, Reggio, Bologna, Ravenna ans adriatische Meer gehen magst, von Rimini an demselben her, auf Loreto und dann auf Rom Dich wendest, das ist Deine Sache welches Du bedenken und nach Einsicht verständig wie bisher ausführen wirst. Du mußt Dir immer sagen: Deine Absicht sei, eine große Welt in Dich aufzunehmen und jede in Dir verknüpfte Beschränktheit aufzulösen. Überzeuge Dich nur daß es, in diesem Sinne, keineswegs von Bedeutung sei, wenn Du auch ein paar Achatkugeln aus dem belobten Rosenkranze vermissen solltest. Du kannst daher das Myliusische Haus in meinem Namen versichern: daß ich allen und jeden Kredit, den sie Dir zugestehen, honorieren und ihre hierauf zu stellenden Anweisungen ungesäumt bezahlen werde.

Eckermann an Goethe

Ich habe Ihnen diesmal so viel mitzuteilen, daß ich nicht weiß, wo ich anfangen und wo ich endigen soll.

Eure Exzellenz haben oft im Scherz gesagt, daß das Fortreisen eine recht gute Sache sei, wenn nur das Wiederkommen nicht wäre. Ich finde dies nun zu meiner Qual bestätigt, indem ich mich an einer Art von Scheideweg befinde und nicht weiß, welchen ich einschlagen soll.

Mein Aufenthalt in Italien, so kurz er auch war, ist doch wie billig nicht ohne große Wirkung für mich gewesen. Eine reiche Natur hat mit ihren Wundern zu mir gesprochen und mich gefragt, wie weit ich denn gekommen, um solche Sprache zu vernehmen. Große Werke der Menschen, große Tätigkeiten haben mich angeregt und mich auf meine eignen Hände blikken lassen, um zu sehen, was denn ich selbst vermöge. Existenzen tausendfacher Art haben mich berührt und mich gefragt, wie denn die meinige beschaffen. Und so sind drei große Bedürfnisse in mir lebendig geworden: Mein Wissen zu vermehren, meine Existenz zu verbessern und, daß beides möglich sei, vor allen Dingen etwas zu tun. [...]

Was nun dieses letztere betrifft, so bin ich über das, was zu tun sei, keineswegs in Zweifel. Es liegt mir seit lange ein Werk am Herzen, womit ich mich die Jahre her in freien Stunden beschäftiget und das so weit fertig, wie ohngefähr ein neugebautes Schiff, dem noch das Tauwerk und die Segel fehlen, um in See zu gehen.

Es sind dies jene Gespräche über große Maximen in allen Fächern des Wissens und der Kunst, so wie Aufschlüsse über höhere menschliche Interessen, Werke des Geistes und vorzügliche Personen des Jahrhunderts, wozu sich im Laufe der sieben Jahre, die ich um Ihnen war, die häufigsten Anlässe fanden.

Meine bisherige Existenz in Weimar war freilich sehr ungewiß und sorgenvoll, indem ich nie in diesem Vierteljahr wußte, wovon ich im andern leben wollte, auch war das Stundengeben an junge Engelländer, wozu ich mich genötigt sah, mit wenigen Ausnahmen ein sehr übles Geschäft, indem solche in der Fülle des Wohllebens aufgewachsene junge Herren gegen den Lehrer immer die Avantagen ihres Standes fühlen, welches hervortritt, auch ohne daß es gewollt ist, und verletzt, auch ohne daß es die Absicht hat. Ferner um nur einigermaßen mit dem Schüler zu leben und auf ihn wirken zu können, mußte man sich nach dessen Individualität bequemen, aber indem man dieses tat, mußte man die seinige aufgeben. Solches kommt im Leben häufig vor und geht hin ohne Nachteil. Wenn es sich aber täglich verschiedene Stunden lang durch manche Jahre hindurch fortsetzt, so hat es für den, der sich bequemt und duldet, auf Geist, Charakter und Wollen einen sehr nachteiligen Einfluß, zumal wenn dieser sich vorbehalten hat, in einer freiem Zeit aus seiner innersten Natur heraus noch etwas zu handeln. Ich habe es in Weimar hingehen lassen, weil es nicht anders ging, höherer Zwecke wegen, und weil ich eine Sprache gewinnen wollte, wozu ich auf keine andere Weise gelangen konnte. Allein mich wieder in solche zerstörende und herabziehende Verhältnisse zu begeben, hätte ich auf keinen Fall getan, und so wäre es denn immer wünschenswert, wenn mir auf andere Weise eine Art von sorgenloser Existenz werden könnte. [...]

Ich möchte einige Monate in stiller Zurückgezogenheit, bei Verwandten in der Nähe von Göttingen, mich dieser Sache [*Gespräche mit Goethe*] widmen, damit ich, von einer alten Bürde mich befreiend, zu künftigen neuen mich wieder geneigt und bereit machte. Mein Leben ist seit einigen Jahren ins Stokken geraten, und ich möchte gern, daß es noch wieder in einigen frischen Kurs käme. Zudem ist meine Gesundheit schwach und wankend, ich bin meines langen Bleibens in dieser Existenz nicht sicher, und ich möchte im Fall einer Verwandelung gern etwas Würdiges zurücklassen, das meinen Namen in dem Andenken der Menschen eine Weile erhielte. [...]

Ich bitte um einen herzlichen Gruß an Hofrat Meyer, Oberbaudirektor Coudray, Professor Riemer, Kanzler von Müller, und was Ihnen sonst nahe ist und meiner gedenken mag.

Sie selbst aber drücke ich zu meinem Herzen und verharre in den Gesinnungen der höchsten Verehrung und Liebe, wo ich auch sei,

ganz der Ihrige.

Genf, Sonntag den 12. September 1830 E.

Goethe an Eckermann

Zum allerschönsten begrüße ich Sie, mein Teuerster, in meiner Vaterstadt und hoffe, Sie werden die wenigen Tage in vertraulichem Vergnügen mit meinen vortrefflichen Freunden zugebracht haben.

Wenn Sie nach Nordheim abzugehen und daselbst einige Zeit zu verweilen wünschen, so wüßt ich nichts entgegenzusetzen. Wollen Sie sich in stiller Zeit mit dem [bislang vorliegenden] Manuskripte beschäftigen, das in Sorets Händen ist, so soll es mir um desto angenehmer sein, weil ich zwar keine baldige Publikation desselben wünsche, es aber gern mit Ihnen durchgehen und rektifizieren möchte. Es wird seinen Wert erhöhen, wenn ich bezeugen kann, daß es ganz in meinem Sinne aufgefaßt sei.

Mehr sage ich nicht, überlasse Ihnen und erwarte das Weitere. Man grüßt Sie freundlich aus meinem Hause; von den übrigen Teilnehmern habe, seit dem Empfang Ihres Briefes, niemand gesprochen.

Alles Gute wünschend
treulichst
Weimar, den 12. Oktober 1830 J. W. v. Goethe

Notiz Eckermanns

November 1830

Am 20. November nachmittags reiste ich von Nordheim ab auf dem Wege nach Göttingen, das ich in der Dunkelheit erreichte.

Abends an der Table d'hôte, als der Wirt hörte, daß ich aus Weimar sei und dahin zurück wolle, äußerte er in gemütlicher Ruhe, daß doch der große Dichter Goethe in seinem hohen Alter noch ein schweres Leid habe erfahren müssen, indem, wie er heut in den Zeitungen gelesen, sein einziger Sohn in Italien am Schlage gestorben sei.

Man mag denken, was ich bei diesen Worten empfand. Ich nahm ein Licht und ging auf mein Zimmer, um nicht die anwesenden Fremden zu Zeugen meiner inneren Bewegung zu machen.

Goethe an Zelter

Nemo ante obitum beatus ist ein Wort, das in der Weltgeschichte figuriert, aber eigentlich nichts sagen will. Sollte es mit einiger Gründlichkeit ausgesprochen werden, so müßte es heißen: „Prüfungen erwarte bis zuletzt".

Dir hat es, mein Guter, nicht daran gefehlt, mir auch nicht, und es scheinet, als wenn das Schicksal die Überzeugung habe, man seie nicht aus Nerven, Venen, Arterien und andern daher abgeleiteten Organen, sondern aus Draht zusammengeflochten.

Dank für Deinen lieben Brief! hatt ich Dir doch auch einmal eine solche Hiobsbotschaft als gastlichen Gruß einzureichen. Dabei wollen wir es denn bewenden lassen.

Das eigentliche Wunderliche und Bedeutende dieser Prüfung ist, daß ich alle Lasten, die ich zunächst, ja mit dem neuen Jahre abzustreifen und einem jünger Lebigen zu übertragen glaubte, nunmehr selbst fortzuschleppen und sogar schwieriger weiter zu tragen habe.

Hier nun allein kann der große Begriff der Pflicht uns aufrecht erhalten. Ich habe keine Sorge, als mich physisch im Gleichgewicht zu bewegen; alles andere gibt sich von selbst. Der Körper muß, der Geist will, und wer seinem Wollen die notwendigste Bahn vorgeschrieben sieht, der braucht sich nicht viel zu besinnen.

Weiter will ich nicht gehen, behalte mir aber doch vor, von diesem Punkte gelegentlich fortzuschreiten. Meine herzlichsten dankbaren Grüße an alle so treulich Teilnehmende.

treu angehörig

Weimar den 21. November 1830. J. W. v. Goethe

An Zelter

Noch ist das Individuum beisammen und bei Sinnen. Glückauf!

Mit der leidigen Krankheitsgeschichte verschon ich Dich, Hier! was mein trefflicher Arzt von der löblichen Genesung sagt:

Man kann behaupten, daß jetzt alle Funktionen in Ordnung sind. Der Schlaf ist gut, der Appetit nicht unbedeutend, die Verdauung regelmäßig. Die Kräfte sind bei weitem nicht so geringe, als man bei solchen Vorgängen befürchten mußte. Die vortreffliche Konstitution des verehrten Kranken läßt eine baldige völlige Wiederherstellung mit gutem Grunde hoffen.

Weimar den 29.November 1830. Dr. Vogel.

Und so steht es noch heute, den 1. Dez. Also, bis auf weitere Ordre.

Treulichst so fortan!

Goethe

An Zelter

14. Dezember 1830

[...] Jedoch hab ich Dir vom Verlauf des Novembers noch einiges zu bekennen. Das Außenbleiben meines Sohns drückte mich, auf mehr als Eine Weise, sehr heftig und widerwärtig; ich griff daher zu einer Arbeit, die mich ganz absorbieren sollte. Der vierte Band meines Lebens lag, über zehn Jahre, in Schematen und teilweiser Ausführung, ruhig aufbewahrt, ohne daß ich gewagt hätte die Arbeit wieder vorzunehmen. Nun griff ich sie mit Gewalt an, und es gelang so weit, daß der Band, wie er liegt, gedruckt werden könnte, wenn ich nicht Hoffnung hätte den Inhalt noch reicher und bedeutender, die Behandlung aber noch vollendetet darzustellen.

So weit nun bracht ich's in vierzehn Tagen, und es möchte wohl kein Zweifel sein, daß der unterdrückte Schmerz und eine so gewaltsame Geistesanstrengung jene Explosion, wozu sich der Körper disponiert finden mochte, dürften verursacht haben. Plötzlich, nachdem keine entschiedene Andeutung, noch irgendein drohendes Symptom vorausging, riß ein Gefäß in der Lunge und der Blutauswurf war so stark: daß, wäre nicht gleich und kunstgemäße Hülfe zu erhalten gewesen, hier wohl die ultima linea rerum sich würde hingezogen haben. Nächstens noch von andern Dingen, worauf ich den vergangenen sonnenlosen Sommer aufmerksamen Fleiß gewendet, zu vorläufiger und, wie ich fernerhin hoffe, zu künftiger Zufriedenheit.

Weimar den 10. Dezember 1830.

Schon manchmal hab ich bedacht, wie wir beiden gleichsam an die entgegengesetzten Enden der sozialen Welt angewiesen sind; Du, in die kreiselnde Bewegung einer volkreichen Königstadt verschlungen, hast alles persönlich zu bestehen, unterrichtest und lehrst, gibst und genießest, arbeitest und vollbringst, versammelst und dirigierst, gebietest und herrschest und was nicht alles; hiezu noch der Familienzirkel und fremde Gelage gerechnet, da gibt es denn schon etwas auszuhalten.

Indessen ich einsam, wie Merlin vom leuchtenden Grabe her, mein eignes Echo ruhig und gelegentlich in der Nähe, wohl auch in die Ferne vernehmen lasse.

Riemer an Knebel

29./30. November 1830

Die Gefahr scheint nun vorüber, und Ruhe und Schonung wird die Heilung und Herstellung vollenden. Dieses kostbare Leben verschließt noch so viele Schätze in sich, daß man ihm die längste Dauer zu ihrer Mitteilung wünschen muß. Die Metamorphose der Pflanzen, der zweite Teil vom Faust, die Fortsetzung seiner Lebens-Annalen usw. sind Gegenstände, die ihn zeither beschäftigen, und bei deren Ausarbeitung er noch viel herrliches Unerwartetes und Ungeahntes an den Tag zu fördern imstande ist, wenn Leben und Gesundheit ihm noch ferner andauern mögen.

Goethe an Zelter

Eine wohlgegliederte weibliche Gestalt liegt, nackt, den Rükken uns zukehrend, uns über die rechte Schulter anschauend, auf einem wohlgepolsterten anständigen Ruhebette; ihr rechter Arm ist aufgehoben, der Zeigefinger deutet, man weiß nicht recht worauf. Rechts vom Zuschauer, in der Höhe, zieht aus der Ecke eine Wolke heran, welche auf ihrem Wege Goldstükke spendet, deren einen Teil die alte Wärterin andächtig in einem Becken auffängt. Hinter dem Lager, zu den Füßen der Schönen tritt ein Genius heran, er hat auch ein paar begeistete Goldstücke aufgefangen und scheint sie dem Örtchen näher bringen zu wollen, wohin sie sich eigentlich sehnen. Nun bemerkt man erst wohin die Schöne deutet. Ein in Karyatidenform, den Bettvorhang tragend, zwar anständig drapiert doch genugsam kenntlicher Priap ist es auf welchen sie hinweist, um uns anzuzeigen wovon eigentlich die Rede sei. Eine Rose hat sie im Haar stecken, ein paar andere liegen schon unten auf dem Fußbänkchen und neben dem Nachtgeschirr, das, wie auch der sichtbare Teil des Bettgestelles, von goldnen Zieraten glänzt.

Das muß man beisammen sehn, mit welchem Geschmack und Geschick der geübteste Pinsel, allen Forderungen der Maler- und Farbenkunst genugtuend, dieses Bildchen ausgefertigt hat. Man stellt es gern kurz nach Paul Veronese; es mag's ein Venetianer oder auch ein Niederländer gemalt haben [Paolo Veronese]. Behalte das für Dich; denn unsern Meistern, welche sich mit traurenden Königspaaren beschäftigen, ist dergleichen ein Ärgernis und den Schülern, die sich in heiligen Familien wohlgefallen, gewiß eine Torheit. Glücklicherweise ist das Bildchen gut erhalten und beweist überall einen markigen Pinsel. Unter allen Umständen und Zufälligkeiten

treulich eingedenk

Weimar den 8. Juli 1831 J. W. v. Goethe

Tagebuch vom 16. Januar 1831

Verschiedene Sendungen von Düsseldorf eine Anzahl meist frömmelnder Bilder, die mich bis zum Lachen betrübten. Die Menschen versinken immer tiefer in Absurdität; es wäre jetzt Zeit für einen trefflich gebornen Künstler, wenn er als wahrhaft menschliches Kunstoriginal geboren würde und sich im stillen hartnäckig bildete.

Tagebuch vom 17. Januar 1831

Fortdauernde Betrübnis über die jammervollen kunstzerstörenden frommen Blätter. Hofrat Meyer zu Tische. Betrachtungen über den frömmelnden Kunstwahnsinn im Besonderen, wo es ganz unbegreiflich wird, wie ein Direktor dergleichen in seinem Sprengel dulden [...] möchte ohne die mindeste Ahnung, daß noch irgendwo ein vernünftiger Mensch leben möchte.

Der Berginspektor Johann Christian Mahr aus Ilmenau geht mit Goethe an dessen 82. Geburtstag zum letzten Mal auf den Kickelhahn

Am 26. August 1831 gegen Abend traf Goethe mit seinen beiden Enkeln und Bedienung im Gasthofe zum Löwen hier in Ilmenau ein. Der reinste, von Wolken ungetrübte Himmel gewährte die trefflichste Witterung. Er hatte mir seine Ankunft gleich melden und mich ihn zu besuchen bitten lassen; doch kam ich erst spät Abend aus dem Kammerberger Steinkohlenbergwerk nach Hause. Also besuchte ich ihn am 27. morgens, wo er schon seit früh 4 Uhr an seinem Tische beschäftigt war.

Seine Freude war, wie er sagte, sehr groß, die hiesige Gegend, welche er seit dreißig Jahren nicht wieder besucht hatte, da er doch sonst so oft und so viel hier gewesen, wieder zu sehen. Seine beiden Enkel seien schon in Begleitung des Kammerdieners in die Berge gegangen und würden bis Mittag ausbleiben. [...]

Ganz bequem waren wir so bis auf den höchsten Punkt des Kickelhahns gelangt, als er ausstieg, sich erst an der kostbaren Aussicht auf dem Rondell ergötzte, dann über die herrliche Waldung freute und ausrief: „Ach! hätte doch dieses Schöne mein guter Großherzog Carl August noch einmal sehen können!" Hierauf fragte er: „Das kleine Waldhaus muß hier in der Nähe sein? Ich kann zu Fuß dahin gehen, und die Chaise soll hier so lange warten, bis wir zurückkommen." Wirklich schritt er rüstig durch die auf der Kuppe des Berges ziemlich hochstehenden Heidelbeersträuche hindurch, bis zu dem wohlbekannten zweistöckigen Jagdhause, welches aus Zimmerholz und Bretterbeschlag besteht. Eine steile Treppe führt in den obern Teil desselben. Ich erbot mich ihn zu führen; er aber lehnte es mit jugendlicher Munterkeit ab: „Glauben Sie ja nicht, daß ich die Treppe nicht steigen könnte; das geht mit mir recht sehr gut." Beim Eintritt in das obere Zimmer sagte er: „Ich habe in früherer Zeit in dieser Stube mit meinem Bedienten im Sommer acht Tage gewohnt und damals einen kleinen Vers hier an die Wand geschrieben. Wohl möchte ich diesen Vers nochmals sehen, und wenn der Tag darunter bemerkt ist, an welchem es geschehen, so haben Sie die Güte, mir solchen aufzuzeichnen. Sogleich führte ich ihn an das südliche Fenster der Stube, an welchem links mit Bleistift geschrieben steht:

> Über allen Gipfeln ist Ruh,
> In allen Wipfeln spürest Du
> Kaum einen Hauch.
> Es schweigen die Vöglein im Walde;
> Warte nur, balde
> Ruhest du auch.
> D. 7. September 1783. Goethe.

Goethe überlas diese wenigen Verse, und Tränen flossen über seine Wangen. Ganz langsam zog er sein schneeweißes Taschentuch aus seinem dunkelbraunen Tuchrock, trocknete sich die Tränen und sprach in sanftem, wehmütigem Ton: „Ja, warte nur, balde ruhest du auch!", schwieg eine halbe Minute, sah nochmals durch das Fenster in den düstern Fichtenwald, und wendete sich darauf zu mir, mit den Worten: „Nun wollen wir wieder gehen."

An Zelter, nach dem Aufenthalt in Ilmenau

4. September 1831

[...] Nach so vielen Jahren war denn zu übersehen: das Dauernde, das Verschwundene. Das Gelungene trat vor und erheiterte, das Mißlungene war vergessen und verschmerzt. Die Menschen lebten alle vor wie nach ihrer Art gemäß, vom Köhler bis zum Porzellanfabrikanten. Eisen ward geschmolzen, Braunstein aus den Klüften gefördert, wenn auch in dem Augenblicke nicht so lebhaft gesucht wie sonst. Pech ward gesotten, der Ruß aufgefangen, die Rußbüttchen künstlichst und kümmerlichst verfertigt. Steinkohlen mit unglaublicher Mühseligkeit zu Tage gebracht, kolossale Urstämme, in der Grube unter dem Arbeiten entdeckt (einen davon Dir vorzuzeigen hatte ich vergessen, er steht im Gartenhause); und so ging's denn weiter, vom alten Granit, durch die angrenzenden Epochen, wobei immer neue Probleme sich entwickeln, welche die neusten Weltschöpfer mit der größten Bequemlichkeit aus der Erde aufsteigen lassen.

Apokalyptisches aus zwei Gesprächen mit Eckermann am 12. März und am 23. Oktober 1828

„Denkt man sich bei deprimierter Stimmung recht tief in das Elend unserer Zeit hinein, so kommt es einem oft vor, als wäre die Welt nach und nach zum Jüngsten Tage reif. – Und das Übel häuft sich von Generation zu Generation! – Denn nicht genug, daß wir an den Sünden unserer Väter zu leiden haben, sondern wir überliefern auch diese geerbten Gebrechen, mit unsern eigenen vermehrt, unsern Nachkommen."

„Die Entwickelung der Menschheit, sagte ich, „scheint auf Jahrtausende angelegt."

„Wer weiß", erwiderte Goethe, „vielleicht auf Millionen! Aber laß die Menschheit dauern, so lange sie will, es wird ihr nie an Hindernissen fehlen, die ihr zu schaffen machen, und nie an allerlei Not, damit sie ihre Kräfte entwickele. Klüger und einsichtiger wird sie werden, aber besser, glücklicher und tatkräftiger nicht oder doch nur auf Epochen. Ich sehe die Zeit kommen, wo Gott keine Freude mehr an ihr hat und er abermals alles zusammenschlagen muß zu einer verjüngten Schöpfung. Ich bin gewiß, es ist alles danach angelegt, und es steht in der fernen Zukunft schon Zeit und Stunde fest, wann diese Verjüngungsepoche eintritt."

Mephistophelisches aus längeren Gedankenspielen in Gesprächen mit Frédéric Soret am 17. [19.] März 1830

„Da ist der Sömmerring gestorben", fing Goethe an, „kaum elende fünfundsiebzig Jahre alt. Was doch die Menschen für Lumpe sind, daß sie nicht die Courage haben, länger auszuhalten als das! Da lobe ich mir meinen Freund [den Utilitaristen Jeremy]Bentham, diesen höchst radikalen Narren; er hält sich gut, und doch ist er noch einige Wochen älter als ich."

„Man könnte hinzufügen", erwiderte ich, „daß er Ihnen noch in einem anderen Punkte gleicht, denn er arbeitet noch immer mit der ganzen Tätigkeit der Jugend."

„Das mag sein", erwiderte Goethe, „aber wir befinden uns an den beiden entgegengesetzten Enden der Kette: er will niederreißen, und ich möchte erhalten und aufbauen. In seinem Alter so radikal zu sein ist der Gipfel aller Tollheit."

„Ich denke", entgegnete ich, „man muß zwei Arten von Radikalismus unterscheiden. Der eine, um künftig aufzubauen, will vorher reine Bahn machen und alles niederreißen, während der andere sich begnügt, auf die schwachen Partien und Fehler einer Staatsverwaltung hinzudeuten, in Hoffnung, das Gute zu erreichen ohne die Anwendung gewaltsamer Mittel. In England geboren, würden Sie dieser letzten Art sicher nicht entgangen sein."

„Wofür halten Sie mich?" erwiderte Goethe, der nun ganz die Miene und den Ton seines Mephisto annahm. „Ich hätte sollen Mißbräuchen nachspüren und noch obendrein sie aufdecken und sie namhaft machen, ich, der ich in England von Mißbräuchen würde gelebt haben? – In England geboren, wäre ich ein reicher Herzog gewesen oder vielmehr ein Bischof mit jährlichen 30000 Pfund Sterling Einkünfte."

„Recht hübsch", erwiderte ich, „aber wenn Sie zufällig nicht das große Los, sondern eine Niete gezogen hätten? Es gibt so unendlich viele Nieten."

„Nicht jeder, mein Allerbester", erwiderte Goethe, „ist für das große Los gemacht. Glauben Sie denn, daß ich die Sottise begangen haben würde, auf eine Niete zu fallen?"

Johann Daniel Falk: Ein Gespräch mit Goethe über sein Werk und die Nachwelt, insbesondere über Szenen, die Goethe aus dem ersten Teil des ‹Faust› sekretiert hat (diesen ‹Walpurgissack› hat Albrecht Schöne in ‹Götterzeichen, Liebeszauber, Satanskult› anhand der Paralipomena wieder eingerichtet)

„Die gerechtere Nachwelt" – nahm ich das Wort – aber Goethe, ohne abzuwarten, was ich eigentlich von der Nachwelt sagen wollte, entgegnete mir mit ungemeiner Hastigkeit: „Ich will nichts davon hören, weder von dem Publikum, noch von der Nachwelt, noch von der Gerechtigkeit, wie Sie es nennen, die sie einst meinem Bestreben widerfahren lassen. Ich verwünsche den *Tasso*, bloß deshalb, weil man sagt, daß er auf die Nachwelt kommen wird; ich verwünsche die *Iphigenie*, mit einem Wort, ich verwünsche alles, was diesem Publikum irgend an mir gefällt. Ich weiß, daß es dem Tag, und daß der Tag ihm gehört; aber ich will nun einmal nicht für den Tag leben. Ja, wenn ich es nur je dahin noch bringen könnte, daß ich ein Werk verfaßte – aber ich bin zu alt dazu –, daß die Deutschen mich so ein funfzig oder hundert Jahre hintereinander recht gründlich verwünschten und aller Orten und Enden mir nichts als Übels nachsagten; das sollte mich außer Maßen ergetzen. Es müßte ein prächtiges Produkt sein, was solche Effekte bei einem von Natur völlig gleichgültigen Publikum wie das unsere hervorbrächte. Es ist doch wenigstens Charakter im Haß [...] Sie mögen mich nicht! Das matte Wort! Ich mag sie auch nicht! Ich habe es ihnen nie recht zu Danke gemacht! Vollends wenn mein Walpurgissack nach meinem Tode sich einmal eröffnen und alle bis dahin verschlossenen, stygischen Plagegeister, wie sie mich geplagt, so auch zur Plage für andere wieder loslassen sollte; oder wenn sie in der Fortsetzung von *Faust* etwa an die Stelle kämen, wo der Teufel selbst Gnad und Erbarmen vor Gott findet; das, denke ich doch, vergeben sie mir so bald nicht! Dreißig Jahre haben sie sich nun fast mit den Besenstielen des Blocksberges und den Katzengesprächen in der Hexenküche [...] herumgeplagt, und es hat mit dem Interpretieren und dem Allegorisieren dieses dramatisch-humoristischen Unsinns nie so recht fortgewollt. Wahrlich, man sollte sich in seiner Jugend öfter den Spaß machen und ihnen solche Brokken, wie den Brocken, hinwerfen."

Ausschnitt aus einem von Goethe eigenhändig niedergeschriebenen, später von ihm sekretierten – also den beiseitegelassenen Stücken (Paralipomena) zugeordneten – Text, der zur Ersten Walpurgisnacht gehört (Handschrift Paralipomenon 50)

Satan.
Die Böcke zur rechten,
Die Ziegen zur lincken
Die Ziegen sie riechen
Die Böcke sie stincken
Und wenn auch die Böcke
noch stinckiger wären
So kann doch die Ziege
Des Bocks nicht entbehren.

Chor.
Aufs Angesicht nieder
Verehret den Herrn
Er lehret die Völcker
Und lehret sie gern
Vernehmet die Worte
Er zeigt euch die Spur
Des ewigen Lebens
Der tiefsten Natur.

Satan rechts gewendet.
Euch giebt es zwey Dinge
So herrlich und groß
Das glänzende Gold
Und der weibliche Schoos.
Das eine verschaffet
Das andre verschlingt
Drum glücklich wer beyde
Zusammen erringt.
[...]

Satan lincks gewendet.
Für euch sind zwey Dinge
Von köstlichem Glanz
Das leuchtende Gold
Und ein glänzender Schwanz
Drum wißt euch ihr Weiber
Am Gold zu ergötzen
Und mehr als das Gold
Noch die Schwänze zu schätzen.
[...]

Aus Faust, Zweiter Teil, Erster Akt
Anmutige Gegend

FAUST. Des Lebens Pulse schlagen frisch lebendig,
Ätherische Dämmerung milde zu begrüßen;
Du Erde warst auch diese Nacht beständig
Und atmest neu erquickt zu meinen Füßen,
Beginnest schon mit Lust mich zu umgeben,
Du regst und rührst ein kräftiges Beschließen,
Zum höchsten Dasein immerfort zu streben. –
In Dämmerschein liegt schon die Welt erschlossen,
Der Wald ertönt von tausendstimmigem Leben,
Tal aus, Tal ein ist Nebelstreif ergossen,
Doch senkt sich Himmelsklarheit in die Tiefen,
Und Zweig und Äste, frisch erquickt, entsprossen
Dem duftgen Abgrund, wo versenkt sie schliefen;
Auch Farb' an Farbe klärt sich los vom Grunde,
Wo Blum' und Blatt von Zitterperle triefen –
Ein Paradies wird um mich her die Runde.

Hinaufgeschaut! Der Berge Gipfelriesen
Verkünden schon die feierlichste Stunde,
Sie dürfen früh des ewigen Lichts genießen
Das später sich zu uns hernieder wendet.
Jetzt zu der Alpe grüngesenkten Wiesen
Wird neuer Glanz und Deutlichkeit gespendet,
Und stufenweis herab ist es gelungen; –
Sie tritt hervor! – und, leider schon geblendet,
Kehr' ich mich weg, vom Augenschmerz durchdrungen.
So ist es also, wenn ein sehnend Hoffen
Dem höchsten Wunsch sich traulich zugerungen,

Erfüllungspforten findet flügeloffen;
Nun aber bricht aus jenen ewigen Gründen
Ein Flammen-Übermaß, wir stehn betroffen;
Des Lebens Fackel wollten wir entzünden,
Ein Feuermeer umschlingt uns, welch ein Feuer!
Ist's Lieb? Ist's Haß? die glühend uns umwinden?
Mit Schmerz und Freuden wechselnd ungeheuer,
So daß wir wieder nach der Erde blicken,
Zu bergen uns in jugendlichstem Schleier.
So bleibe denn die Sonne mir im Rücken!
Der Wassersturz, das Felsenriff durchbrausend,
Ihn schau ich an mit wachsendem Entzücken.
Von Sturz zu Sturzen wälzt er jetzt in tausend
Dann abertausend Strömen sich ergießend,
Hoch in die Lüfte Schaum an Schäume sausend.
Allein wie herrlich diesem Sturm ersprießend
Wölbt sich des bunten Bogens Wechsel-Dauer,
Bald rein gezeichnet, bald in Luft zerfließend,
Umher verbreitend duftig kühle Schauer.
Der spiegelt ab das menschliche Bestreben.
Ihm sinne nach, und du begreifst genauer:
Am farbigen Abglanz haben wir das Leben.
(Verse 4679–4727)

Aus Faust, Zweiter Teil, Zweiter Akt
Felsbucht des Ägäischen Meeres

THALES. Heil! Heil! aufs neue!
Wie ich mich blühend freue,
Vom Schönen, Wahren durchdrungen..
Alles ist aus dem Wasser entsprungen!!
Alles wird durch das Wasser erhalten!
Ozean, gönn' uns Dein ewiges Walten.
Wenn Du nicht Wolken sendetest,
Nicht reiche Bäche spendetest,
Hin und her nicht Flüsse wendetest,
Die Ströme nicht vollendetest,
Was wären Gebirge, was Ebnen und Welt?
Du bist's, der das frischeste Leben erhält.
ECHO. Chorus der sämtlichen Kreise.
Du bist's dem das frischeste Leben entquellt.

NEREUS. Sie kehren schwankend fern zurück,
Bringen nicht mehr Blick zu Blick;
In gedehnten Kettenkreisen,
Sich festgemäß zu erweisen,
Windet sich die unzählige Schar.
Aber Galateas Muschelthron
Seh' ich schon und aber schon.
Er glänzt wie ein Stern
Durch die Menge;
Geliebtes leuchtet durchs Gedränge!
Auch noch so fern
Schimmert's hell und klar,
Immer nah und wahr.
HOMUNCULUS
In dieser holden Feuchte
Was ich auch hier beleuchte,
Ist alles reizend schön.
PROTEUS
In dieser Lebensfeuchte
Erglänzt erst deine Leuchte
Mit herrlichem Getön.
NEREUS
Welch neues Geheimnis in Mitte der Scharen
Will unseren Augen sich offengebaren?
Was flammt um die Muschel um Galatees Füße?
Bald lodert es mächtig, bald lieblich, bald süße,
Als wär' es von Pulsen der Liebe gerührt?
THALES
Homunculus ist es, von Proteus verführt...
Es sind die Symptome des herrischen Sehnens,
Mir ahnet das Ächzen beängsteten Dröhnens;
Er wird sich zerschellen am glänzenden Thron;
Jetzt flammt es, nun blitzt es, ergießet sich schon.
SIRENEN
Welch feuriges Wunder verklärt uns die Wellen,
Die gegeneinander sich funkelnd zerschellen?
So leuchtet's und schwanket und hellet hinan:
Die Körper, sie glühen auf nächtlicher Bahn,
Und ringsum ist alles vom Feuer umronnen;
So herrsche denn Eros, der alles begonnen!
(Verse 8432–8479)

An Graf Reinhard

7. September 1831.

[...] Und es war in der Hälfte des Augusts, daß ich nichts mehr daran zu tun wußte, das Manuskript einsiegelte, damit es mir aus den Augen und aus allem Anteil sich entfernte [...] Mein Wunsch ist, daß es Ihnen zu guter Stunde in die Hand kommen möge. Aufschluß erwarten Sie nicht; der Welt- und Menschengeschichte gleich enthüllt das zuletzt aufgelöste Problem immer wieder ein neues, aufzulösendes. [...]

unwandelbar angehörig
J. W. v. Goethe

Goethes letzter Brief, gerichtet an Wilhelm von Humboldt, fünf Tage vor dem Tod

Weimar, 17. März 1832

[...] Es sind über sechzig Jahre, daß die Konzeption des Faust bei mir jugendlich von vorneherein klar, die ganze Reihenfolge hin weniger ausführlich vorlag. Nun hab ich die Absicht immer sachte neben mir hergehen lassen, und nur die mir gerade interessantesten Stellen einzeln durchgearbeitet, so daß im zweiten Teil Lücken blieben, durch ein gleichmäßiges Interesse mit dem übrigen zu verbinden. Hier trat nun freilich die große Schwierigkeit ein, dasjenige durch Vorsatz und Charakter zu erreichen was eigentlich der freiwilligen tätigen Natur allein zukommen sollte. Es wäre aber nicht gut, wenn es nicht auch nach einem so lange tätig nachdenkenden Leben möglich geworden wäre, und ich lasse mich keine Furcht angehen man werde das Ältere vom Neueren, das Spätere vom Früheren unterscheiden können, welches wir denn den künftigen Lesern zu geneigter Einsicht übergeben wollen.

Ganz ohne Frage würd es mir unendliche Freude machen, meinen werten, durchaus dankbar anerkannten, weitverteilten Freunden auch bei Lebzeiten diese sehr ernsten Scherze zu widmen, mitzuteilen und ihre Erwiderung zu vernehmen. Der Tag aber ist wirklich so absurd und konfus, daß ich mich überzeuge meine redlichen, lange verfolgten Bemühungen um dieses seltsame Gebäu würden schlecht belohnt und an den Strand getrieben, wie ein Wrack in Trümmern daliegen und von dem Dünenschutt der Stunden zunächst überschüttet werden. Verwirrende Lehre zu verwirrenden Handel waltet über die Welt, und ich habe nichts angelegentlicher zu tun als dasjenige was an mir ist und geblieben ist wo möglich zu steigern und meine Eigentümlichkeiten zu kohobieren [läutern], wie Sie es, würdiger Freund, auf Ihrer Burg ja auch bewerkstelligen.

Teilen Sie mir deshalb auch etwas von Ihren Arbeiten mit; Riemer ist, wie Sie wohl wissen, an die gleichen und ähnlichen Studien geheftet und unsre Abendgespräche führen oft auf die Grenzen dieses Faches.

Verzeihung diesem verspäteten Blatte! Ohngeachtet meiner Abgeschlossenheit findet sich selten eine Stunde, wo man sich diese Geheimnisse des Lebens vergegenwärtigen mag.

treu angehörig
J. W. v. Goethe.

Der Arzt Carl Vogel über Goethes letzte Krankheit

Gegen Morgen [am 21. März] verbreitete sich mäßiger Schweiß über den ganzen Körper, das Atmen geschah ohne Hindernis, die Stimmung war heiter. Mehrere, durch ein Lavement bewirkte, reichliche Stuhlgänge schafften noch mehr Erleichterung. Der Puls, genau gezählt, zweiundneunzigmal innerhalb einer Minute schlagend, zeigte sich ziemlich voll, gleichmäßig, weich. Der Urin ging selten, trübe, bräunlich und ohne Schmerzen ab. Die Zunge war feucht, hier und da mit zähem, kaffeebraunen Schleime belegt, der Speichel sehr zähe und klebrig. Die Farbe der unbedeckten Körperteile bot nichts Auffallendes dar.

Die Besserung nahm elf Uhr vormittags deutlich zu. Von da verschlimmerte sich das Befinden. Um zwei Uhr nachmittags erschien der Kranke hinfällig, mit triefendem Schweiße bedeckt, mit sehr kleinem, häufigem, weichem Pulse und kühlen Fingerspitzen. Die äußern Sinne versagten zuweilen ihren Dienst, stellten sich Momente von Unbesinnlichkeit ein. Dann und wann ließ sich ein leises Rasseln in der Brust vernehmen. [...]

Schwerlich hatte Goethe in diesen Momenten ein Vorgefühl seiner nahen Auflösung. Wenigstens entsprachen die Zeichen, welche man auf das Vorhandensein eines solchen Vorgefühls beziehen möchte, denjenigen nicht, deren er sich wohl früher bediente, um anzudeuten, wie er hinsichtlich der mutmaßlichen Dauer des ihm noch beschiedenen Lebensrestes einer Täuschung sich nicht überlasse. Vielmehr gab er in seinen letzten Stunden mehrmals deutliche Beweise von Hoffnung auf Genesung und zwar unter Umständen, – namentlich bei fast völliger Abwesenheit von Besinnlichkeit, – welche die Vermutung, er habe nur die Seinigen zu beruhigen beabsichtigt, als ganz unwahrscheinlich darstellen müssen.

Die Sprache wurde immer mühsamer und undeutlicher. „Mehr Licht“ sollen, während ich das Sterbezimmer für einen Moment verlassen hatte, die letzten Worte des Mannes gewesen sein, dem Finsternis in jeder Beziehung stets verhaßt war. Als später die Zunge den Gedanken ihren Dienst versagte, malte er, wie auch wohl früher, wenn irgend ein Gegenstand seinen Geist lebhaft beschäftigte, mit dem Zeigefinger der rechten Hand öfters Zeichen in die Luft, erst höher, mit den abnehmenden Kräften immer tiefer, endlich auf die über seinen Schoß gebreitete Decke. [...]

Um halb zwölf Mittags [am 22. März] drückte sich der Sterbende bequem in die linke Ecke des Lehnstuhls, und es währte lange, ehe den Umstehenden einleuchten wollte, daß Goethe ihnen entrissen sei.

Vermächtnis

Kein Wesen kann zu Nichts zerfallen!
Das Ew'ge regt sich fort in allen,
Am Sein erhalte dich beglückt!
Das Sein ist ewig; denn Gesetze
Bewahren die lebend'gen Schätze,
Aus welchen sich das All geschmückt.

Das Wahre war schon längst gefunden,
Hat edle Geisterschaft verbunden,
Das alte Wahre, faß es an!
Verdank es, Erdensohn, dem Weisen,
Der ihr die Sonne zu umkreisen
Und dem Geschwister wies die Bahn.
[...]
(1829)

Zeittafel

1749
28. August: Johann Wolfgang Goethe als Sohn des Kaiserlichen Rats Dr. jur. Johann Caspar Goethe und seiner Frau Catharina Elisabeth Goethe geb. Textor in Frankfurt am Main geboren.

1750
7. Dezember: die Schwester Cornelia geboren.

1752–1755
Besuch der Spielschule.

1755
Umbau des Elternhauses am Großen Hirschgraben. Beginn des Privatunterrichts unter Aufsicht des Vaters. 1. November: Erdbeben zu Lissabon.

1759
Januar – Februar 1763: Besetzung Frankfurts durch die Franzosen. Einquartierung des Stadtkommandanten Graf Thoranc in Goethes Elternhaus.

1764
3. April: Krönung Josephs II. zum römisch-deutschen Kaiser in Frankfurt.

1765
Oktober – August 1768: Studium in Leipzig. Bekanntschaft mit Behrisch, Langermann, Oeser. Käthchen Schönkopf. *Das Buch Anette. Die Laune des Verliebten.*

1768
Juli: Schwere Erkrankung. 28. August: Rückreise nach Frankfurt. Bis März 1770: Krankheit und Genesung. Beschäftigung mit Pansophie, Pietismus, Arnolds ‚Kirchen- und Ketzergeschichte'; Freundschaft mit Susanna Katharina von Klettenberg (‚Die schöne Seele'). *Die Mitschuldigen.*

1770
April – August 1771: Studium in Straßburg. Freunde: Der Pädagoge Salzmann, Jung-Stilling, Lerse, Lenz. Begegnung mit Herder (Ossian [Macpherson], Shakespeare, Mitarbeit an Herders Volksliedersammlung). Sesenheim: Friederike Brion.

1771
Sesenheimer Lieder. 6. August: Promotion zum Lizentiaten der Rechte. Mitte August: Rückkehr nach Frankfurt. Zulassung als Rechtsanwalt beim Frankfurter Schöffengericht. *Zum Schäckspear's Tag. Geschichte Gottfriedens von Berlichingen dramatisirt.*

1772
Januar-Februar: Bekanntschaft mit Merck und dem Darmstädter Kreis der Empfindsamen. Mai-September: Praktikant am Reichskammergericht in Wetzlar. Charlotte Buff. *Von deutscher Baukunst* (im Gedanken an das Strassburger Münster). Mitarbeit an Mercks *Frankfurter Gelehrten Anzeigen. Wanderers Sturmlied.*

1773
*Das Jahrmarktsfest zu Plundersweilern. Satyros oder der vergötterte Waldteufel. Götter, Helden und Wieland. Erwin und Elmire. Brief des Pastors zu *** an den Pastor zu ***.*

1774
Die Leiden des jungen Werthers. Clavigo. Der ewige Jude. Claudine von Villa Bella. Im Sommer Lahn- und Rheinreise mit Lavater und dem Reformpädagogen Johann Bernhard Basedow. Dezember: Besuch des Prinzenerziehers Karl Ludwig von Knebel in Frankfurt, bald darauf Begegnung mit Carl August von Sachsen-Weimar-Eisenach.

1775
Verlobung mit Lili Schönemann. Gedichte *Für Lili.* Reise in die Schweiz mit den Grafen Stolberg und Haugwitz. September/Oktober: Carl August lädt Goethe nach Weimar ein. Lösung des Verlöbnisses mit Lili. Beginn der Arbeit am *Egmont.* 30. Oktober: Abreise von Frankfurt, 7. November früh morgens: Ankunft in Weimar. Im November: Erste Begnung mit Charlotte von Stein.

1776
Im Frühjahr Entschluß in Weimar zu bleiben. Reise nach Leipzig. Bezug des Gartenhauses im Ilmpark; Wohnung dort bis Juni 1782. 11. Juni: Eintritt in den weimarischen Staatsdienst. Ernennung zum Geheimen Legationsrat (Aufnahme ins Geheime Conseil). Herder wird auf Goethes Betreiben als Generalsuperintendent nach Weimar berufen. November: Betrauung mit den Vorbereitungen zur Wiederaufnahme des Silberbergbaus in Ilmenau. *Gedichte für Frau von Stein. Die Geschwister. Proserpina.* Intensive Beteiligung an den Aufführungen des Weimarer Liebhabertheaters.

1777
Tod der Schwester Cornelia (Schlosser) in Emmendingen. September/Oktober: In Eisenach und (mit Merck) auf der Wartburg. Dezember: Ritt durch den Harz (Bergbauforschung).

Erste Arbeit an *Wilhelm Meisters theatralische Sendung* (Frühfassung der *Lehrjahre*). *Harzreise im Winter.*

1778
Reise mit Carl August nach Berlin und Potsdam. *Grenzen der Menschheit.*

1779
Übernahme der Leitung der Kriegs- und der Wegebaukommission. Erste (Prosa-)Fassung der *Iphigenie.* September bis Januar 1780: Reise in die Schweiz mit Carl August. *Gesang der Geister über den Wassern.*

1780
Erste Beschäftigung mit der Mineralogie. *Torquato Tasso* begonnen.

1781
Intensivere Teilnahme am Leben der Weimarer Hofgesellschaft im Schlößchen Tiefurt der Herzoginmutter Anna Amalia. Dort entsteht auch die Gemeinschaftsarbeit des *Tiefurter Journals.*
November bis Januar 1782: Vorträge über Anatomie im Weimarer Freien Zeicheninstitut. *Die Fischerin* (Aufführung im Ilmpark). *Elpenor.*

1782
Diplomatische Reisen an die thüringischen Höfe. 25. Mai: Tod Johann Caspar Goethes in Frankfurt. 2. Juni: Bezug des Hauses am Frauenplan. 3. Juni: Kaiserliches Adelsdiplom.

1784
Eröffnung des Ilmenauer Bergbaus. März: Entdeckung des Zwischenkieferknoches beim Menschen. *Scherz, List und Rache. Die Geheimnisse.*

1785
Erste botanische Studien. Erste Reise ins böhmische Karlsbad. Abschluß von *Wilhelm Meisters theatralische Sendung.*

1786
Juli – August: Karlsbad. 3. September: Heimliche Abreise von dort nach Italien. 28. 9. bis 14. 10: Venedig, 29. Oktober: Ankunft in Rom. Baldiger Abschluß der Versfassung der *Iphigenie.* Begegnung mit den Malern Tischbein (bei dem er wohnt), Philipp Hackert, Kniep (der ihn nach Neapel und Sizilien begleitet) und später mit Angelica Kauffmann.

1787
Reise nach Neapel und Sizilien. Palermo: Die ‚Idee' der Urpflanze. Bis 1788: Abschluß des *Egmont.* Pläne zu *Nausikaa.* Arbeit an *Faust* und *Torquato Tasso.*

1788
Zweiter römischer Aufenthalt. 23. April: Abschied von Rom. 18. Juni: Rückkehr nach Weimar. Entlastung von allen Regierungsgeschäften mit Ausnahme verschiedener Kommissionen. In den folgenden Jahren. Übernahme der Aufsicht über die wissenschaftlichen und künstlerischen Anstalten im Herzogtum. Juli: Begegnung mit Christiane Vulpius. 7. September: Erstes Zusammentreffen mit Schiller in Rudolstadt. *Römische Elegien.*

1789
25. Dezember: Der Sohn August geboren. *Torquato Tasso* abgeschlossen.

1790
März – Juni: Zum Treffen mit der Herzoginmutter Reise nach Venedig. Dort im April: Entdeckung der Wirbeltheorie des Schädels. Juli – Oktober: Reise nach Schlesien in das preußische Feldlager nach Krakau und Czenstochau. Beginn der Studien zur *Farbenlehre. Die Metamorphose der Pflanzen. Venezianische Epigramme.* Druck von *Faust, ein Fragment.*

1791
Übernahme der Leitung des Weimarer Hofthcaters. *Der Groß-Cophta. Beiträge zur Optik.*

1792
Teilnahme im Gefolge des Herzogs Carl August an der Kampagne in Frankreich. 20. September: Kanonade von Valmy. November/Dezember: Besuche bei den Freunden Jacobi in Düsseldorf und in Münster bei der Fürstin Gallitzin.

1793
Als Beobachter bei der Belagerung von Mainz. *Der Bürgergeneral. Reineke Fuchs.*

1794
Beginn der Freundschaft mit Schiller. *Die Aufgeregten. Unterhaltungen deutscher Ausgewanderten.* Naturwissenschaftliche Studien: Morphologie und Farbenlehre.

1796
Xenien (mit Schiller). *Wilhelm Meisters Lehrjahre. Hermann und Dorothea.*

1797
Dritte Reise in die Schweiz. Eine weitere Italienreise wird aufgegeben. August: Goethe sieht seine Mutter zum letzten Mal. Hölderlin besucht ihn. Dezember: Oberaufsicht über Bibliothek und Münzkabinett in Weimar.

1798
Erwerb eines Gutes in Oberroßla bei Weimar. 12. Oktober: Eröffnung des umgebauten Weimarer Hoftheaters mit „Wallensteins Lager".

1799
Dezember: Übersiedlung Schillers von Jena nach Weimar. *Achilleis. Die natürliche Tochter.*

1800
Arbeit an den *Helena*-Szenen zum zweiten Teil des *Faust.*

1801
Erkrankung an Gesichtsrose. Juni/August: Reise nach Pyrmont, Göttingen, Kassel.

1802
Erster Besuch Zelters (mit dem er seit 1799 korrespondiert) in Weimar. Eröffnung des neuen Theaters in Lauchstädt.

1803
Friedrich Wilhelm Riemer wird Hauslehrer von Goethes Sohn. November: Übernahme der Aufsicht über die naturwissenschaftlichen Institute der Universität Jena. 18. Dezember: Tod Herders.

1805
9. Mai: Tod Schillers. *Epilog zu Schillers Glocke.*

1806
Abschluß von *Faust, Erster Teil.* Juni-August: Karlsbad. 14. Oktober: Schlacht bei Jena. Besetzung Weimars. 19. Oktober: Trauung mit Christiane.

1807
10. April: Tod der Herzoginmutter Anna Amalia. Mai-September: Karlsbad. November-Dezember: Bekanntschaft mit Minchen Herzlieb.

1808
Mai – September: In Karlsbad und Franzensbad. 13. September: Tod der Mutter in Frankfurt. 2. Oktober: Unterredung mit Napoleon in Erfurt, weitere Unterredungen am 6. und 10. Oktober in Weimar. *Pandora.*

1809
Die Wahlverwandtschaften. Arbeit an der *Farbenlehre.*

1810
Mai – September: Karlsbad, Teplitz, Dresden. Abschluß der *Farbenlehre.* Biographie *Philipp Hackert. Goethe's Werke* in dreizehn Bänden liegt vollständig vor.

1811
Dichtung und Wahrheit, erster Teil.

1812
Mai – September: Karlsbad und Teplitz. Begegnungen mit Ludwig van Beethoven und der Kaiserin Maria Ludovica von Österreich.
Dichtung und Wahrheit, zweiter Teil.

1813
20. Januar Tod Wielands. 16.–19. Oktober Schlacht bei Leipzig.
Dichtung und Wahrheit, dritter Teil.

1814
Reise in die Rhein- und Maingegenden. Begegnung mit Marianne von Willemer. Besuche bei den Brüdern Boisserée in Heidelberg und Beschäftigung mit ihrer Sammlung niederländischer und altdeutscher Malerei. Arbeit am *West-östlichen Divan.*

1815
Durch Beschluß des Wiener Kongresses wird Sachsen-Weimar-Eisenach Großherzogtum. Mai – Oktober: Zweite Reise an Rhein und Main. 26. September: Letzte Begegnung mit Marianne von Willemer in Heidelberg. 12. Dezember: Ernennung zum Staatsminister.

1816
6. Juni: Tod Christianes. *West-östlicher Divan. Italienische Reise, erster und zweiter Teil.* Zeitschrift *Über Kunst und Altertum* (bis 1832).

1817
Entbindung von der Leitung des Hoftheaters. 17. Juni Vermählung August von Goethes mit Ottilie von Pogwisch. *Urworte, Orphisch. Geschichte meiner Botanischen Studien.*
Zeitschrift *Zur Naturwissenschaft überhaupt, besonders zur Morphologie* (bis 1824).

1818
9. April: Geburt des Enkels Walther.

1820
Arbeit an *Wilhelm Meisters Wanderjahre.* 18. September: Der Enkel Wolfgang geboren.

1821
Juli – September: Marienbad und Eger. Erste Begegnung mit Ulrike von Levetzow.

1822
Marienbad und Eger. *Campagne in Frankreich* abgeschlossen.

1823
Februar – März: Herzbeutelentzündung. 10. Juni: Erster Besuch Ekkermanns. Juli-September: Marienbad, Eger, Karlsbad; Abschied von Ulrike von Levetzow. *Elegie.* Schwere Erkrankung an Krampfhusten. Besuch Zelters.

1824
Vorbereitung des *Briefwechsels mit Schiller.*

1825
Februar: Wiederaufnahme der Arbeit am zweiten Teil des *Faust.*
21. März Brand des Weimarer Theaters. 7. November: Fünfzigster Jahrestag der Ankunft in Weimar.

1826
Abschluß des *Helena*-Aktes zum *Faust. Novelle.*

1827
6. Januar: Tod Charlotte von Steins. 29. Oktober: Die Enkelin Alma geboren. *Zahme Xenien.*

1828
14. Juni: Tod des Großherzogs Carl August. Juli-September: Auf den Dornburger Schlössern.

1829
Januar: Erste *Faust*-Aufführung in Braunschweig. *Wilhelm Meisters Wanderjahre* abgeschlossen. *Italienische Reise, zweiter römischer Aufenthalt.*

1830
14. Februar Tod der Großherzogin Louise. 10. November: Nachricht vom Tod des Sohnes August in Rom (am 26. Oktober).
Goethe erleidet einen Blutsturz. *Dichtung und Wahrheit, vierter Teil. Goethes Werke, vollständige Ausgabe letzter Hand* in vierzig Bänden (seit 1827). Zwanzig Bände *Nachgelassene Werke* erscheinen, von Ekkermann und Riemer ediert, nach dem Tod, 1832–1842.

1831
22.Juli: *Faust, zweiter Teil* abgeschlossen. 28. August: Letzter Geburtstag in Ilmenau.

1832
16. März: Letzte Erkrankung. 22.März: Goethes Tod.

Quellen und benutzte Literatur

Anmerkung zu den Quellentexten: Die in [...] gesetzten erläuternden Bemerkungen sind vom Herausgeber eingefügt

Goethes Werke. Hamburger Ausgabe in 14 Bänden. Herausgegeben von Erich Trunz u. a. München 1988
[In den Zitaten aus *Faust* wurden Schreibung und Interpunktion aus der von Albrecht Schöne hergestellten Textfassung übernommen]

Goethes Briefe und Briefe an Goethe in sechs Bänden. Herausgeben von Karl Robert Mandelkow und Bodo Morawe. München 1968/1988

Goethe in vertraulichen Briefen seiner Zeitgenossen. Zusammengestellt von Wilhelm Bode. Drei Bände. Neu herausgegeben von Regine Otto, mit Anmerkungen von Paul-Gerhard Wenzlaff. Berlin/München 1982

Goethes Gespräche in vier Bänden. Aufgrund der Ausgabe des Nachlasses von Flodoard Frhr. von Biedermann ergänzt und herausgegeben von Wolfgang Herwig. Zürich 1965 ff.

Goethe-Handbuch in vier Bänden. Herausgegeben von Bernd Witte, Theo Buck, Hans-Dietrich Dahnke, Regine Otto und Peter Schmidt. Stuttgart/Weimar 1996 ff.

Johann Peter Eckermann: *Gespräche mit Goethe in den letzten Jahren seines Lebens.* Herausgegeben von Regine Otto und Peter Wersing. Berlin/München ^{3}1988

Kanzler Friedrich von Müller: *Unterhaltungen mit Goethe.* Mit Anmerkungen versehen und herausgegeben von Renate Grumach. München 1982

Klassiker der Naturphilosophie. Von den Vorsokratikern bis zur Kopenhagener Schule. Herausgegeben von Gernot Böhme. München 1989

Schöne, Albrecht: *Goethes Farbentheologie.* München 1987

Schöne, Albrecht: *Götterzeichen, Liebeszauber, Satanskult.* Neue Einblicke in alte Goethe-Texte. München ^{3}1993